Rechtsanwaltskanzlei
Gerald Munz
Hummelbergstraße 28
70195 Stuttgart
Tel.: 07 11 / 305 888-3
Fax: 07 11 / 305 888-4
E-Mail: info@ra-munz.de
Internet: www.ra-munz.de

D1675530

NomosAnwalt

Prof. Dr. Martin Reufels
Rechtsanwalt, Fachanwalt für Arbeitsrecht, Köln

Prozesstaktik im Arbeitsrecht

Durchsetzung und Abwehr von Ansprüchen in typischen Verfahrenssituationen

2. Auflage

Die Deutsche Nationalbibliothek verzeichnet diese Publikation in der Deutschen Nationalbibliografie; detaillierte bibliografische Daten sind im Internet über http://dnb.d-nb.de abrufbar.

ISBN 978-3-8329-6885-4

2. Auflage 2012
© Nomos Verlagsgesellschaft, Baden-Baden 2012. Printed in Germany. Alle Rechte, auch die des Nachdrucks von Auszügen, der fotomechanischen Wiedergabe und der Übersetzung, vorbehalten.

Vorwort

„Die Aufgabe des Rechtsanwalts kann und wird es sein, den Rechtsanspruch des Mandanten durchzusetzen. Aber dem Beginn des Prozesses geht die Vorprüfung voraus. Gerade hier setzt eine viel zu wenig gewürdigte Arbeit des Rechtsanwalts ein." Diese Worte Max Hachenburgs (Lebenserinnerungen eines Rechtsanwalts und Briefe aus der Emigration, 1927, zit. nach Band 5 der Veröffentlichungen des Stadtarchivs Mannheim, 1978, S. 57) treffen auch Ziel und Inhalt dieses Buchs.

Je nachdem, ob er auf Arbeitnehmer- oder auf Arbeitgeberseite tätig wird, hat der Anwalt im arbeitsgerichtlichen Verfahren und auch vorprozessual zu klären, wie er angesichts der vielfältigen Gestaltungsmöglichkeiten am besten und zweckmäßigsten vorgeht: Welche Ansprüche sollen geltend gemacht werden? Wie sehen die Möglichkeiten im einstweiligen Rechtsschutz aus? Welche Nebenansprüche spielen eine Rolle? Welche Verteidigungsmöglichkeiten gibt es? Im und vor dem arbeitsgerichtlichen Prozess geht es also darum, *prozesstaktisch* das richtige Vorgehen zu wählen. Hierzu möchte das Buch beitragen, indem es die in der jeweiligen Beratungssituation relevanten Handlungsalternativen aufzeigt und deren rechtliche und tatsächliche Folgen abzuschätzen hilft. Es richtet sich an arbeitsrechtlich tätige Rechtsanwälte sowie an Personalleiter und Verbandsvertreter, die vor den Arbeitsgerichten auftreten.

Die Durchsetzung und die Abwehr von Ansprüchen im Prozess erfordert die Zusammenschau der materiellen Rechtsgrundlagen mit dem Verfahrensrecht. Diese erfolgt hier geordnet nach den großen Streitbereichen des Arbeitsrechts, insbesondere des Kündigungsschutzes, der Entgelt-, Beschäftigungs-, Urlaubs- und sonstigen Ansprüche. Das Buch versteht sich als praxisorientierter Ratgeber für typische Konstellationen im und vor dem arbeitsgerichtlichen Verfahren. Es stellt die Grundlagen des materiellen Rechts dar und zeigt Möglichkeiten prozessualen Vorgehens auf.

Mit der zweiten Auflage ist neben der Aktualisierung und der Berücksichtigung neuer Rechtsprechung auch eine Vertiefung verschiedener Komplexe erfolgt, so z.B. zur Betriebsratsanhörung, zum Betriebsübergang und zu Sachverhalten mit Auslandsbezug. Für die Mitarbeit an diesen Punkten danke ich Herrn Julian Pier.

Die Idee zu diesem Buch ist aus einer Seminartätigkeit für Rechtsanwälte und Fachanwälte entstanden. Viele Empfehlungen und Vorschläge entstammen den Ideen und Beiträgen von Kollegen. Für weitergehende Anregungen und Kommentare ist der Verfasser dankbar.

Köln, im Oktober 2011

Martin Reufels

Inhaltsverzeichnis

Vorwort 5
Literaturverzeichnis 15

§ 1 Einführung 17
    I. Sachverhaltsermittlung 17
    II. Checkliste zur Mandatsannahme 17
    III. Wichtige Fristen 19
    IV. Ziel des Mandats 20
    V. Fortbildung 21

§ 2 Kündigungsschutzverfahren 22
    I. Frist des § 4 Satz 1 KSchG 22
        1. Anwendungsbereich des § 4 Satz 1 KSchG 22
        2. Berechnung und Wahrung der Ausschlussfrist 25
        3. Nachträgliche Klagezulassung 29
        4. Besonderheiten beim Erfordernis einer behördlichen Zustimmung 31
    II. Vollmachtsprobleme bei der Kündigung 33
        1. Problemkonstellationen 33
            a) Fallgruppen 33
            b) Fehlende Vorlage der Vollmachtsurkunde im Original, § 174 BGB 34
            c) Vertretung ohne Vertretungsmacht 36
            d) Kündigung durch „fremde" oder „Nicht-Arbeitgeber" 37
        2. Prozesstaktische Vorgehensweise 38
            a) Kündigungsausspruch durch Dritte 38
                aa) Fremder Arbeitgeber 38
                bb) Fristsetzung zur Genehmigung bei Stellvertretung, §§ 180 Satz 2, 177 Abs. 2 BGB 39
                cc) Beanstandung der Kündigung, §§ 180 Satz 2, 178 BGB 40
                dd) Zurückweisung nach § 174 BGB 40
                ee) Kombination der Reaktionsmöglichkeiten 42
            b) Kündigung durch den Vertragsarbeitgeber 43
    III. Zuständiges Gericht 43
        1. Optionen 43
        2. Insbesondere: Außendienstmitarbeiter 44
        3. Gerichtsstandsvereinbarung 46
    IV. Klageantrag 46
    V. Anwendungsvoraussetzungen des KSchG und Inhalt der Klageschrift 48
        1. Betrieblicher Anwendungsbereich 48
        2. Persönlicher Anwendungsbereich 49
        3. Zeitlicher Anwendungsbereich 50

	4. Inhaltliche Ausgestaltung der Klageschrift	51
VI.	Die Güteverhandlung	53
	1. Allgemeine praktische Hinweise	53
	2. Vorbereitung einer möglichen gütlichen Einigung	55
	3. Taktischer Umgang mit dem Annahmeverzugslohnrisiko	57
	4. Mögliche Nachteile und Risiken der Fortsetzung des Verfahrens	59
VII.	Prozessuale Hinweise zum Kündigungsschutzverfahren bei einzelnen Fallgestaltungen	60
	1. Unternehmerentscheidung bei betriebsbedingter Kündigung und Wegfall des Arbeitsplatzes	60
	2. Freie Arbeitsplätze	63
	3. Angriff und Verteidigung der sozialen Auswahl, Herausbildung der relevanten Vergleichsgruppe – Aufklärung des Sachverhalts	66
	a) Bildung der relevanten Vergleichsgruppe	66
	aa) Ausschluss bestimmter Arbeitnehmer	66
	bb) Austauschbarkeit der Arbeitnehmer innerhalb der Vergleichsgruppe	67
	(1) Kriterien	67
	(2) Horizontale Vergleichbarkeit	67
	(3) Fachliche Austauschbarkeit	68
	(4) Rechtliche Austauschbarkeit	69
	b) Entscheidung anhand der sozialen Auswahlkriterien	71
	c) Herausnahme bestimmter Arbeitnehmer aus der Vergleichsgruppe	73
	d) Darlegungs- und Beweislast im Rahmen der Sozialauswahl	75
	4. Interessenausgleich mit Namensliste, § 1 Abs. 5 KSchG	76
	5. Sachverhaltsaufklärung bei der verhaltensbedingten/personenbedingten Kündigung	79
	a) Abmahnung	79
	b) Ausschlussfrist des § 626 Abs. 2 BGB	81
	aa) Bedeutung	81
	bb) Hemmung	81
	cc) Fristbeginn	82
	dd) Doppelkündigung; Anhörung bzw Zustimmung des Betriebsrats; Zustimmung einer Behörde	82
	ee) Mitteilung der Kündigungsgründe auf Verlangen des Kündigenden	84
	ff) Zeitpunkt der Kenntniserlangung	85
	gg) Gestaltung	85
	c) Kündigung wegen Leistungsmängeln	85
	aa) Quantitative Minderleistung	85
	bb) Qualitative Minderleistung	86
	d) Kündigung wegen Krankheit	87

		aa) Fallkonstellationen; „leidensgerechter Arbeitsplatz"	87
		bb) Häufige Kurzerkrankungen	88
		cc) Lang andauernde Erkrankung	88
		dd) Krankheitsbedingte Leistungsminderung	89
	6.	Besonderheiten bei der Änderungskündigung	90
		a) Problemlage	90
		b) Individualrechtliche Grundlagen der Änderungskündigung	90
		c) Beteiligung des Betriebsrats durch den Arbeitgeber	91
		d) Reaktionsmöglichkeiten des Arbeitnehmers und Rechtsfolgen	95
		aa) Vorbehaltlose Annahme des Änderungsangebots	95
		bb) Ablehnung des Änderungsangebots	96
		cc) Annahme des Änderungsangebots unter Vorbehalt	96
		(1) Vorbehaltserklärung	96
		(2) Verhältnismäßigkeitsgrundsatz als Prüfungsmaßstab	97
		(3) Speziell: Änderungskündigung zur Lohnkostensenkung	98
		(4) Speziell: Verweigerung der Zustimmung durch den Betriebsrat	99
	7.	Betriebsratsanhörung gemäß § 102 BetrVG	100
		a) Bedeutung und Anwendungsbereich der Anhörung	100
		aa) Betriebsratsanhörung als Wirksamkeitsvoraussetzung	100
		bb) Schutzzweck	100
		cc) Personeller Anwendungsbereich	101
		b) Ordnungsgemäßes Anhörungsverfahren	101
		aa) Rüge; Darlegungs- und Beweislast	101
		bb) Einleitung des Anhörungsverfahrens	102
		cc) Inhaltliche Anforderungen an die Betriebsratsanhörung	104
		c) Ende des Anhörungsverfahrens und Ausspruch der Kündigung	109
		d) Reaktionsmöglichkeiten des Betriebsrats	109
		aa) Nachfrage durch den Betriebsrat	109
		bb) Abschließende Erklärung durch den Betriebsrat; Zustimmung	110
		cc) Äußerung von Bedenken	110
		dd) Widerspruch des Betriebsrats	111
		e) Prozesstaktische Bedeutung	111
		f) Der Weiterbeschäftigungsanspruch nach § 102 Abs. 5 BetrVG	112
	8.	Verhalten bei Situationen, in denen der Arbeitnehmer bereits eine neue Stelle gefunden hat	113
	9.	Beweisaufnahme	115
VIII.	Die Freistellung des Arbeitnehmers im Vergleich		117
	1.	Ausgangssituation	117
	2.	Gestaltungsmöglichkeiten	117
IX.	Chancen und Risiken einer Prozessbeschäftigung		118
X.	Auflösungsantrag gemäß § 9 KSchG		120

Inhaltsverzeichnis

    1. Konzeption 120
    2. Voraussetzungen des Auflösungsantrags 121
        a) Auflösungsvoraussetzungen 121
        b) Beurteilungszeitpunkt, Prozessvortrag, Veränderungen während
            des Prozesses 124
    3. Richtiger Antrag 124
    4. Rechtsmittel gegen Auflösungsurteil 125
    5. Besondere Konstellationen 125
        a) Beidseitige Antragstellung 125
        b) Außerordentliche Kündigung 125
        c) Auflösungsantrag ohne Begründung 126
        d) Schadensersatz 127
        e) Rücknahme einer Kündigung 127
        f) Weiterbeschäftigungsantrag 128
  XI. Die Erklärung nach § 12 KSchG 128
    1. Voraussetzungen und Rechtsfolgen 128
    2. Prozesstaktische Erwägungen und wirtschaftliche Zweckmäßigkeit ... 129
  XII. Der Abfindungsanspruch gemäß § 1 a KSchG 132
  XIII. Prozesstaktisches Verhalten bei der „Rücknahme" einer Arbeitgeberkündigung 134
    1. Ausgangssituation 134
    2. Reaktionsmöglichkeiten des Arbeitnehmers 135
  XIV. Prozesstaktische Überlegungen bei Parallelverfahren 135

§ 3 Beschäftigungsansprüche, Zwangsvollstreckung 138
  I. Beschäftigungsantrag 138
  II. Vollstreckung des Beschäftigungsantrags 138
  III. Bedeutung des § 61 Abs. 2 ArbGG 141
  IV. Sonstige Vollstreckungsfragen 142
  V. Einstweiliger Rechtsschutz 142
    1. Anwendungsbereiche 142
    2. Prozesstaktische Darlegung der erforderlichen Voraussetzungen 143
    3. Bestehen einer wirksamen Freistellungsbefugnis 145
    4. Anforderungen des allgemeinen Weiterbeschäftigungsanspruchs 146
    5. Durchsetzung und Abwehr des betriebsverfassungsrechtlichen Weiterbeschäftigungsanspruchs im einstweiligen Rechtsschutz 147
        a) Voraussetzungen 147
        b) Reaktionsmöglichkeiten des Arbeitgebers 148
            aa) Entbindungsantrag nach § 102 Abs. 5 Satz 2 BetrVG 148
            bb) Schutzschrift 149

§ 4 Teilzeitansprüche und vorläufiger Rechtsschutz 151

Inhaltsverzeichnis

§ 5 Entfristungsprozesse	154
I. Grundkonstellation	154
II. Speziell: Schriftformerfordernis, § 14 Abs. 4 TzBfG	155
III. Weitere Konstellationen im Zusammenhang mit Unwirksamkeitsgründen; sachgrundlose Befristungen	156
1. Vorbeschäftigung	156
2. Verlängerung von Arbeitsverhältnissen mit sachgrundloser Befristung	156
IV. Gerichtlicher Vergleich, § 14 Abs. 1 Satz 2 Nr. 8 TzBfG	157
§ 6 Diskriminierungsprozesse	158
I. Darlegungs- und Beweislast	158
1. Beweislasterleichterung, Indizien	158
2. Rechtfertigung der Ungleichbehandlung	163
II. Bedeutung	164
III. Schadensersatzanspruch	165
IV. Entschädigungsanspruch	166
1. Konzeption	166
2. Höhe der Entschädigung	166
3. Steuerrechtliche Behandlung der Entschädigung	168
4. Rechtsmissbrauch	169
V. Feststellungsklagen	169
VI. Klage auf Verpflichtung des Arbeitgebers zur Erfüllung von Organisationspflichten	170
VII. Klage nach anderen Anspruchsgrundlagen	171
VIII. Fristen	171
1. Frist zur Geltendmachung und zur Klageerhebung	171
2. Verhältnis zu tarifvertraglichen Ausschlussfristen	172
3. Speziell: Unbekannter Anspruchsgegner	172
§ 7 Vergütungsansprüche: Ausschluss- und Verfallfristen	174
I. Annahmeverzugsansprüche	174
1. Anrechnungszeitraum	174
2. Klageantrag	175
3. Verjährung	176
4. Rückzahlung überzahlter Beträge	176
5. Pfändungsfreigrenzen	176
6. Insolvenz	177
II. Ausschluss- und Verfallfristen	177
III. Geltendmachung von Entgeltansprüchen im einstweiligen Rechtsschutz	179
1. Vorgehen des Arbeitnehmers	179
2. Verteidigungsmöglichkeiten des Arbeitgebers	180

§ 8 Vergleich 182
  I. Allgemeine Grundlagen des Vergleichsschlusses 182
     1. Konstellationen 182
     2. Abfindungsvergleich 182
  II. Fehlerquellen 182
  III. Sperrzeit nach § 144 SGB III 184
     1. Abschluss eines Aufhebungsvertrages bei drohender Kündigung 184
     2. Abschluss eines gerichtlichen Vergleichs 186
     3. Abfindung nach § 1 a KSchG 187
     4. Erklärungen gegenüber der Bundesagentur für Arbeit 188
  IV. Abwicklungsfragen des beendeten Arbeitsverhältnisses – Arbeitspapiere, insbesondere Arbeitszeugnis 188
     1. Pflichten im Zusammenhang mit Arbeitspapieren 188
     2. Einzelfragen zum Zeugnisanspruch 191
     3. Vollstreckung 192
  V. „Beseitigung" von Vergleichen 193
     1. Anfechtung 193
     2. Rücktritt 194
     3. Widerruf 195

§ 9 Betriebsübergang 196
  I. Kündigungsverbot, § 613 a Abs. 4 BGB 196
     1. Kündigung „wegen" des Betriebsübergangs 196
     2. Konstellation: Kündigung wegen beabsichtigter Betriebsstilllegung ... 196
     3. Konstellation: „Kündigung nach Erwerberkonzept" 198
  II. Fortsetzungsanspruch 199
  III. Prozessuales 200
     1. Darlegungs- und Beweislast 200
     2. Richtiger Beklagter 200
     3. Verwirkung 202
     4. Vollstreckung 202
  IV. Betriebsübergang in der Insolvenz 202
  V. Dispositionsmöglichkeiten 204
  VI. Unterrichtung und Widerspruchsrecht des Arbeitnehmers, § 613 a Abs. 5 und 6 BGB 206
     1. Ausgangssituation 206
     2. Unterrichtung durch den Arbeitgeber 206
     3. Widerspruch des Arbeitnehmers 209
     4. Verwirkung des Widerspruchsrechts 211
     5. Rechtliche und tatsächliche Folgen des Widerspruchs 214
     6. Betriebsverfassungsrechtliche und tarifrechtliche Folgen eine Betriebsübergangs 215
        a) Betriebsratsmandat 215

b) Weitergeltung von Betriebsvereinbarungen	216
c) Betriebsänderung iSd § 111 BetrVG	216
d) Weitergeltung von Tarifverträgen	216
e) Veränderungssperre des § 613a Abs. 1 Satz 2 BGB	218
f) Arbeitsvertragliche Verweisungen, v.a. Bezugnahmeklauseln	218

§ 10 Urlaub ... 221

I. Durchsetzung des Anspruchs auf Urlaubsgewährung ... 221
II. Abgeltungsanspruch als Ersatz für nicht gewährten Urlaub ... 223

§ 11 Unterlassung von Wettbewerb ... 227

§ 12 Prozessuale Fragen bei der Beendigung von Vertragsverhältnissen mit Organvertretern ... 232

I. Doppelrechtsbeziehung des Organs zur Gesellschaft – Trennungstheorie und Koppelungsklauseln ... 232
II. Organ kein Arbeitnehmer ... 232
III. Anwendung arbeitnehmerschützender Normen ... 233
IV. Drittanstellungsverhältnis ... 234
V. Organmitglied mit ruhendem Arbeitsverhältnis ... 235
   1. Konstellation des ruhenden Arbeitsverhältnisses ... 235
   2. Schriftformerfordernis ... 235
   3. Unterschiedliche Zuständigkeiten ... 236
   4. Genehmigung ... 237

§ 13 Errichtung und Besetzung von Einigungsstellen ... 238

I. Ausgangssituation ... 238
II. Gerichtliche Einsetzung der Einigungsstelle nach § 98 ArbGG ... 238
   1. Bedeutung des Vorsitzenden der Einigungsstelle ... 239
   2. Anzahl der Beisitzer ... 240
   3. Taktischer Sinn des gerichtlichen Einsetzungsverfahrens ... 240

§ 14 Interessenkollisionen ... 241

§ 15 Beschlussverfahren ... 242

§ 16 Die Verspätungsrüge ... 242

§ 17 Versäumnisurteile ... 243

§ 18 Anhörungsrüge nach § 78a ArbGG ... 244

§ 19 Berufungsverfahren 247
    I. Allgemeine Grundsätze zum Berufungsverfahren 247
    II. Neuer Vortrag in der Berufungsinstanz 248
        1. Angriffs- und Verteidigungsmittel 248
        2. Ausschluss neuer Angriffs- und Verteidigungsmittel 248
        3. Zurückweisung wegen Nichtbeachtung prozessualer Pflichten 249
        4. Prozessförderungspflicht in der Berufungsinstanz 251

§ 20 Revisionsverfahren 253
    I. Allgemeine Grundsätze zum Revisionsverfahren 253
    II. Nichtzulassungsbeschwerde nach § 72 a ArbGG 254
        1. Grundsätzliches 254
        2. Formelle Voraussetzungen und Rechtswirkungen 255
        3. Grundsatzbeschwerde 256
        4. Divergenzbeschwerde 257
        5. Verfahrensbeschwerde 259
        6. Entscheidung des Bundesarbeitsgerichts 260

§ 21 Vorabentscheidungsverfahren vor dem Europäischen Gerichtshof 262
    I. Bedeutung und Gegenstand des Vorabentscheidungsverfahrens 262
    II. Ablauf und verfahrenstechnische Besonderheiten 263

§ 22 Internationalrechtliche Fragen 266
    I. Bestimmung der zuständigen Gerichtsbarkeit 266
    II. Bestimmung des anwendbaren Rechts 267
    III. Anwendbarkeit von Betriebsverfassungs- und Tarifrecht bei Auslandssachverhalten 270
    IV. Reichweite von Rechtswahlklauseln 272

Stichwortverzeichnis 275

Literaturverzeichnis

Ascheid/Preis/Schmidt (Hrsg.), Kündigungsrecht, Großkommentar zum gesamten Recht der Beendigung von Arbeitsverhältnissen, 3. Aufl. 2007 (zit.: APS/*Bearbeiter*)

Däubler/Kittner/Klebe (Hrsg.), BetrVG, Kommentar, 11. Aufl. 2008

Dornbusch/Wolff, Kommentar zum Kündigungsschutzgesetz und zu den wesentlichen Nebengesetzen, 2. Aufl. 2008

Dunkl/Moeller/Baur/Feldmeier (Hrsg.), Handbuch des vorläufigen Rechtsschutzes, 3. Aufl. 1999

Erfurter Kommentar zum Arbeitsrecht, 11. Aufl. 2011, hrsg. von *Müller-Glöge/Preis/Schmidt* (zit.: ErfK/*Bearbeiter*)

Etzel/Bader/Fischermeier u.a., KR – Gemeinschaftskommentar zum Kündigungsschutzgesetz und zu sonstigen kündigungsschutzrechtlichen Vorschriften, 9. Aufl. 2009 (zit.: KR/*Bearbeiter*)

Fitting/Engels/Schmidt/Trebinger/Linsenmaier, BetrVG, Kommentar, 25. Aufl. 2010

Gaul, Aktuelles Arbeitsrecht, 2011

Germelmann/Matthes/Prütting/Müller-Glöge, ArbGG, Kommentar, 7. Aufl. 2009

Henssler/Willemsen/Kalb (Hrsg.), Arbeitsrecht, Kommentar, 4. Aufl. 2010

Hüffer, AktG, Kommentar, 9. Aufl. 2010

Hümmerich/Reufels (Hrsg.), Gestaltung von Arbeitsverträgen, 2. Aufl. 2011

Hümmerich/Spirolke (Hrsg.), Das arbeitsrechtliche Mandat, 5. Aufl. 2008

Kittner/Däubler/Zwanziger, Kündigungsschutzrecht, 8. Aufl. 2011

Kleinmann/Meyer-Renkes, Strategie und Taktik im Kündigungsschutzprozess, 2. Aufl. 2009

Korinth, Einstweiliger Rechtsschutz im Arbeitsgerichtsverfahren, 2. Aufl. 2007

Küttner (Hrsg.), Personalbuch 2010, 17. Aufl. 2010

Meyer, C., Die Unterrichtung der Arbeitnehmer vor Betriebsübergang, 2007

Moll (Hrsg.), Münchener Anwaltshandbuch Arbeitsrecht, 2. Aufl. 2009

Münchener Kommentar zum Bürgerlichen Gesetzbuch, 4. Aufl. 2001 ff (zit.: MüKo-BGB/*Bearbeiter*)

Ostrowicz/Künzl/Schäfer, Handbuch des arbeitsgerichtlichen Verfahrens, 3. Aufl. 2006

Palandt, Bürgerliches Gesetzbuch, Kommentar, 70. Aufl. 2011

Richardi (Hrsg.), Münchener Handbuch zum Arbeitsrecht, 3. Aufl. 2009

Schaub (Hrsg.), Arbeitsrechts-Handbuch, 13. Aufl. 2009

Schmidt/Uhlenbruch, Die GmbH in Krise, Sanierung und Insolvenz, 3. Aufl. 2003

Schubert (Hrsg.), Arbeits- und Sozialrecht aktuell – Die Auswirkungen der neuen Gesetzgebung und Rechtsprechung auf die Beratungspraxis, Ausgabe 2007

Thomas/Putzo, ZPO, Kommentar, 31. Aufl. 2010

Thüsing/Laux/Lembke-Wiehe, KSchG, Praxiskommentar zum KSchG und zu angrenzenden Vorschriften mit Gestaltungshinweisen und Beispielen, 2. Aufl. 2011

Tschöpe (Hrsg.), Anwalts-Handbuch Arbeitsrecht, 6. Aufl. 2009

Weber/Ehrich/Burmester, Handbuch der arbeitsrechtlichen Aufhebungsverträge – Aufhebung von Arbeits- und Dienstverhältnissen mit arbeits-, sozial- und steuerrechtlichen Folgen, 5. Aufl. 2009

Weyand/Düwell, Das neue Arbeitsrecht – Hartz-Gesetze und Agenda 2010 in der arbeits- und sozialrechtlichen Praxis, 2005

§ 1 Einführung

I. Sachverhaltsermittlung

Es ist eine Binsenweisheit: Alle noch so raffinierten Überlegungen zur Prozesstaktik führen in die Irre, wenn nicht zu Beginn der Mandatsannahme eine **vollständige** und **sorgfältige** Sachverhaltsermittlung erfolgt. Die Besonderheit arbeitsgerichtlicher Verfahren, insbesondere von Kündigungsschutzprozessen, liegt häufig in der **Schnelligkeit**. Die Bearbeitung eines Mandats dauert gelegentlich nur wenige Tage bis hin zu wenigen Wochen, zB wenn sich die Parteien nach einer Kündigung vor oder in der Güteverhandlung einigen. Daher steht die **Sachverhaltsermittlung** unter einem gewissen Zeitdruck. Gleichwohl muss hierauf ein **Schwerpunkt der anwaltlichen Arbeit** gelegt werden, da ansonsten Chancen „verschenkt" werden. Ohne genaue Sachverhaltsaufklärung ist eine gute anwaltliche Arbeit nicht möglich.

II. Checkliste zur Mandatsannahme

Im Folgenden wird in Form einer Checkliste auf Punkte hingewiesen, die bei der Annahme eines arbeitsrechtlichen Mandats zur **Sachverhaltsaufklärung** zu berücksichtigen sind. Dabei kann die Checkliste nicht allen Konstellationen gerecht werden. Je nach Sachverhalt und Begehren des Mandanten werden ergänzende Informationen einzuholen sein.

Checkliste: Mandatsannahme

- Name und Adresse des Mandanten, Telefonnummer, Faxnummer, E-Mail-Adresse, Regelungen über Kontaktaufnahme und Erreichbarkeit, Klärung, wie die Kommunikation zwischen Rechtsanwalt und Mandant erfolgen soll; Hinweis an den Arbeitnehmer, nicht über den betrieblichen E-Mail-Account mit dem Anwalt zu kommunizieren;
- Name/Firma des Arbeitgebers, Adresse, Vertretungsberechtigung, ggf Nennung der jeweiligen Ansprechpartner in der Personalabteilung/der Geschäftsleitung;
- Abklärung von etwaigen Interessenkonflikten;
- Erfüllung der Hinweispflicht hinsichtlich Kosten und Gebühren: Nach § 12a Abs. 1 Satz 2 ArbGG ist vor Abschluss der Vereinbarung über die Vertretung in einem Rechtsstreit vor einem Arbeitsgericht darauf hinzuweisen, dass im Urteilsverfahren des ersten Rechtszugs kein Anspruch der obsiegenden Partei auf Entschädigung wegen Zeitversäumnis und auf Erstattung der Kosten für die Hinzuziehung eines Prozessbevollmächtigten oder Beistands besteht. Hiervon umfasst sind auch alle materiellrechtlichen Kostenerstattungsansprüche sowie Anwaltskosten für außergerichtliche Tätigkeit;[1]
- Klärung des Vorliegens einer **Rechtsschutzversicherung**/der Notwendigkeit von **Prozesskostenhilfe**; Klärung, wer bzw wie die Rechtsschutzversicherung kontaktiert

---

1 Vgl BAG 3.4.1992 – 8 AZR 288/91, AP Nr. 6 zu § 12a ArbGG; BAG 27.10.2005 – 8 AZR 546/03, NZA 2006, 259; BAG 2.10.2007 – 1 ABR 59/06, NZA 2008, 372.

wird; Klärung der Honorierung der anwaltlichen Tätigkeit; ggf Abschluss einer Honorarvereinbarung;

- schriftliche Erteilung von Vollmachten (zB für die Vornahme einseitiger Rechtsgeschäfte, wie der Zurückweisung einer Kündigung nach § 174 BGB);
- Vorlage und Durchsicht der wesentlichen Unterlagen: Arbeitsvertrag (ggf auch frühere Fassungen) mit allen Nachträgen, möglichen Änderungen und Anhängen, Kündigungsschreiben, sonstige schriftliche Unterlagen;
- Klärung der Anwendbarkeit tariflicher Vorschriften;
- Klärung des Bestehens relevanter Betriebsvereinbarungen. Insbesondere: Ist ein Interessenausgleich oder Sozialplan anwendbar? Liegt eine Betriebsänderung iSd § 111 BetrVG vor?
- ggf zuständige Arbeitnehmervertretung, Name und Kontaktdaten des Betriebsrats/ des Vorsitzenden des Betriebsrats;
- Anzahl der Arbeitnehmer im Betrieb (für § 23 KSchG);
- Liegt eine Massenentlassung vor (Anzeige nach § 17 KSchG)?
- Klärung des Vorliegens eines besonderen Kündigungsschutzes (Schwerbehinderte, Gleichgestellte, Schwangere, Elternzeit, Betriebsratsmitglied, Mitglied einer Jugend- und Auszubildendenvertretung, Wahlvorstand, Wahlbewerber, Auszubildende, Arbeitnehmer im Wehrdienst oder Zivildienst, Betriebsbeauftragte);
- persönliche Sozialdaten des Arbeitnehmers: Alter, Betriebszugehörigkeit, Unterhaltspflichten, (Schwer-)Behinderung;
- Gehalt des Arbeitnehmers (Anteile fix/variabel, sonstige geldwerten Leistungen, Dienstwagen, Aktienoptionen etc.);
- Vorlage oder Anforderung von Schriftverkehr zwischen Arbeitgeber und Betriebsrat über die Angelegenheit (zB Anhörung gemäß § 102 BetrVG, Widerspruch des Betriebsrats etc.);
- Bestehen von Sonderkonstellationen bzw Sonderregeln, die zu beachten sein werden (zB Bestehen eines nachvertraglichen Wettbewerbsverbots, Bestehen einer betrieblichen Altersversorgung, Vorliegen mehrerer Arbeitsverträge (wie etwa bei Entsendungssachverhalten oder bei Tätigkeit für verschiedene Gesellschaften);
- Feststellen der Anwendbarkeit von Ausschlussfristen (in Arbeitsverträgen, Betriebsvereinbarungen, Tarifverträgen);
- Aufklärung des Lebenssachverhalts und Ermittlung der Ziele des Mandanten;
- Klärung der Anwendbarkeit von Fristen und Planung des weiteren Vorgehens, insbesondere Hinweis an Arbeitnehmer, dass alle weiteren Entwicklungen (zB insbesondere der Ausspruch einer weiteren Kündigung) mitzuteilen sind;
- Klärung des exakten Zugangsdatums einer evtl bereits ausgesprochenen Kündigung (zur Beurteilung des Fristlaufs nach § 4 Satz 1 KSchG und zur Unverzüglichkeit einer etwaigen Zurückweisung nach § 174 BGB).

III. Wichtige Fristen

Die Beachtung und Einhaltung (prozessualer und materiellrechtlicher) Fristen ist für die erfolgreiche Bearbeitung arbeitsgerichtlicher Verfahren von zentraler Bedeutung. Die **wichtigsten Fristen** sind im Folgenden überblicksartig zusammengestellt:

- § 4 Satz 1 KSchG: Frist zur Erhebung der **Kündigungsschutzklage: drei Wochen** nach Zugang der schriftlichen Kündigung.
- § 17 Satz 1 TzBfG: **Entfristungsklage:** innerhalb von **drei Wochen** nach dem vereinbarten Ende des befristeten Arbeitsvertrages bzw. der Mitteilung des Eintritts der auflösenden Beendigung.
- § 2 Satz 2 KSchG: **Annahme** der in einer **Änderungskündigung** enthaltenen Änderung der Arbeitsbedingungen unter dem **Vorbehalt**, dass die Änderung der Arbeitsbedingungen nicht sozial ungerechtfertigt ist, innerhalb der Kündigungsfrist, spätestens jedoch innerhalb von **drei Wochen** nach Zugang der Kündigung.
- § 59 Abs. 1 ArbGG: **Einspruch** gegen ein **Versäumnisurteil** binnen **einer Woche** nach Zustellung.
- § 66 Abs. 1 ArbGG: **Berufungseinlegung ein Monat**, Berufungsbegründung zwei Monate nach Zustellung des Urteils. Beide Fristen beginnen spätestens nach Ablauf von fünf Monaten nach der Verkündung.
- § 66 Abs. 1 Satz 3 ArbGG: **Berufungsbeantwortung** innerhalb **eines Monats** nach Zustellung der Berufungsbegründung.
- § 72 a Abs. 2, Abs. 3 ArbGG: Einlegung der **Nichtzulassungsbeschwerde** innerhalb einer Notfrist von **einem Monat**, Begründung innerhalb von zwei Monaten, jeweils nach Zustellung des in vollständiger Form abgefassten Urteils.
- § 72 b Abs. 2 Satz 1 ArbGG: **Sofortige Beschwerde** wegen verspäteter Absetzung des Berufungsurteils innerhalb einer Notfrist von **einem Monat** nach Ablauf von fünf Monaten nach der Verkündung des Urteils des Landesarbeitsgerichts.
- § 74 Abs. 1 ArbGG: Frist für die Einlegung der **Revision ein Monat**, für die Begründung zwei Monate, jeweils nach Zustellung des in vollständiger Form abgefassten Urteils.
- § 110 Abs. 3 ArbGG: **Aufhebungsklage** nach einem Schiedsspruch binnen einer Notfrist von **zwei Wochen** nach Zustellung des Schiedsspruchs.
- § 626 Abs. 2 BGB: Erklärung einer **außerordentlichen Kündigung** aus wichtigem Grund innerhalb von **zwei Wochen** nach Kenntniserlangung von den für die Kündigung maßgebenden Tatsachen.
- § 613 a Abs. 6 Satz 1 BGB: **Widerspruch** gegen einen **Betriebsübergang** innerhalb **eines Monats** nach Zugang der ordnungsgemäßen Unterrichtung.
- § 15 Abs. 4 Satz 1 AGG: Schriftliche Geltendmachung von Schadensersatz- und Entschädigungsansprüchen wegen Verstößen gegen das **Benachteiligungsverbot** binnen **zwei Monaten** nach Zugang der Ablehnung bzw Kenntniserlangung.

- § 61 b ArbGG: Klage auf **Entschädigung oder Schadensersatz** nach § 15 AGG innerhalb von **drei Monaten** nach schriftlicher Geltendmachung.
- § 19 Abs. 2 Satz 2 BetrVG: Anfechtung einer **Betriebsratswahl** binnen einer Frist von **zwei Wochen** nach Bekanntgabe des Wahlergebnisses.
- § 100 Abs. 2 Satz 3 BetrVG: Antrag im Beschlussverfahren beim Arbeitsgericht über die **Zustimmungsersetzung** zur Vornahme einer personellen Einzelmaßnahme und Aufrechterhaltung einer **vorläufigen Durchführung** binnen einer Frist von **drei Tagen** nach Bestreiten des Betriebsrats, dass die Maßnahme aus sachlichen Gründen dringend erforderlich ist.
- § 174 BGB: **Zurückweisung einer Kündigung** wegen fehlender Vorlage einer Vollmacht: **unverzüglich** (dh je nach Umständen des Einzelfalles regelmäßig innerhalb von drei bis zehn Tagen).

IV. Ziel des Mandats

5   Die Frage nach dem Ziel, das der Mandant mit seinem Vorgehen anstrebt, bildet den Ausgangspunkt aller prozesstaktischen Überlegungen. Bei der Beantwortung dieser Frage handelt es sich um einen **gegenseitigen Prozess**. Der Anwalt muss zunächst versuchen, seinen Mandanten kennenzulernen, und in Erfahrung bringen, welche Erwartungen dieser mit der rechtlichen Vertretung verbindet und welche grundsätzlichen Zielvorstellungen er hat. Umgekehrt ist es zwingend notwendig, dass dem (im Regelfall selbst nicht rechtskundigen) Mandanten durch die Aufklärung des Anwalts ein Überblick über die möglichen rechtlichen Vorgehensweisen mitsamt deren Risiken bzw Erfolgsaussichten verschafft wird. Nur auf diese Weise wird der beratene Mandant vor dem Hintergrund der aufgezeigten Möglichkeiten in die Lage versetzt, seine Ziele tatsächlich genauer auszuformulieren und eigene Vorstellungen zu entwickeln. In dieser Wechselwirkung ist der zu begehende Weg herauszukristallisieren.[2]

Beispiele:
- Geht es nach einer Kündigung für den Arbeitnehmer um den Erhalt des Arbeitsplatzes oder um die Erzielung einer möglichst hohen Abfindung?
- Geht es dem Mandanten (Arbeitgeber) um den Abbau von Arbeitsplätzen oder will er konkrete Arbeitnehmer (ggf wegen Leistungsmängeln) entlassen? Es ist wichtig, diesen „Klärungsprozess" frühzeitig in Gang zu setzen. Häufig muss der Anwalt Fehlvorstellungen des Mandanten oder unrealistische Erwartungen zurecht rücken; dies sollte gleich zu Beginn des Mandats erfolgen, da der Mandant nur so in die Lage versetzt wird, eigene Überlegungen zu einer sinnvollen Lösung des Konflikts anzustellen. Manche Mandanten brauchen hierfür Zeit.

6   Sorgfalt sollte darauf gelegt werden, auch die „**Nebenkriegsschauplätze**" in Erfahrung zu bringen und im Auge zu behalten, da sich hieraus häufig entscheidende Gesichtspunkte für das weitere Vorgehen ergeben können. Die Erörterung des Vorgehens muss im Laufe des Verfahrens üblicherweise mehrere Male „justiert" werden, weil sich die

---

2 Vgl *Kleinmann/Meyer-Renkes*, Strategie und Taktik im Kündigungsschutzprozess, § 1 Rn 36, S. 33.

Interessen des Mandanten während des Verlaufs eines arbeitsgerichtlichen Verfahrens ändern können, zB wenn der Arbeitnehmer bereits eine andere Arbeitsstelle gefunden hat oder wenn er aufgrund des Verhaltens der Arbeitgeberseite im Prozess von einer zunächst angestrebten Weiterbeschäftigung nun doch Abstand nehmen möchte.

Elementar ist das Bestehen eines **Vertrauensverhältnisses** zwischen Anwalt und Mandant, das der Anwalt durch Zuhören, Eingehen auf die spezielle Situation, ein ausreichendes Maß an Zeit für die Belange des Mandanten und (selbstverständlich) durch eine fachlich hochwertige anwaltliche Tätigkeit pflegen kann. Umgekehrt muss der Anwalt den Mandanten auch „fordern", d.h. ihm Entscheidungen abverlangen und ihm auch aufgeben, bestimmte Sachverhaltselemente aufzuklären, soweit er hierzu in der Lage ist.

Nichts verunsichert einen Mandanten mehr als widersprüchliche Aussagen seines Anwalts. Der Anwalt sollte daher vor der Beratung seines Mandanten die Sach- und Rechtslage vollständig geprüft haben, anstatt dem Mandanten „aus der Hüfte geschossen" schnell Ratschläge oder Aussagen über die Erfolgsaussichten mitzuteilen. Derartige schnelle Ratschläge können sich bei eingehenderer Prüfung als unrichtig erweisen. Muss der Anwalt seinem Mandanten dann mitteilen, dass er gewisse Hinweise korrigieren muss, so ist dies problematisch. Dem Mandanten ist auch zu vermitteln, wie entscheidend die Besonderheiten des Einzelfalles für die konkrete Vertretung ist und dass aus diesem Grund eine sorgfältige Vorbereitung erforderlich ist. Die Notwendigkeit einer umfassenden Prüfung vermittelt dem Mandanten regelmäßig eine sorgfältige Arbeitsweise und – soweit dies in souveräner Weise erklärt wird – keineswegs den Eindruck fachlicher Inkompetenz.

V. Fortbildung

Die schnelle Entwicklung des Arbeitsrechts – der Gesetzgebung und der Rechtsprechung – bedingt es, dass der Anwalt während des Rechtsstreits Gesetzesänderungen und Weiterentwicklungen der Rechtsprechung im Auge behält und sich hieraus ergebende Anpassungen seiner Prozesstaktik vornimmt. Auf die ständige Durchsicht der neuen Fachliteratur und Fachzeitschriften (oder eines einschlägigen Online-Dienstes) kann daher nicht verzichtet werden; dies ist Bestandteil jeder ordnungsgemäßen Mandatsbearbeitung.

§ 2 Kündigungsschutzverfahren

10 Ein **gewichtiger Teil des anwaltlichen Tagesgeschäfts** im Arbeitsrecht wird sich regelmäßig mit der Frage der Wirksamkeit von Kündigungen oder zumindest mit an diese Frage anknüpfenden Folgeproblemen beschäftigen. Aus diesem Grund ist das Kündigungsschutzverfahren auch aus prozesstaktischer Sicht besonders bedeutsam. Weiterhin lassen sich einige der angeführten Grundsätze auch auf andere, außerhalb der Kündigungsschutzprozesse liegende Sachverhaltskonstellationen übertragen.

I. Frist des § 4 Satz 1 KSchG

1. Anwendungsbereich des § 4 Satz 1 KSchG

11 Nach § 4 Satz 1 KSchG ist eine Kündigungsschutzklage innerhalb von **drei Wochen** nach Zugang der **schriftlichen Kündigung** auf die Feststellung zu erheben, dass das Arbeitsverhältnis durch die Kündigung nicht aufgelöst ist.

12 Dies bedeutet, dass bei einer **mündlichen Kündigung**, deren Nichtigkeit sich mangels Einhaltung der obligatorischen Schriftform aus § 623 iVm § 125 BGB ergibt, die Frist des § 4 Satz 1 KSchG nicht einschlägig ist. Die mündliche Kündigung und die sich daraus ergebende Nichtigkeit stellt einen sonstigen Unwirksamkeitsgrund dar, der unabhängig von der Frist nach § 4 Satz 1 KSchG gerichtlich bis zur Verwirkungsgrenze geltend gemacht werden kann.

13 Dies gilt für alle (wegen der Verletzung arbeitsrechtlicher Sonderregelungen) formunwirksamen Kündigungen und somit auch für **Schriftsatzkündigungen**, die durch den Prozessbevollmächtigten des Arbeitgebers während des Kündigungsrechtsstreits ausgesprochen werden, sofern sie den Anforderungen des § 623 BGB nicht entsprechen. Eine Schriftsatzkündigung, die durch den Prozessbevollmächtigten ausgesprochen wird, erfüllt das Schriftformerfordernis nur, wenn eine vom Prozessbevollmächtigten **im Original** unterzeichnete Ausfertigung des Schriftsatzes dem Kündigungsempfänger persönlich oder seinem Empfangsbevollmächtigten zugeht.[3] Häufig wird sich jedoch die **Prozessvollmacht** des den Arbeitnehmer vertretenden Anwalts nur auf den Streitgegenstand der Kündigungsschutzklage nach § 4 KSchG erstrecken und damit nicht die Entgegennahme von Willenserklärungen umfassen, die sich auf einen **anderen Streitgegenstand** beziehen.[4] Etwas anderes gilt dann, wenn der Anwalt des Arbeitnehmers die Kündigungsschutzklage nach § 4 Satz 1 KSchG mit der allgemeinen Feststellungsklage nach § 256 ZPO verbunden hat. Dann ermächtigt die Prozessvollmacht regelmäßig den Prozessbevollmächtigten auch zur Abgabe und Entgegennahme von Willenserklärungen, die sich auf diesen Streitgegenstand beziehen.[5]

14 Generell kann die Unwirksamkeit einer den Formanforderungen des § 623 BGB nicht entsprechende Kündigung von der Arbeitnehmerseite **außerhalb der Frist des § 4**

---

3 Vgl BAG 21.1.1988 – 2 AZR 581/86, NZA 1988, 651.
4 Vgl BAG 21.1.1988 – 2 AZR 581/86, NZA 1988, 651; vgl dazu *Boewer*, in: Moll (Hrsg.), Münchener Anwaltshandbuch Arbeitsrecht, § 45 Rn 103.
5 Vgl BAG 21.1.1988 – 2 AZR 581/86, NZA 1988, 651; BAG 10.8.1977 – 5 AZR 394/76, AP Nr. 2 zu § 81 ZPO.

Satz 1 KSchG durch Feststellungsklage oder inzident im Rahmen einer Leistungsklage geltend gemacht werden.

Die von Amts wegen zu beachtende **Dreiwochenfrist** ist grundsätzlich auf **alle schriftlichen Kündigungen** anwendbar, welche dem **Arbeitgeber zurechenbar** sind. Diese gilt also nicht für Kündigungen, die durch einen „fremden" oder „Nicht-Arbeitgeber" ausgesprochen werden und somit mangels Zurechenbarkeit für das bestehende Arbeitsverhältnis überhaupt keine Rechtswirkung entfalten (s. im Einzelnen hierzu Rn 67 ff). Die Klagefrist dient dem schutzwürdigen Vertrauen des Arbeitgebers, sicher zu wissen, dass das Arbeitsverhältnis durch seine Kündigung aufgelöst wird. 15

Auf **außerordentliche Kündigungen** findet die Dreiwochenfrist über die Verweisung in § 13 Abs. 1 Satz 2 KSchG Anwendung. 16

Wird im Laufe des Rechtsstreites über eine bereits ausgesprochene Kündigung eine **weitere Kündigung** erklärt, muss auch diese von der Arbeitnehmerseite innerhalb der maßgeblichen Frist des § 4 Satz 1 KSchG angegriffen werden. 17

Im Fall der **erneuten schriftlichen Kündigung** muss die Klägerseite allerdings nicht eine neue Klageschrift beim zuständigen Gericht einreichen. Ausreichend ist vielmehr die Erweiterung des Klageantrags auf die weitere Kündigung innerhalb der Dreiwochenfrist, wobei eine solche **Klageerweiterung** grundsätzlich auch noch in der Berufungsinstanz möglich ist.[6] Es ist jedoch genau darauf zu achten, ob möglicherweise während des laufenden Kündigungsschutzprozesses eine weitere Kündigung ausgesprochen wurde. Dann darf die Erweiterung des Klageantrags innerhalb der maßgeblichen Frist des § 4 Satz 1 KSchG nicht versäumt werden, da ansonsten die Rechtmäßigkeitsfiktion des § 7 KSchG eintritt (zur empfohlenen Antragstellung s. näher Rn 95 ff). 18

Ein weiterer Problemkreis im Rahmen der Anwendbarkeit der Frist des § 4 Satz 1 KSchG betrifft die Frage, ob die Ausschlussfrist auch dann maßgeblich sein soll, wenn die Kündigung nicht unter Beachtung der nach § 622 BGB rechtlich einschlägigen Kündigungsfristen ausgesprochen wurde. Ursprünglich hatte das BAG dazu festgelegt, dass eine **Nichteinhaltung der einschlägigen Kündigungsfrist** grundsätzlich auch außerhalb der Ausschlussfrist des § 4 Satz 1 KSchG angegriffen werden kann.[7] Dies sei der Fall, da der Kläger sich dabei gerade nicht auf die Unwirksamkeit oder Sozialwidrigkeit der Kündigung als solche berufe, sondern vielmehr von deren Wirksamkeit ausgehe und nur die Nichteinhaltung des eigentlich maßgeblichen Kündigungstermins feststellen lassen möchte. Der Kündigungstermin sei ausnahmsweise nur dann integraler Bestandteil der Willenserklärung des Arbeitgebers und somit ausschließlich innerhalb der Frist des § 4 Satz 1 KSchG angreifbar, wenn sich aus den Umständen des Einzelfalles der Wille des Arbeitgebers ergebe, das Arbeitsverhältnis lediglich zum erklärten und nicht zu einem möglichen späteren Termin beenden zu wollen.[8] In diesem Fall wäre eine Berufung auf die Unwirksamkeit des Kündigungstermins gleichbedeutend mit der Berufung auf die Unwirksamkeit der Kündigung. 19

---

6 Vgl BAG 9.3.1961 – 2 AZR 502/59, NJW 1961, 1277; ErfK/*Kiel*, § 4 KSchG Rn 21.
7 Vgl BAG 15.12.2005 – 2 AZR 148/05, NZA 2006, 791; BAG 6.7.2006 – 2 AZR 215/05, NZA 2006, 1405.
8 Vgl BAG 15.12.2005 – 2 AZR 148/05, NZA 2006, 791; BAG 6.7.2006 – 2 AZR 215/05, NZA 2006, 1405.

20 Gesteigerte Bedeutung hat diese Problematik vor dem Hintergrund der EuGH-Entscheidung vom 19.1.2010[9] erfahren, wonach die Regelung des § 622 Abs. 2 Satz 2 BGB, nach welcher für die Berechnung der Kündigungsfrist **Dienstzeiten vor Vollendung des 25. Lebensjahres** unberücksichtigt bleiben, wegen Verstoßes gegen das unionsrechtliche Verbot der Altersdiskriminierung gemeinschaftsrechtswidrig und somit bis zu seiner Aufhebung unanwendbar ist. Demnach sind nunmehr auch die Dienstzeiten bei der Ermittlung der Kündigungsfristen nach § 622 BGB zu berücksichtigen, welche bereits vor Vollendung des 25. Lebensjahres beim Arbeitgeber (oder dessen Rechtsvorgänger) abgeleistet wurden. Im Anschluss an diese Entscheidung konnte befürchtet werden, dass viele an dieser nun unanwendbaren Regelung ausgerichteten Kündigungen demnach mit zu kurzer Kündigungsfrist ausgesprochen wurden und somit nach der oben dargestellten BAG-Rechtsprechung auch nach Ablauf der Frist des § 4 Satz 1 KSchG in dieser Hinsicht bis zur Verwirkungsgrenze angreifbar wären. Diese Unsicherheit hätte zwar keine Auswirkung auf die Wirksamkeit der Beendigung mit unrichtiger Frist gekündigter Arbeitsverhältnisse, ließ jedoch eine „Schwemme" von Klagen auf entsprechenden Annahmeverzugslohn für die aufgrund falscher Kündigungsfristen „zu früh" beendeten Arbeitsverhältnisse befürchten.

21 Das BAG hat diese Problemkonstellation einer unter Berufung auf den unionsrechtswidrigen § 622 Abs. 2 Satz 2 BGB „zu früh" erfolgten Kündigung, für welche der Kläger erst zwei Jahre nach Ausspruch der Kündigung den entsprechenden Annahmeverzugslohn geltend machte, in der der Entscheidung vom 1.9.2010[10] behandelt. Dabei hat das BAG herausgestellt, dass es für die Anwendbarkeit der Frist des § 4 Satz 1 KSchG entscheidend darauf ankomme, ob die Nichteinhaltung der Kündigungsfrist zur Unwirksamkeit der Kündigungserklärung führe. Eine solche Unwirksamkeit sei immer dann anzunehmen, wenn sich die Kündigung mit zu kurzer Frist nicht als solche mit der rechtlich gebotenen Frist **auslegen** lasse. Sei eine solche Auslegung nicht möglich (was aufgrund des meist eindeutigen Wortlauts bei Nennung eines konkreten Kündigungstermins eigentlich wohl der Regelfall sein müsste) und bedürfe die arbeitgeberseitige Kündigung daher einer **Umdeutung** in eine Kündigung zum tatsächlich nach § 622 BGB einschlägigen Kündigungstermin, werde diese Kündigung mit Ablauf der Dreiwochenfrist nach §§ 4, 7 KSchG rechtswirksam und beende somit wirksam das Arbeitsverhältnis zum eigentlich „falschen" Zeitpunkt.[11]

22 Insgesamt hat diese Entscheidung allerdings gerade für die arbeitsrechtliche Praxis keine abschließende Klarheit gebracht, sondern Verwirrung gestiftet. Es ist noch nicht erkennbar, ob eine Auslegbarkeit als Kündigung zum richtigen Zeitpunkt der Regelfall sein soll oder nur ausnahmsweise in Betracht kommt. Das BAG hat dies in seiner Entscheidung offen gelassen und an mehreren Stellen Bezug auf die bisherige Rechtsprechung genommen, ohne eine Abkehr von dieser ausdrücklich zu erklären. Aufgrund der verbleibenden Unsicherheiten ist einerseits die zukünftige Entwicklung der Recht-

---

9 EuGH 19.1.2010 – Rs. C-555/07, NZA 2010, 85.
10 BAG 1.9.2010 – 5 AZR 700/09, NJW 2010, 3740.
11 Vgl BAG 1.9.2010 – 5 AZR 700/09, NJW 2010, 3740.

sprechung des 2. und 5. Senats des BAG abzuwarten und andererseits bis dahin in diesem Bereich höchste Vorsicht geboten.[12]

Dies macht deutlich, dass es Sache des Anwalts ist, die **korrekte Berechnung und Einhaltung der Kündigungsfrist** genau zu prüfen und entsprechende Beanstandungen innerhalb der Dreiwochenfrist des § 4 Satz 1 KSchG geltend zu machen. Dabei ist im Anschluss an das angesprochene EuGH-Urteil insbesondere zu beachten, dass – entgegen der Regelung des § 622 Abs. 2 Satz 2 BGB – für die Berechnung der für die Kündigungsfrist maßgeblichen Beschäftigungsdauer auch Dienstzeiten vor Vollendung des 25. Lebensjahres zu berücksichtigen sind. Aus Arbeitgebersicht ist in diesem Zusammenhang zur Vermeidung von Zweifelsfällen anzuraten, die Kündigung in der Kündigungserklärung ausdrücklich zum nächst zulässigen Termin auszusprechen und ein konkretes Datum zu nennen.[13] Nur auf diese Weise kann nach derzeitiger Rechtslage sichergestellt werden, dass sich eine Kündigung zum falschen Termin zumindest als Kündigung zum eigentlich einschlägigen Termin auslegen lässt. Eine entsprechende Formulierung könnte demnach lauten:[14]

Hiermit kündigen wir Ihnen ordentlich zum nächsten zulässigen Kündigungstermin. Dies ist nach unserer Berechnung der … .

Umgekehrt kann aber ein Arbeitgeber gegebenenfalls den Arbeitnehmer in die Einhaltung der Dreiwochenfrist zwingen wollen und würde dann wie folgt formulieren:

Hiermit kündigen wir zum … .

Die Dreiwochenfrist des § 4 Satz 1 KSchG gilt für **alle Unwirksamkeitsgründe** der Kündigung (mit Ausnahme der Schriftform, s. Rn 10 ff). Sie gilt also auch dann, wenn sich der Unwirksamkeitsgrund nicht aus dem KSchG ergibt, also zB (nur) auf die ordnungsgemäße Anhörung des Betriebsrats gemäß § 102 BetrVG oder die fehlende Zustimmung des Integrationsamts bei Schwerbehinderten abgestellt wird.

2. Berechnung und Wahrung der Ausschlussfrist

Die von Amts wegen zu beachtende Ausschlussfrist des § 4 Satz 1 KSchG beginnt mit dem **Zugang der Kündigungserklärung**, welcher sich unter Abwesenden nach § 130 Abs. 1 BGB richtet. Hierbei ist die Rechtsprechung des BAG zum Zugang von Kündigungen zu beachten. Maßgeblich ist der Zugang in der vorgesehenen Form (§ 623 BGB), so dass die Frist nach § 4 Satz 1 KSchG nicht etwa schon mit der Übersendung eines Faxes oder einer E-Mail des Kündigungsschreibens beginnt.

Eine Kündigung geht dem Arbeitnehmer unter Abwesenden nach § 130 Abs. 1 BGB dann zu, wenn sie so in seinen **Machtbereich** gelangt, dass die **Möglichkeit der Kenntnisnahme** besteht. Dies ist etwa der Fall, wenn sie in seinen **Hausbriefkasten** eingeworfen wird, auch wenn der Arbeitnehmer sich zu diesem Zeitpunkt im Urlaub oder im Krankenhaus befindet. Nach ständiger Rechtsprechung gilt ein Brief, der in den Hausbriefkasten eingeworfen wird, jedoch erst zu dem Zeitpunkt als zugegangen, in dem

---

12 Vgl *Eisemann*, NZA 2011, 601 ff.
13 Vgl *Conradi*, in: Dornbusch/Wolff, KSchG, § 4 Rn 45.
14 Vgl *Bauer* in: Anm. zu BAG 1.9.2010 – 5 AZR 700/09, ArbRAktuell 2010, 498.

unter Berücksichtigung der ortsüblichen Postzustellzeit mit der Leerung gerechnet werden kann, wobei es entscheidend auf die **Verkehrsanschauung** und nicht auf die individuellen Verhältnisse des Empfängers ankommt.[15] Wird also die Kündigung in den Hausbriefkasten des Arbeitnehmers deutlich später eingeworfen, als die Post normalerweise bereits zugestellt hat, so kann der Arbeitnehmer geltend machen, nach den Gepflogenheiten des Verkehrs könne eine Entnahme oder Abholung des Kündigungsschreibens aus dem Hausbriefkasten nicht mehr am selben Tage erwartet werden, so dass dann der Zugang erst am Folgetag anzunehmen ist.[16] Allerdings ist in erster Linie nicht auf die Ortsüblichkeit, sondern auf die allgemeine Verkehrsanschauung zurückzugreifen, so dass von Seiten des Erklärenden objektiv davon ausgegangen werden darf, eine um 10.30 Uhr **per Boten** eingeworfene Erklärung erreiche den Empfänger noch am selben Tag, auch wenn die Post tatsächlich vor Ort bereits zwischen 8.00 und 9.00 Uhr morgens zugestellt wird.[17] Etwas anderes gilt nur dann, wenn der Arbeitnehmer die Kündigung am gleichen Tag tatsächlich zur Kenntnis genommen hat. Auf diese unsichere Situation wird sich der den Arbeitgeber vertretende Anwalt einzustellen haben und dafür Sorge tragen, dass im Fall der Zustellung von **Kündigungsschreiben an Abwesende** das Kündigungsschreiben so früh und rechtzeitig in den Hausbriefkasten eingeworfen wird, dass der Einwand, die „Post sei schon da gewesen", nicht mehr greifen kann. Im Zeitalter **privater Zustelldienste**, bei welchen zu deutlich voneinander abweichenden Tageszeiten eine Zustellung erfolgt, dürfte diese an ortsüblichen Zustellzeiten ausgerichtete Rechtsprechung ohnehin fragwürdig werden. Allerdings hat das LAG Köln zu dieser Konstellation jüngst herausgestellt, dass auch dann, wenn einzelne Wettbewerber der Deutschen Post AG noch nach 16.00 Uhr in einem bestimmten Gebiet Post zustellen, deren Marktanteil allerdings lediglich bei ca. 10 % liege, mit einer Pflicht zur Briefkastenleerung nach 16.00 Uhr üblicherweise nicht mehr gerechnet werden könne.[18] Diese Uneinheitlichkeit der Rechtsprechung und die damit hervorgerufene Unsicherheit bei einer für den Arbeitgeber zentralen Frage (Zugangszeitpunkt einer Kündigung) ist bedauerlich.

27 **Einschreibebriefe**, die dem Empfänger aufgrund seiner Abwesenheit nicht übergeben werden können, gehen nicht mit der Hinterlassung des Benachrichtigungsscheins am Briefkasten zu, sondern erst dann, wenn der Arbeitnehmer das Einschreiben innerhalb der von der Post mitgeteilten Aufbewahrungsfrist abholt.[19] Die Zustellung per Einschreiben empfiehlt sich aus Arbeitgebersicht daher nicht. Gleiches gilt für das sog. **Einwurf-Einschreiben**, da hierdurch ggf zwar der Zugangszeitpunkt dokumentiert ist, nicht aber, ob es sich tatsächlich um das Original eines Kündigungsschreibens gehandelt hat. Demnach ist der Beweiswert in diesem Falle nur unwesentlich größer als im Falle des „normalen" Postbriefes. Die Zustellung durch (einen identifizierbaren und als

---

15 Vgl BGH 21.1.2004 – XII ZR 214/00, NJW 2004, 1320; LAG Nürnberg 5.1.2004 – 9 Ta 162/03, BB 2004, 1118; BGH 5.12.2007 – XII ZR 148/05, NJW 2008, 843; LAG Köln 17.9.2010 – 4 Sa 721/10, n.v.
16 Vgl BAG 8.12.1983 – 2 AZR 337/82, NZA 1984, 31.
17 Vgl LAG Nürnberg 5.1.2004 – 9 Ta 162/03, NZA-RR 2004, 631.
18 Vgl LAG Köln 17.9.2010 – 4 Sa 721/10, n.v.
19 Vgl BAG 25.4.1996 – 2 AZR 13/95, NZA 1996, 1227; BGH 26.11.1997 – VIII ZR 22/97, NJW 1998, 976; LAG Hessen 6.11.2000 – 10 Sa 1709/99, NZA 2002, 98; OLG Brandenburg 3.11.2004 – 9 UF 177/04, NJW 2005, 1585.

Zeuge zur Verfügung stehenden) **Boten**, der das Kündigungsschreiben kennt, ist daher anzuraten.

Die Probleme im Zusammenhang mit dem Zugang von Kündigungsschreiben bestehen in erster Linie nicht in der Frage, ob überhaupt eine Kündigung zugegangen ist, sondern in der oftmals nicht ausreichenden **Beweisbarkeit des Zugangs zu einem bestimmten Zeitpunkt**. 28

Der den Arbeitgeber beratende Rechtsanwalt wird gerade bei dem Ausspruch von Kündigungen, die kurz vor Ablauf einer Frist erfolgen (Monatsende, Quartalsende), den Arbeitgeber zu den üblichen **Zugangsproblemen** der Kündigung zu beraten haben. Von Einschreiben, Einwurf-Einschreiben, Postzustellung und ähnlichen Zustellungsarten ist abzuraten. Der Arbeitgeber trägt die volle **Beweislast** für den Zugang des Kündigungsschreibens. Aus diesem Grund ist von Seiten des Arbeitgebers eine möglichst sichere Alternative zu wählen, zumal kein Anscheinsbeweis dafür existiert, dass abgesandte Briefe ihren Empfänger erreicht haben.[20] 29

Der sicherste Weg der Zustellung einer Kündigung besteht einerseits in der **persönlichen Übergabe** des Schreibens im Betrieb unter Hinzuziehung von Zeugen oder, wenn der Arbeitnehmer nicht bei der Arbeit anwesend ist, mittels Zustellung des Kündigungsschreibens durch einen eigenen, vertrauenswürdigen **Boten** (aber nicht: einen Kurierdienst), welcher später ggf als Zeuge in einer gerichtlichen Auseinandersetzung die Zustellung bestätigen kann. Zu einer ausreichenden **Bezeugung** der Zustellung vor Gericht ist es allerdings erforderlich, dass der Bote selbst weiß und somit glaubwürdig versichern kann, welches Schriftstück er zustellt. Der Bote muss demnach das Original des Kündigungsschreibens gesehen, dieses selbst in den Umschlag gesteckt und diesen Umschlag dann samt Inhalt in den Briefkasten des Arbeitnehmers eingeworfen haben. Dem Arbeitgeber ist aus Gründen der besseren Beweisführung (welche ggf erst Monate später im Prozess erfolgt) zu raten, den Boten weiterhin zu verpflichten, auf einer Kopie des Kündigungsschreibens Ort, Datum und Uhrzeit des Einwurfs zu vermerken und diese durch seine Unterschrift zu bestätigen. Bei komplexen „Briefkastensituationen" ist es auch ratsam, dass der Bote einige Hinweise dazu aufnimmt, wie der Briefkasten ausgesehen hat, in den er das Schreiben eingeworfen hat, oder etwa mit dem Mobiltelefon oder einer Digitalkamera ein Foto desselben aufnimmt. In jedem Fall gilt die tatsächliche Übergabe oder Kenntnisnahme. Würde der Bote am letzten Tag des Monats um 23:00 Uhr das Kündigungsschreiben in den Briefkasten werfen, ginge es erst am nächsten Tag zu. Klingelt der Bote aber „Sturm" und öffnet der verschlafene Hausherr, so geht das Kündigungsschreiben noch am Monatsletzten zu, wenn der Bote es ihm dann übergibt. 30

Öffnet die Ehefrau die Haustür, so gilt diese als Empfangsbote. Dann ist Zugang in dem Zeitpunkt gegeben, zu dem damit zu rechnen ist, dass der Empfangsbote das Kündigungsschreiben unter den gegebenen Umständen an den Adressaten übergibt.[21]

---

20 Vgl BGH 27.5.1957 – II ZR 132/56, NJW 1957, 1230; BAG 14.7.1960 – 2 AZR 173/59, NJW 1961, 2132.
21 Vgl BAG 9.6.2011 – 6 AZR 687/09, NZA 2011, 847 ff.

31 Im Fall der Vertretung der Arbeitgeberseite ist es gerade im Zusammenhang mit der Wahrung wichtiger Fristen entscheidend, den Arbeitgeber bereits im Vorfeld des Ausspruchs der Kündigung über die verschiedenen Problemfelder und Risiken im Bereich des Zugangs aufzuklären und zu verdeutlichen, dass sich der personelle und finanzielle Aufwand der Übermittlung durch einen eigenen Boten im Regelfall zur Absicherung der bezweckten Kündigung auszahlen wird, gerade um erhöhte Kosten aufgrund der Versäumung von Kündigungsfristen zu vermeiden.

32 Die **Berechnung** der Dreiwochenfrist des § 4 Satz 1 KSchG erfolgt nach den allgemeinen Regelungen der §§ 187 Abs. 1, 188 Abs. 2, 193 BGB. Der Zugangstag der Kündigung ist nach § 187 Abs. 1 BGB nicht mitzurechnen, so dass die Frist mit dem Ablauf desjenigen Tages der dritten Woche endet, der durch die Benennung dem Tag entspricht, an dem die Kündigung zugegangen ist (§ 188 Abs. 2 BGB). Geht die Kündigung also an einem Mittwoch zu, so läuft die Dreiwochenfrist um 24.00 Uhr an dem Mittwoch drei Wochen später ab.

33 Die Frist wird mit **Eingang der Kündigungsschutzklage beim Arbeitsgericht** innerhalb der Frist gewahrt, wenn die Klage dem Arbeitgeber **demnächst** zugestellt wird (§ 46 Abs. 2 ArbGG, §§ 495, 167 ZPO). Sind in der Klageschrift falsche Angaben enthalten, die zu einer Verzögerung der Zustellung führen, so wird dies von der Rechtsprechung als unschädlich angesehen, wenn die Verzögerung den Zeitraum von **14 Tagen** nicht überschreitet.[22] Verzögerungen, die ihre Ursache im Geschäftsablauf des Gerichts haben oder auf dort entstandene Irrtümer zurückzuführen sind, werden dem Kläger nicht zur Last gelegt.[23] Große **Sorgfalt** ist daher auf die **zutreffende Adresse** des Beklagten zu richten. Ist diese schuldhaft falsch in die Klageschrift aufgenommen und wird die Klagestellung daher länger als zwei Wochen verzögert, so ist die Frist § 4 Satz 1 KSchG nicht gewahrt.[24]

34 Anzuraten ist, bei einer kurz vor Fristablauf eingereichten Kündigungsschutzklage vorsorglich eine Wiedervorlage zu notieren und eine Woche später bei dem Arbeitsgericht nachzufragen, ob die Klageschrift ordnungsgemäß zugestellt werden konnte.

35 Die **Erhebung einer anderen Klage**, zB einer Leistungsklage auf Lohnzahlung oder Weiterbeschäftigung, ist zur Wahrung der Frist des § 4 Satz 1 KSchG nicht ausreichend. Zwar bringt der Arbeitnehmer hiermit ebenfalls inzident zum Ausdruck, dass er von einer rechtswidrigen Kündigung ausgeht, die Feststellung ihrer (Un-)Wirksamkeit ist in diesem Prozess jedoch nur Vorfrage und erwächst damit nicht in Rechtskraft. Ist die Klage jedoch innerhalb von drei Wochen nach Zugang der Kündigung erhoben worden, so kann der Kündigungsschutzantrag gemäß § 6 Satz 1 KSchG noch bis zum Schluss der mündlichen Verhandlung erster Instanz nachgeholt werden.[25] Das Gericht ist verpflichtet, auf diese Möglichkeit hinzuweisen (§ 6 Satz 2 KSchG).

---

22 Vgl BAG 17.1.2002 – 2 AZR 57/01, NZA 2002, 999.
23 Vgl BAG 17.1.2002 – 2 AZR 57/01, NZA 2002, 999.
24 Vgl BAG 26.8.1993 – 2 AZR 159/93, NZA 1994, 17.
25 Vgl *Fischer*, NJW 2009, 1256.

3. Nachträgliche Klagezulassung

Nimmt ein Arbeitnehmer aufgrund eines längeren Urlaubs- oder Krankenhausaufenthalts erst nach Ablauf der Dreiwochenfrist Kenntnis von der Kündigung, kommt eine **nachträgliche Klagezulassung nach § 5 KSchG** in Betracht, wenn trotz Anwendung aller ihm nach Lage der Umstände zuzumutender Sorgfalt die Klage nicht innerhalb von drei Wochen nach Zugang der schriftlichen Kündigung erhoben werden konnte. Wichtig ist, dass mit dem Antrag auf nachträgliche Klagezulassung gemäß § 5 Abs. 2 KSchG die die nachträgliche Zulassung begründenden Tatsachen einschließlich der Mittel für deren Glaubhaftmachung vorgetragen werden müssen. Zudem ist der Antrag nach § 5 KSchG gemäß § 5 Abs. 3 Satz 1 KSchG nur innerhalb von zwei Wochen nach Behebung des Hindernisses zulässig. Gemäß § 5 Abs. 3 Satz 2 KSchG ist als Obergrenze nach Ablauf von sechs Monaten, vom Ende der versäumten Frist an gerechnet, keine Antragstellung mehr möglich.

Das Verfahren auf nachträgliche Klagezulassung beginnt mit einem **Antrag** des Arbeitnehmers (§ 5 Abs. 1 Satz 1 KSchG), der mit der Klageerhebung zu verbinden ist, soweit die Kündigungsschutzklage eingereicht ist. Der Inhalt des Antrags richtet sich nach § 5 Abs. 2 KSchG. Zusätzlich zur Klageerhebung muss nach Ablauf der Frist des § 4 Satz 1 KSchG der Antrag immer zwingend gestellt werden, da bei verspäteter Klageerhebung die nachträgliche Klagezulassung nicht von Amts wegen geprüft wird und die Klage ansonsten als unzulässig wegen Fristversäumnisses abgewiesen würde. Die Antragstellung muss zwar nicht zwangsläufig ausdrücklich erfolgen, so dass es ausreicht, wenn sich das Begehren der Zulassung trotz Fristversäumnisses aus dem Vorbringen erkennbar ergibt.[26] § 5 KSchG ist lex specialis und verdrängt die §§ 233 ff ZPO, wonach das Gericht eine Wiedereinsetzung von Amts wegen gewähren kann. Der Antrag ist bei dem Arbeitsgericht einzureichen, das für die Entscheidung der Kündigungsschutzklage zuständig ist.

Im Rahmen der **Glaubhaftmachung** ist gemäß § 294 ZPO das Vorbringen aller Beweismittel statthaft. Werden **eidesstattliche Versicherungen** vorgelegt, so können diese von dem Antragsteller selbst oder auch von Dritten stammen. Bei eidesstattlichen Versicherungen reicht die pauschale Bezugnahme auf die Erklärung eines anderen (insbesondere auf den anwaltlichen Schriftsatz) nicht aus. Die eidesstattliche Versicherung muss eine eigene Darstellung der glaubhaft zu machenden Tatsachen enthalten.[27] Materiell ist darzulegen, dass der Arbeitnehmer trotz aller ihm nach Lage der Umstände zuzumutender Sorgfalt verhindert war, die Klage innerhalb der Dreiwochenfrist nach Zugang der schriftlichen Kündigung einzureichen. Eine Unkenntnis der Klagefrist, ein Irrtum über die Erfolgsaussichten oder die Hoffnung auf eine gütliche Einigung vor Ablauf der Dreiwochenfrist sind Umstände, die allerdings nicht zu der Annahme führen können, der Arbeitnehmer sei trotz aller ihm nach Lage der Umstände zuzumutender Sorgfalt verhindert gewesen, die Klage fristgerecht zu erheben.[28] Für die Annahme eines

---

26 Vgl *Boewer*, in: Moll (Hrsg.), Münchener Anwaltshandbuch Arbeitsrecht, § 45 Rn 192.
27 Vgl BGH 26.5.1988 – X ZB 4/88, VersR 1988, 860; *Boewer*, in: Moll (Hrsg.), Münchener Anwaltshandbuch Arbeitsrecht, § 45 Rn 201.
28 Vgl LAG Hamburg 6.7.1990 – 1 Ta 3/90, LAGE § 130 BGB Nr. 16.

Verschuldens des Arbeitnehmers hinsichtlich der Fristversäumnis genügt bereits das Vorliegen von leichter Fahrlässigkeit. Nicht entlastend wirkt es auch, wenn der Arbeitnehmer sich an falsche Auskunftsstellen wendet (zB die Geschäftsstelle des Arbeitsgerichts,[29] den Betriebsrat)[30] oder sich auf die Auskunft eines Richters am Landgericht verlässt.[31] Wichtig ist, dass auch **Erkrankungen** oder Krankenhausaufenthalte per se nicht schon automatisch dazu führen, dass die Klageerhebungsfrist schuldlos versäumt wurde. Auch hier ist ein ins Einzelne gehender Sachvortrag erforderlich,[32] warum die Klage nicht innerhalb der Frist des § 4 Satz 1 KSchG erhoben werden konnte.

39 Durch die Rechtsprechung nicht geklärt ist, was dann gilt, wenn der Arbeitnehmer noch innerhalb der Dreiwochenfrist des § 4 Satz 1 KSchG zB aus dem Urlaub oder aus dem Krankenhaus zurückkehrt und zu Hause seine Kündigung vorfindet. Klärende höchstrichterliche Rechtsprechung darüber, wie lang die „**Restfrist**" ist, aufgrund derer dann eine Zulassung der Klage nach § 5 KSchG ausscheidet, weil dem Arbeitnehmer die Klageerhebung noch zuzumuten ist, gibt es noch nicht. Jedenfalls wird man davon ausgehen können, dass dann, wenn die Restfrist nur noch wenige Tage läuft, bei einer Klageeinreichung wenige Tage nach Ablauf der Dreiwochenfrist eine nachträgliche Klagezulassung nach § 5 KSchG in Betracht kommt.[33] Die Frist von drei Wochen ist aus Gründen des Interesses an der schnellen Rechtsklarheit über das Bestehen und die Beendigung von Arbeitsverhältnissen bereits kurz gewählt, soll aber gleichzeitig dem Arbeitnehmer zumindest eine gewissen Bedenkzeit einräumen. Besteht nach Wegfall der Verhinderung des Arbeitnehmers nur noch eine Restfrist von wenigen Tagen, fehlt es allerdings an dieser Bedenkzeit, so dass eine Klage im Regelfall zuzulassen sein sollte, wenn der Arbeitnehmer diese zeitnah beantragt.

40 Die **verfahrensrechtlichen Vorschriften** zum Antrag auf nachträgliche Klagezulassung sind mit Wirkung vom 1.4.2008 verändert worden. Fortan ist gemäß dem abgeänderten § 5 Abs. 4 Satz 1 KSchG das Verfahren über den Antrag auf nachträgliche Zulassung mit dem Verfahren über die Klage zu **verbinden**, so dass kein vorheriger isolierter Beschluss über die Klagezulassung erfolgt. Allerdings kann das Arbeitsgericht das Verfahren nach § 5 Abs. 4 Satz 2 und 3 KSchG zunächst auf die Verhandlung und Entscheidung über den Antrag auf nachträgliche Zulassung beschränken, wobei in diesem Fall die Entscheidung durch Zwischenurteil ergeht, das wie ein Endurteil angefochten werden kann. Demnach ist gegen eine **Ablehnung der nachträglichen Zulassung** iSv § 5 KSchG durch das Arbeitsgericht nunmehr die **Berufung** iSv § 64 Abs. 1 ArbGG statthaft, welche gemäß § 66 Abs. 1 ArbGG innerhalb eines Monats nach Zustellung einzulegen und innerhalb von zwei Monaten zu begründen ist. Voraussetzung ist selbstverständlich eine formelle und/oder materielle Beschwer des Berufungsklägers.

---

29 Vgl LAG Köln 28.11.1985 – 8 Ta 193/85, LAGE § 5 KSchG Nr. 21.
30 Vgl LAG Baden-Württemberg 3.4.1998 – 9 Ta 39/97, LAGE § 5 KSchG Nr. 94.
31 Vgl LAG Düsseldorf 25.7.2002 – 15 Ta 306/02, NZA-RR 2003, 101.
32 Vgl LAG Düsseldorf 19.9.2002 – 15 Ta 343/01, NZA-RR 2003, 78; vgl *Boewer*, in: Moll (Hrsg.), Münchener Anwaltshandbuch Arbeitsrecht, § 45 Rn 199.
33 Vgl LAG Thüringen 19.4.2001 – 7 Ta 159/2000, EzA-SR 2001 Nr. 18, 8; vgl *Boewer*, in: Moll (Hrsg.), Münchener Anwaltshandbuch Arbeitsrecht, § 45 Rn 183.

Weiterhin ist nach dem neu ins Gesetz eingefügten Abs. 5 vorgesehen, dass das Landesarbeitsgericht über die nachträgliche Klagezulassung durch Zwischen- oder Endurteil entscheidet, wenn das Arbeitsgericht über einen Antrag auf nachträgliche Klagezulassung nicht entschieden hat oder ein solcher Antrag erstmals vor dem Landesarbeitsgericht gestellt wird. Das Verfahren wird insgesamt durch die angesprochene Gesetzesänderung beschleunigt, da das Landesarbeitsgericht nun stets auch in der Sache selbst entscheiden kann und nicht wie im vorherigen Beschlussverfahren die Sache notwendig an das Ausgangsgericht zurückverweisen muss. Weiterhin ist somit seit dem 1.4.2008 auch eine **Revision zum Bundesarbeitsgericht** hinsichtlich der nachträglichen Klagezulassung nach den §§ 72, 72a ArbGG möglich, soweit diese vom Landesarbeitsgericht oder nach Nichtzulassungsbeschwerde vom Bundesarbeitsgericht selbst zugelassen wurde, was eine bessere Gewährleistung der einheitlichen Rechtsanwendung zur Folge hat.[34]   41

Zur Einhaltung der Klagefrist nach § 4 Satz 1 KSchG ist über die normale Fristenkontrolle hinaus sicherzustellen, dass der Arbeitnehmer, der vor Ausspruch einer Kündigung zur Beratung kommt, dahin gehend sensibilisiert ist, dass er sich nach Erhalt einer Kündigung unverzüglich meldet.   42

4. Besonderheiten beim Erfordernis einer behördlichen Zustimmung

Nach § 4 Satz 4 KSchG läuft die Frist des § 4 Satz 1 KSchG in Fällen, in denen die Kündigung der **Zustimmung einer Behörde** bedarf, erst ab der Bekanntgabe der Entscheidung der Behörde an den Arbeitnehmer. Dies betrifft die Fälle der Schwangerschaft (§ 9 Abs. 3 Satz 1 MuSchG), die Kündigung von Mitarbeitern vor und während der Elternzeit (§ 18 Abs. 1 Satz 2 und 3 BEEG) sowie die Kündigung schwerbehinderter Menschen (§§ 85, 91 SGB IX).   43

Allerdings setzt § 4 Satz 4 KSchG nach seinem Sinn und Zweck voraus, dass dem Arbeitgeber die jeweils maßgebliche Eigenschaft und damit das Erfordernis der Einholung einer behördlichen Zustimmung zum Zeitpunkt der Kündigung **bekannt** war.[35] Für das Vorliegen der Kenntnis des Arbeitgebers ist der Arbeitnehmer darlegungs- und beweislastpflichtig.[36]   44

Folgende Fälle sind zu differenzieren: 45

- Dem Arbeitnehmer wird die Zustimmung der Behörde **vor** Zugang der Kündigung bekanntgegeben. In diesem Fall liegt ein Fall des § 4 Satz 1 KSchG vor und die Dreiwochenfrist beginnt mit dem Zugang der Kündigung.[37]

---

34 Vgl *Boewer*, in: Moll (Hrsg.), Münchener Anwaltshandbuch Arbeitsrecht, § 45 Rn 213 ff.
35 Vgl BAG 13.2.2008 – 2 AZR 864/06, ArbRB 2008, 265; BAG 19.2.2009 – 2 AZR 286/07, NZA 2009, 980; LAG Köln 2.12.2009 – 3 Sa 500/09, ArbR 2010, 250.
36 Vgl BAG 11.12.2008 – 2 AZR 395/07, NZA 2009, 556; LAG Köln 2.12.2009 – 3 Sa 500/09, ArbR 2010, 250.
37 Vgl BAG 3.7.2003 – 2 AZR 487/02, NZA 2003, 1335; BAG 13.2.2008 – 2 AZR 864/06 m. Anm. *Reufels*, ArbRB 2008, 265.

- Die Behörde gibt dem Arbeitnehmer die Zustimmung erst **nach** Zugang der Kündigung bekannt: Die Dreiwochenfristrist läuft gemäß § 4 Satz 4 KSchG erst ab Bekanntgabe dieser Zustimmung.[38]

- Kündigt der Arbeitgeber einem schwerbehinderten Arbeitnehmer **in Kenntnis** von dessen Schwerbehinderteneigenschaft, so kann dieser das Fehlen der nach § 85 SGB IX erforderlichen Zustimmung bis zur Grenze der Verwirkung jederzeit geltend machen, wenn ihm eine entsprechende Entscheidung der zuständigen Behörde nicht bekanntgegeben worden ist.[39] Dies betrifft auch Fälle, in denen der Arbeitgeber überhaupt keine Zustimmung beim Integrationsamt beantragt. Im Falle eines Betriebsübergangs wird dem Betriebserwerber die Kenntnis des Veräußerers vom Sonderkündigungsschutz des Arbeitnehmers zugerechnet.[40]

- Ist allerdings dem Arbeitgeber bei Ausspruch der Kündigung die Schwerbehinderung des Arbeitnehmers bzw dessen Gleichstellung **nicht bekannt** und hatte der Arbeitgeber die Zustimmung des Integrationsamts deshalb auch nicht beantragt, so muss sich der Arbeitnehmer zur Erhaltung seines Sonderkündigungsschutzes nach § 85 SGB IX innerhalb von drei Wochen nach Zugang der Kündigung auf diesen Sonderkündigungsschutz gegenüber dem Arbeitgeber berufen, sofern seine Schwerbehinderung nicht offenkundig ist. Teilt er innerhalb dieser drei Wochen seinen Schwerbehindertenstatus bzw seine Gleichstellung nicht mit, so kann sich der Arbeitnehmer auf den Sonderkündigungsschutz nicht mehr berufen und mit Ablauf der Klagefrist des § 4 Satz 1 KSchG ist der eigentlich gegebene Nichtigkeitsgrund nach § 134 BGB iVm § 85 SGB IX wegen § 7 KSchG geheilt. § 4 Satz 4 KSchG kommt dann nicht zur Anwendung. Der Hinweis auf die Schwerbehinderung in der Klageschrift ist ausreichend, auch wenn die Klage dem Arbeitgeber nicht innerhalb der Frist des § 4 Satz 1 KSchG zugestellt wird, sondern erst kurz danach.

- Kennt der Arbeitgeber den Schwerbehindertenstatus des Arbeitnehmers nicht und teilt ein Arbeitnehmer dem Arbeitgeber seinen Schwerbehindertenstatus bzw die Gleichstellung innerhalb von drei Wochen nach der Kündigung mit, kann sich der Arbeitnehmer zwar auf den Sonderkündigungsschutz berufen. Allerdings muss er zugleich auch die Klagefrist des § 4 Satz 1 KSchG einhalten, denn zum Zeitpunkt des Zugangs der Kündigung war dem Arbeitgeber der Sonderkündigungsschutz nicht bekannt und er konnte eine Zustimmung nicht beantragen. § 4 Satz 4 KSchG findet dann keine Anwendung. Teilt etwa eine schwangere Arbeitnehmerin dem Arbeitgeber nach Zugang der Kündigung lediglich ihre Schwangerschaft innerhalb der von § 9 Abs. 1 MuSchG vorgesehenen Frist mit, ohne zusätzlich Kündigungsschutzklage zu erheben, hemmt dies den Fristlauf des § 4 Satz 1 KSchG nicht, und nach Ablauf der drei Wochen tritt die Wirksamkeitsfiktion nach § 7 KSchG ein.[41] Erfährt eine schwangere Arbeitnehmerin allerdings erst nach Zugang der Kündi-

---

38 Vgl *Wiehe*, in: Thüsing/Laux/Lembke, KSchG, § 4 Rn 58.
39 Vgl BAG 3.7.2003 – 2 AZR 487/02, NZA 2003, 1335; BAG 13.2.2008 – 2 AZR 864/06 m. Anm. *Reufels*, ArbRB 2008, 265.
40 Vgl BAG 11.12.2008 – 2 AZR 395/07, NZA 2009, 556.
41 Vgl BAG 19.2.2009 – 2 AZR 286/07, NZA 2009, 980.

gung von ihrer Schwangerschaft und dem damit verbundenen Sonderkündigungsschutz, ist § 4 Satz 4 KSchG nicht anzuwenden.[42] Allerdings ist ihr – soweit sie selbst von der Schwangerschaft erst unmittelbar vor Ablauf der Dreiwochenfrist erfährt – zumindest eine Mindestüberlegungszeit von drei Werktagen zuzubilligen. Läuft die Frist des § 4 Satz 1 KSchG nicht mehr entsprechend lang, ist die Klage regelmäßig gemäß § 5 KSchG nachträglich zuzulassen, da der Arbeitnehmerin nicht zugemutet werden kann, sich die neue Situation innerhalb eines Zeitraums von ein oder zwei Tagen zu vergegenwärtigen oder vorsorglich zur Fristwahrung Klage zu erheben.[43]

II. Vollmachtsprobleme bei der Kündigung
1. Problemkonstellationen
a) Fallgruppen

Im Zusammenhang mit der **Kündigung** von Arbeitsverhältnissen **im Wege der Stellvertretung** lassen sich im Wesentlichen drei besonders praktisch relevante und damit auch für das prozesstaktische Vorgehen interessante Konstellationen unterscheiden. Zunächst kommt es häufig vor, dass einem Arbeitnehmer zwar durch eine tatsächlich zur Stellvertretung im Rahmen der Kündigung ermächtigte Person gekündigt wird, jedoch ohne dass der Kündigung die Vollmachtsurkunde als Original beigelegt wird. Daneben sind von praktischer Relevanz zwei weitere, davon abzugrenzende Fälle, in denen der Kündigungserklärung selbst ein Rechtsmangel anhaftet. Dies ist einerseits der Fall der Kündigung durch einen Vertreter, dem die notwendige Vertretungsmacht zum Ausspruch der Kündigung fehlt, und andererseits die Kündigung durch sog. „fremde" oder „Nicht-Arbeitgeber". 46

Die angesprochenen Konstellationen lassen sich nicht immer klar voneinander trennen, da sie sich teilweise überschneiden bzw aus Sicht des Arbeitnehmers nicht immer auf den ersten Blick erkennbar ist, um welches Problem es sich handelt und wie darauf entsprechend zu reagieren ist. Aus diesem Grund ist von Seiten des beratenden Anwalts immer dann eine besonders genaue Prüfung geboten, wenn die Kündigung einen – wie auch immer gearteten – Vertretungssachverhalt berührt. 47

Zur Beurteilung der Zweckmäßigkeit der bestehenden Reaktionsmöglichkeiten ist zunächst eine genaue Kenntnis der verschiedenen Problemkonstellationen erforderlich. Der Anwalt muss abstrakt wissen, woran die verschiedenen Problemfelder zu erkennen sind, da die Unterscheidung nicht immer ganz einfach ist und die Bereiche sich häufig überschneiden oder sich zumindest berühren. Erst wenn der Lebenssachverhalt entsprechend eingeordnet ist, kann in einem zweiten Schritt die richtige prozesstaktische Reaktion ausgewählt werden. 48

---

[42] Vgl LAG Köln 10.2.2005 – 15 Ta 26/05, NZA-RR 2005, 382; LAG Schleswig-Holstein 13.5.2008 – 3 Ta 56/08, NZA-RR 2009, 132.
[43] Vgl LAG Schleswig-Holstein 13.5.2008 – 3 Ta 56/08, NZA-RR 2009, 132.

b) Fehlende Vorlage der Vollmachtsurkunde im Original, § 174 BGB

49 Die Unverzüglichkeit der Vorlage einer zugegangenen schriftlichen Kündigung beim Rechtsanwalt ist deshalb so wichtig, damit ggf rechtzeitig die Rüge nach § 174 BGB erfolgen kann. Da es sich bei der Kündigung um ein **einseitiges Rechtsgeschäft** handelt, muss ihr im Fall der Stellvertretung grundsätzlich nach § 174 Satz 1 BGB eine entsprechende Vollmachtsurkunde beigefügt werden. Diese Vorlagepflicht besteht insoweit nur für die rechtsgeschäftliche, jedoch nicht für die gesetzliche oder organschaftliche Vertretungsmacht.[44]

50 Die **Vollmachtsurkunde** muss dem Arbeitnehmer dabei **im Original vorgelegt** werden, so dass weder eine Fotokopie noch eine Faxkopie ausreichend ist.[45] In der nicht ausreichenden Übersendung der Vollmachtsurkunde per **Fax** besteht in der Praxis bereits ein häufiger Fehler. Ermächtigt im Fall einer Gesamtvertretung ein Gesamtvertreter den anderen intern zum alleinigen Ausspruch der Kündigung, so muss dem Gekündigten ebenfalls eine entsprechende, dies bezeugende, Urkunde vorgelegt werden.[46]

51 Unterbleibt die Vorlage der Urkunde, kann der Arbeitnehmer durch **unverzügliche Zurückweisung** der Kündigung nach § 174 Satz 1 BGB deren Unwirksamkeit herbeiführen. Für die **Unverzüglichkeit** gelten die Grundsätze des § 121 Abs. 1 Satz 1 BGB. Ob eine Zurückweisung unverzüglich – also iSv § 121 BGB ohne schuldhaftes Zögern – erfolgt ist, richtet sich dabei nicht nach starren Fristen, sondern ist vielmehr anhand der jeweiligen Umstände des Einzelfalles zu bestimmen.[47] Die Rechtsprechung geht je nach Sachverhalt davon aus, dass eine Zurückweisung innerhalb von drei bis zehn Tagen noch als unverzüglich anzusehen ist.[48] Als allgemeiner Grundsatz bleibt jedoch festzuhalten, dass dem Kündigungsempfänger immer zumindest genügend Zeit eingeräumt werden muss, Rechtsrat einzuholen. Aus diesem Grund ist die Frist entsprechend zu verkürzen, soweit nachgewiesen werden kann, dass der Arbeitnehmer selbst ausreichende Kenntnis von der Vorschrift des § 174 BGB hatte. Für den Anwalt ist es wichtig sicherzustellen, dass in der gebotenen Schnelligkeit überprüft wird, ob eine Kündigungserklärung nach § 174 BGB zurückgewiesen werden kann. Arbeitnehmer, die sich bei dem Anwalt mit dem Hinweis melden, dass ihnen gekündigt worden sei, müssen daher so schnell wie möglich einen Termin erhalten.

52 Die unsicheren Rahmenvorgaben hinsichtlich der genauen Bestimmung der **Zurückweisungsfrist** stellen die Arbeitnehmerseite vor Probleme, da es aus taktischen Gründen durchaus zweckmäßig sein kann, die Zurückweisung möglichst lange hinauszuzögern. Dies kann beispielsweise Sinn haben, um bei einer außerordentlichen Kündigung den Ablauf der zweiwöchigen Ausschlussfrist des § 626 Abs. 2 BGB zu bewirken und somit

---

[44] Vgl BAG 20.9.2006 – 6 AZR 82/06, NZA 2007, 377; BAG 10.2.2005 – 2 AZR 584/03, NJOZ 2005, 4238; BGH 9.11.2001 – LwZR 4/01, NJW 2002, 1194.
[45] Vgl LAG Düsseldorf 22.2.1995 – 4 Sa 1817/94, NZA 1995, 994; LAG Düsseldorf 12.12.1994 – 12 Sa 1574/94, BB 1995, 731; BGH 10.2.1994 – IX ZR 109/93, NJW 1994, 1472.
[46] Vgl BAG 18.12.1980 – 2 AZR 980/78, NJW 1981, 2374.
[47] Vgl BAG 30.5.1978 – 2 AZR 633/76, NJW 1979, 447; BAG 11.3.1999 – 2 AZR 427/98, NZA 1999, 818; BAG 5.4.2001 – 2 AZR 159/00, NJW 2002, 162.
[48] Vgl *Reufels*, AnwBl 2010, 167; vgl BAG 20.9.2006 – 6 AZR 82/06, NZA 2007, 377; BAG 11.3.1999 – 2 AZR 427/98, NZA 1999, 818; BAG 31.8.1979 – 7 AZR 674/77, AP Nr. 3 zu § 174 BGB; BAG 30.5.1978 – 2 AZR 633/76, AP Nr. 2 zu § 174 BGB.

die Möglichkeit des Ausspruchs einer erneuten außerordentlichen Kündigung nach Zurückweisung der ersten zu verhindern. Ebenso kann ein möglichst langes Ausschöpfen der Zurückweisungsfrist unter Umständen nutzbar gemacht werden, um bei wiederholter ordentlicher Kündigung den Kündigungstermin (etwa um einen weiteren Monat) hinauszuzögern.[49] Allerdings birgt ein zu langes Abwarten immer das Risiko, dass die Zurückweisung vom Arbeitsgericht als verspätet gewertet wird und demnach das Fehlen der Vollmachtsurkunde für die Wirksamkeit der Kündigung unbeachtlich ist. Daher sollte eine Kündigung ohne vorgelegte Urkunde grundsätzlich zumindest innerhalb einer Woche nach § 174 BGB zurückgewiesen werden.

Wichtig ist, dass die Zurückweisung der Kündigung wegen fehlender Vorlage einer Vollmacht selbst ein einseitiges Rechtsgeschäft darstellt und demnach auch „zurückweisungsfest" ausgestaltet werden muss. Aus diesem Grund ist dafür Sorge zu tragen, dass der **Zurückweisung** eine **anwaltliche Originalvollmacht beigelegt** wird oder der Arbeitnehmer selbst mit einem vom Rechtsanwalt vorformulierten Schreiben die Zurückweisung der Kündigung vornimmt. Denn sonst besteht das Risiko, dass die Zurückweisung nach § 174 BGB ihrerseits vom Arbeitgeber nach § 174 BGB zurückgewiesen und damit unwirksam wird.

53

Weiterhin muss darauf geachtet werden, dass die Zurückweisung wegen **fehlender Vorlage** einer Vollmacht und nicht wegen „fehlender Vollmacht" ausgesprochen wird. Die Zurückweisung ist dabei zur Vermeidung von Fehlern möglichst eng an den Wortlaut des § 174 BGB anzulehnen.

54

Will sich der Gekündigte auf die Unwirksamkeit der Kündigung nach § 174 BGB berufen, ist alleinig die Zurückweisung der Kündigung nicht ausreichend. Neben der Zurückweisung muss zur **Verhinderung der Wirksamkeitsfiktion des § 7 KSchG** innerhalb von drei Wochen eine **Kündigungsschutzklage** eingereicht werden, da aufgrund der tatsächlich bestehenden (nur nicht nachgewiesenen) Vertretung auch im Falle der Zurückweisung nach § 174 Satz 1 BGB die Präklusionsfrist nach § 4 KSchG Anwendung findet.[50]

55

Ein Fehler besteht darin, dass die Zurückweisung der Kündigung nicht in einem an den Arbeitgeber gerichteten Schreiben erfolgt, sondern in der erhobenen Kündigungsschutzklage selbst. Da diese über das Arbeitsgericht dem Arbeitgeber meistens erst einige Wochen später zugeht, ist eine derart vorgenommene Zurückweisung der Kündigung nicht mehr unverzüglich und damit wirkungslos.

56

Das **Zurückweisungsrecht** ist mangels Schutzbedürftigkeit des Kündigungsempfängers jedoch nach **§ 174 Satz 2 BGB ausgeschlossen**, soweit dieser durch den Erklärenden zuvor von der Bevollmächtigung in Kenntnis gesetzt wurde. Die Darlegungs- und Beweislast für ein ausreichendes Inkenntnissetzen trifft dabei den Arbeitgeber. Eine ausdrückliche Erklärung seitens des Vertretenen ist in diesem Zusammenhang nicht er-

57

---

49 Vgl *Moll/Altenburg*, in: Moll (Hrsg.), Münchener Anwaltshandbuch Arbeitsrecht, § 2 Rn 54.
50 So auch: KR/*Friedrich*, § 13 KSchG Rn 384; *Bender/Schmidt*, NZA 2004, 358, 362; *Fournasier/Werner*, NJW 2007, 2729, 2733; *Kittner/Däubler/Zwanziger*, KSchR, § 4 KSchG Rn 9; *Reufels*, AnwBl 2010, 167, 168; aA für Unanwendbarkeit der §§ 4, 7 KSchG: *Ulrici*, DB 2004, 250, 251; *Raab*, RdA 2004, 321, 325.

forderlich, es reicht aus, dass sich das Bestehen der Bevollmächtigung aus den Umständen ergibt.[51] Dies ist beispielsweise bereits der Fall, wenn der Vertreter in eine bestimmte Stellung – wie zB die des Leiters der Personalabteilung oder des Gesamtbevollmächtigten – berufen ist, mit welcher eine entsprechende Vollmacht üblicherweise verbunden ist, und die entsprechende Stellung des Vertreters dem Kündigungsempfänger bekannt war oder mitgeteilt wurde.[52] Dagegen stellt eine bloße Mitteilung des Vertreters selbst über seine Vertretungsmacht, beispielsweise durch die geläufigen Unterschriftszusätze „i.V." oder „i.A.", kein ausreichendes Inkenntnissetzen iSd § 174 Satz 2 BGB dar.[53] Gleichwohl ist mit dem Vertrauen darauf, ein Personalleiter sei auch üblicherweise zum Ausspruch von Kündigungen befugt, Vorsicht geboten. Denn die Funktion des Personalleiters ist kein Rechtsbegriff und entzieht sich eines vereinheitlichten Aufgabengebiets. Es gibt durchaus sehr häufig Personalleiter, die keine (alleinige) Kündigungskompetenz haben, so dass sich Arbeitgeber auf die „Personalleiterrechtsprechung" nicht verlassen sollten. Vorzuziehen ist, dass die Kündigung von jemandem unterschrieben wird, dessen Vertretungsbefugnis sich aus dem Handelsregister ergibt, oder dass dem vom Personalleiter unterschriebenen Kündigungsschreiben eine Originalvollmacht beigelegt wird, auf der sich die Unterschrift(en) des- oder derjenigen befinden, die nach dem Handelsregister bzw. kraft Gesetzes zur Vertretung berechtigt sind. Wird die Kündigung von einem **Prokuristen** ausgesprochen, soll es für die Entbehrlichkeit der Pflicht zur Vorlage der Vollmachtsurkunde ausreichend sein, dass die Prokura ordnungsgemäß ins Handelsregister eingetragen ist, selbst wenn der Prokurist nicht mit dem die Prokura andeutenden Zusatz iSv § 51 HGB zeichnet.[54]

58 Häufig kann sich ein Blick in den Arbeitsvertrag lohnen. Ist der Arbeitsvertrag nämlich für die Gesellschaft nur von einer Person unterschrieben worden, könnte dies ein Hinweis darauf sein, dass die Person auch eine entsprechende Bevollmächtigung zur Entlassung von Mitarbeitern hat. Zwingend ist dies aber nicht. Es wäre dann genauer zu untersuchen, ob die Belegschaft bzw der Arbeitnehmer von dieser Bevollmächtigung in Kenntnis gesetzt wurde (§ 174 Satz 2 BGB). Zu beachten ist aber, dass die Einstellungs- und Entlassungsbefugnis auch auseinanderfallen kann, dass also ein leitender Mitarbeiter durchaus berechtigt sein kann, Arbeitsverträge zu unterzeichnen, ohne aber zugleich die Vollmacht zu besitzen, Kündigungen aussprechen zu dürfen.

c) Vertretung ohne Vertretungsmacht

59 In der Praxis stellt es keinen Ausnahmefall dar, dass ein Arbeitnehmer von einem Vertreter gekündigt wird, der tatsächlich **nicht die erforderliche Vertretungsmacht** besitzt. Eine Kündigung durch einen Vertreter ohne Vertretungsmacht ist als einseitiges Rechtsgeschäft grundsätzlich **gemäß § 180 Satz 1 BGB unwirksam**. Hat der Gekündigte die Vertretung ohne Vertretungsmacht allerdings nicht beanstandet oder war er mit dieser einverstanden, besteht gemäß § 180 Satz 2 iVm § 177 Abs. 1 BGB die Möglichkeit für

---

[51] Vgl BAG 12.1.2006 – 2 AZR 179/05, NZA 2006, 980; ErfK/*Müller-Glöge*, § 620 BGB Rn 24; MüKo-BGB/*Schramm*, 5. Aufl. 2010, § 174 BGB Rn 8.
[52] Vgl BAG 30.5.1972 – 2 AZR 298/71, NJW 1972, 1877; BAG 18.5.1994 – 2 AZR 920/93, NZA 1995, 24; BAG 20.8.1997 – 2 AZR 518/96, NZA 1997, 1343; BAG 22.1.1998 – 2 AZR 267/97, NZA 1998, 699.
[53] Vgl BAG 12.1.2006 – 2 AZR 179/05, NZA 2006, 980.
[54] Vgl BAG 11.7.1991 – 2 AZR 107/91, NZA 1992, 449.

den vertretenen Arbeitgeber, die Kündigung nachträglich zu genehmigen. Die **Genehmigung der Kündigung** durch den Arbeitgeber bedarf gemäß § 182 Abs. 2 BGB grundsätzlich nicht der Schriftform des § 623 BGB und kann nach § 177 Abs. 1 BGB sowohl gegenüber dem Vertreter als auch gegenüber dem Erklärungsempfänger (also dem Gekündigten) erteilt werden. Soweit eine außerordentliche Kündigung ausgesprochen wurde, muss die Genehmigung allerdings innerhalb der zweiwöchigen Ausschlussfrist nach § 626 Abs. 2 BGB erfolgen.[55] Erst mit Erteilung der Genehmigung kann die Kündigung dem Arbeitgeber zugerechnet werden und erlangt somit eine rechtliche Wirkung für das betroffene Arbeitsverhältnis.

Nach dem Zugang einer Kündigung durch einen Vertreter ohne Vertretungsmacht besitzt der Kündigungsempfänger grundsätzlich verschiedene Handlungsalternativen: Er hat die Möglichkeit, den Arbeitgeber gemäß § 180 Satz 2 iVm § 177 Abs. 2 BGB zur Erklärung über die Genehmigung aufzufordern oder die Kündigung gemäß § 180 Satz 2 iVm § 178 BGB vor Erteilung der Genehmigung zurückzuweisen. Die letzte Möglichkeit ist vor allem praktisch relevant. 60

Da die **Ausschlussfrist** des § 4 Satz 1 KSchG grundsätzlich nur auf dem Arbeitgeber zurechenbare Kündigungen Anwendung findet (s. Rn 15), **beginnt** sie nicht schon mit Zugang der Kündigung des Vertreters ohne Vertretungsmacht, sondern **frühestens mit der nachträglichen Genehmigung** durch den Arbeitgeber.[56] Problematisch ist allerdings, dass die nachträgliche Genehmigung nach den Regelungen der §§ 180 Satz 2, 177 Abs. 1 BGB auch gegenüber dem vollmachtlosen Vertreter abgegeben werden kann. Da der Arbeitnehmer von einer solchen „internen" Genehmigung jedoch regelmäßig keine Kenntnis nehmen wird und es somit an einer tauglichen Veranlassung des Arbeitnehmers zur Erhebung der Kündigungsschutzklage fehlt, ist diese als Anknüpfungspunkt für den Beginn des Fristlaufs nach § 4 Satz 1 KSchG ungeeignet. Daher muss auf den Zeitpunkt abgestellt werden, zu welchem der Arbeitnehmer von der erteilten Genehmigung erfährt, wann sie ihm also zugeht. 61

Der Arbeitnehmer muss eine Kündigungsschutzklage demnach in diesem Fall erst dann erheben, wenn ihm die Kündigungsgenehmigung des Arbeitgebers zugegangen ist. Da es allerdings in der Regel für den Arbeitnehmer nicht ermittelbar ist, ob Vertretungsmacht bestand oder nicht, sollte im Zweifel immer in der Frist des § 4 Satz 1 KSchG, gerechnet ab Zugang des Kündigungsschreibens, Klage erhoben werden. 62

d) Kündigung durch „fremde" oder „Nicht-Arbeitgeber"

Von der Kündigung durch einen Vertreter ohne Vertretungsmacht ist der Fall der Kündigung durch einen „fremden" oder „Nicht-Arbeitgeber" abzugrenzen. Hier liegt zwar ebenfalls nicht die erforderliche Vertretungsmacht vor, darüber hinaus fehlt allerdings auch das Auftreten im Namen des tatsächlichen Arbeitgebers, so dass die von § 164 Abs. 1 BGB vorausgesetzte **Offenkundigkeit** der Stellvertretung **nicht gewahrt** ist. Aus diesem Grund scheidet eine nachträgliche Genehmigung durch den tatsächlichen Arbeitgeber aus, da die Kündigung schon nicht in seinem Namen oder seiner Vertretung 63

---

55 Vgl BAG 26.3.1986 – 7 AZR 585/84, NJW 1987, 1038.
56 Vgl BAG 26.3.2009 – 2 AZR 403/07, NZA 2009, 1147.

erklärt wurde. Damit hat die Kündigung eines „fremden" oder „Nicht-Arbeitgebers" auf das bestehende Rechtsverhältnis keinerlei Einfluss und ist schlichtweg unwirksam.[57]

64 Praktisch treten diese Fälle oftmals im Zusammenhang mit **Betriebsübergängen** oder bei **Konzernen** auf. In diesem Zusammenhang ist denkbar, dass ein Arbeitnehmer etwa ursprünglich bei einer Konzerngesellschaft angestellt wurde, dann jedoch eine Kündigung von der Konzernobergesellschaft oder von einer anderen Konzerngesellschaft erhält, für die er zB nach erfolgter Konzernleihe später tätig wurde.

65 Auch im Zusammenhang mit der **Insolvenz einer Gesellschaft** ist der Ausspruch einer Kündigung durch einen „Nicht-Arbeitgeber" denkbar. Nach Eröffnung des Insolvenzverfahrens geht die Befugnis des Schuldners, über das Gesellschaftsvermögen zu verfügen, gemäß § 80 Abs. 1 InsO auf den Insolvenzverwalter über. Der Insolvenzverwalter tritt sodann als „Partei kraft Amtes" vollständig in die Arbeitgeberstellung ein und ist fortan auch alleinig zum Ausspruch von Kündigungen berechtigt.[58] Kündigt der Geschäftsführer der insolventen GmbH im Namen der GmbH (und nicht des Insolvenzverwalters), handelt es sich nicht um eine Vertretung ohne Vertretungsmacht, sondern um die Kündigung durch einen „Nicht-Arbeitgeber", welche keinerlei rechtliche Wirkung für das Arbeitsverhältnis entfaltet.[59]

66 Da die dreiwöchige Ausschlussfrist des § 4 Satz 1 KSchG nur durch dem tatsächlichen Arbeitgeber zurechenbare Kündigungen in Gang gesetzt wird, findet sie auf Kündigungen „fremder" oder „Nicht-Arbeitgeber" keine Anwendung.[60]

2. Prozesstaktische Vorgehensweise
a) Kündigungsausspruch durch Dritte
aa) Fremder Arbeitgeber

67 Praktisch besonders problematisch sind die Fälle der Kündigung durch vertragsfremde Personen. Hier ist zunächst zu bestimmen, ob jemand zwar vielleicht ohne Vertretungsmacht, aber doch erkennbar für den Berechtigten gekündigt hat, oder ob es auch an der notwendigen Offenkundigkeit fehlt, so dass es sich um eine Kündigung durch einen „fremden" oder „Nicht-Arbeitgeber" handelt. Bei einer Kündigung durch einen „fremden" oder „Nicht-Arbeitgeber" scheidet eine nachträgliche Genehmigung aus. Aus diesem Grund muss und kann der Arbeitnehmer auf eine solche Kündigung nicht mit der Kündigungsschutzklage reagieren. Eine Klage gegen den „Nicht-Arbeitgeber", zu dem gar kein Arbeitsverhältnis besteht, welches gekündigt werden könnte, wäre aufgrund der fehlenden Passivlegitimation des „Nicht-Arbeitgebers" abzuweisen, so dass dem Arbeitnehmer die Kostenlast zufiele.[61] Ebenso scheidet eine Kündigungsschutzklage gegen den tatsächlichen Arbeitgeber aus, da diesem die Kündigung nicht zugerechnet werden kann, was ebenfalls in der Abweisung dieser Klage resultieren

---

57 So auch *Berkowsky*, BB 2010, 1149, 1150.
58 Vgl *Berkowsky*, NZA 2009, 1125; *Bertram*, NZI 2001, 625, 626.
59 Vgl BAG 26.3.2009 – 2 AZR 403/07, NZA 2009, 1147.
60 Vgl BAG 26.3.2009 – 2 AZR 403/07, NZA 2009, 1147.
61 Vgl *Berkowsky*, in: Richardi (Hrsg.), Münchener Handbuch zum Arbeitsrecht, § 126 Rn 77 f.

würde. Folglich bestünde für den Arbeitnehmer die einzige Möglichkeit, um jegliche Kostenlast zu vermeiden, darin, auf eine solche Kündigung überhaupt nicht zu reagieren. Die Frist des § 4 Satz 1 KSchG findet im dargestellten Fall keine Anwendung.[62]

Problematisch ist in diesem Zusammenhang allerdings, dass sich in komplizierteren Sachverhaltskonstellationen (insbesondere bei unübersichtlichen Konzernsachverhalten) nicht auf den ersten Blick erkennen lässt, inwieweit die notwendige **Offenkundigkeit** im Rahmen der Stellvertretung gewahrt ist. Ein Handeln im fremden Namen kann sich gemäß § 164 Satz 2 BGB auch aus den Umständen ergeben und muss demnach nicht zwingend ausdrücklich erklärt werden. Generell muss der Arbeitnehmer bei einer Kündigung durch einen „Nicht-Arbeitgeber" zwar nicht reagieren, aufgrund der verbleibenden Unsicherheit bei der Abgrenzung der Fälle könnte jedoch – auch auf die Gefahr der Abweisung hin – zumindest in besonderen Zweifelsfällen eine **vorsorgliche Kündigungsschutzklage** geboten sein. Das Risiko, dass bei einer eigentlich angreifbaren Kündigung durch mangelnde Klageerhebung die Wirksamkeitsfiktion nach § 7 KSchG eintritt, überwiegt regelmäßig die Gefahr der Abweisung einer Klage gegen eine Kündigung eines Nichtberechtigten.

68

Wendet sich bei Vertretung der Arbeitgeberseite der Arbeitgeber mit dem Anliegen der Kündigung eines Arbeitnehmers in einem Konzernsachverhalt an den Anwalt, ist von Seiten des Rechtsberaters ausdrücklich darauf hinzuwirken, dass zuverlässig zu klären ist, bei welcher Konzerngesellschaft der Arbeitnehmer angestellt ist und wer somit die Kündigungsberechtigung innehat. Wird nämlich der Arbeitnehmer aufgrund der unwirksamen Kündigung nicht mehr für den Arbeitgeber tätig, besteht auch nach Ablauf der (nicht anwendbaren) Dreiwochenfrist des § 4 Satz 1 KSchG noch bis zur Verwirkungs- bzw. Verjährungsgrenze die Gefahr der Inanspruchnahme auf Zahlung des Annahmeverzugslohns iSv § 615 BGB.

69

Handelt es sich allerdings nicht um die Kündigung durch einen „fremden" Arbeitgeber, hat also der „richtige" Arbeitgeber gekündigt, ist es gleichwohl oftmals nicht offensichtlich, ob ein Vertreter tatsächlich berechtigt war, das Arbeitsverhältnis zu kündigen oder nicht. Da sich in diesen Fällen meist erst im Nachhinein klärt, inwieweit eine Bevollmächtigung bestand, muss der Arbeitnehmer über das weitere Vorgehen entscheiden. Nachfolgend werden die **wichtigsten Reaktionsmöglichkeiten** bei der Stellvertretung dargestellt sowie in ihrer rechtlichen und vor allem prozesstaktischen Wirkung voneinander abgegrenzt.

70

bb) Fristsetzung zur Genehmigung bei Stellvertretung, §§ 180 Satz 2, 177 Abs. 2 BGB

Ist das tatsächliche Bestehen einer Vollmacht unklar, hat die Arbeitnehmerseite zunächst die Möglichkeit, den Arbeitgeber nach § 180 Satz 2 iVm § 177 Abs. 2 BGB **zur Erklärung über die Genehmigung aufzufordern**. Auf diese Weise wird bewirkt, dass der Arbeitgeber die Kündigung nur noch innerhalb von zwei Wochen gegenüber dem Arbeitnehmer genehmigen kann. Wird die Genehmigung daraufhin erteilt, muss der Arbeitnehmer unter Wahrung der Frist des § 4 Satz 1 KSchG, welche erst mit Zugang der

71

---

62 Vgl BAG 26.3.2009 – 2 AZR 403/07, NZA 2009, 1147.

Genehmigung zu laufen beginnt, Kündigungsschutzklage erheben. Die Aufforderung des Arbeitnehmers ist allerdings prozesstaktisch in der Regel wenig sinnvoll, weil die Genehmigung wohl innerhalb der Frist erteilt wird.

72 Für die Arbeitgeber kann es hingegen auf eine solche Fristsetzung ratsam sein, innerhalb der nach § 177 Abs. 2 BGB vorgegebenen Zweiwochenfrist mitzuteilen, er müsse gar nicht genehmigen, da eine Vollmacht bereits von Anfang an bestanden habe (so dass die Frist des § 4 Satz 1 KSchG bereits mit Zugang der Kündigung anlief). Dann verbleibt dem Arbeitnehmer zur fristgerechten Klageerhebung allenfalls noch eine Woche. Dem Arbeitgeber, welcher eine Aufforderung zur Erklärung über die Genehmigung durch den Arbeitnehmer erhält, ist zu raten, die Zweiwochenfrist in dieser Konstellation möglichst voll auszuschöpfen, um evtl die Fiktion des § 7 KSchG bereits herbeizuführen.

73 Auch wenn die Handlungsalternativen im Fall der Genehmigung leicht zu überblicken sind, so stellt sich allerdings der Fall als problematisch dar, wenn der **Arbeitgeber auf die Aufforderung** überhaupt **nicht reagiert**. Zwar würde nach der aufgezeigten BAG-Rechtsprechung bei fehlender Vertretungsmacht die Ausschlussfrist gar nicht zu laufen beginnen; lag dagegen jedoch eine Bevollmächtigung vor, träte drei Wochen nach Zugang der Kündigung die Wirksamkeitsfiktion des § 7 KSchG ein. Um sich in diesem Fall abzusichern, muss der Arbeitnehmer trotz Unsicherheit über das Vorliegen einer wirksamen Kündigung vor Ablauf der Frist des § 4 KSchG **vorsorglich Kündigungsschutzklage** erheben, und zwar auch auf die (theoretische) Gefahr hin, dass er unterliegt, wenn die angegriffene Kündigung mangels Bevollmächtigung des Vertreters dem Arbeitgeber gar nicht zurechenbar war. Dann müsste der Arbeitnehmer allerdings eigentlich die durch die Abweisung entstandenen Prozesskosten tragen, was aber hinnehmbar ist, um das Risiko der Wirksamkeitsfiktion nach § 7 KSchG zu vermeiden.

cc) Beanstandung der Kündigung, §§ 180 Satz 2, 178 BGB

74 Als für den Arbeitnehmer praktisch relevante Handlungsalternative kann er nach § 180 Satz 2 iVm § 178 BGB vor Erteilung der Genehmigung die Beanstandung **der Kündigung** erklären. Dies hat zur Folge, dass eine durch einen Vertreter ohne Vertretungsmacht erklärte Kündigung unwirksam wird. Eine solche Beanstandung ist allerdings nur möglich, soweit zum Zeitpunkt der Kündigungserklärung auch **tatsächlich keine Vertretungsmacht** bestand. Da dies aus Sicht des Arbeitnehmers in der Regel unklar ist (beispielsweise mangels Reaktion des Arbeitgebers auf die Zurückweisung), sollte jedenfalls eine Zurückweisung nach § 174 BGB erfolgen (s. Rn 75 ff). In jedem Fall muss eine Kündigungsschutzklage innerhalb der Dreiwochenfrist des § 4 Satz 1 KSchG erhoben werden.

dd) Zurückweisung nach § 174 BGB

75 Die Unsicherheit über das Vorliegen einer Vertretungsmacht ergibt sich oftmals in erster Linie daraus, dass der Kündigungserklärung keine Vollmachtsurkunde beigefügt wird. In diesen Fällen kann der Arbeitnehmer – unabhängig vom tatsächlichen Bestehen der Bevollmächtigung – die Unwirksamkeit der Kündigung durch deren unverzügliche Zu-

II. Vollmachtsprobleme bei der Kündigung

rückweisung nach § 174 BGB herbeiführen. Die Zurückweisung kann für den Arbeitnehmer eine Reaktionsmöglichkeit darstellen, deren taktische Wirkung nicht zu unterschätzen ist. Die Praxis zeigt, dass Kündigungen sehr häufig nach § 174 BGB wirksam zurückgewiesen werden, wenn zB nicht der Geschäftsführer als Organ der Gesellschaft die Kündigung unterzeichnet hat. Geschäftsführer oder Prokuristen gelten aufgrund der Registerpublizität als bevollmächtigt, so dass eine Zurückweisung nach § 174 BGB ausscheidet. Gerade in größeren Konzernen unterschreiben jedoch häufig Mitarbeiter Kündigungen, die lediglich mit „i.V." oder „i.A." unterzeichnet sind. In diesen Fällen ist den Kündigungen regelmäßig keine Originalvollmacht beigefügt. Hier besteht die Möglichkeit zur Zurückweisung, wenn nicht die oben dargestellten Voraussetzungen des § 174 Satz 2 BGB vorliegen (s. Rn 49 ff).

Häufig kann es sich in Kündigungsschutzprozessen für einen den Arbeitnehmer vertretenden Rechtsanwalt auszahlen, die Kündigung vorsorglich einmal „auf gut Glück" zurückzuweisen. Die Praxis zeigt, dass viele Personalabteilungen mit der Rüge des § 174 BGB nicht umgehen können und demnach nicht wissen, wie darauf zu reagieren ist. Oftmals wird von Arbeitgeberseite anstelle des Ausspruchs einer erneuten Kündigung unter Vorlage der entsprechenden Vollmachtsurkunde dann lediglich nachträglich noch eine Vollmacht übersandt. Diese heilt die einmal vorgenommene Zurückweisung der Kündigung natürlich nicht. Die Chance ist jedenfalls hoch, dass der Arbeitgeber, welchem gegenüber die Zurückweisung ausgesprochen wird, entweder hierauf gar nicht reagiert und keine erneute Kündigung ausspricht oder dass eine neue Kündigung eben erst mit Verspätung (und ggf zu einem anderen Kündigungstermin) ausgesprochen wird. Häufig wird arbeitgeberseitig auch vergessen, den Betriebsrat vor einem erneuten Ausspruch der Kündigung anzuhören. 76

Aus **Arbeitgebersicht** empfiehlt es sich also, das Kündigungsschreiben so unterzeichnen zu lassen, dass keine Möglichkeit einer Zurückweisung nach § 174 BGB besteht. Dies ist insbesondere dann wichtig, wenn für den Ausspruch der Kündigung Fristen zu beachten sind (zB die Zweiwochenfrist des § 626 BGB oder der Ausspruch einer Kündigung zu einem bestimmten Kündigungstermin). Wird die Kündigung wegen fehlender Vorlage einer Vollmacht zurückgewiesen, so muss sie erneut ausgesprochen werden (mit der dann erforderlichen Notwendigkeit, den Betriebsrat noch einmal gemäß § 102 BetrVG anhören zu müssen). Dies kann in Unternehmen bedeuten, dass entweder die Belegschaft über die Kündigungsberechtigung bestimmter Personen in Kenntnis gesetzt werden muss (§ 174 Satz 2 BGB) oder die Kündigungen nur noch von den Personen (Geschäftsführer, Prokuristen) unterschrieben werden, deren Bevollmächtigung zum Ausspruch von Kündigungen aufgrund der Registerpublizität von jedermann nachvollzogen werden kann. Auf eine Klärung dieser (einfachen) Umstände sollte der den Arbeitgeber beratende Anwalt stets hinweisen. Viele „gut vorbereitete" Arbeitgeberkündigungen scheitern „auf dem letzten Meter" daran, dass die Kündigungserklärung nicht „zurückweisungsfest" ausgesprochen wird. 77

Aus **Arbeitgebersicht** empfiehlt es sich jedenfalls, zum Ausspruch von Kündigungen eine **klare Vollmachtsregelung** zu treffen, dh wer Kündigungen aussprechen kann und welchen Formerfordernissen diese zu unterliegen haben, und diese Vollmachtsregelung 78

41

auch allgemein bekannt zu machen. Damit erspart sich der Arbeitgeber für jeden Einzelfall die Mühe, dem kündigenden Vertreter eine originale Einzelvollmacht auszustellen.

79 Gelegentlich wird geraten, eine Kündigung wegen fehlender Vollmachtsvorlage auch in eigentlich möglichen Fällen dann nicht zurückzuweisen, wenn der Arbeitnehmer das Arbeitsverhältnis wirklich fortführen will.[63] Als Grund hierfür wird angegeben, dass Arbeitgeber „allergisch" auf eine Zurückweisung reagieren und ggf eine Weiterbeschäftigung des Mitarbeiters aus diesem Grund nicht mehr in Betracht ziehen bzw nach neuen Kündigungsgründen suchen. Diesem Vorschlag kann nicht gefolgt werden. Im Gegenteil: Will ein Arbeitnehmer an seinem Arbeitsplatz festhalten und das Arbeitsverhältnis fortsetzen, so hat der Anwalt die Aufgabe, die Unwirksamkeit der Kündigung unter allen denkbaren Aspekten feststellen zu lassen. Hierzu gehört es (erst recht), die Unwirksamkeit der Kündigung bereits aus formalen Gründen herbeizuführen, was durch eine (wirksame) Zurückweisung der Kündigung wegen fehlender Vorlage einer Vollmacht nach § 174 BGB ohne großen Aufwand erfolgen kann. Die Chance ist hoch, dass der Arbeitgeber, dem gegenüber die Zurückweisung ausgesprochen wird, entweder hierauf gar nicht reagiert und keine neue Kündigung ausspricht oder dass eine neue Kündigung eben erst mit Verspätung (und ggf zu einem anderen Kündigungstermin) ausgesprochen wird. Es kann sich auch anbieten, die Zurückweisung der Kündigung wegen fehlender Vorlage einer Vollmacht in einem längeren Anschreiben an den Arbeitgeber „zu verstecken".

In der Praxis finden sich gelegentlich Anwälte, die nach Ausspruch einer Kündigung längere Schreiben an den Arbeitgeber richten, in denen sie auf persönliche Belange des Arbeitnehmers abstellen, auf seinen Willen, das Arbeitsverhältnis fortzusetzen, die dem Arbeitgeber zu bedenken geben, ob das Arbeitsverhältnis nicht doch fortgesetzt werden kann, und die „versteckt" in einem Nebensatz die Zurückweisung der Kündigung wegen fehlender Vollmachtsurkunde vornehmen. Wenn das Schreiben geschickt abgefasst ist, besteht die Chance, dass der Arbeitgeber die Zurückweisung „überliest" und vom Ausspruch einer weiteren Kündigung absieht. Dies fällt dann meistens erst im Kammertermin auf, wenn der Vorsitzende Richter darauf hinweist, dass die Kündigung nach § 174 BGB zurückgewiesen wurde und bereits deshalb unwirksam ist.

80 Die Zurückweisung nach § 174 BGB kann vorsorglich auch dann vorgenommen werden, wenn tatsächlich gar keine Bevollmächtigung bestand. Auch nach erfolgter Zurückweisung muss die Kündigung innerhalb von drei Wochen mit der Kündigungsschutzklage angegriffen werden.

ee) Kombination der Reaktionsmöglichkeiten

81 Im Fall der Unsicherheit über das Bestehen einer Vertretungsmacht können die dargestellten Reaktionsmöglichkeiten **innerhalb** einer **einheitlichen Erklärung kombiniert** werden. Demnach sollte die fehlende Vollmacht beanstandet werden und eine Zurückweisung wegen fehlender Vorlage der Vollmachturkunde erklärt werden.

---

63 Vgl *Kleinmann/Meyer-Renkes*, § 2 Rn 112 f, S. 53.

Unabhängig davon, ob die aufgezeigten Reaktionsmöglichkeiten einzeln oder in Kombination vorgenommen werden, ist wichtig, dass es sich bei allen Erklärungen jeweils ebenfalls um **einseitige Rechtsgeschäfte iSd § 174 BGB** handelt. Der Rechtsberater muss also darauf achten, dass jeder Erklärung jeweils die **originale Vollmachtsurkunde beigefügt** und im Schreiben auf diese Bezug genommen wird oder der Arbeitnehmer das Schreiben selbst unterschreibt. 82

Eine entsprechende hier angeregte kombinierte Formulierung könnte lauten: 83

Sehr geehrte Damen und Herren,

unter Beifügung einer entsprechenden auf uns lautenden Originalvollmacht zeigen wir Ihnen an, dass uns Herr/Frau ... mit der Wahrnehmung seiner/ihrer rechtlichen Interessen beauftragt hat.

Am ... hat unser Mandant von Ihnen eine Kündigung erhalten.

Eine Genehmigung der Kündigung lehnen wir im Namen unseres Mandanten gemäß §§ 180 Satz 2, 178 BGB ab.

Vorsorglich für den Fall, dass eine Vollmacht bestanden haben sollte, weisen wir die Kündigung wegen fehlender Vorlage der Vollmacht gemäß § 174 BGB zurück.

Mit freundlichen Grüßen

(Rechtsanwalt)

b) Kündigung durch den Vertragsarbeitgeber

Handelt es sich um eine Kündigung durch den Vertragsarbeitgeber selbst, fällt es dem betroffenen Arbeitnehmer im Regelfall leichter, das Vorliegen der Bevollmächtigung nachzuprüfen und die Situation einzuschätzen. Eine Vertretung ohne Vertretungsmacht ist in diesem Zusammenhang ebenfalls denkbar, etwa wenn nicht eine vorgeschriebene Gesamtvertretung (zB bei der GbR oder OHG) eingehalten wurde, sondern ein Gesellschafter eigenmächtig kündigt. 84

Es kann in der Arbeitnehmerberatung sinnvoll sein, direkt im Mandantengespräch einen elektronischen Handelsregisterauszug zu ziehen und zu überprüfen, ob der oder die Unterzeichner des Kündigungsschreibens kraft Registerpublizität zur Vertretung ermächtigt sind. Dann kann eine Entscheidung über die Vornahme einer Zurückweisung nach § 174 BGB in der gebotenen Schnelligkeit getroffen werden. 85

III. Zuständiges Gericht
1. Optionen

Die Kündigungsschutzklage ist gemäß § 4 Satz 1 KSchG bei dem örtlich zuständigen Arbeitsgericht zu erheben. In arbeitsgerichtlichen Streitigkeiten kommen als besondere Gerichtsstände der Gerichtsstand der gewerblichen **Niederlassung** (§ 21 ZPO) und der Gerichtsstand des **Erfüllungsortes** (§ 29 ZPO) in Betracht. 86

Für die Begründung des Gerichtsstands der **Niederlassung** nach § 21 ZPO muss keine Niederlassung iSd § 13 HGB vorliegen. Ausreichend ist, dass die Geschäftsstelle für eine gewisse Dauer eingerichtet wurde und im Allgemeinen ein selbstständiges Handeln 87 möglich ist und eigene Geschäftsabschlüsse getätigt werden. Allerdings ist in diesem Zusammenhang Voraussetzung, dass der Gegenstand der Klage einen Bezug zum Geschäftsbetrieb der Niederlassung hat. Dies ist bei Arbeitsverhältnissen dann der Fall, wenn der Arbeitsvertrag von der Niederlassung abgeschlossen worden ist und das Arbeitsverhältnis von dieser – wenn auch nur mittelbar – durch einen Betrieb oder eine Außenstelle gelenkt wird.[64]

88 Bei einem Gerichtsstand des **Erfüllungsortes** nach § 29 ZPO ist von Bedeutung, dass im Arbeitsrecht überwiegend von einem einheitlichen Erfüllungsort ausgegangen wird. Der Erfüllungsort liegt danach am jeweiligen Arbeitsort des Arbeitnehmers, sofern der Arbeitnehmer dort ständig beschäftigt wird.

89 Mit Einfügung des § 48 Abs. 1 a ArbGG mit Wirkung vom 1.1.2009 wurde ein neuer umfassender Gerichtsstand des **gewöhnlichen Arbeitsortes** geschaffen. Danach ist grundsätzlich das Arbeitsgericht zuständig, in dessen Bezirk der Arbeitnehmer gewöhnlich seine Arbeit verrichtet oder zuletzt gewöhnlich verrichtet hat. Der Arbeitsort ist somit unabhängig von der betrieblichen Struktur (demnach dem Sitz des Betriebs oder der Niederlassung), vielmehr knüpft er an den Ort der **tatsächlichen Erbringung** der Arbeitsleistung an. Die Einführung dieses neuen Gerichtsstandes verdrängt allerdings nicht die vorgenannten besonderen Gerichtsstände, vielmehr erweitert sie die Möglichkeiten in Bezug auf das Wahlrecht des § 35 ZPO.

Der Arbeitnehmeranwalt sollte sich über die Optionen Gedanken machen: Es kann durchaus einen gewissen Vorteil mit sich bringen, vor dem nahen, „gewohnten" Arbeitsgericht zu klagen, mit dessen Abläufen der Anwalt vertraut ist. Umgekehrt kann es im Einzelfall auch Sinn machen, eine Klage gerade nicht beim „bekannten" Arbeitsgericht zu erheben.

2. Insbesondere: Außendienstmitarbeiter

90 Außendienstmitarbeiter üben ihre Tätigkeit häufig von ihrem Wohnsitz (Home Office) aus und nehmen von dort aus ihre Arbeitstätigkeit wahr (zB Erstellen von Berichten u.Ä.). Für Arbeitgeber mit Außendienststamm besteht ein Interesse daran, die Prozesse am Sitz des Unternehmens zu bündeln. Dann ist aber darauf zu achten, dass die Außendienstmitarbeiter keine Verwaltungstätigkeiten von zu Hause aus erledigen (zB im Home Office).

91 Für den Bereich von Außendienstmitarbeitern wurde mit der Einfügung des neuen Gerichtsstands in **§ 48 Abs. 1 a Satz 2 ArbGG** eine neue Regelung getroffen. Danach soll, soweit ein Arbeitsort nach § 48 Abs. 1 a Satz 1 ArbGG nicht feststellbar ist, darauf abgestellt werden, **von welchem Ort aus** der Arbeitnehmer seine Tätigkeit gewöhnlich verrichtet. Diese Regelung zielt insbesondere auf Außendienstmitarbeiter ab, bei welchen regelmäßig ein Schwerpunkt der Tätigkeit in qualitativer Hinsicht gerade nicht ermittelt werden kann und somit darauf abzustellen ist, von welchem Ort aus sie die Reisetätigkeiten aufnehmen.[65] Dies kann je nachdem der Sitz der Firma oder aber auch

---

64 Vgl ArbG Köln 30.4.2008 – 1 Ca 1796/08, NZA-RR 2008, 381.
65 Vgl *Reinhard/Böggemann*, NJW 2008, 1263, 1266.

der Wohnort des Außendienstmitarbeiters sein. Aus der Gesetzesbegründung ergibt sich allerdings, dass allein die Tätigkeitsaufnahme von einem bestimmten Ort aus, etwa dem Wohnort, nicht zur Begründung des Gerichtsstands nach § 48 Abs. 1 a Satz 2 ArbGG genügt. Vielmehr müssen zusätzlich auch noch arbeitsbezogene Tätigkeiten, wie zB die Planung der Dienstreisen, an diesem Ort ausgeübt werden.[66]

Anwälte, die im Außendienst tätige Arbeitnehmer vertreten, klagen gerne vor dem Arbeitsgericht am Wohnort des Arbeitnehmers. Aus Arbeitgebersicht kann es aber sinnvoll sein – gerade bei dem Ausspruch einer Vielzahl von Kündigungen –, die Prozesse gesammelt am Arbeitsgericht, das für den Sitz des Unternehmens zuständig ist, zu führen. In diesem Fall ist zu empfehlen, bereits direkt nach Übersendung der Kündigungsschutzklage, dh noch vor dem Gütetermin, mit dem Bestellungsschriftsatz die örtliche Zuständigkeit des Arbeitsgerichts zu **rügen** und die Verweisung ohne mündliche Verhandlung an das für den Sitz des Arbeitgebers zuständige Arbeitsgericht zu beantragen. Der **Verweisungsantrag** sollte damit **begründet** werden, dass – wenn die entsprechenden Voraussetzungen vorliegen – das arbeitgeberseitige Direktionsrecht vom Sitz des Unternehmens aus ausgeübt wird und dass sich die Tätigkeit des Arbeitnehmers im Rahmen seiner Außendienstarbeit auf das Gebiet mehrerer Arbeitsgerichtsbezirke erstreckt und keine Verwaltungs- oder sonstigen Tätigkeiten am Wohnort des Arbeitnehmers erfolgen. Häufig kann dann bereits noch vor der Güteverhandlung eine Verweisung an das Gericht am Sitz des Arbeitgebers erreicht werden. Die Verweisung ist für dieses Gericht dann bindend (§ 17 a Abs. 1 GVG). Gegen den **Verweisungsbeschluss** ist **kein Rechtsmittel** gegeben (§ 48 Abs. 1 Nr. 1 ArbGG). Dies führt dazu, dass manche Kammern „gerne" Rechtsstreitigkeiten an andere Arbeitsgerichte verweisen. Ein Beschluss über die örtliche Unzuständigkeit bindet das Gericht, an das verwiesen wurde, entgegen § 48 Abs. 1 Nr. 1 ArbGG **ausnahmsweise** dann nicht, wenn der **Verweisungsbeschluss** nicht nur fehlerhaft, sondern **offensichtlich gesetzwidrig** ist. Dies ist der Fall, wenn der Verweisungsbeschluss jeder Rechtsgrundlage entbehrt, willkürlich gefasst ist oder auf der Versagung rechtlichen Gehörs beruht. Ein Verweisungsbeschluss ist danach objektiv willkürlich gefasst, wenn das Gericht für jeden Kundigen offensichtlich einschlägige Rechtsnormen nicht prüft und anwendet oder ohne Auseinandersetzung mit der – soweit vorhanden – einschlägigen Rechtsprechung und der Kommentarliteratur und ohne eigene Begründung von einem dem Wortlaut nach gegebenen Tatbestandsmerkmal einer Norm abweicht.[67] Dies dürfte die Ausnahme sein.

Manche Arbeitnehmervertreter richten ihre Klage auch deshalb an das am Wohnsitz des Außendienstmitarbeiters örtlich zuständige Arbeitsgericht, damit der Arbeitgeber die anfallenden Reisekosten und den mit der Terminswahrnehmung verbundenen Zeitaufwand zu tragen hat. Es wird gelegentlich kalkuliert, dass dieser „Lästigkeitsfaktor" den Arbeitgeber dazu veranlasst, höhere Abfindungsangebote zu unterbreiten. Manchmal werden von Arbeitnehmervertretern Nebenansprüche oder zusätzliche Ansprüche nicht im Wege der Klageerweiterung, sondern durch gesonderte Verfahren geltend ge-

---

66 Vgl BT-Drucks. 16/7716.
67 Vgl LAG München 28.10.2008 – 1 SHa 27/08, NZA-RR 2009, 218.

macht, so dass eine größere Anzahl von Terminen wahrzunehmen ist. Dies kann im Einzelfall taktischen Sinn haben.

3. Gerichtsstandsvereinbarung

94 Gerichtsstandsvereinbarungen im Arbeitsrecht sind nicht zulässig. Auch wenn viele ältere Arbeitsverträge noch eine entsprechende Regelung enthalten, so kommt diesen Regelungen keine Wirksamkeit zu. Auch eine entsprechende Gestaltung, mit welcher der Erfüllungsort näher konkretisiert wird, bindet die Vertragsparteien zwar schuldrechtlich, hat aber als Umgehung des Verbots von Gerichtsstandsvereinbarungen keine Auswirkung auf den nach objektiven Merkmalen zu bestimmenden Erfüllungsort als Gerichtsstand (vgl § 29 Abs. 2 ZPO).

IV. Klageantrag

95 Taktische Bedeutung hat auch die Frage des konkreten Klageantrags. Aufgrund der Lehre vom sog. **punktuellen Streitgegenstand**[68] muss **jede Kündigung gesondert angegriffen** werden. Damit auch weitere Kündigungen – zB im Schriftsatz oder Kündigungen, die nach Erhebung der Kündigungsschutzklage zugehen – Berücksichtigung finden können, sollte ein Antrag gestellt werden, der auch solche weiteren Kündigungen, die gegebenenfalls während der Dauer des Kündigungsschutzprozesses ausgesprochen werden, mit erfasst.

96 Dies bedeutet, dass neben dem Klageantrag nach § 4 KSchG, der punktuell die ausgesprochene Kündigung angreift, auch noch der Antrag gestellt wird, dass das Arbeitsverhältnis über einen bestimmten Zeitpunkt (zB dem der mündlichen Verhandlung oder einem bestimmten Kündigungstermin) fortbesteht. Der Sinn dieses „Schleppnetzantrags" besteht darin, vorsorglich auch etwaige weitere Kündigungen „aufzufangen". Dieses Bedürfnis besteht deshalb, weil Arbeitnehmer häufig vergessen, den Rechtsanwalt über den Erhalt einer weiteren Kündigung zu informieren.

97 Es ist daher zu raten, neben dem Antrag nach § 4 KSchG als zweites einen **selbstständigen Feststellungsantrag nach § 256 ZPO** dahin gehend zu stellen, dass das Arbeitsverhältnis auch nicht durch andere Beendigungstatbestände endet, sondern über den in der ersten Kündigung bezeichneten Beendigungszeitpunkt hinaus bis zum rechtskräftigen Abschluss des Kündigungsschutzverfahrens fortbesteht. Es ist nach ständiger Rechtsprechung anerkannt, dass ein solcher eigenständiger Feststellungsantrag neben dem Kündigungsschutzantrag verfolgt und zu einer einheitlich Klage nach § 260 ZPO **verbunden** werden kann.[69] Hierbei ergibt sich ggf das Problem, dass für den Fall, dass keine weiteren Kündigungen ausgesprochen werden, zum Zeitpunkt der mündlichen Verhandlung das Feststellungsinteresse nach § 256 Abs. 1 ZPO für diesen zweiten Antrag fehlt und der allgemeine Feststellungsantrag dann im Kammertermin wieder zu-

---

68 Vgl BAG 13.11.1958 – 2 AZR 573/57, AP Nr. 17 zu § 3 KSchG; BAG 10.10.2002 – 2 AZR 622/01, NZA 2003, 684; BAG 10.6.1986 – 1 ABR 59/84, NZA 1987, 28; BAG 27.1.1994 – 2 AZR 484/93, NJW 1994, 2780; BAG 12.5.2005 – 2 AZR 426/04, NZA 2005, 1259.
69 Vgl BAG 21.1.1988 – 2 AZR 581/86, NZA 1988, 651; BAG 27.1.1994 – 2 AZR 484/93, NJW 1994, 2780; BAG 10.10.2002 – 2 AZR 622/01, NZA 2003, 684; BAG 12.5.2005 – 2 AZR 426/04, NZA 2005, 1259.

rückgenommen werden muss, um insoweit eine Klageabweisung und die entsprechende Kostentragungspflicht zu vermeiden. Das BAG hat in der Entscheidung vom 13.3.1997[70] klargestellt, dass bei einem Feststellungsantrag Tatsachenvortrag zur neuen Kündigung auch außerhalb der Dreiwochenfrist des § 4 KSchG in den Prozess eingeführt werden kann. So können also weitere Kündigungen durch einen selbstständigen Feststellungsantrag „erfasst" werden. Es wird daher folgender **Antrag** empfohlen:

Wir erheben Klage und beantragen,
1. festzustellen, dass das Arbeitsverhältnis durch die Kündigung vom ... [Datum] nicht aufgelöst wird,
2. festzustellen, dass das Arbeitsverhältnis auch nicht durch andere Beendigungstatbestände endet, sondern über den ... [Datum des in der ersten Kündigung bezeichneten Beendigungsdatums] hinaus fortbesteht.

Findet das **KSchG keine Anwendung** und will sich der Arbeitnehmer gegen die Kündigung wehren, so ist beim Arbeitsgericht lediglich die allgemeine Feststellungsklage nach § 256 Abs. 1 ZPO zu erheben.

Bei **Statusklagen**, bei denen der Kläger die Feststellung begehrt, dass zwischen den Parteien ein Arbeitsverhältnis besteht, kann ebenfalls eine Feststellungsklage gemäß § 256 Abs. 1 ZPO erhoben werden. Der **Antrag** lautet dann:

Wir beantragen festzustellen, dass zwischen den Parteien ein Arbeitsverhältnis besteht.

Bei einer **Änderungskündigung** ist wie folgt zu differenzieren: Der übliche Antrag nach § 4 Satz 1 KSchG (s. Rn 97) ist für den Fall zu stellen, dass der Arbeitnehmer das Änderungsangebot nicht annimmt und die Änderungs- somit zur Beendigungskündigung wird. Ist die Annahme des Änderungsangebots unter Vorbehalt erfolgt (§ 2 KSchG), ist gemäß § 4 Satz 2 KSchG Klage auf Feststellung zu erheben, dass die Änderung der Arbeitsbedingungen sozial ungerechtfertigt und unwirksam ist. Empfohlen wird folgender **Antrag**:

Es wird beantragt festzustellen, dass die Änderung der Arbeitsbedingungen durch die Änderungskündigung vom ... [Datum] sozial ungerechtfertigt oder aus anderen Gründen unwirksam ist.

Bei **Entfristungsklagen** ist der Antrag an § 17 Satz 1 TzBfG auszurichten. Auch hier ist die Klage gemäß § 17 Satz 1 TzBfG innerhalb von **drei Wochen** nach dem vereinbarten Ende des befristeten Arbeitsvertrages zu erheben. Bei einer auflösenden Bedingung läuft die Klagefrist ab Zugang der Mitteilung von der Zweckerreichung (§§ 15 Abs. 2, 21, 17 Abs. 3 TzBfG). Dies gilt auch für den Streit darüber, ob die auflösende Bedingung eingetreten ist.[71] In dem Antrag muss auf jeden Fall deutlich gemacht werden, dass die **Befristung** angegriffen wird. Das BAG vertritt in diesem Zusammenhang eine enge Auslegung von Anträgen und deutet allgemeine Feststellungsanträge nicht in einen Entfristungsantrag nach § 17 Satz 1 TzBfG um. Allgemein ist anzuraten, entsprechende Anträge sorgfältig und eindeutig im Sinne der nachfolgenden Muster zu formulieren,

---

70 BAG 13.3.1997 – 2 AZR 512/96, NZA 1997, 844.
71 BAG 6.4.2011 – AZR 704/09, DB 2011, 1756 f.

um Irritationen zu vermeiden und das vorher genau abgesteckte Klageziel auch erreichen zu können. Der **Antrag** lautet:

Es wird beantragt festzustellen, dass das Arbeitsverhältnis aufgrund der Befristung im Arbeitsvertrag vom ... [Datum] nicht beendet ist.

[*oder, wenn sich der Antrag auf eine Beendigung in der Zukunft richtet:*] nicht zum ... [Datum] beendet wird.

V. Anwendungsvoraussetzungen des KSchG und Inhalt der Klageschrift

102 Die Anwendungsvoraussetzungen des KSchG sind in der Kündigungsschutzklage darzulegen, dh erstens der betriebliche Geltungsbereich nach § 23 KSchG, zweitens der persönliche Anwendungsbereich (Arbeitnehmereigenschaft) sowie drittens die Erfüllung der Wartezeit nach § 1 Abs. 1 KSchG. Die **Darlegungs- und Beweislast** trifft den Arbeitnehmer. Eine abgestufte Darlegungs- und Beweislast gibt es allerdings in Bezug auf die Tatbestandselemente, die in der Sphäre des Arbeitgebers liegen (zB Arbeitnehmerzahl).

1. Betrieblicher Anwendungsbereich

103 Die Ermittlung der Voraussetzungen des **betrieblichen Geltungsbereichs** nach § 23 KSchG erfolgt in **drei Schritten:** Erstens ist der Betrieb zu ermitteln, dem der Arbeitgeber angehört. Zweitens ist zu prüfen, ob ggf ein gemeinsamer Betrieb mehrerer beteiligter Unternehmen vorliegt, so dass die Arbeitnehmer beider Unternehmen in dem gemeinsamen Betrieb zusammenzurechnen sind. Drittens ist die Überschreitung des Schwellenwertes des § 23 Abs. 1 Satz 3 KSchG zu ermitteln.

104 Bereits bei der **Ermittlung des Betriebs**, zu dem der Arbeitnehmer gehört, kann sich eine Reihe von Schwierigkeiten stellen. Gerade bei Arbeitnehmern, die Tätigkeiten an wechselnden Orten vornehmen, kann es gelegentlich nicht leicht fallen, eine Entscheidung darüber zu treffen, welchem Betrieb der jeweilige Arbeitnehmer zuzuordnen ist. Im Regelfall ist hierfür maßgeblich, von wo aus das arbeitgeberseitige Direktionsrecht ausgeübt wird. Anhaltspunkte können darin bestehen, wo der Vorgesetzte ansässig ist, an wen Urlaubsanträge und Krankmeldungen zu richten sind etc. So wurde etwa im Zusammenhang mit der Anhörung des Betriebsrats ein Arbeitnehmer, mit welchem am Hauptsitz eines bundesweit tätigen Unternehmens ein Vertrag als „Trainee in allen Filialen" abgeschlossen wurde und welcher anschließend an eine bestimmte Filiale entsandt wurde, für welche er über einen Zeitraum von zwei Monaten ausschließlich tätig wurde, dem Betrieb am Hauptsitz zugeordnet.[72]

105 Ein **gemeinsamer Betrieb** liegt vor, wenn Unternehmen unter einem einheitlichen Leitungsapparat operieren. Hierfür ist erforderlich, dass die Arbeitgeberfunktionen in den sozialen und personellen Angelegenheiten für die Beteiligten gemeinsam wahrgenommen werden.[73] Liegt ein gemeinsamer Betrieb vor, so hat dies die Folge, dass die Arbeitnehmer beider Unternehmen, die in dem gemeinsamen Betrieb beschäftigt werden,

---

72 Vgl BAG 12.5.2005 – 2 AZR 149/04, NZA 2005, 1358.
73 Vgl BAG 11.11.1997 – 1 ABR 6/97, NZA 1998, 723; BAG 24.2.2005 – 2 AZR 214/02, NZA 2005, 867.

für die Ermittlung des Schwellenwertes nach § 23 Abs. 1 Satz 3 KSchG **zusammengerechnet** werden. Häufig entscheidet gerade in kleineren Unternehmen und Betrieben die Darlegung der Tatsachen, dass ein gemeinsamer Betrieb vorliegt, über den Erfolg der Kündigungsschutzklage. Die **Darlegungs- und Beweislast** dafür, dass ein gemeinsamer Betrieb vorliegt, liegt beim Arbeitnehmer.

Für die Ermittlung der **Mindestarbeitnehmerzahl** gilt Folgendes: Der Schwellenwert von zehn (oder weniger) Arbeitnehmern, ausschließlich der Auszubildenden, gilt für Arbeitnehmer, deren Arbeitsverhältnis nach dem 31.12.2003 begonnen hat. Dies bedeutet, dass Arbeitnehmer keinen Kündigungsschutz nach dem KSchG genießen, die ab dem 1.1.2004 in einem Betrieb mit bis zu zehn Arbeitnehmern eingestellt worden sind. Sind Arbeitnehmer vor dem 1.1.2004 eingestellt worden, bleibt es bei dem alten Schwellenwert von mehr als fünf Arbeitnehmern im Betrieb, wobei dann allerdings für die Berechnung nur alle vor dem Stichtag eingestellten „Alt-Arbeitnehmer" mitzuzählen sind.[74] Arbeitnehmer, die in **Teilzeit** beschäftigt sind, werden gemäß § 23 Abs. 1 Satz 4 KSchG anteilig berücksichtigt (wöchentliche Arbeitszeit von mehr als 20 Stunden: 0,5; nicht mehr als 30 Stunden: 0,75). Maßgeblich ist die Zahl der **in der Regel** im Betrieb Beschäftigten. Der gekündigte Arbeitnehmer ist **mitzuzählen**.[75] Allerdings beschränkt sich der Begriff des Betriebs auf in Deutschland gelegene Betriebe, so dass die im Ausland beschäftigten Arbeitnehmer eines ausländischen Betriebs nicht mitzuzählen sind.[76]

106

Arbeitnehmer haben häufig keine genaue Kenntnis darüber, wer im Betrieb (ggf mit welcher Arbeitszeit) beschäftigt ist. Zum einen sollte der Arbeitnehmer ausdrücklich nach in Teilzeit beschäftigten Mitarbeitern (zB angestellten Reinigungskräften) gefragt werden. Zum anderen kann es sich anbieten, nähere Auskünfte beim Betriebsrat einzuholen.[77] Führt auch dies nicht zur Klarheit, kann es ausreichend sein, in der Klageschrift nur auf die Elemente zu verweisen, die bekannt sind (zB: „Zudem gibt es eine Reinigungskraft, die an mindestens drei Tagen sechs Stunden arbeitet."). Nach der abgestuften Darlegungs- und Beweislast obliegt es dann dem Arbeitgeber, sich hierzu substantiiert einzulassen.

107

2. Persönlicher Anwendungsbereich

Für die Frage des persönlichen Anwendungsbereichs ist die **Arbeitnehmereigenschaft** des Klägers darzulegen. Dies kann insbesondere dann längere Ausführungen erfordern, wenn der Kläger nicht ohne Weiteres erkennbar als Arbeitnehmer beschäftigt wird, zB wenn sein Vertrag als ein Vertrag mit einem „freien Mitarbeiter" gekennzeichnet ist, er aber nach Inhalt, Durchführung, Zeit, Dauer, Ort und sonstigen Vorgaben im Hinblick auf seine Tätigkeit weisungsgebunden ist.[78] Nach der Rechtsprechung des BAG

108

---

[74] Vgl BAG 21.9.2006 – 2 AZR 840/05, NZA 2007, 438.
[75] Vgl BAG 22.1.2004 – 2 AZR 237/03, NZA 2004, 479.
[76] Vgl BAG 17.1.2008 – 2 AZR 902/06, NZA 2008, 872; BAG 26.3.2009 – 2 AZR 883/07, NZA 2009, 920; BAG 8.10.2009 – 2 AZR 654/08, NZA 2010, 360.
[77] Vgl *Kleinmann/Meyer-Renkes*, § 2 Rn 186, S. 68.
[78] Vgl BAG 30.11.1994 – 5 AZR 704/93, NZA 1995, 622; BAG 22.4.1998 – 5 AZR 342/97, NZA 1998, 1336; BAG 20.8.2003 – 5 AZR 610/02, NZA 2004, 39.

ist nicht die vertragliche **Bezeichnung** eines Vertragsverhältnisses maßgeblich, sondern seine **tatsächliche Durchführung**.[79]

109 Gerade in der **Medienbranche** finden sich häufig Personen, die auf Basis eines freien Dienstvertrages (sog. Freelancer) beschäftigt werden, deren tatsächliche Leistungserbringung sich aber nach den Rahmenumständen und der konkreten Tätigkeit in einem engmaschigen **Weisungsnetz** bewegt, so dass der diese Personen beratende Anwalt regelmäßig zu prüfen haben wird, ob nicht ein Arbeitsverhältnis vorliegt. Die Abgrenzungsproblematik zwischen freien Mitarbeitern und Arbeitnehmern kann sich ebenfalls im Rahmen der Ermittlung des Schwellenwertes in der Form stellen, ob bestimmte Personen, die zwar als freie Dienstleister bezeichnet werden, nicht tatsächlich als Arbeitnehmer im Rahmen des § 23 Abs. 1 Satz 3 KSchG zu berücksichtigen sind. Gleiches gilt für Leiharbeitnehmer, die sich wegen illegaler Arbeitnehmerüberlassung gemäß § 10 Abs. 1 Satz 1 AÜG in einem Arbeitsverhältnis zum Entleiher befinden und angesichts dessen mitzählen.

110 Schließlich sind **Organmitglieder** (Vorstände, Geschäftsführer) vom persönlichen Geltungsbereich des KSchG ausgeschlossen. Etwas anderes gilt freilich dann, wenn die Geschäftsführer oder Vorstände – wie dies häufig in größeren Konzernen der Fall ist – im Rahmen eines **Drittanstellungsverhältnisses** beschäftigt sind, also ein Vertragsverhältnis zu einer anderen Gesellschaft als derjenigen besteht, in der sie die Organfunktion ausüben. Das Drittanstellungsverhältnis kann je nach Ausgestaltung als **Arbeitsverhältnis** zu qualifizieren sein, so dass diese Personen in den Anwendungsbereich des KSchG fallen. Dann ist auch der Rechtsweg zu den Arbeitsgerichten eröffnet (§ 2 Abs. 1 Nr. 3 ArbGG). § 5 Abs. 1 Satz 3 ArbGG steht dem nicht entgegen.[80]

3. Zeitlicher Anwendungsbereich

111 Schließlich ist die Erfüllung der **Wartezeit** (sechs Monate) darzulegen. Ist dies nicht der Fall, so ist zu untersuchen, ob der Arbeitgeber auf die Wartezeit verzichtet oder diese verkürzt hat. Entsprechende Regelungen können im Arbeitsvertrag enthalten sein, aber auch in Betriebsvereinbarungen oder Tarifverträgen vereinbart werden.

112 Eine **Verkürzung** bzw ein **Verzicht** auf die Wartezeit kann ggf in solchen vertraglichen Regelungen gesehen werden, mit denen die Betriebszugehörigkeit bei einem früheren Arbeitgeber angerechnet wird. Dies kann – die Regelung ist gemäß §§ 133, 157 BGB auszulegen – bedeuten, dass die Wartezeit nicht erneut mit der Einstellung beginnen soll, sondern als zurückgelegt gilt.

113 Während eine Verkürzung der Wartefrist ohne Weiteres möglich ist, ist aufgrund des zwingenden Charakters des KSchG eine **Verlängerung** der Wartezeit nicht möglich; entsprechende Vereinbarungen sind gemäß § 134 BGB nichtig.[81] Vorsicht ist daher bei Fallgestaltungen geboten, bei denen der Arbeitgeber meint, den Arbeitnehmer während der sechsmonatigen Wartezeit noch nicht ausreichend „kennengelernt" zu haben. Da

---

79 Vgl BAG 30.11.1994 – 5 AZR 704/93, NZA 1995, 622; BAG 22.4.1998 – 5 AZR 342/97, NZA 1998, 1336; BAG 20.8.2003 – 5 AZR 610/02, NZA 2004, 39.
80 BAG 15.3.2011 – 10 AZB 32/10, NZA 2011, 874 ff.
81 Vgl *Kleinmann/Meyer-Renkes*, § 2 Rn 192 f, S. 70.

eine Verlängerung der Wartezeit ausscheidet, bleibt hier nur die Möglichkeit, dem Arbeitnehmer eine ordentliche Kündigung auszusprechen (wobei der **Zugang der Kündigung** noch in der Wartezeit erfolgen muss; der Beendigungszeitpunkt des Arbeitsverhältnisses kann auch außerhalb der Wartefrist liegen).

Unterbrechungen des Arbeitsverhältnisses können dazu führen, dass die Wartezeit neu beginnt, was etwa der Fall sein kann, wenn das neue Arbeitsverhältnis mit dem früheren nicht in einem **engen zeitlichen und sachlichen Zusammenhang** steht.[82] Ob ein derartiger enger zeitlicher und sachlicher Zusammenhang besteht, der dazu führt, dass eine kurze Unterbrechung nicht zum neuen Beginn der Wartezeit führt, hängt davon ab, ob die Tätigkeit gleich bleibt und warum das Arbeitsverhältnis unterbrochen worden ist. Im Regelfall führen jedenfalls aber Unterbrechungen von mehr als drei Wochen zu einem Neubeginn des Laufs der Wartezeit.[83] 114

Vorsicht ist auch geboten, wenn mit einem Arbeitnehmer, dessen Wartezeit abzulaufen droht, der aber nicht unbefristet weiterbeschäftigt werden soll, statt des Ausspruchs einer Kündigung unter Einhaltung der ordentlichen Kündigungsfrist ein **befristeter Arbeitsvertrag** abgeschlossen werden soll, der häufig als „Aufhebungsvertrag" bezeichnet wird. Denn in dieser Situation bedarf die Befristung eines sachlichen Grundes (§ 14 Abs. 1 TzBfG). Auf die Befristung ohne Sachgrund (§ 14 Abs. 2 TzBfG) kann nicht mehr zurückgegriffen werden, da mit dem Arbeitnehmer bereits zuvor ein Arbeitsverhältnis bestanden hat und es sich somit nicht mehr um eine Neueinstellung handelt. Zudem ist fraglich, ob der Befristungsgrund der Erprobung (§ 14 Abs. 1 Satz 2 Nr. 5 TzBfG) noch nutzbar gemacht werden kann, wenn die Befristung über einen Zeitraum von sechs Monaten hinaus erfolgt. Teilweise wird der Erprobungscharakter dann nicht mehr anerkannt.[84] 115

Vorsicht ist auch dann geboten, wenn eine Kündigung unter Einhaltung der ordentlichen Kündigungsfrist ausgesprochen wird und anschließend ein **Abwicklungsvertrag** abgeschlossen wird, der einen Beendigungszeitpunkt weitaus später vorsieht als zu dem Termin, mit dem im Rahmen der ordentlichen Kündigung gekündigt worden ist. Dann besteht nämlich ebenfalls die Möglichkeit, dass der Abwicklungsvertrag als **befristeter Vertrag** anzusehen ist und damit aufgrund der Anwendbarkeit der Anforderungen des § 14 TzBfG eines sachlichen Grundes bedarf. In solchen Fällen ist es möglich, dass der Arbeitnehmer nach Ablauf der vereinbarten Tätigkeit Entfristungsklage erhebt und geltend macht, wegen der Unwirksamkeit der Befristung unbefristet beschäftigt zu sein. 116

4. Inhaltliche Ausgestaltung der Klageschrift

In der Klageschrift werden neben den Sozialdaten des Klägers und der durchschnittlichen Vergütung die ausgeübte Funktion und die zugegangene Kündigung angegeben. Üblicherweise werden – quasi formularmäßig ohne nähere Prüfung – die soziale Auswahl sowie das Vorliegen einer ordnungsgemäßen Betriebsratsanhörung (wenn ein Betriebsrat besteht) gerügt. 117

---

[82] Vgl BAG 16.4.2003 – 7 AZR 187/02, NZA 2004, 40; BAG 22.9.2005 – 6 AZR 607/04, NZA 2006, 429.
[83] Vgl BAG 20.8.1998 – 2 AZR 76/98, NZA 1999, 481.
[84] Vgl HWK/*Schmalenberg*, § 14 TzBfG Rn 41.

118 Weist der Arbeitnehmer den Sonderkündigungsschutz der Schwerbehinderung auf (§ 85 SGB IX), so gilt Folgendes: Ist die Schwerbehinderteneigenschaft dem Arbeitgeber nicht bekannt, so ist nach der Rechtsprechung des BAG der Arbeitnehmer nur berechtigt, sich auf den Sonderkündigungsschutz zu berufen, wenn er den Arbeitgeber binnen einer Frist von drei Wochen nach Zugang der Kündigung über seine Schwerbehinderteneigenschaft, die Gleichstellungsentscheidung oder die entsprechende Antragstellung unterrichtet.[85] Die Mitteilung in der Klageschrift reicht aus, wenn diese alsbald (ggf auch nach Ablauf der Dreiwochenfrist) dem Arbeitgeber zugestellt wird. Die **Unterrichtungspflicht** des Arbeitnehmers bezüglich dem Arbeitgeber unbekannter Eigenschaften, welche einen besonderen Kündigungsschutz begründen können, erfasst **alle Bereiche des Sonderkündigungsschutzes**. Dies gilt etwa auch für eine dem Arbeitgeber unbekannte **Schwangerschaft** und zwar unabhängig davon, ob die Arbeitnehmerin von der Schwangerschaft vor oder nach Zugang der Kündigung erfahren hat.[86] Aufgrund etwaiger Zustellungsverzögerungen der Klageschrift sollte im Übrigen diese Mitteilung noch einmal durch gesondertes anwaltliches Schreiben dem Arbeitgeber gegenüber erfolgen. Dieser gesonderten Information des Arbeitgebers bedarf es nicht, wenn der Betriebsrat in seiner Stellungnahme auf die Kündigungsanhörung auf eine Schwerbehinderung oder die Antragstellung hingewiesen hat.[87] Im Fall des **Betriebsübergangs** muss sich der Betriebserwerber grundsätzlich die Kenntnis des Betriebsveräußerers von einem bestehenden Sonderkündigungsschutz (in diesem Fall: Schwerbehinderung) zurechnen lassen.[88]

119 Prozesstaktisch ist zu überlegen, ob in die Klageschrift auch **weiterer Sachvortrag**, der zum Zeitpunkt der Erhebung der Klage noch nicht zwingend erforderlich ist, mit aufgenommen werden sollte. Zu denken ist hier etwa an die konkrete Benennung etwaiger Fehler bei der sozialen Auswahl, eine erfolgte Zurückweisung der Kündigung wegen fehlender Vorlage einer Vollmacht, das Fehlen von Abmahnungen etc. Hierbei wird insbesondere auf das Ziel des Kündigungsschutzprozesses abzustellen sein: Geht es darum, in der Güteverhandlung einen Vergleich mit einer möglichst hohen Abfindungszahlung zu erreichen, kann es sich anbieten, diese Umstände bereits in der Klageschrift zu benennen, um die Angriffspunkte gegen die Kündigung deutlich zu machen. Nachteilig ist allerdings, dass bereits in einem frühen Zeitpunkt des Verfahrens die Hauptargumentationslinien des Klägers deutlich gemacht werden, so dass sich die Beklagtenseite bei der Begründung ihrer Kündigungsentscheidung auf diese Umstände bereits einstellen kann. Dies betrifft insbesondere die Darlegungen zur sozialen Auswahl (Benennung der relevanten Vergleichsgruppe, Gewichtung der sozialen Kriterien) oder aber auch die Entscheidung des Arbeitgebers, ob im Prozess die ausgesprochene

---

85 Vgl BAG 12.1.2006 – 2 AZR 539/05, NZA 2006, 1035; BAG 6.9.2007 – 2 AZR 324/06, NZA 2008, 407; BAG 11.12.2008 – 2 AZR 395/07, NZA 2009, 556; LAG Schleswig Holstein 6.7.2010 – 1 Sa 403 e/09, BB 2010, 2692.
86 Vgl BAG 19.2.2009 – 2 AZR 286/07, NZA 2009, 980; LAG Köln 10.2.2005 – 15 Ta 26/05, NZA-RR 2005, 382; LAG Schleswig-Holstein 13.5.2008 – 3 Ta 56/08, NZA-RR 2009, 132.
87 Vgl BAG 20.1.2005 – 2 AZR 675/03, NZA 2005, 689.
88 Vgl BAG 11.12.2008 – 2 AZR 395/07, NZA 2009, 556.

Kündigung letztlich auf betriebsbedingte oder verhaltensbedingte Umstände gestützt wird.

Im Regelfall ist anzuraten, **so wenig Sachvortrag wie möglich** in die Kündigungsschutzklage aufzunehmen, aber mit dem Mandanten Verteidigungsmaterial „zu sammeln". Der Anwalt wird ggf den Mandanten aufzuklären haben, dass es taktisch sinnvoll ist, nicht in der Klageschrift „die Trümpfe auszuspielen". Gerade Führungskräfte erwarten häufig von ihrem Anwalt, dass er in der Klageschrift die ganze „(Leidens-)Geschichte" detailliert darstellt. Hier sollte der Anwalt dem Mandanten deutlich machen, dass zu viel Vortrag in der Klageschrift eher schädlich sein kann.

Prozesstaktisch kann es insbesondere angeraten sein, **Formfehler** der Kündigung, die bereits feststehen, nicht schon in der Klageschrift zu rügen, um nicht dem Arbeitgeber die Gelegenheit zu geben, den Fehler zu erkennen und noch rechtzeitig nachzubessern. So kann es beispielsweise prozesstaktisch aus Arbeitnehmersicht sinnvoll sein, auf die wirksam erfolgte Zurückweisung einer Kündigung wegen fehlerhafter Vorlage einer Vollmacht (s. Rn 49 ff) erst in einem weiteren Schriftsatz aufmerksam zu machen. Gleiches gilt für den Hinweis, dass zB die falsche Gesellschaft gekündigt hat oder dass der Betriebsrat nicht angehört worden ist. Denkbar ist sogar, entsprechenden Vortrag erst in der Berufungsinstanz zu bringen, wie dies gelegentlich vorgeschlagen wird.[89] Es muss dann sichergestellt sein, dass ein derartiger Vortrag in der Berufungsinstanz noch berücksichtigt werden kann.

VI. Die Güteverhandlung
1. Allgemeine praktische Hinweise

Die Güteverhandlung wird in ihrer Bedeutung im Regelfall unterschätzt. Die Praxis zeigt, dass in der Güteverhandlung Rechtsstreitigkeiten häufig effizient und mit gutem Ergebnis verglichen werden können, was ggf in dem erst Monate später stattfindenden Kammertermin aus verschiedensten Umständen nicht mehr gelingt. Hieraus ergeben sich folgende **praktische Hinweise:**

- Die Wahrnehmung der Güteverhandlung sollte möglichst durch den Rechtsanwalt erfolgen, der auch die Vorbesprechung durchgeführt hat (Sachverhaltskenntnis).
- Die gesamte Sach- und Rechtslage sollte mit dem Mandanten rechtzeitig vor der Güteverhandlung aufgearbeitet werden.
- Mögliche Einigungsvarianten sollten ausgelotet werden (ggf sollte auch eine Kontaktaufnahme mit dem Gegner vor der Güteverhandlung erfolgen).

Es ist nicht erforderlich, dass der Beklagtenvertreter vor der Güteverhandlung **schriftsätzlich** Stellung nimmt. Dies kann vom Vorsitzenden Richter auch nicht angeordnet werden (obwohl dies gleichwohl häufig erfolgt). Ob schriftsätzlich Stellung genommen wird, hängt zum einen mit der Erfolgsaussicht, zum anderen mit der Komplexität des Falles zusammen. Eine **Faustformel** für den Beklagtenvertreter lautet: Je geringer die Erfolgsaussicht der Klage ist, desto mehr spricht dafür, nicht schriftsätzlich Stellung zu

---

89 Vgl *Kleinmann/Meyer-Renkes*, § 3 Rn 712, S. 220.

nehmen. Bei mündlichem Vortrag ist es möglich, bestimmte Sachverhaltsumstände stärker im Unklaren zu lassen. Zudem hat der Kläger nur die Möglichkeit, ad hoc auf den Vortrag zu reagieren (was beim schriftsätzlichen Vortrag anders ist). Allerdings gilt auch: Je komplexer der Sachverhalt eines Rechtsstreits ist, desto mehr ist es angezeigt, schriftsätzlich Stellung zu nehmen, damit sich der Vorsitzende Richter in den Sachstand einarbeiten kann. Bei einer üblichen Terminierung von Güteverhandlungen im Zehn-Minuten-Rhythmus ist es ansonsten nicht möglich, die Güteverhandlung korrekt durchzuführen, weil die gesamte Zeit bereits von der Darstellung des Sachverhalts in Anspruch genommen wird.

124 Häufig wird vom Vorsitzenden Richter formularmäßig das **persönliche Erscheinen** der Parteien angeordnet. Auf Beklagtenseite kann im Fall der GmbH das Erscheinen des Geschäftsführers nicht erzwungen werden. § 141 ZPO regelt die Anordnung des persönlichen Erscheinens der Parteien. § 141 Abs. 3 Satz 2 ZPO erlaubt, dass die Partei zur Verhandlung einen Vertreter entsendet, der zur Aufklärung des Tatbestands in der Lage und zur Abgabe der gebotenen Erklärung, insbesondere zu einem Vergleichsabschluss, ermächtigt ist. Der entsandte Vertreter des Unternehmens sollte eine entsprechende Vollmacht mit sich führen, die sich auch auf den Abschluss eines etwaigen Vergleichs erstreckt. Die Entsendung eines Vertreters nach § 141 Abs. 3 ZPO kann nicht dadurch umgangen werden, dass der Prozessbevollmächtigte zugleich als Vertreter auftritt. Kann vom Unternehmen niemand an dem Termin teilnehmen und lehnt der Vorsitzende Richter die Entbindung vom persönlichen Erscheinen ab (was gelegentlich geschieht), so kann ein anderer Kollege der Sozietät (bzw ein anderer Rechtsanwalt) als Vertreter nach § 141 Abs. 3 ZPO auftreten (der dann natürlich entsprechend über den Sachverhalt des Rechtsstreits informiert sein muss).

125 Ob und wer an dem Gütetermin vonseiten der Partei teilnimmt, bedarf sorgfältiger Abwägung. Ist bereits ersichtlich, dass eine gütliche Einigung nicht erfolgen wird, ist der Gütetermin oft „lästig", weil aus ihm kein Ergebnis hervorgehen wird. Dann bietet es sich an, einen gemeinsamen Antrag beider Parteien darauf zu richten, dass der Gütetermin auf einen Tag gelegt wird, in dem ohnehin eine Kammersitzung anberaumt ist und in dem der Gütetermin **direkt mit einer anschließenden streitigen Verhandlung** (dh mit der Kammerverhandlung) **verbunden** wird. Das Gericht muss dann einen (üblicherweise zeitlich weit verzögerten) Gütetermin mit anschließender Kammerverhandlung ansetzen. Im Kündigungsschutzverfahren wird dies allerdings mit Hinweis auf den Beschleunigungsgrundsatz häufig abgelehnt (§ 61 a Abs. 2 ArbGG). Erscheinen beide Parteien im Gütetermin nicht, wird gemäß § 54 Abs. 5 Satz 1 ArbGG das **Ruhen des Verfahrens** angeordnet. Nach sechs Monaten gilt gemäß § 55 Abs. 5 Satz 4 ArbGG dann allerdings die **Klage als zurückgenommen**. Im Regelfall macht im Kündigungsschutzprozess ein einvernehmliches Ruhen des Verfahrens keinen Sinn, da es für keine der Parteien Vorteile mit sich bringt. Die Rücknahmefiktion des § 54 Abs. 3 bis 5 ZPO gilt allerdings nicht in dem Fall, dass die Parteien im Gütetermin erscheinen und sich einvernehmlich auf das Ruhen des Verfahrens (oder die „Terminlosstellung") verständigen. Aus Arbeitgebersicht sollte man sich in Kündigungsschutzprozessen hierauf wegen des drohenden Annahmeverzugsrisikos nicht einlassen.

2. Vorbereitung einer möglichen gütlichen Einigung

Üblicher **Inhalt** der Güteverhandlung ist die Verhandlung über eine gütliche Einigung des Rechtsstreits. Dies bedingt es, dass der Anwalt mit seinem Mandanten vor der Güteverhandlung mögliche Einigungsvarianten erörtert, um in der Güteverhandlung nicht „überrascht" zu werden oder erst im Rahmen einer Unterbrechung der Güteverhandlung versuchen muss, mit seinem Mandanten Einigungsmöglichkeiten auszuloten. 126

Prinzipiell wird sich zunächst die Frage im Rahmen einer Vorbesprechung klären, ob noch **vor der Güteverhandlung** eine Kontaktaufnahme mit der Gegenseite erfolgt, um die Verhandlungspositionen abzuklären oder Vorgespräche zu führen, oder ob erst in der Güteverhandlung selbst eine Erörterung von Einigungsvarianten erfolgen soll. Alternativ kann es sich natürlich auch anbieten, sich zur Güteverhandlung noch nicht mit Einigungsvorschlägen zu befassen, sondern eine gütliche Einigung zu diesem Zeitpunkt abzulehnen. Dies hängt von den konkreten Interessen der Partei ab. 127

Die Erfahrung zeigt, dass Parteien zur Güteverhandlung häufig nicht ausreichend vorbereitet sind. Dies kann prozesstaktisch dahin gehend genutzt werden, **Überraschungsmomente** und Fälle eines Informationsvorsprungs auszunutzen. Dies geht insbesondere dann, wenn die andere Partei die tatsächliche und rechtliche Situation noch nicht vollständig ausgelotet hat. Dies ermöglicht es häufig, im Zusammenhang mit bestimmten Ausgleichsklauseln eine vollständige Erledigung nicht nur des Rechtsstreits, sondern sämtlicher Vertragsbeziehungen der Parteien herbeizuführen, ohne dass die andere Partei mögliche Schwachstellen der eigenen Argumentation bereits (vollständig) erkannt hat. Derartige **Vorteile eines „Informations- und Wissensvorsprungs"** können nicht hoch genug eingeschätzt werden und lassen sich durch eine sorgfältige und eingehende Vorbereitung der Güteverhandlung erreichen. 128

Beispiele:
- Für den **Arbeitgebervertreter:**
  - Die Klägerseite hat (noch) nicht bemerkt, dass die Betriebsratsanhörung fehlerhaft ist.
  - Die Klägerseite hat nicht bemerkt, dass in Wahrheit eine längere Kündigungsfrist einschlägig ist.
  - Der Kläger vergisst, dass er noch Arbeitsverhältnisse zu Drittgesellschaften bzw ein ruhendes Arbeitsverhältnis oder ein nachvertragliches Wettbewerbsverbot hat, das ebenfalls mit einer großen Erledigungsklausel aufgehoben wird.
- Für den **Arbeitnehmervertreter:**
  - Der Arbeitgeber hat noch nicht in Erfahrung gebracht, dass der Arbeitnehmer bereits eine anderweitige, gut dotierte Stelle angetreten hat.
  - Dem Arbeitnehmer gelingt es, im Rahmen einer gütlichen Einigung auch Einigung über Nebenfragen, wie zB Urlaub, Zeugnis, restlichen Bonus, zu erreichen, was ansonsten ggf in einen lang andauernden „Kleinkrieg" ausufern könnte.

Muss im Rahmen der Vorbereitung der Güteverhandlung davon ausgegangen werden, dass aufgrund der Prozessmaterie oder der beteiligten Parteien und Anwälte ein „Überraschungseffekt" in der Güteverhandlung nicht zu erzielen sein wird, oder ist der 129

Rechtsstreit ungewöhnlich komplex, so kann es sich anbieten, bereits vor der Güteverhandlung Kontakt mit der Gegenseite aufzunehmen, um deren Einigungsbereitschaft oder einen „Einigungskorridor" abzustecken. Dies entlastet die Güteverhandlung von dem Abstecken von Verhandlungspositionen und erleichtert somit insbesondere die Möglichkeit einer Einigung im Wege des Vergleichsschlusses. Durch eine Kontaktaufnahme „vergibt" sich auch die Partei im Regelfall nichts. Im Gegenteil: Wahrscheinlich ist, dass auch dann, wenn die Einigungsgespräche nicht erfolgreich sind, jedenfalls ein Zuwachs an Informationen gegeben ist, so dass es selten falsch ist, mit der Gegenseite vor der Güteverhandlung Kontakt aufzunehmen.

130 Die Praxis zeigt, dass viele Rechtsstreitigkeiten auf der Basis eines gerichtlichen Vorschlags in der Güteverhandlung verglichen werden. Der **gerichtliche Vorschlag** orientiert sich oft holzschnittartig an den klägerischen Ansprüchen und nimmt hiervon Abschläge vor oder ermittelt in einem Kündigungsschutzverfahren eine Abfindung nach üblichen Formelwerten (zB 0,5 Monatsgehälter pro Jahr der Betriebszugehörigkeit). Besteht das Ziel des arbeitsgerichtlichen Verfahrens darin, für den Arbeitnehmer eine möglichst hohe Abfindung zu realisieren, so kann es sich anbieten, bereits mit der Klageschrift Ansprüche auch im Hinblick auf „Nebenkriegsschauplätze" geltend zu machen, zB Urlaubsabgeltung, Überstundenvergütung, Erstattung von Spesen und sonstigen Aufwendungen, Bonizahlungen etc. Sonst kann dies dazu führen, dass der gerichtliche Vergleichsvorschlag unangemessen niedrig bemessen ist und dann noch der Vorschlag erfolgt, dass damit alle Ansprüche aus dem Arbeitsverhältnis abgegolten und erledigt sind. Die entsprechenden Nebenansprüche des Arbeitnehmers fallen dann häufig „unter den Tisch" oder müssen dann erst geltend gemacht werden, was häufig nach einem bereits geäußerten gerichtlichen Vergleichsvorschlag zu Unwillen oder jedenfalls zu einem geringen Ergebnis führen wird.

131 Der Anwalt sollte sich bemühen, die – häufig unstrukturierte – Verhandlung über Vergleichsmöglichkeiten mit vorbereiteten „Akzenten" zu versehen. Dies erfordert das Wissen um die konkreten Vorstellungen und auch die „Schmerzgrenze" des Mandanten. Der Mandant muss angehalten werden, sich vor der Güteverhandlung (nicht in der Güteverhandlung) Gedanken über seine Ziele und Vorstellungen zu machen. Der Anwalt sollte die tatsächlichen und rechtlichen Fragen schon weitgehend durchdrungen haben – so kann er sie im Interesse des Mandanten wirksam in einen etwaigen Vergleich umsetzen.

132 Wird der Arbeitnehmer vor Ausspruch der Kündigung bereits über die Kündigungsabsicht in Kenntnis gesetzt, hat er auf anwaltlichen Rat hin auch Optionen, eine Kündigung zu erschweren.

Beispiele:

- Ein Arbeitnehmer, der ein kleines Kind hat, beantragt noch vor Ausspruch der Kündigung **Elternzeit** nach § 15 BEEG und erwirbt so einen besonderen Kündigungsschutz (§ 18 BEEG).
- Der Arbeitnehmer in einem betriebsratslosen Betrieb, bei dem der Ausspruch der Kündigung bevorsteht, lädt zu einer Betriebsversammlung zur Bestellung eines **Wahlvor-**

VI. Die Güteverhandlung

stands und lässt sich zum Wahlvorstand bestellen und erwirbt so Sonderkündigungsschutz (§ 15 Abs. 3 a Satz 1 KSchG).

- Ein **Ersatzmitglied** für den Betriebsrat rückt noch vor Ausspruch der Kündigung im Rahmen einer Betriebsratssitzung durch einen ordnungsgemäßen Vertretungsfall in den Betriebsrat nach und erhält dadurch Sonderkündigungsschutz.

- Ein lange Zeit weit verbreitetes, aber mittlerweile zum Teil entschärftes Phänomen betrifft den Fall, dass ein Mitarbeiter, der ggf den Status einer **Schwerbehinderung** erzielen kann, noch schnell vor Ausspruch der Kündigung einen entsprechenden **Antrag** beim Integrationsamt bzw einen Gleichstellungsantrag bei der Agentur für Arbeit stellt, um so einen besonderen Kündigungsschutz zu erlangen. Nach der Rechtsprechung[90] unterliegen nur die Arbeitnehmer dem Sonderkündigungsschutz für Schwerbehinderte, die bei Zugang der Kündigung bereits als Schwerbehinderte anerkannt sind oder den Antrag auf Anerkennung als Schwerbehinderter mindestens drei Wochen vor dem Zugang der Kündigung gestellt haben. Dies leitet das BAG aus § 90 Abs. 2 a SGB IX ab. Darüber hinaus hat das BAG klargestellt, dass diese Anforderung auch für diejenigen Arbeitnehmer mit einem Grad der Behinderung ab 30 und unter 50 gelten, die einem schwerbehinderten Menschen gleichgestellt werden wollen.

3. Taktischer Umgang mit dem Annahmeverzugslohnrisiko

Aus Sicht des Arbeitnehmers, der eine hohe Abfindung erzielen möchte, spielt das Annahmeverzugslohnrisiko eine bedeutende Rolle, dh das **Risiko**, dass der Arbeitgeber bei einem späteren Urteil den Verdienst bis zum Urteil nachbezahlen müsste. Hieraus leitet er per „Hebelwirkung" dann entsprechende Abfindungsforderungen ab. Sofern tatsächlich eine Annahmeverzugssituation besteht – der Arbeitnehmer also zB im Rahmen seiner neuen Tätigkeit deutlich weniger als zuvor bei seinem alten Arbeitgeber verdient –, wird gelegentlich vorgeschlagen, das arbeitsgerichtliche Verfahren so lange wie möglich zu verzögern. Hier müssen vor allem Arbeitgebervertreter auf der Hut sein, um Verzögerungen entgegenzuwirken.

Verzögerungsmöglichkeiten bestehen in vielerlei Hinsicht:

- Die Kündigungsschutzklage wird nicht sofort nach Ausspruch der Kündigung, sondern erst knapp vor Ablauf der Dreiwochenfrist eingereicht. Dadurch verzögert sich das arbeitsgerichtliche Verfahren.

- Es wird (mehrmals) gebeten, den Termin zur Güteverhandlung aufzuheben und auf einen anderen Termin zu vertagen. Hieraus kann sich eine weitere Verzögerung von ca. zwei Monaten ergeben, wenn das Gericht den Vertagungsbegehren stattgibt.

- In der Güteverhandlung kann vorgeschlagen werden, einen weiteren Gütetermin anzuberaumen, um eine Einigung vorzubereiten. Lässt sich der Arbeitgebervertreter auf einen weiteren Gütetermin nicht ein, so kann der Arbeitnehmervertreter anregen, einen „weit ins Land liegenden" Kammertermin anzuberaumen, um den Parteien Gelegenheit zu einer Einigung einzuräumen. Alsdann kann versucht werden, den Kammertermin wiederum aufheben und vertagen zu lassen.

---

90 Vgl BAG 1.3.2007 – 2 AZR 217/06, NZA 2008, 302; BAG 29.11.2007 – 2 AZR 613/06, NZA 2008, 361.

- Schließlich kann vorgeschlagen werden, das Verfahren zum Ruhen zu bringen.
- Erfolgen dann noch verschiedene Klageerweiterungen oder wird neuer Prozessstoff relativ spät und kurzfristig vor der Kammerverhandlung eingebracht, ohne dass eine ordnungsgemäße Belehrung über die Folgen verspäteten Vorbringens erfolgt ist, so kann dies noch einen oder mehrere weitere Kammertermine erforderlich machen.

135 „Findigen" Prozessvertretern gelingt es auf diese Weise häufig, ein erstinstanzliches Kündigungsschutzverfahren über ein bis zwei Jahre hinzuziehen mit der Folge, dass **erhebliche Annahmeverzugslohnansprüche** im Raum stehen. Stehen die Obsiegenschancen für den Arbeitnehmervertreter dann gut, so wird häufig ein erstinstanzliches Urteil hingenommen, um erst (im zweiten Rechtszug) mit nochmals erhöhtem Annahmeverzugsrisiko über eine Abfindung zu verhandeln. Gelegentlich wird im Rahmen eines „Konfliktvorgehens" vorgeschlagen, parallel noch weitere Ansprüche rechtshängig zu machen oder Ansprüche im Wege einstweiliger Verfügungen durchzusetzen zu versuchen. Ob dies alles sinnvoll ist, hängt von der konkreten Interessenlage des Mandanten ab. Arbeitgebervertreter müssen allerdings ständig darauf achten, dass das Verfahren so effizient wie möglich geführt und in so kurzer Zeit wie möglich abgeschlossen wird.

136 Für den **Arbeitgebervertreter** bietet sich in diesem Rahmen Folgendes an:
- Der Vorschlag des Ruhens des Verfahrens wird abgelehnt.
- Der Vorschlag eines zweiten Gütetermins wird abgelehnt.
- Es wird beantragt, nicht erst Kammertermin „von Amts wegen" zu bestimmen, sondern bereits in der Güteverhandlung einen Kammertermin festzulegen. Ansonsten führt dies nämlich dazu, dass ein Kammertermin erst nach Eingang der gegenseitigen Schriftsätze bestimmt wird und dann relativ spät erst angesetzt wird. Der Vorschlag, das Verfahren „terminslos" zu stellen, sollte abgelehnt werden.
- Setzt der Vorsitzende Richter keine Schriftsatzfristen, so sollte angeregt werden, dass entsprechende Fristen gesetzt werden, damit schriftsätzlicher Vortrag nicht erst kurz vor dem Kammertermin erfolgt (mit einer sich daraus ggf notwendigen Vertagung).
- Ist kein Hinweis auf die Möglichkeit der Zurückweisung verspäteten Vorbringens gegeben worden, so sollte angeregt werden, dass ein entsprechender Hinweis erfolgt, damit verspätetes Vorbringen rechtswirksam zurückgewiesen werden kann.
- Scheidet ein Richter aus oder erfolgt ein Wechsel der Kammer, sollte frühzeitig angeregt werden, Kammertermin anzuberaumen oder es sollte Kontakt mit dem Vorsitzenden Richter bzw Direktor des Arbeitsgerichts aufgenommen werden.
- Werden Vertagungsanträge gestellt, die befürchten lassen, dass diese taktischer Natur sind, so sollte dem entgegengewirkt und darauf bestanden werden, dass ein einmal festgesetzter Kammertermin eingehalten wird.

- Verzögerungen erfolgen auch häufig dadurch, dass immer wieder Fristverlängerungen beantragt werden, um schriftsätzlich Stellung nehmen zu können. Jeder Anwalt weiß, dass aufgrund des Arbeitsanfalls Fristverlängerungen notwendig sind. Anwälte sind generell häufig auch auf kollegiales Verhalten des anderen Prozessvertreters angewiesen, wenn etwa der Vorsitzende Richter mitteilt (obwohl dies prozessrechtlich nicht begründet ist), dass er einem Verlängerungsantrag nur dann stattgeben wolle, wenn die andere Partei hiermit einverstanden sei. Muss der Anwalt befürchten, dass ein entsprechender Fristverlängerungsantrag vornehmlich aus taktischen Gründen gestellt wird, so kann und sollte das Fristverlängerungsbegehren des Kollegen (wenn die Stellungnahme der anderen Partei ersucht wird) abschlägig beschieden werden. Dies gilt insbesondere dann, wenn aufgrund der beantragten Fristverlängerung ansonsten nicht mehr ausreichend Zeit ist, auf den Vortrag zu erwidern und hierfür ggf dann ein weiterer Kammertermin oder eine Vertagung erforderlich würde.

Merkt der den Arbeitgeber vertretende Anwalt, dass die Arbeitnehmerseite auf die **Verzögerungstaktik** setzt, so kann auch entsprechend reagiert werden, indem dem Arbeitnehmer Möglichkeiten zum anderweitigen Erwerb nach Ablauf der Kündigungsfrist aufgezeigt werden. Dies kann etwa dadurch geschehen, dass ein Arbeitsangebot eines anderen Konzernunternehmens übermittelt wird. Nimmt der Arbeitnehmer die Stelle nicht an (vorausgesetzt, diese war zumutbar), so muss er sich den entgangenen Verdienst als böswillig unterlassenen Erwerb gemäß § 615 Satz 2 BGB anrechnen lassen. Nimmt der Arbeitnehmer die Stelle an, so kann er jedenfalls (hoffentlich) sinnvolle Arbeitsleistung erbringen. Aufgrund der neu begründeten Wartezeit kann dann ohne Probleme vor Ablauf der Sechsmonatsfrist wieder gekündigt werden. Von einer **Prozessbeschäftigung** (bei dem Arbeitgeber, der gekündigt hat) ist allerdings in der Regel abzuraten, da dies häufig die Kündigungsgründe konterkariert. Bei betriebsbedingten Kündigungen wird es dann nicht leicht fallen, den Wegfall des Arbeitsplatzes und das Fehlen anderweitiger Beschäftigungsmöglichkeiten schlüssig darzulegen. Handelt es sich um eine außerordentliche fristlose Kündigung, so wird es bei einer Prozessbeschäftigung schwierig, die Unzumutbarkeit der Weiterbeschäftigung geltend zu machen. Diese Schwierigkeiten stellen sich aber nicht, wenn eine Beschäftigung bei einer anderen Konzerngesellschaft (oder bei einem anderen Unternehmen) erfolgt.

4. Mögliche Nachteile und Risiken der Fortsetzung des Verfahrens

Der Vertreter des **Arbeitgebers** sollte sich mit den Vertretern des **Unternehmens** eingehend dahin gehend beraten, welches Ergebnis der Güteverhandlung (Vergleich oder Fortsetzung) des Verfahrens angestrebt wird. Dabei sollte der Anwalt dem Unternehmen auch deutlich machen, welchen Aufwand die Fortsetzung des Verfahrens erfordert. Gerade bei verhaltensbedingten Kündigungen, in denen die Fortsetzung des Rechtsstreits ggf Beweisaufnahmen mit einer Vielzahl von Zeugen erforderlich macht, muss das Unternehmen wissen, „was auf es zukommt". Der Zeitaufwand der Vernehmung zahlreicher Arbeitnehmer des Unternehmens, die Publizität möglicher Missstände im Unternehmen sowie die Managementzeit, die mit derartigen Verfahren verbunden ist, lassen es aus Effizienzgesichtspunkten häufig sinnvoll erscheinen, in der Güteverhandlung auch bei einem mehr oder weniger feststehenden Fehlverhalten des Arbeitnehmers vergleichsbereit zu sein.

139 Auch die **Zuständigkeiten** im Unternehmen müssen geklärt sein, da es häufig vorkommt, dass die bisherigen Ansprechpartner das Interesse an dem Fall verlieren, er im Wesentlichen „vergessen" wird und erst dann wieder Aufsehen erregt, wenn der Arbeitnehmer sein Verfahren gewonnen hat. Hier obliegt es dem das Unternehmen beratenden Anwalt, deutlich zu machen, wie der aktuelle Verfahrensstand ist, welcher Arbeitseinsatz eine Fortsetzung des Verfahrens erfordert, welche Managementzeit hierfür aufgewendet werden muss und welche Sachverhaltsaufklärung ggf noch zu betreiben ist. Zudem sollten im Unternehmen konkrete Ansprechpartner benannt werden, die sich für den Fall verantwortlich fühlen bzw sind und die auch zwischen Güteverhandlung und Kammertermin zu Auskünften und Gesprächen zur Verfügung stehen. Gerade bei größeren Unternehmen, in denen etwa die Bearbeitung von arbeitsrechtlichen Streitigkeiten von einer Konzernrechtsabteilung wahrgenommen wird, die den konkreten Sachverhalt auch nur aus zweiter Hand kennt, ist es wichtig, direkt zu Beginn der Vertretung im Rechtsstreit zu klären, wer für sachkundige Auskünfte zur Verfügung stehen kann. Ansonsten kann es zu einem **Informationsdefizit** des Unternehmensvertreters kommen. Der Arbeitnehmer kann nämlich die ihn betreffenden Sachverhaltsumstände häufig aus eigener Anschauung berichten, während aufgrund der komplexen Konzernzuständigkeiten die Ermittlung des Sachverhalts die Befragung mehrerer Personen von verschiedenen Gesellschaften erforderlich werden lässt. Diese Informationsdefizite – insbesondere bei Konzernen oder großen Unternehmen – können dazu führen, dass der Arbeitgebervertreter bereits vor der Güteverhandlung dringend auf die Sinnhaftigkeit einer gütlichen Einigung hinweisen sollte.

140 **Scheitert** die Güteverhandlung, ist aber die eigene Partei dennoch vergleichsbereit, so besteht ein häufiger prozesstaktischer Fehler darin, Vergleichsmöglichkeiten bis zum Kammertermin nicht wieder zu erörtern. Ist die eigene Partei an dem Abschluss eines Vergleichs interessiert, so sollte nicht erst bis zum Kammertermin mit weiteren Vergleichsverhandlungen gewartet werden, sondern die Zeit zwischen Güteverhandlung und Kammertermin genutzt werden, um mit der Gegenseite in Kontakt zu treten, um mögliche Vergleichsoptionen zu erörtern. Dies muss natürlich auf eine Art und Weise geschehen, dass nicht die andere Seite den Eindruck erhält, die eigene Partei wolle den Rechtsstreit unter allen Umständen vergleichen. Es ist jedoch falsch, den Kammertermin einfach auf sich zukommen zu lassen, obwohl ein erhebliches, möglicherweise sogar beidseitiges Interesse an einem Vergleich besteht.

VII. Prozessuale Hinweise zum Kündigungsschutzverfahren bei einzelnen Fallgestaltungen

1. Unternehmerentscheidung bei betriebsbedingter Kündigung und Wegfall des Arbeitsplatzes

141 Der Darstellung der Unternehmerentscheidung im Rahmen einer betriebsbedingten Kündigung kommt eine zentrale Bedeutung im Rahmen eines Kündigungsschutzpro-

VII. Prozessuale Hinw. zum Kündigungsschutzverf. bei einzelnen Fallgestaltungen 2

zesses nach einer betriebsbedingten Kündigung zu. Die unternehmerische Entscheidung ist gerichtlich nur dahin gehend überprüfbar, ob sie **offensichtlich unsachlich, unvernünftig oder willkürlich** ist.[91] Eine Zweckmäßigkeitsüberprüfung findet nicht statt. So ist es etwa von der Unternehmerfreiheit gedeckt und nicht missbräuchlich, wenn ein Arbeitgeber sich entschließt, Aufgaben nicht mehr selbst unter Einsatz eigener Arbeitnehmer zu erledigen, sondern durch Dritte vornehmen zu lassen.[92] Ist die Arbeitskapazität allerdings nach wie vor vorhanden, die Arbeitsleistung jedoch an einem umgestalteten Arbeitsplatz zu erbringen, liegt ein dringendes betriebliches Erfordernis zur Kündigung nur dann vor, wenn der Arbeitnehmer nach seinen Fähigkeiten und seiner Vorbildung nicht geeignet ist, den Anforderungen des umgestalteten Arbeitsplatzes zu entsprechen.[93] Gleichwohl obliegt es dem Anwalt des Arbeitgebers, die **unternehmerische Entscheidung ausreichend konkret darzustellen**, dh wer wann welche Entscheidung getroffen hat und dass diese Entscheidung auch umgesetzt worden ist. Ändert der Arbeitgeber zB durch eine unternehmerische Entscheidung das Anforderungsprofil für bestimmte Arbeitsplätze, die bereits mit langjährig beschäftigten Arbeitnehmern besetzt sind, hat er hinsichtlich einer zusätzlich geforderten Qualifikation für die nunmehr auszuführenden Tätigkeiten darzulegen, dass es sich nicht nur um „wünschenswerte Voraussetzungen", sondern um nachvollziehbare, arbeitsplatzbezogene Kriterien für eine Stellenprofilierung handelt. Ungeeignet ist in diesem Zusammenhang dann die Festlegung rein persönlicher Merkmale ohne einen hinreichenden Bezug zur Arbeitsaufgabe oder solcher Merkmale, die an das Verhalten oder die Leistung des Arbeitnehmers anknüpfen.[94]

Vorsicht ist geboten beim ausschließlichen Rekurrieren auf **außerbetriebliche Gründe**. 142
Dann obliegt es nämlich dem Arbeitgeber, den direkten Konnex zwischen den außerbetrieblichen Ursachen und dem Wegfall des Arbeitsplatzes darzulegen und nachzuweisen. Dies ist häufig kaum möglich. Besser ist es daher, außerbetriebliche Gründe lediglich als **Motivationshintergrund** dafür darzustellen, dass eine bestimmte unternehmerische Entscheidung über einen Personalabbau getroffen wird.

Generell kann festgestellt werden, dass die geforderte **Substantiierungsdichte** bei der 143
Darstellung der unternehmerischen Entscheidung und deren Umsetzung relativ hoch ist. Es ist daher im Einzelnen darzulegen, von wem wann welche unternehmerische Entscheidung getroffen worden ist, wie diese umgesetzt worden ist, inwieweit dadurch der Arbeitsplatz des Arbeitnehmers entfallen ist und dass andere geeignete freie Arbeitsplätze nicht vorhanden sind. Eine besonders weitgehende Substantiierung obliegt dem Arbeitgeber dann, wenn die unternehmerische Entscheidung sich auf den Kündigungsentschluss reduziert, insbesondere dann, wenn lediglich ein einziger Arbeitnehmer von der unternehmerischen Entscheidung betroffen ist. Schließlich muss grundsätzlich noch dargelegt werden, dass die getroffene unternehmerische Entscheidung

---

91 Vgl BAG 26.9.1996 – 2 AZR 200/96, BB 1997, 260; BAG 17.6.1999 – 2 AZR 522/98, NZA 1999, 1095; BAG 22.9.2005 – 2 AZR 208/05, NJOZ 2005, 5237; BAG 13.3.2008 – 2 AZR 1037/06, NZA 2008, 878; BAG 10.7.2008 – 2 AZR 1111/06, NZA 2009, 312; BAG 18.9.2008 – 2 AZR 560/07, NZA 2009, 142.
92 Vgl BAG 13.3.2008 – 2 AZR 1037/06, NZA 2008, 878.
93 Vgl BAG 16.12.2004 – 2 AZR 66/04, NZA 2005, 761.
94 Vgl BAG 10.7.2008 – 2 AZR 1111/06, NZA 2009, 312.

tatsächlich stringent umgesetzt worden ist. Es zeigt sich nämlich, dass ungeachtet einer getroffenen unternehmerischen Entscheidung häufig deren Umsetzung mit Fehlern oder Unvollständigkeiten behaftet ist.

144 Die Erfahrung zeigt, dass häufig Arbeitgeber die unternehmerische Entscheidung und deren Umsetzung nicht ausreichend substantiiert beschreiben. Schlagwortartige Sachverhaltsschilderungen sind hierfür nicht ausreichend. Auf die Darstellung der unternehmerischen Entscheidung und deren Umsetzung, insbesondere des daraus resultierenden Wegfalls des Arbeitsplatzes, ist daher besondere **Sorgfalt** zu verwenden.

145 Der **Arbeitnehmervertreter** hat grundsätzlich die Möglichkeit, das Vorliegen der unternehmerischen Entscheidung zunächst **mit Nichtwissen** zu **bestreiten**. Da der Arbeitgeber meist pauschal vorträgt, andere, freie Arbeitsplätze, auf denen der Arbeitnehmer beschäftigt werden könne, seien nicht existent, obliegt es dem Arbeitnehmer, entsprechende Beschäftigungsmöglichkeiten aufzuzeigen. Hierzu kann ggf ein Blick in die Ausschreibungen bzw in das Internet oder eine Anfrage beim Betriebsrat hilfreich sein, weil es häufig vorkommt, dass freie Stellen ausgeschrieben sind, während Mitarbeitern betriebsbedingt gekündigt wird. Ist dies tatsächlich der Fall, kann auf diese freie Stelle (bei bestehender Geeignetheit des gekündigten Arbeitnehmers) verwiesen werden. Gleichfalls sollte eine Erkundigung darüber eingeholt werden, ob **Leiharbeitnehmer** im Unternehmen dauerhaft auf geeigneten Arbeitsplätzen beschäftigt werden. Dann müsste nämlich ggf zunächst dem Leiharbeitnehmer gekündigt werden, um den frei werdenden Arbeitsplatz dem Arbeitnehmer anzubieten.

146 Zum einen ist nämlich die unternehmerische Entscheidung, Arbeitnehmer durch Leiharbeitnehmer zu ersetzen, kein Umstand, der zum Wegfall eines Arbeitsplatzes führt. Es handelt sich lediglich um den Wechsel einer Vertragsart und damit um eine unzulässige Austauschkündigung.[95] Zum anderen sind nach herrschender Ansicht die Arbeitsplätze, auf denen Leiharbeitnehmer im Betrieb tätig sind, freie Arbeitsplätze, die durch eine kurzfristige Beendigung des Leiharbeitsverhältnisses freigemacht werden können. Zum Teil wird daher der Arbeitsplatz, auf dem ein Leiharbeitnehmer beschäftigt wird, als „freier Arbeitsplatz" angesehen, so dass eine Weiterbeschäftigungsmöglichkeit für den zu kündigenden Arbeitnehmer besteht,[96] teilweise wird im Rahmen des Ultima ratio-Grundsatzes die Auffassung vertreten, der Arbeitnehmer müsse, bevor er betriebsbedingte Kündigungen aussprechen könne, zunächst einmal das **mildere Mittel des Abbaus von Leiharbeit** vornehmen, ansonsten sei die betriebsbedingte Kündigung des Arbeitnehmers nicht durch **dringliche betriebliche Erfordernisse** bedingt.[97]

147 Da vonseiten des Arbeitgebers häufig vergessen wird, dass bei Ausspruch einer betriebsbedingten Kündigung noch Leiharbeitnehmer im Betrieb sind, kann dies eine Verteidigungsmöglichkeit gegen eine betriebsbedingte Kündigung darstellen. In diesem Bereich kann es zumindest vorkommen, dass Arbeitgeber zunächst versuchen, lang-

---

95 Vgl BAG 16.12.2004 – 2 AZR 66/04, NZA 2005, 761; BAG 10.7.2008 – 2 AZR 1111/06, NZA 2009, 312; LAG Hamburg 17.8.2006 – 1 Sa 10/06, NZA-RR 2007, 630; LAG Hamm 24.7.2007 – 12 Sa 320/07, NZA-RR 2008, 239.
96 Vgl HWK/*Quecke*, § 1 KSchG Rn 275.
97 Vgl ErfK/*Oetker*, § 1 KSchG Rn 275.

jährig beschäftigten Arbeitnehmern mit langen Kündigungsfristen, auf betriebliche Gründe gestützt, zu kündigen, bevor die Kündigung von Leiharbeitnehmern erfolgt. Das Erhalten von Leiharbeitnehmern bietet für den Arbeitgeber im Vergleich den Vorteil, dass diese zum einen regelmäßig „günstiger" sind und zum anderen in weiter folgenden Krisenzeiten bei Umsatz- oder Auftragseinbrüchen relativ einfach und kurzfristig entlassen werden können. Deshalb ist es Sache des Arbeitnehmervertreters, im Fall der betriebsbedingten Kündigung besonders wachsam in Bezug auf die Beschäftigung von Leiharbeitnehmern zu sein, insbesondere wenn diese dauerhaft auf prinzipiell für den Arbeitnehmer geeigneten Arbeitsplätzen beschäftigt werden.

2. Freie Arbeitsplätze

Die Frage, ob freie Arbeitsplätze zur Verfügung stehen, ist **unternehmensweit** zu prüfen. Maßgeblich ist der **Zeitpunkt des Zugangs der Kündigung**. Fraglich ist also, ob bereits im Zeitpunkt des Zugangs der Kündigung feststeht, dass der Arbeitsplatz bei Ablauf der Kündigungsfrist oder in absehbarer Zeit danach frei sein wird, sofern dem Arbeitgeber die Überbrückung dieses Zeitraums zumutbar ist. Als zumutbar wird von der Rechtsprechung der Zeitraum angenommen, den ein anderer Stelleninhaber zur Einarbeitung benötigen würde.[98] Ein Blick auf die Stellenausschreibungen des Unternehmens oder das Intranet mit freien Positionen ist daher nicht nur unmittelbar nach Ausspruch der Kündigung, sondern auch noch einmal während des Laufs der Kündigungsfrist und unmittelbar danach sinnvoll. Ergeben sich in dieser Zeit freie Arbeitsplätze, ist zu überprüfen, ob das Freiwerden dieser Arbeitsplätze bereits bei Ausspruch der Kündigung absehbar war. Dies dürfte in der Regel der Fall sein, wenn es sich nicht um überraschende Eigenkündigungen von Arbeitnehmern gehandelt hat oder die Kündigungsfrist ganz erheblich lang andauerte.

148

Bei den freien Arbeitsplätzen ist zu überprüfen, ob sie dafür **geeignet** sind, von den zu kündigenden Arbeitnehmern besetzt zu werden. Dies richtet sich nach dem Anforderungsprofil und der Qualifikation, die der Arbeitgeber in freier unternehmerischer Entscheidung festlegen kann.[99] Die geforderten Qualifikationsmerkmale bedürfen eines nachvollziehbaren Bezugs zur konkreten Arbeitsaufgabe. Die Festlegung rein persönlicher Merkmale ohne einen solchen Bezug genügt nicht.[100] **Beförderungsstellen** scheiden als Weiterbeschäftigungsmöglichkeiten aus (es sei denn – was allerdings selten der Fall sein sollte – der Arbeitgeber zieht eine solche Beförderung in Betracht). Der den Arbeitgeber vertretende Anwalt wird bei der Beratung, ob eine auszusprechende betriebsbedingte Kündigung Aussicht auf Erfolg hat, das Anforderungsprofil der freien Arbeitsplätze einer genauen Prüfung unterziehen müssen. Nur wenn deutlich objektive Merkmale vorliegen, aufgrund derer der zu kündigende Arbeitnehmer das Anforderungsprofil der freien Stelle nicht erfüllt oder die Stelle auf einer höheren Hierarchieebene des Unternehmens angesiedelt ist, kann davon ausgegangen werden, dass die

149

---

98 Vgl BAG 15.12.1994 – 2 AZR 327/94, DB 1995, 997.
99 Vgl BAG 7.2.1991 – 2 AZR 205/90, NZA 1991, 806.
100 Vgl BAG 24.6.2004 – 2 AZR 326/03, NZA 2004, 1268; BAG 10.7.2008 – 2 AZR 1111/06, NZA 2009, 312; HWK/*Quecke*, § 1 KSchG Rn 276.

Problematik des freien Arbeitsplatzes der betriebsbedingten Kündigung nicht entgegensteht. Dieselben Grundsätze gelten für den oben diskutierten Fall des Einsatzes von Leiharbeitnehmern (s. Rn 145 ff).

150 Freie Arbeitsplätze im **Konzern**, dh bei anderen Gesellschaften als dem Arbeitgeber, kommen als Weiterbeschäftigungsmöglichkeit iSv § 1 Abs. 2 Satz 1 KSchG grundsätzlich nicht in Betracht.[101] Nur aufgrund besonderer Sachverhaltsgestaltungen in **Ausnahmefällen** ist eine konzernbezogene Betrachtung denkbar. Dies ist immer dann der Fall, wenn sich ein anderes Konzernunternehmen ausdrücklich zur Übernahme des Arbeitnehmers bereit erklärt hat und sich eine entsprechende Verpflichtung unmittelbar aus dem Arbeitsvertrag oder einer sonstigen vertraglichen Abrede ergibt. So kann ein Arbeitnehmer von vorneherein für den Unternehmens- oder Konzernbereich eingestellt worden sein oder sich arbeitsvertraglich mit einer Versetzung innerhalb der Unternehmens- bzw Konzerngruppe einverstanden erklärt haben. In allen Fällen ist aber Voraussetzung, dass der Arbeitgeber (Beschäftigungsbetrieb des Arbeitgebers) einen **bestimmenden Einfluss** auf das Konzernunternehmen ausüben kann, in dem der Arbeitnehmer beschäftigt werden soll oder kann. Ob die Möglichkeit dieser Einflussnahme aufgrund eindeutiger rechtlicher Regelungen (zB aufgrund eines Beherrschungsvertrages) oder nur faktisch besteht, ist unerheblich.[102] Nicht ausreichend, um eine ausnahmsweise Erstreckung des Kündigungsschutzes auf den Konzern anzunehmen, ist allein der Umstand, dass ein Gesellschafter erheblichen Einfluss auf mehrere oder alle Gesellschaften der Gruppe ausüben kann.[103] Hat ein Arbeitnehmer sein Arbeitsverhältnis in verschiedenen Konzerngesellschaften verbracht, war aber lediglich auf der Grundlage eines einzigen Arbeitsvertrages zu einem einzigen Arbeitgeber beschäftigt, deutet dies darauf hin, dass die entsprechenden Voraussetzungen vorliegen. Ist der Arbeitnehmer wiederholt zu anderen Unternehmen abgeordnet worden, so kann sich im Zusammenhang mit anderen Indizien ein Vertrauenstatbestand dahin gehend ergeben, dass dort freiwerdende Arbeitsplätze auch ihm anzubieten sein werden, bevor eine betriebsbedingte Kündigung ausgesprochen wird.[104] Denkbar sind auch entsprechende Regelungen in Konzernbetriebsvereinbarungen, aufgrund derer dem Arbeitnehmer ein entsprechendes Recht eröffnet wird.[105]

151 Schließlich kann eine unternehmensübergreifende Weiterbeschäftigungspflicht in einem **Gemeinschaftsbetrieb** in Betracht kommen. Hierzu ist darzulegen, dass die Unternehmen im Rahmen einer gemeinsamen Arbeitsorganisation unter einheitlicher Leitungsmacht arbeitstechnische Zwecke fortgesetzt verfolgen. Dazu bedarf es einer ausdrücklichen oder stillschweigenden rechtlichen Leitungsvereinbarung. Ein Anhaltspunkt dafür bietet die einheitliche Ausübung von Arbeitgeberfunktionen im sozialen und personellen Bereich. Eine lediglich unternehmerische – wenn auch enge – Zusam-

---

101 Vgl BAG 23.3.2006 – 2 AZR 162/05, NZA 2007, 30; BAG 23.4.2008 – 2 AZR 1110/06, NZA 2008, 939; BAG 26.6.2008 – 2 AZR 1109/06, NZA-RR 2009, 205.
102 Vgl BAG 21.2.2002 – 2 AZR 749/00, EzA § 1 KSchG Wiedereinstellungsanspruch Nr. 7; BAG 23.3.2006 – 2 AZR 162/05, NZA 2007, 30; BAG 26.6.2008 – 2 AZR 1109/06, NZA-RR 2009, 205.
103 Vgl BAG 23.4.2008 – 2 AZR 1110/06, NZA 2008, 939.
104 Vgl BAG 23.11.2004 – 2 AZR 24/04, NZA 2005, 929.
105 Vgl LAG Köln 17.12.2007 – 14 Sa 654/07, ArbuR 2008, 229; BAG 10.5.2007 – 2 AZR 626/05, NZA 2007, 1278.

menarbeit reicht dazu nicht aus.[106] Die Darlegungs- und Beweislast für die Tatsachen, aufgrund derer auf einen Gemeinschaftsbetrieb mehrerer Unternehmen geschlossen werden kann, liegt beim Arbeitnehmer.[107]

Die Frage des freien Arbeitsplatzes, auf dem sich die Möglichkeit einer Weiterbeschäftigung ergibt, kann häufig **prozessual** genutzt werden. Zwar ist geklärt, dass freie Arbeitsplätze im Fall von betriebsbedingten Kündigungen im Rahmen einer „**umgekehrten Sozialauswahl**" den Arbeitnehmern angeboten werden sollen, die noch von einer Kündigung betroffen sind (wären), aber unter den für eine Kündigung in Betracht kommenden Mitarbeitern den stärksten sozialen Schutz aufweisen. Hierzu wird in der Literatur vertreten, dass bei einer Besetzung freier Arbeitsplätze im Unternehmen gemäß § 1 Abs. 2 KSchG analog die Grundsätze der Sozialauswahl nur anzuwenden sind, wenn die Zuweisung des freien Arbeitsplatzes im Wege des Direktionsrechts erfolgen kann. Bedürfe es einer Mitwirkung des Arbeitnehmers, fehle es an einer arbeitsvertraglichen Vergleichbarkeit.[108] Diese Ansicht wird aber durch die höchstrichterliche Rechtsprechung nicht gestützt. Zunächst einmal ist davon auszugehen, dass freie Arbeitsplätze (zB in anderen Betrieben des Unternehmens) ggf Mitarbeitern, denen sonst Beendigungskündigungen auszusprechen wären, zuzuweisen sind (und zwar im Wege der Änderungskündigung).[109] Da die Reaktion von entsprechenden Arbeitnehmern auf **Änderungskündigungen** nicht vorhersehbar ist (zB ob sie das Arbeitsangebot annehmen, nur unter Vorbehalt annehmen oder ablehnen), ergeben sich durch das von der höchstrichterlichen Rechtsprechung aufgestellte Erfordernis, vor Ausspruch einer Beendigungskündigung eine Änderungskündigung auch dann auszusprechen, wenn der Arbeitnehmer zuvor das Angebot einer Weiterbeschäftigung auf einem freien vergleichbaren Arbeitsplatz vorbehaltslos und endgültig abgelehnt hat,[110] fast unlösbare Probleme, was zu einer erheblichen Verzögerung der Umsetzung der Personalmaßnahmen führen kann.[111] Dies führt dazu, dass Arbeitgeber häufig den Ausspruch von Änderungskündigungen unterlassen, obwohl deren Ausspruch geboten wäre, und sich pauschal auf den Standpunkt stellen, die freie Stelle sei für den Arbeitnehmer nicht „zumutbar". Hier kann sich von Seiten der Arbeitnehmervertretung ein Angriffspunkt im Rahmen der Kündigungsschutzklage ergeben, da es gerade Sinn der Änderungskündigung ist, dem Arbeitnehmer die Entscheidung zu überlassen, was aus seiner Sicht zumutbar ist oder nicht. Aus Arbeitgebersicht sind die sehr sorgfältige Prüfung freier Arbeitsplätze und deren „Verteilung" angesagt.

152

---

106 Vgl BAG 23.3.1984 – 7 AZR 515/82, NZA 1984, 1684; BAG 11.2.2004 – 7 ABR 27/03, NZA 2004, 618; BAG 18.10.2006 – 2 AZR 434/05, NZA 2007, 552.
107 Vgl BAG 23.3.1984 – 7 AZR 515/82, NZA 1984, 1684; BAG 11.2.2004 – 7 ABR 27/03, NZA 2004, 618; BAG 18.10.2006 – 2 AZR 434/05, NZA 2007, 552.
108 Vgl *Haas/Salomon*, NZA 2006, 1192.
109 Vgl *Schiefer*, DB 2007, 54, 56.
110 Vgl BAG 21.4.2005 – 2 AZR 244/04, DB 2005, 2250; BAG 29.3.2007 – 2 AZR 31/06, NZA 2007, 855; BAG 3.4.2008 – 2 AZR 500/06, NZA 2008, 812.
111 Vgl *Neef/Neef*, NZA 2006, 1241.

3. Angriff und Verteidigung der sozialen Auswahl, Herausbildung der relevanten Vergleichsgruppe – Aufklärung des Sachverhalts

153 Üblicherweise wird in der Klageschrift die ordnungsgemäße Vornahme der sozialen Auswahl (§ 1 Abs. 3 KSchG) gerügt. Der Arbeitgeberanwalt muss in der Klageerwiderung die Beachtung der sozialen Auswahl darlegen. Hierzu gehören erstens die Darlegung der relevanten Vergleichsgruppe der Arbeitnehmer, zweitens die Abwägung der Sozialdaten der Arbeitnehmer innerhalb der Vergleichsgruppen, drittens die Herausnahme bestimmter Arbeitnehmer aus der Vergleichsgruppe aus berechtigtem betrieblichem Interesse wegen ihrer Kenntnisse, Fähigkeiten und Leistungen sowie schließlich die Abwägung der Sozialdaten.

a) Bildung der relevanten Vergleichsgruppe
aa) Ausschluss bestimmter Arbeitnehmer

154 Der erste Schritt besteht in der Bildung der relevanten Vergleichsgruppe. Hierzu ist zunächst zu berücksichtigen, dass bestimmte Arbeitnehmergruppen generell von der Sozialauswahl ausgenommen sind und daher auch nicht in die relevante Vergleichsgruppe aufgenommen werden können.

155 Dies betrifft zunächst Arbeitnehmer, die noch keinen Kündigungsschutz nach dem KSchG besitzen, weil die Wartezeit noch nicht abgelaufen ist (die also noch keine sechs Monate beschäftigt sind).[112] Diesen Arbeitnehmern ist **immer** und **vorrangig** zu kündigen, und zwar unabhängig von ihren Sozialdaten (dh also trotz eines ggf hohen Lebensalters und trotz ggf bestehender zahlreicher Unterhaltspflichten), weil diese Arbeitnehmer eben nicht in den Kündigungsschutz einbezogen sind. Weiter nicht einzubeziehen in die Vergleichsgruppe sind die Arbeitnehmer, bei denen der Ausspruch einer ordentlichen Kündigung ausgeschlossen ist, sei es weil sie besonderen tariflichen Kündigungsschutz genießen oder weil bei ihnen ein besonderer gesetzlicher Kündigungsschutz besteht (zB Schwangerschaft: § 9 MuSchG; Elternzeit: § 18 Abs. 1 BEEG; Schwerbehinderung: §§ 85 ff SGB IX).

156 Problematisch sind einzelvertragliche Regelungen, die den **Ausschluss der ordentlichen Kündbarkeit** im Arbeitsverhältnis festlegen. Würde dies dazu führen, dass diese Mitarbeiter aus der relevanten Vergleichsgruppe auszuschließen sind, so würde als Reflex eine Belastungswirkung für die übrigen Arbeitnehmer entstehen, die in der Vergleichsgruppe verbleiben, da sich das „Kündigungsrisiko" für diese Arbeitnehmer dann stärker materialisiert. Zudem kann hierin ein Verstoß gegen die zwingende Regelung der Berücksichtigung der sozialen Kriterien bei der Sozialauswahl nach § 1 Abs. 3 KSchG gesehen werden.[113] Schließlich besteht die Gefahr, dass der Arbeitgeber durch einzelvertragliche Zusagen die ansonsten nach objektiven Kriterien zu bildende relevante Vergleichsgruppe manipuliert und einzelnen Arbeitnehmern eine Sonderstellung einräumt. Besonders deutlich würde dies, wenn der Arbeitnehmer zB bestimmten Arbeitnehmern, deren Weiterbeschäftigung er durchsetzen will, Zusagen im Hinblick auf den Ausschluss einer ordentlichen Kündigung nur für einen befristeten Zeitraum erteilt.

---

112 Vgl BAG 24.4.1985 – 2 AZR 140/84, NZA 1986, 64.
113 Vgl zu tariflichen „Unkündbarkeitsklauseln" *Moll*, in: FS H. Wiedemann, 2002, S. 333 ff.

Von der Sozialauswahl ausgenommen sind schließlich **befristet beschäftigte Arbeitneh-** 157
mer, wenn deren ordentliche Kündigung ausgeschlossen ist, dh wenn nicht gemäß § 15
Abs. 3 TzBfG ein ordentliches Kündigungsrecht vereinbart ist. Auch dies wird dahin
gehend kritisiert, dass der Arbeitgeber mit seiner Vertragsgestaltung und dem Verzicht
auf das Recht zur ordentlichen Kündigung die Lasten aus der Vereinbarung zu tragen
habe und für den Personalabbau eben der Befristungsablauf zu nutzen sei. Eine Verla-
gerung des Kündigungsrisikos auf die übrigen Arbeitnehmer dürfe nicht stattfinden.[114]

Auch hierin kann ein **Angriffspunkt** gegen eine betriebsbedingte Kündigung liegen. Der 158
Arbeitnehmervertreter sollte prüfen, welche Arbeitnehmer befristet beschäftigt sind
und wann deren Arbeitsverträge auslaufen. Auch wenn dies erst nach Ablauf der Kündigungsfrist des gekündigten Arbeitnehmers der Fall ist, kann argumentiert werden,
dass dem Arbeitgeber das Abwarten des Auslaufens der Befristung zumutbar ist. Der
Arbeitgeber kann sich seinerseits damit zur Wehr setzen, dass der von dem befristet
beschäftigten Arbeitnehmer besetzte Arbeitsplatz ebenfalls abgebaut werden soll. In
diesem Zusammenhang ist auch auf **Verlängerungen** befristeter Verträge hinzuweisen.
Die Verlängerung eines befristeten Arbeitsvertrages gilt als freier Arbeitsplatz. Es verstößt daher gegen § 1 Abs. 2 KSchG, einem Arbeitnehmer betriebsbedingt zu kündigen
und den ausgelaufenen befristeten Vertrag eines anderen Arbeitnehmers zu verlängern.

bb) Austauschbarkeit der Arbeitnehmer innerhalb der Vergleichsgruppe
(1) Kriterien

Die vergleichsrelevante Gruppe richtet sich nach der **Austauschbarkeit** der Arbeitneh- 159
mer, dh nach der Frage, ob der zur Kündigung vorgesehene Arbeitnehmer auf eine
andere Stelle versetzt werden könnte und dort in der Lage wäre, die andersartige Beschäftigung auszuüben. Erforderliche **Einarbeitungszeiten von bis zu drei Monaten** sind
akzeptabel und stehen einer Vergleichbarkeit nicht entgegen. Die Vergleichbarkeit beschränkt sich ausschließlich auf dieselbe hierarchische Ebene (**horizontale Vergleichbarkeit**). Bei der Bestimmung der relevanten Vergleichsgruppe sind daher drei Gesichtspunkte zu beachten:

- Die Arbeitnehmer müssen derselben betrieblichen Ebene angehören (**horizontale Vergleichbarkeit**).
- Ihre Tätigkeit muss von den anderen Arbeitnehmern der Vergleichsgruppe ausgeübt werden können (**fachliche Austauschbarkeit**).
- Die Zuweisung des Arbeitsplatzes muss für die Arbeitnehmer aufgrund des arbeitgeberseitigen Direktionsrechts – also ohne notwendige vertragliche Änderung – möglich sein (**rechtliche Austauschbarkeit**).

(2) Horizontale Vergleichbarkeit

Der Umstand, dass sich die Bildung der relevanten Vergleichsgruppe lediglich auf der- 160
selben betrieblichen Ebene vollziehen lässt (horizontale Vergleichbarkeit), hat den Sinn,
einen sog. **Verdrängungswettbewerb nach unten** zu verhindern. Dies würde nämlich

---

114 Vgl HWK/*Quecke*, § 1 KSchG Rn 349; Rechtsprechung fehlt hierzu bislang.

bedeuten, dass die unteren Hierarchieebenen eines Unternehmens überproportional von einem Arbeitsplatzabbau betroffen würden. Dabei ist die Hierarchieebene allerdings nicht zu eng zu betrachten. Insbesondere ist die betriebliche Hierarchieebene nicht mit der Vergütung in einer bestimmten Tarifgruppe gleichzusetzen. Übt eine Gruppe von Arbeitnehmern dieselbe Tätigkeit aus, obwohl ein Teil der Arbeitnehmer in einer höheren und ein Teil in einer niedrigeren Tarifgruppe eingruppiert ist, so sind gleichwohl alle Arbeitnehmer in die soziale Auswahl einzubeziehen. Die maßgebliche Tarifgruppe kann lediglich ein anfängliches Indiz bei der Bildung der Vergleichsgruppen darstellen. Unproblematisch ist hingegen, dass bei einem Personalabbau von Sachbearbeiterstellen die diesen vorgesetzten Gruppen- oder Abteilungsleiter nicht in die soziale Auswahl einbezogen werden.[115]

(3) Fachliche Austauschbarkeit

161 Die fachliche Austauschbarkeit richtet sich danach, ob die Arbeitnehmer, die auf den wegfallenden Arbeitsplätzen beschäftigt sind, aufgrund ihrer Kenntnisse, Fähigkeiten und Ausbildung die Tätigkeit der in die Vergleichsgruppe aufzunehmenden Arbeitnehmer übernehmen können.[116] Dabei ist von Bedeutung, dass mit dem **Begriff der Austauschbarkeit** nicht die wechselseitige Austauschbarkeit gemeint ist, sondern dass es sich um eine „Einbahnstraße" handelt. Es ist also nur danach zu fragen, ob die Arbeitnehmer, die auf den Stellen sitzen, die wegfallen, auch die Tätigkeiten ausüben können, die die **übrigen Arbeitnehmer** (deren Arbeitsplätze also nicht wegfallen) der relevanten Vergleichsgruppe versehen. Nicht relevant ist die Frage, ob die Mitarbeiter, die in der relevanten Vergleichsgruppe sind, deren eigener Arbeitsplatz aber nicht wegfällt, die Tätigkeit ausüben können, die die Arbeitnehmer verrichten, deren Arbeitsplatz wegfällt. Denn es geht ja lediglich um die Frage, ob ggf nicht den Arbeitnehmern gekündigt wird, die auf den wegfallenden Arbeitsplätzen sitzen, sondern anderen. Wird aber anderen gekündigt, so müssen die Arbeitnehmer, die auf den wegfallenden Arbeitsplätzen sitzen, auf die dann freiwerdenden Arbeitsplätze versetzt werden, um von einer Kündigung verschont zu werden.[117] Der Begriff der Austauschbarkeit ist also mit Vorsicht zu verwenden.

162 Die fachliche Austauschbarkeit richtet sich nach dem **individuellen Ausbildungs- und Qualifikationsstand** des Arbeitnehmers. Leistungsgesichtspunkte bleiben bei dieser Beurteilung außer Betracht. Dies kann erst im Rahmen der (anschließenden) Prüfung nach § 1 Abs. 3 Satz 2 KSchG eine Rolle spielen, aus der relevanten Vergleichsgruppe bestimmte Arbeitnehmer, deren Weiterbeschäftigung aufgrund ihrer Kenntnisse, Fähigkeiten und Leistungen oder Sicherung einer ausgewogenen Personalstruktur im berechtigten betrieblichen Interesse liegt, auszunehmen.

163 **Beispiel:**[118] In einem Unternehmen wird ein Arbeitsplatz eines Tiefbaufacharbeiters abgebaut. Im Unternehmen sind zwei Tiefbaufacharbeiter tätig, nämlich A und B. B hat allerdings

---

115 Vgl BAG 29.3.1990 – 2 AZR 369/89, NZA 1991, 181.
116 Vgl BAG 15.6.1989 – 2 AZR 580/88, BB 1990, 351.
117 Vgl BAG 15.6.1989 – 2 AZR 580/88, BB 1990, 351.
118 Vgl BAG 15.6.1989 – 2 AZR 580/88, BB 1990, 351; vgl HWK/*Quecke*, § 1 KSchG Rn 356.

eine weitere Qualifikation als Hochbaufacharbeiter. Zudem gibt es im Unternehmen noch den Hochbaufacharbeiter C (der aber nicht im Tiefbau arbeiten kann). A ist schutzwürdiger als B, B ist aber schutzwürdiger als C. Die Bildung der relevanten Vergleichsgruppe muss jetzt wie folgt erfolgen: Unter den unmittelbar betroffenen Arbeitnehmern würde die soziale Auswahl dazu führen, dass nicht A, sondern B gekündigt werden müsste. Die relevante Vergleichsgruppe ist aber auszuweiten, da B eine weitere Qualifikation als Hochbaufacharbeiter hat. Aufgrund seiner fachlichen Verwendbarkeit kommt auch eine Tätigkeit im Hochbaufach in Betracht. Er ist daher mit C vergleichbar, da er auf dessen Arbeitsplatz eingesetzt werden kann. C weist einen geringeren sozialen Schutz als B auf, so dass die vorgenommene soziale Auswahl dazu führt, dass bei Abbau eines Tiefbaufacharbeiter-Arbeitsplatzes dem Hochbaufacharbeiter C zu kündigen ist und der Tiefbaufacharbeiter B auf den Arbeitsplatz des C im Hochbau zu versetzen ist. Fällt hingegen ein Arbeitsplatz im Hochbau weg, wäre ebenfalls C zu kündigen. C ist hingegen mit A und B nicht in eine Vergleichsgruppe einzubeziehen, da C lediglich im Hochbau, aber nicht im Tiefbau tätig werden kann. Bei diesem Beispiel wird unterstellt, dass ein Tiefbaufacharbeiter nicht im Rahmen einer angemessenen Einarbeitungs- oder Qualifizierungszeit als Hochbaufacharbeiter (oder umgekehrt) tätig werden kann.

(4) Rechtliche Austauschbarkeit

Die rechtliche Austauschbarkeit richtet sich nach dem Arbeitsvertrag, dh ob dem Arbeitnehmer die andere Tätigkeit im Wege des arbeitgeberseitigen Direktionsrechts übertragen werden kann.[119] Ist dem Arbeitgeber nämlich eine **Versetzung** aufgrund des arbeitgeberseitigen Direktionsrechts nicht möglich, so kann dem Arbeitnehmer die andere Tätigkeit, für die er ggf nach seinen fachlichen Qualifikationen eingesetzt werden könnte, ohne Vertragsänderung nicht zugewiesen werden. Dabei kommt es nicht darauf an, ob der Arbeitnehmer mit der Zuweisung einer derartigen Tätigkeit einverstanden wäre. Maßgeblich sind allein die vertragliche Gestaltung und die Reichweite des arbeitgeberseitigen Direktionsrechts.[120]

164

Aus Arbeitgebersicht kann daher bereits bei Begründung des Arbeitsverhältnisses eine entscheidende Weichenstellung für den Fall einer betriebsbedingten Kündigung gestellt werden, wenn nämlich der arbeitsvertragliche Aufgabenbereich **eng umschrieben** ist und der Arbeitsvertrag auch sonst **keine Flexibilitätsklausel** dergestalt enthält, dass der Arbeitnehmer auch mit allen anderen zumutbaren Tätigkeiten beschäftigt werden kann. Ist der Arbeitnehmer arbeitsvertraglich eng auf eine bestimmte Aufgabe oder Tätigkeit fixiert, so kann dies dazu führen, dass er bei Wegfall dieser Position mit keinem anderen Arbeitnehmer vergleichbar ist.[121]

165

Ist ein Arbeitnehmer kraft der arbeitsvertraglichen Regelung eng auf ein bestimmtes Tätigkeits- oder Aufgabengebiet beschränkt, so ist im Fall einer Kündigung und der Bestimmung der relevanten Vergleichsgruppe auch zu prüfen, ob er faktisch allerdings in anderen Bereichen eingesetzt worden ist. Ist dies der Fall gewesen, kann ggf konkludent von einer Änderung des Arbeitsvertrages im Hinblick auf eine Versetzbarkeit ausgegangen werden.

166

---

119 Vgl BAG 17.9.1998 – 2 AZR 725/97, NZA 1998, 1332.
120 Vgl BAG 17.9.1998 – 2 AZR 725/97, NZA 1998, 1332.
121 Vgl BAG 17.9.1998 – 2 AZR 725/97, NZA 1998, 1332.

167 Ein weiterer Umstand, der bei der rechtlichen Austauschbarkeit zu berücksichtigen ist, ist der Umstand, ob der **Betriebsrat** der (möglichen) Versetzung des Arbeitnehmers auf einen anderen Arbeitsplatz zugestimmt hat oder ob er die gemäß § 99 BetrVG erforderliche Zustimmung verweigert hat. Hat der Betriebsrat der Versetzung des Arbeitnehmers widersprochen, kann dieser auf den anderen Arbeitsplatz nicht versetzt werden. Es wird vertreten, dass es für den Arbeitgeber nicht zumutbar sei, ein **Zustimmungsersetzungsverfahren** nach § 99 Abs. 4 BetrVG einzuleiten, nur um die rechtliche Austauschbarkeit des Arbeitnehmers herzustellen. Vielmehr kann dann dem entsprechenden Arbeitnehmer, dessen Arbeitsplatz wegfällt, gekündigt werden.

168 In Bezug auf die rechtliche Austauschbarkeit der Arbeitnehmer im Rahmen der Sozialauswahl stellt die **Arbeitszeit** einen weiteren zu berücksichtigenden Gesichtspunkt dar. Während früher Vollzeit- und Teilzeitarbeitskräfte generell nicht miteinander verglichen wurden, da hier die rechtliche Austauschbarkeit der Mitarbeiter nicht gegeben war,[122] ist nach der neueren, mittlerweile ständigen Rechtsprechung zu differenzieren: Soll lediglich das **Arbeitszeitvolumen** in einer bestimmten betrieblichen Einheit unter einer bestimmten Gruppe von Mitarbeitern abgebaut werden, **ohne** dass der Verteilung des Arbeitszeitvolumens ein **unternehmerisches Konzept zur Arbeitszeitgestaltung** zugrunde liegt, stehen die unterschiedlichen Arbeitszeiten einer Vergleichbarkeit der Mitarbeiter nicht entgegen.[123] Das Arbeitszeitvolumen wird dann nach den Kriterien der Sozialauswahl abgebaut. Trifft bei Wegfall einer ganzen Stelle die Sozialauswahl auf eine Teilzeitkraft, trifft sie die Beendigungskündigung und mit dem verbleibenden Volumen den nächst schutzwürdigeren Arbeitnehmer in Form einer Änderungskündigung.[124] Liegt der Verteilung des Arbeitszeitvolumens dagegen ein nachvollziehbares unternehmerisches Konzept zur Arbeitszeitgestaltung zugrunde, so dass bestimmten Tätigkeiten bestimmte Arbeitszeiten zugeordnet sind, so ist diese unternehmerische Entscheidung jedenfalls im Rahmen eines Kündigungsschutzverfahrens von den Gerichten hinzunehmen, wenn sie nicht offenkundig unsachlich, dh missbräuchlich ist. In diesem Fall können dann voll- und teilzeitbeschäftigte Arbeitnehmer nicht als vergleichbar angesehen und somit auch nicht wechselseitig in die Sozialauswahl einbezogen werden.[125] Aus Arbeitgebersicht ist im Prozess also sorgfältig die **Organisationsentscheidung** im Hinblick auf die Arbeitszeit darzulegen. Wenn auf eine fehlende Vergleichbarkeit von Teilzeit- und Vollzeitstellen abgestellt wird, muss das dahinter stehende unternehmerische Konzept im Einzelnen erläutert werden. Dabei ist allerdings nicht der Prüfungsmaßstab anzulegen, auf den im Rahmen von Teilzeitansprüchen nach § 8 TzBfG abgestellt wird. Die Organisationsentscheidung des Arbeitgebers ist gerade

---

122 Vgl BAG 3.12.1998 – 2 AZR 341/98, NZA 1999, 431.
123 Vgl BAG 17.1.2002 – 2 AZR 15/01, NJOZ 2002, 1617; BAG 15.7.2004 – 2 AZR 376/03, NZA 2005, 523; BAG 7.12.2006 – 2 AZR 748/05, NZA-RR 2007, 460.
124 Vgl BAG 15.7.2004 – 2 AZR 376/03, NZA 2005, 523; BAG 7.12.2006 – 2 AZR 748/05, NZA-RR 2007, 460; vgl HWK/*Quecke*, § 1 KSchG Rn 366.
125 Vgl BAG 17.1.2002 – 2 AZR 15/01, NZA 2002, 759; BAG 15.7.2004 – 2 AZR 376/03, NZA 2005, 523; BAG 7.12.2006 – 2 AZR 748/05, NZA-RR 2007, 460.

VII. Prozessuale Hinw. zum Kündigungsschutzverf. bei einzelnen Fallgestaltungen 2

Teil seiner unternehmerischen Freiheit und daher nur beschränkt gerichtlich auf Unsachlichkeit, Unvernünftigkeit oder Willkür zu überprüfen.[126]

b) Entscheidung anhand der sozialen Auswahlkriterien

Die soziale Auswahl und die Bildung der relevanten Vergleichsgruppe sind **betriebsbezogen**, was auch dann gilt, wenn ein betriebsübergreifendes Versetzungsrecht besteht.[127]

169

Die „engere" Sozialauswahl erfolgt seit dem 1.1.2004 anhand der **vier Sozialkriterien**: Betriebszugehörigkeit, Lebensalter, Unterhaltspflichten und Schwerbehinderung.

170

Ob und wie die Berücksichtigung des **Lebensalters** im Rahmen der Sozialauswahl mit § 1 AGG vereinbar ist, ist höchstrichterlich noch nicht entschieden und dürfte Gegenstand eines zukünftigen Vorabentscheidungsverfahrens werden.[128] Allerdings ist nicht zu vergessen, dass nach der europarechtlichen Vorgabe eine **Ungleichbehandlung aufgrund des Alters** gerechtfertigt werden kann, soweit diese objektiv und angemessen sowie durch ein legitimes Ziel **gerechtfertigt** ist. In diesem Zusammenhang ist sich zu verdeutlichen, dass ältere Menschen (insbesondere in den höheren Altersgruppen ab 50 Jahren) definitiv auf dem Arbeitsmarkt schwerer vermittelbar sind. Einen möglichen Lösungsansatz könnte es daher darstellen, nicht auf das exakte Alter an sich abzustellen, sondern vielmehr bestimmte Altersgruppen zu bilden, die je nach Branche, Region und Arbeitsmarktlage die jeweiligen Chancen am Arbeitsmarkt widerspiegeln sollen.[129] Das BAG hat sich ebenfalls auf den Standpunkt gestellt, dass eine Berücksichtigung des Lebensalters im Rahmen der Sozialauswahl **keine Altersdiskriminierung** darstellt. Die unmittelbare Benachteiligung jüngerer Arbeitnehmer sei gerade vor dem Hintergrund des legitimen Ziels gerechtfertigt, dass durch sie ältere Arbeitnehmer, welche auf dem Arbeitsmarkt deutlich geringere Chancen aufweisen, geschützt werden.[130]

171

Alle vier angesprochenen sozialen Kriterien sind im Rahmen der Sozialauswahl **ausreichend** zu berücksichtigen, wobei dem Arbeitgeber jedoch ein **Beurteilungsspielraum** eingeräumt wird.[131] Es steht ihm daher zu, die sozialen Gesichtspunkte so zu berücksichtigen, dass eine Gesamtbewertung zum Tragen kommt und kein Kriterium „untergeht". Das „Setzen von Akzenten" ist erlaubt.[132] Das Problem besteht darin, dass die sozialen Daten prinzipiell nicht kommensurabel sind (Beispiel: Wie viele Jahre Betriebszugehörigkeit wiegen eine Unterhaltspflicht auf?). Der Arbeitgeber wird hier eine angemessene Abwägung treffen müssen. Vorsicht ist mit der **Verteilung von Punkten** geboten. Verwendet der Arbeitgeber ein Punkteschema, so unterliegt dies der Mitbestimmung des Betriebsrats.[133] Zudem ist stets (unabhängig von einer Punktezuord-

172

---

126 Vgl BAG 22.4.2004 – 2 AZR 385/03, NZA 2004, 1158; BAG 15.7.2004 – 2 AZR 376/03, NZA 2005, 523; BAG 7.12.2006 – 2 AZR 748/05, NZA-RR 2007, 460.
127 Vgl BAG 15.12.2005 – 6 AZR 199/05, NZA 2006, 590; BAG 2.6.2005 – 2 AZR 158/04, NZA 2005, 1175.
128 Vgl hierzu *Schiefer*, DB 2007, 54, 57.
129 Vgl *Ulrich*, in: Moll (Hrsg.), Münchener Anwaltshandbuch Arbeitsrecht, § 40 Rn 175 a.
130 Vgl BAG 6.11.2008 – 2 AZR 523/07, NZA 2009, 361; BAG 12.3.2009 – 2 AZR 418/07, NZA 2009, 1023; BAG 11.11.2009 – 2 Sa 992/09, NZA-RR 2010, 410; BAG 18.3.2010 – 2 AZR 468/08, NZA 2010, 1059.
131 Vgl BAG 18.10.1984 – 2 AZR 543/83, NZA 1985, 423; BAG 17.3.2005 – 2 AZR 4/04, NZA 2005, 1016.
132 BAG 5.12.2002 – 2 AZR 549/01, NZA 2003, 791.
133 BAG 26.7.2005 – 1 ABR 29/04, NZA 2005, 1372.

nung) eine individuelle **Einzelfallbetrachtung** erforderlich.[134] Die Festlegung von Punkteschemata in **Auswahlrichtlinien** kann gemäß § 1 Abs. 4 KSchG nur auf grobe Fehlerhaftigkeit überprüft werden. Sie muss allerdings eine Bewertung der vier Auswahlgesichtspunkte im Verhältnis zueinander enthalten und darf nicht grob fehlerhaft sein. Eine grobe Fehlerhaftigkeit wird dann angenommen, wenn die Richtlinie „völlig unausgewogen" die Sozialkriterien im Verhältnis zueinander bewertet.[135] Ist die Auswahlrichtlinie grob fehlerhaft, muss deshalb die darauf gestützte Auswahlentscheidung nicht automatisch sozialwidrig sein. Vielmehr kann die konkrete Auswahlentscheidung „zufällig" die sozialen Kriterien ausreichend iSv § 1 Abs. 3 Satz 1 KSchG berücksichtigen.[136] Dies bleibt also zu prüfen.

173 Zudem muss nach der neuen höchstrichterlichen Rechtsprechung der Fehler der Sozialkriterien **kausal** für die Kündigung des Klägers sein (Rechtsprechungsänderung der sog. Domino-Theorie).[137] Nimmt der Arbeitgeber die Sozialauswahl allein durch Vollzug eines **zulässigen Punktesystems** vor, so kann er auf die Rüge nicht ordnungsgemäßer Sozialauswahl mit Erfolg einwenden, der gerügte Auswahlfehler habe sich auf die Kündigungsentscheidung nicht ausgewirkt, weil der Arbeitnehmer nach der Punktetabelle auch bei Vorliegen des Auswahlfehlers zur Kündigung angestanden hätte. Werden aufgrund eines Punktesystems also mehrere Arbeitnehmer entlassen, so können sich auf eine Fehlerhaftigkeit nicht alle gekündigten Arbeitnehmer berufen, sondern nur die, denen bei zutreffender Ermittlung der Sozialdaten nicht gekündigt worden wäre. Die Fehlerhaftigkeit der Sozialauswahl können also nur die Arbeitnehmer geltend machen, die hierdurch überhaupt beschwert sein können. Diese – logische – Folgerung hat das BAG (im Gegensatz zur früheren Rechtsprechung)[138] klargestellt.[139]

174 Die **Sozialdaten** müssen **tatsächlich vorliegen**, wodurch sich das Problem ergibt, wie der Arbeitgeber sicherstellen kann, stets über die aktuellen Sozialdaten des Arbeitnehmers informiert zu sein. Die Rechtsprechung nimmt diesbezüglich eine **Erkundigungspflicht** des Arbeitgebers an. Der Arbeitgeber kann sich also nicht ohne Weiteres auf die Personalakten bzw sonstige Informationen verlassen und muss sich daher vor Vornahme der Sozialauswahl über die relevanten Gesichtspunkte bei den Arbeitnehmern erkundigen.[140] Diese sind dann freilich an ihre Auskünfte gebunden.[141] Im Hinblick auf die **Unterhaltsverpflichtungen** sind die kinderbezogenen Angaben auf der Lohnsteuerkarte nur begrenzt geeignet, tatsächlichen Aufschluss über die familiären Verhältnisse zu geben, so dass die **Lohnsteuerkarte** als sichere Informationsquelle ausscheidet. Allerdings ist nach Ansicht des BAG in der Praxis diesen Bedürfnissen ausreichend dadurch Rechnung getragen, dass der Arbeitgeber auf die ihm bekannten Daten vertrauen

---

134 Vgl BAG 18.1.1990 – 2 AZR 357/89, AP Nr. 19 zu § 1 KSchG Soziale Auswahl.
135 Vgl BAG 18.10.2006 – 2 AZR 473/05, NZA 2007, 505.
136 Vgl HWK/*Quecke*, § 1 KSchG Rn 415.
137 Vgl BAG 9.11.2006 – 2 AZR 812/05, NZA 2007, 549; BAG 10.6.2010 – 2 AZR 420/09, NZA 2010, 1352.
138 Vgl BAG 18.10.1984 – 2 AZR 543/83, DB 1985, 1083.
139 Vgl BAG 9.11.2006 – 2 AZR 812/05, NZA 2007, 549; BAG 10.6.2010 – 2 AZR 420/09, NZA 2010, 1352; vgl hierzu *Schiefer*, DB 2007, 54, 58.
140 Vgl LAG Rheinland-Pfalz 12.7.2006 – 10 Sa 121/06, NZA-RR 2007, 247.
141 Vgl LAG Hamm 29.3.1985 – 2 Sa 560/85, LAGE § 1 KSchG Soziale Auswahl Nr. 1.

kann, wenn er keinen Anlass zu der Annahme hat, sie könnten nicht zutreffen.[142] Hat der Arbeitgeber dagegen bei verbleibenden Zweifeln keine Erkundigungen eingeholt, so kann ein Arbeitnehmer die Sozialauswahl rügen im Hinblick darauf, dass in seinem Fall tatsächlich unzutreffende Sozialdaten berücksichtigt worden sind. Die soziale Auswahl ist also nicht (arbeitgeberseitig) subjektiv determiniert. Problematisch sind des Weiteren alle Versuche des Arbeitgebers, die Sozialauswahl zu **manipulieren**, zB indem einem Arbeitnehmer gegenüber vertraglich eine längere Betriebszugehörigkeit (etwa durch Anrechnung von Betriebszugehörigkeiten bei einem anderen Arbeitgeber) anerkannt wird. Ähnlich wie beim individualvertraglichen Ausschluss der ordentlichen Kündbarkeit geht eine solche Regelung im Rahmen der Sozialauswahl immer zugleich zulasten Dritter, nämlich zulasten der Arbeitnehmer, mit denen der mit der individualvertraglichen Regelung bedachte Arbeitnehmer vergleichbar ist, und ist somit unwirksam.

Für die **Gewichtung der Schwerbehinderung** im Verhältnis zu den übrigen Sozialdaten gibt es ebenfalls aufgrund der Inkommensurabilität keine klaren Vorgaben. Eine Berücksichtigung der Schwerbehinderung kommt freilich erst in Betracht, wenn der entsprechende Arbeitnehmer überhaupt in die soziale Auswahl einzubeziehen ist. Da vor dem Ausspruch der Kündigung die Zustimmung des Integrationsamts einzuholen ist, fallen Schwerbehinderte schon gar nicht in die Bildung der relevanten Vergleichsgruppe, wenn der Zustimmungsantrag beim Integrationsamt nicht gestellt ist oder die Zustimmung durch das Integrationsamt nicht erteilt worden ist. Eine Pflicht des Arbeitgebers, einen Antrag beim Integrationsamt auf Zulässigerklärung der Kündigung zu stellen, kann nicht angenommen werden. Damit kommt das Kriterium der Schwerbehinderung erst dann ins Spiel, wenn das Integrationsamt die Zustimmung zur Kündigung erteilt hat. Dann „rutscht" der Arbeitnehmer in den Kreis der Arbeitnehmer der relevanten **Vergleichsgruppe** und erst dann ist seine Schwerbehinderung als soziales Kriterium zu berücksichtigen. 175

c) Herausnahme bestimmter Arbeitnehmer aus der Vergleichsgruppe

Sollen Personen wegen ihrer **Kenntnisse, Fähigkeiten** und **Leistungen** aus der relevanten Vergleichsgruppe herausgenommen werden, so muss von Arbeitgeberseite konkret bezeichnet werden, worin diese bestehen. Abstrakte oder pauschale Äußerungen reichen in diesem Zusammenhang nicht aus. 176

Die Rechtsprechung zu dieser **Leistungsträgerregelung** ist noch nicht abgeschlossen. Systematisch handelt es sich um Arbeitnehmer, die sich in der relevanten Vergleichsgruppe befinden, die aber aufgrund ihrer Fähigkeiten, Leistungen und Kenntnisse aus der sozialen Auswahl herausgenommen werden.[143] Daran hat die Neuregelung von § 1 Abs. 3 Satz 2 KSchG seit dem 1.1.2004 nichts geändert.[144] Kern der Prüfung ist, ob die Weiterbeschäftigung der aus der **Sozialauswahl** herausgenommenen Leistungsträger „im berechtigten betrieblichen Interesse liegt". Diese Auswahlentscheidung des Ar- 177

---

142 Vgl BAG 17.1.2008 – 2 AZR 405/06, NZA-RR 2008, 571.
143 Vgl BAG 12.4.2002 – 2 AZR 706/00, DB 2002, 2277.
144 Vgl HWK/*Quecke*, § 1 KSchG Rn 391; *Schiefer*, DB 2007, 54, 58.

beitgebers unterliegt zugleich den **Diskriminierungsverboten** iSv § 1 AGG.[145] Damit kann selbst bei Vorliegen eines berechtigten betrieblichen Interesses die Herausnahme der Leistungsträger im Hinblick auf eine diskriminierende Praxis angegriffen werden.

178 Ob ein **berechtigtes betriebliches Interesse** vorliegt, wird von der Rechtsprechung im Rahmen einer **Abwägung** mit dem jeweiligen konkreten Schutzinteresse des sozial schwächeren Arbeitnehmers beurteilt. Je größer dabei der soziale Schutz des Arbeitnehmers ist, umso gewichtiger müssen die Gründe für eine Ausklammerung aus der Sozialauswahl sein.[146] Für eine derartige Abwägung enthält § 1 Abs. 3 Satz 2 KSchG zwar keine positiv gesetzliche Regelung; diese Grundsätze sind jedoch von der Rechtsprechung bisher angewendet worden. Diese Abwägung führt dazu, dass klare Kriterien dazu, wann ein berechtigtes betriebliches Interesse vorliegt, nicht angegeben werden können. Es handelt sich, gemessen an der Schwere des gegenläufigen Interesses im Rahmen der Abwägung, stets um **Einzelfallentscheidungen**. Der den Arbeitgeber beratende Anwalt wird im Kündigungsschutzprozess so viele greifbare Tatsachen wie möglich anführen, um ein berechtigtes betriebliches Interesse darzulegen. Häufig zeigt es sich, dass durchaus entsprechende Gründe vorhanden sind, die auch substantiiert werden können, auch wenn dies gelegentlich erheblichen Aufwand bedeuten mag. Generell lässt sich sagen, dass in der Praxis die Leistungsträgerregelung in Kündigungsschutzprozessen **zu selten nutzbar** gemacht wird.

179 Für den Arbeitgeber nach wie vor schwierig darzulegen ist das berechtigte betriebliche Interesse **zur Sicherung einer ausgewogenen Personalstruktur** iSd § 1 Abs. 3 Satz 2 KSchG. Zunächst ist darzulegen, ob ein berechtigtes betriebliches Bedürfnis am Erhalt einer solchen Altersstruktur überhaupt besteht. Dies muss mit konkreten Tatsachen begründet werden. Es geht dabei um den Erhalt der Altersstruktur trotz Ausspruchs der Kündigungen, nicht aber um eine Verjüngung des Betriebs. Dies bedeutet also, dass ein Arbeitsplatzabbau nicht weiter erfolgen darf, als dass nach Ausspruch der Kündigung die Altersstruktur des Betriebs gleichgeblieben ist. Zur Durchführung eines solchen Personalabbaus werden im Regelfall **Altersgruppen** (zB in Fünfjahresschritten) gebildet. Dadurch kommt es zu intrinsischen Ungerechtigkeiten innerhalb einer Gruppe, wenn nämlich innerhalb einer Gruppe dem jeweils Jüngsten, der dort zB den geringsten sozialen Schutz aufweist, gekündigt wird, während er bei einer anderen Strukturierung der Gruppenbildung (etwa in Siebenjahresschritten) nicht zu den Jüngsten der Gruppe gehören würde und von einer Kündigung verschont bliebe. Diese im Ergebnis ungerechten und kaum zu vermittelnden Ergebnisse einer Gruppenbildung sollen aber nicht schon deshalb dazu führen, dass diese Kündigung sozial ungerechtfertigt ist.[147] Insgesamt ist die Rechtsprechung zur Sicherung der Altersstruktur im Rahmen der Leistungsträgerregelung noch nicht abgeschlossen und zurzeit weder für Arbeitgeber noch für Arbeitnehmer zufriedenstellend.

---

145 Vgl *Löwisch*, BB 2006, 2189, 2191.
146 Vgl BAG 12.4.2002 – 2 AZR 706/00, NZA 2003, 42.
147 Vgl BAG 20.4.2005 – 2 AZR 201/04, DB 2005, 1691.

VII. Prozessuale Hinw. zum Kündigungsschutzverf. bei einzelnen Fallgestaltungen

d) Darlegungs- und Beweislast im Rahmen der Sozialauswahl

Die Darlegungs- und Beweislast im Rahmen der Sozialauswahl stellt sich wie folgt dar: 180
Die Beweislast liegt gemäß § 1 Abs. 3, 4 KSchG bei dem Arbeitnehmer (§ 1 Abs. 3 Satz 4 KSchG). Es ergibt sich hierbei jedoch das Problem des **Informationsdefizits** des Arbeitnehmers. Dieses wird kompensiert durch den **Auskunftsanspruch** des Arbeitnehmers nach § 1 Abs. 3 Satz 1 Hs 2 KSchG, wonach der Arbeitgeber dem Arbeitnehmer auf Verlangen die Gründe anzugeben hat, die zu der getroffenen Sozialauswahl geführt haben. Dieser Auskunftsanspruch kann auch in der Klageschrift geltend gemacht werden.

Die soziale Auswahl kann zunächst (pauschal) gerügt und der Arbeitgeber zur Darlegung der Gründe aufgefordert werden, auf welchen die getroffene soziale Auswahl beruht. Dadurch ergibt sich im Ergebnis eine **abgestufte Darlegungs- und Beweislast**.[148] 181
Hat der Arbeitnehmer Kenntnis von bestimmten Tatsachen, so muss er sie substantiiert vortragen. Trägt etwa der Arbeitgeber vor, wie sich die von ihm zusammengesetzte relevante Vergleichsgruppe zusammensetzt, wie und welche Sozialkriterien er gegeneinander abgewogen hat, wie seine Kündigungsentscheidung ausgefallen ist und ggf welche Leistungsträger er gemäß § 1 Abs. 3 Satz 2 KSchG aus der Sozialauswahl wieder herausgenommen hat, verlagert sich die Darlegungs- und Beweislast dann wieder auf den Arbeitnehmer. Er muss dann entweder darlegen und beweisen, dass die vom Arbeitgeber gebildete Vergleichsgruppe unzutreffend zusammengesetzt worden ist (zB weil bestimmte Arbeitnehmer „vergessen" worden sind), dass die sozialen Kriterien nicht zutreffend oder nicht zutreffend gewichtet worden sind oder dass ggf die Leistungsträger zu Unrecht aus der Sozialauswahl herausgenommen worden sind. Macht der Arbeitnehmer geltend, ein anderer Arbeitnehmer sei mit ihm vergleichbar, habe in die relevante Vergleichsgruppe mit aufgenommen werden und weise einen geringeren sozialen Schutz auf, so muss dieser Arbeitnehmer **namentlich** bezeichnet werden.[149] Stellt sich aber nach dem Vortrag des Arbeitnehmers heraus, dass bestimmte Arbeitnehmer zu Recht in die relevante Vergleichsgruppe aufzunehmen gewesen wären, wird der Auskunftsanspruch des Arbeitgebers nach § 1 Abs. 3 Satz 1 KSchG auch darauf erstreckt, deren Sozialdaten zu ergänzen. Ansonsten sei die Behauptung des Arbeitnehmers, dass die Sozialauswahl fehlerhaft sei, nicht ausreichend bestritten.[150]

Für den einen Arbeitgeber vertretenden Anwalt ist es daher wichtig, darauf zu reagieren, wenn der Arbeitnehmer sich im Kündigungsschutzprozess auf andere, vermeintlich vergleichbare Arbeitnehmer bezieht, ohne deren Sozialdaten zu nennen. In diesem Fall ist es entscheidend, von Arbeitgeberseite zwar darzulegen, dass die Arbeitnehmer nicht in die relevante Vergleichsgruppe gehören, vorsorglich sind aber zusätzlich auch deren Sozialdaten zu nennen, wenn sich daraus ergibt, dass der Arbeitnehmer, dem gekündigt worden ist, auch in diesem Fall nicht schutzwürdiger wäre. Ansonsten kann nämlich dann, wenn das Gericht zu der Auffassung gelangen sollte, die vom Arbeitnehmer be- 182

---
148 Vgl st. Rspr seit: BAG 24.3.1983 – 2 AZR 21/82, BB 1983, 1665; BAG 15.6.1989 – 2 AZR 580/88, NZA 1990, 226; zuletzt: BAG 18.3.2010 – 2 AZR 468/08, NZA 2010, 1059.
149 Vgl BAG 18.10.1984 – 2 AZR 543/83, NZA 1985, 423.
150 Vgl BAG 15.6.1989 – 2 AZR 580/88, BB 1990, 143, 153.

nannten Arbeitnehmer seien zu Unrecht nicht in die Vergleichsgruppe aufgenommen worden, aufgrund Beweisfälligkeit des Arbeitgebers der Kündigungsschutzklage stattgegeben werden. Von einer fehlerhaften Sozialauswahl wird des Weiteren auch immer dann ausgegangen, wenn vom Arbeitgeber im Prozess zur Vornahme der Sozialauswahl nicht ausreichend (bzw nur unsubstantiiert) vorgetragen worden ist.[151]

183 Aus Arbeitnehmerperspektive ist es häufig nicht einfach, die Sozialdaten der vom Arbeitgeber ggf benannten Arbeitnehmer zu überprüfen oder weitere Arbeitnehmer mit ggf weniger schutzwürdigen Sozialdaten zu benennen. Hier ist ein gehöriges Maß an Sorgfalt angebracht. Gegebenenfalls sind dem Arbeitnehmer „Hausaufgaben" zu erteilen, so dass ihm aufgegeben werden kann, zB beim Betriebsrat Erkundigungen darüber einzuholen, welche anderen Arbeitnehmer sich in bestimmten Arbeitsgruppen befinden und welche sozialen Daten diese Arbeitnehmer aufweisen. Hier kann ggf auch ein Gespräch zwischen dem Anwalt und dem Betriebsratsvorsitzenden Hilfe leisten. Die Sorgfalt, die auf die Sachverhaltsaufklärung gelegt wird, kann sich häufig auszahlen, da erfahrungsgemäß eine soziale Auswahl mit erheblichen Unwägbarkeiten behaftet ist und Arbeitgeber häufig dazu tendieren, im Rahmen einer Sozialauswahl bewusst **Leistungsgesichtspunkte** zu berücksichtigen, und daher ggf auch gegen Kriterien der Sozialauswahl verstoßen. Dies fällt freilich nur dann auf, wenn der Arbeitnehmer in der Lage ist, andere vergleichbare Arbeitnehmer sowie deren Sozialdaten zu benennen und nachzuweisen, dass diesen anderen Arbeitnehmern anstelle seiner selbst zu kündigen gewesen wäre. Sind bestimmte Arbeitnehmer wegen derartiger Fähigkeiten, Leistungen und Kenntnisse aus der Sozialauswahl ausgenommen worden, so wird es aus Arbeitnehmersicht darum gehen, das betriebliche Bedürfnis für die Herausnahme dieser Arbeitnehmer aus der Sozialauswahl zu bestreiten oder geltend zu machen, dass der gekündigte Arbeitnehmer ebenfalls diese Kenntnisse, Fähigkeiten und Leistungen aufweist.

4. Interessenausgleich mit Namensliste, § 1 Abs. 5 KSchG

184 Besonderheiten im Kündigungsschutz bestehen bei einem Interessenausgleich mit Namensliste. Dies betrifft die seit dem 1.1.2004 bestehende, in § 1 Abs. 5 KSchG geregelte Möglichkeit, dass die Betriebspartner bei einer Betriebsänderung in einem Interessenausgleich nach § 111 BetrVG die zu kündigenden Arbeitnehmer namentlich bezeichnen. Dies hat zur Folge, dass zum einen **vermutet** wird, dass die Kündigung durch dringende betriebliche Erfordernisse bedingt ist (§ 1 Abs. 5 Satz 1 KSchG), sowie dass die soziale Auswahl nur auf **grobe Fehlerhaftigkeit** überprüft werden kann (§ 1 Abs. 5 Satz 2 KSchG). Dadurch ist es für Arbeitnehmer wesentlich schwieriger, sich in einem sich an den Ausspruch der Kündigung anschließenden Kündigungsschutzprozess gegen die betriebsbedingte Kündigung zur Wehr zu setzen, da sie zum einen selbst darlegen müssen, dass betriebliche Erfordernisse für die Kündigung nicht vorliegen, und zum anderen darlegen müssen, dass die von dem Arbeitgeber vorgenommene Sozialauswahl grob fehlerhaft ist. Da dies häufig wenig aussichtsreich ist, besteht die primäre Vertei-

---

151 Vgl BAG 12.4.2002 – 2 AZR 706/00, NZA 2003, 42.

VII. Prozessuale Hinw. zum Kündigungsschutzverf. bei einzelnen Fallgestaltungen 2

digung des Arbeitnehmers zunächst darin, die Voraussetzungen des § 1 Abs. 5 KSchG zu bestreiten bzw in Frage zu stellen. Dies gelingt häufiger als erwartet, da Arbeitgeber einen Interessenausgleich mit Namensliste oftmals unter Zeitdruck mit dem Betriebsrat abschließen und gelegentlich die Formerfordernisse nicht einhalten.

Checkliste: Interessenausgleich mit Namensliste nach § 1 Abs. 5 KSchG 185

- Liegt eine Betriebsänderung iSv § 111 BetrVG vor? Der Abschluss eines **freiwilligen Interessenausgleichs** mit Namensliste ist nicht ausreichend.
- Liegt ein **Interessenausgleich** vor, der dem **Schriftformerfordernis** des § 112 Abs. 1 Satz 1 BetrVG entspricht? Ist er schriftlich niedergelegt und von Arbeitnehmer und Betriebsrat unterschrieben?
- Bezieht sich der abgeschlossene Interessenausgleich auf die Betriebsänderung, in deren Rahmen die Kündigung ausgesprochen ist?[152]
- Ist der Interessenausgleich mit dem **zuständigen Betriebsrat** (Gesamtbetriebsrat/ Konzernbetriebsrat) abgeschlossen?
- Sind in dem Interessenausgleich die zu kündigenden Arbeitnehmer **namentlich** benannt? Erforderlich ist, dass die Arbeitnehmer anhand der Namensliste ohne Zuhilfenahme weiterer Unterlagen oder Daten zweifelsfrei identifiziert werden können. Da in größeren Unternehmen durchaus eine Namensidentität verschiedener Personen auftreten kann, ist dann eine weitere Spezifizierung erforderlich, welcher Arbeitnehmer gemeint ist. Dies kann etwa durch Nennung der Abteilung oder der exakten Tätigkeit geschehen.
- Bildet die Namensliste mit dem Interessenausgleich eine **einheitliche Urkunde?** Wird die Namensliste getrennt vom Interessenausgleich erstellt, muss sie jedenfalls von den Betriebsparteien unterzeichnet und in ihr auf den Interessenausgleich Bezug genommen werden. Ist die Namensliste nicht unterschrieben, muss sie jedenfalls mit dem Interessenausgleich mittels einer Heftung fest verbunden sein. Dann ist es auch unschädlich, dass die Namensliste nicht mehr gesondert unterschrieben ist.[153] Wird dagegen die Namensliste nur als **Anhang** zum Interessenausgleich geführt, ohne dass ihr Text einen ausdrücklicher Bezug zum zuvor abgeschlossenen Interessenausgleich herstellt, so ist dem Schriftformerfordernis nach § 112 Abs. 1 Satz 1 BetrVG iVm §§ 125, 126 BGB nicht entsprochen.[154]
- Hat sich die Sachlage nach Zustandekommen des Interessenausgleichs wesentlich geändert? Dies ist etwa dann der Fall, wenn der Arbeitgeber in der Umsetzung der Maßnahme ganz erheblich vom Interessenausgleich abgewichen ist oder aus anderen Gründen die Betriebsänderung nicht mehr (so) wie im Interessenausgleich beschrieben durchgeführt wird. Dann greifen die Privilegierungen des § 1 Abs. 5 KSchG nicht mehr ein (§ 1 Abs. 5 Satz 3 KSchG). Erforderlich ist aber eine **wesent-**

---

152 Vgl hierzu BAG 24.2.2000 – 8 AZR 188/99, NZA 2000, 785.
153 Vgl BAG 21.2.2001 – 2 AZR 39/00, EzA § 1 KSchG Interessenausgleich Nr. 8; BAG 12.5.2010 – 2 AZR 551/08, NZA 2011, 114.
154 Vgl BAG 12.5.2010 – 2 AZR 731/08, n.v.

liche Änderung der Sachlage, so dass kleinere Abweichungen vom Interessenausgleich nicht für das Entfallen der Privilegierung ausreichen. In diesem Fall ist dann von einem Wegfall der Geschäftsgrundlage auszugehen.[155]

186 Um die gesetzliche Vermutung gemäß § 292 ZPO, dass die Kündigung durch dringende betriebliche Erfordernisse iSv § 1 Abs. 2 KSchG bedingt ist, zu entkräften, obliegt dem **Arbeitnehmer** der **Beweis des Gegenteils**. Dies bedeutet, dass allein ein den Vermutungstatbestand erschütternder Tatsachenvortrag oder die Geltendmachung des Eingreifens eines aufgrund bestimmter Tatsachen bestehenden Anscheinsbeweises nicht ausreicht. Der Arbeitnehmer muss den vollen Beweis des Gegenteils der gesetzlichen Vermutung führen.[156] Auch die Rechtsprechung stellt entsprechend konkrete Anforderungen an den Vortrag des Arbeitnehmers.[157] Die Grundsätze der abgestuften Darlegungs- und Beweislast bleiben dort anwendbar, wo der Arbeitnehmer keine eigene Kenntnis hat. Dem **Arbeitgeber** hingegen obliegt die Darlegungs- und Beweislast für die Tatbestandsvoraussetzungen des § 1 Abs. 5 KSchG, dh dass eine Betriebsänderung vorliegt, hierüber ein Interessenausgleich verhandelt worden ist, dass die Kündigung auf dem Interessenausgleich beruht sowie dass der Arbeitnehmer auf der Namensliste verzeichnet worden ist.[158]

187 Bezüglich der **sozialen Auswahl** muss vom Arbeitnehmer dargelegt werden, dass eine **grobe Fehlerhaftigkeit** der sozialen Auswahl vorliegt. Da der Arbeitnehmer von den Einzelheiten der Vornahme der Sozialauswahl regelmäßig keine Kenntnis haben wird, kann er sich hier zunächst darauf beschränken, die ordnungsgemäße Sozialauswahl zu bestreiten und seinen Auskunftsanspruch geltend zu machen. Dieser **Auskunftsanspruch** ergibt sich aus § 1 Abs. 3 Satz 1 KSchG, wonach der Arbeitgeber auf Verlangen des Arbeitnehmers dem Arbeitnehmer die Gründe anzugeben hat, die zu der getroffenen sozialen Auswahl geführt haben. Ist die Auskunftspflicht des Arbeitgebers erfüllt, so gilt die abgestufte Darlegungs- und Beweislast, die das BAG zu § 138 ZPO entwickelt hat.[159] Die Erfüllung des materiellrechtlichen Auskunftsanspruchs durch den Arbeitgeber nach § 1 Abs. 3 Satz 1 KSchG hat zur Folge, dass es dann dem Arbeitnehmer obliegt, auf dieser Grundlage nachzuweisen, dass die vorgenommene Sozialauswahl grob fehlerhaft ist (zB weil andere Arbeitnehmer zu Unrecht nicht in die Auswahl einbezogen worden sind, die sozial deutlich weniger schutzwürdig sind). Der Arbeitgeber kann den materiellrechtlichen Auskunftsanspruch allerdings auch noch im Kündigungsschutzprozess erfüllen. **Grob fehlerhaft** kann nicht nur die Gewichtung der sozialen Auswahlkriterien untereinander, sondern auch die **Bildung der Vergleichsgruppe** bzw die Herausnahme von Leistungsträgern aus der gebildeten Gruppe sein.[160] Grob fehlerhaft iSd § 1 Abs. 5 Satz 2 KSchG ist eine soziale Auswahl generell nur, wenn ein **evidenter, ins Auge springender schwerer Fehler** vorliegt und der Interessenausgleich

---

155 Vgl BAG 23.10.2008 – 2 AZR 163/07, AP Nr. 18 zu § 1 KSchG Namensliste.
156 Vgl *Ulrich*, in: Moll (Hrsg.), Münchener Anwaltshandbuch Arbeitsrecht, § 40 Rn 214.
157 Vgl BAG 10.6.2010 – 2 AZR 420/09, NZA 2010, 1352.
158 Vgl *Ulrich*, in: Moll (Hrsg.), Münchener Anwaltshandbuch Arbeitsrecht, § 40 Rn 215.
159 Vgl BAG 24.5.2005 – 8 AZR 398/04, NZA 2005, 1302.
160 Vgl BAG 2.12.1999 – 2 AZR 757/98, NZA 2000, 531.

VII. Prozessuale Hinw. zum Kündigungsschutzverf. bei einzelnen Fallgestaltungen 2

jede Ausgewogenheit vermissen lässt.[161] Eine vom Arbeitgeber – zusammen mit dem Betriebsrat – getroffene Auswahl ist in der Regel allerdings nur dann grob fehlerhaft iSd § 1 Abs. 5 Satz 2 KSchG, wenn sich ihr Ergebnis als grob fehlerhaft erweist. Dagegen ist regelmäßig nicht maßgebend, ob das gewählte Auswahlverfahren beanstandungsfrei ist. Ein mangelhaftes Auswahlverfahren kann zu einem richtigen – nicht grob fehlerhaften – Auswahlergebnis führen.[162] In der Praxis besteht die Möglichkeit des Hauptangriffspunkts bei der Bildung der relevanten Vergleichsgruppe. Diese ist nämlich häufig zu eng gewählt. Die Bildung der relevanten Vergleichsgruppe richtet sich, wie oben im Einzelnen beschrieben (s. Rn 153 ff), nach der **Austauschbarkeit** der Arbeitnehmer mit anderen Arbeitnehmern des Betriebs.

5. Sachverhaltsaufklärung bei der verhaltensbedingten/personenbedingten Kündigung

a) Abmahnung

Bei einer verhaltensbedingten Kündigung stellt sich häufig die Frage, ob vor Ausspruch der Kündigung eine (weitere) Abmahnung erforderlich ist oder ob auch ohne diese eine Kündigung ausgesprochen werden kann. Grundsätzlich gilt bei der verhaltensbedingten Kündigung das **Prognoseprinzip**. Danach ist es für das Vorliegen einer negativen Zukunftsprognose erforderlich, dass anhand der vorgeworfenen Verfehlungen vermutet wird, der Arbeitnehmer werde auch in Zukunft den Arbeitsvertrag in gleicher Weise verletzen.[163] Der den Arbeitgeber beratende Anwalt hat daher zunächst – soweit vorhanden – die erteilten **Abmahnungen** zu prüfen, insbesondere unter dem Gesichtspunkt, ob sie den von der Rechtsprechung entwickelten **Formerfordernissen** entsprechen:

188

- Sind die Abmahnungen **spezifiziert** genug? Nennen sie das gerügte Verhalten so konkret, dass der Arbeitnehmer weiß, was er in Zukunft zu unterlassen hat?
- Erfüllt die Abmahnung die arbeitsrechtliche **Warnfunktion**, dh, enthält sie den Hinweis, dass im Fall gleicher oder ähnlicher Pflichtverletzungen in Zukunft der Ausspruch einer arbeitgeberseitigen Kündigung droht?[164]

Liegen Abmahnungen vor, die diesen Formerfordernissen der Rechtsprechung entsprechen, so ist zu fragen, ob der Kündigungsvorwurf, auf den die verhaltensbedingte Kündigung gestützt werden soll, eine **gleichartige** oder **ähnliche** Pflichtverletzung darstellt. Eine Identität der erneuten und der mit der vorherigen Abmahnung gerügten Verfehlung ist nicht erforderlich, da es für eine negative Prognose regelmäßig ausreichend ist, wenn die jeweiligen Pflichtverletzungen aus demselben Bereich stammen und somit Abmahnung und Kündigungsgrund in einem **inneren Zusammenhang** stehen.[165]

189

---

161 Vgl BAG 17.1.2008 – 2 AZR 405/06, NZA-RR 2008, 571.
162 Vgl BAG 10.6.2010 – 2 AZR 420/09, NZA 2010, 1352.
163 Vgl BAG 12.1.2006 – 2 AZR 179/05, NZA 2006, 980; BAG 31.5.2007 – 2 AZR 200/06, NZA 2007, 922; BAG 13.12.2007 – 2 AZR 818/06, NZA 2008, 589; BAG 23.6.2009 – 2 AZR 283/08, NZA 2009, 1168; BAG 10.6.2010 – 2 AZR 541/09, NZA 2010, 1227.
164 Vgl BAG 19.2.2009 – 2 AZR 603/07, NZA 2009, 894.
165 Vgl BAG 13.12.2007 – 2 AZR 818/06, NZA 2008, 589.

190 Zudem wird zu prüfen sein, ob gegen die Abmahnungen **Gegendarstellungen** oder Klagen erhoben wurden oder ob in sonstiger Hinsicht Schwierigkeiten bei der Beweisbarkeit des gerügten Verhaltens bestehen.

191 Allein die **Nichteinhaltung der Formerfordernisse** führt allerdings nicht dazu, dass die Abmahnung in jedem Fall unwirksam und somit unbeachtlich wird. Behält die Abmahnung etwa trotzdem die arbeitsrechtliche Warnfunktion, indem der Arbeitnehmer ihr eindeutig entnehmen kann, dass ähnliche zukünftige Verfehlungen in einer Kündigung resultieren können, kann der Arbeitnehmer aus der Formunwirksamkeit nicht schließen, der Arbeitgeber billige das abgemahnte Verhalten.[166]

192 Weiterhin ist es entscheidend, dem Arbeitgeber zu verdeutlichen, dass eine **gerügte Vertragsverletzung**, für die bereits eine Abmahnung ausgesprochen wurde, nicht mehr selbst herangezogen werden kann, um eine ordentliche oder außerordentliche Kündigung zu begründen. Treten allerdings anschließend weitere Pflichtverletzungen zu den abgemahnten hinzu oder werden frühere Pflichtverletzungen dem Arbeitgeber erst nach Ausspruch der Abmahnung bekannt, kann er zur Begründung einer Kündigung auf diese zurückgreifen und dabei die bereits abgemahnten Verstöße unterstützend heranziehen.[167]

193 Für das Vorliegen einer Abmahnung ist der **Arbeitgeber** in vollem Umfang **darlegungs- und beweislastpflichtig**. Außerdem kann allein aus dem Umstand, dass ein Arbeitnehmer gegen eine ausgesprochene Abmahnung keine rechtlichen Schritte unternommen hat, nicht geschlossen werden, dass er die inhaltliche Richtigkeit der Abmahnung anerkennt.[168]

194 Liegen **keine Abmahnungen** vor, ist zu prüfen, ob der Kündigungsvorwurf **ausreichend schwer** ist, so dass auch ohne Abmahnung gekündigt werden kann. Dies wird im Regelfall nur bei Pflichtverletzungen der Fall sein, die so schwerwiegend sind, dass sie auch eine außerordentliche Kündigung aus wichtigem Grund gemäß § 626 BGB ermöglichen würden. Der den Arbeitgeber beratende Anwalt tut gut daran, diesen bereits **vor Ausspruch der Kündigung** über die etwaigen Erfolgsaussichten einer Kündigung zu beraten. Häufig stellt sich die Konstellation nämlich dergestalt dar, dass eine verhaltensbedingte Kündigung mangels vorhergehender einschlägiger Abmahnung nicht wirksam ausgesprochen werden kann, dass aber durchaus eine Kündigung aus betriebsbedingten Gründen erfolgen kann.

195 Soll eine verhaltensbedingte Kündigung erfolgen, so wird die Beratung vor Ausspruch der Kündigung auch die **Beweissicherung** umfassen, dh nicht nur die Aufarbeitung des vorgeworfenen Verhaltens und des dahinter liegenden Sachverhalts, sondern auch die Sicherstellung, dass das vorgeworfene Verhalten im Rechtsstreit bewiesen werden kann. Hierzu kann es helfen, Mitarbeiter oder sonstige Personen informatorisch zu befragen, die später als Zeugen in Betracht kommen. Zudem kann es helfen, **Gedächtnisprotokolle** dieser Personen erstellen zu lassen, die später eine wertvolle Hilfe bei einer

---

166 Vgl BAG 19.2.2009 – 2 AZR 603/07, NZA 2009, 894.
167 Vgl BAG 26.11.2009 – 2 AZR 751/08, NJW 2010, 1398.
168 Vgl *Ulrich*, in: Moll (Hrsg.), Münchener Anwaltshandbuch Arbeitsrecht, § 40 Rn 275.

durchzuführenden, unter Umständen erst einige Zeit später stattfindenden Beweisaufnahme darstellen können.

b) Ausschlussfrist des § 626 Abs. 2 BGB
aa) Bedeutung

Bei der **außerordentlichen Kündigung** ist die Ausschlussfrist des § 626 Abs. 2 BGB zu beachten. Die Kündigung muss innerhalb von zwei Wochen ausgesprochen werden, nachdem der Kündigungsberechtigte Kenntnis von den Tatsachen erlangt hat, auf die die Kündigung gestützt werden soll. Der den Arbeitgeber beratende Anwalt wird bei Beratung vor Ausspruch der Kündigung streng darauf zu achten haben, dass die Frist des § 626 Abs. 2 BGB gewahrt wird. **196**

Der Arbeitgeber ist für die Einhaltung der Ausschlussfrist des § 626 Abs. 2 BGB **darlegungs- und beweispflichtig**. Allerdings muss der Arbeitgeber erst dann zur Ausschlussfrist Stellung nehmen, wenn es entweder zweifelhaft ist, dass die Frist gewahrt ist, oder wenn der Gekündigte geltend macht, der Kündigungsgrund sei verfristet.[169] Wird die Einhaltung der Ausschlussfrist daher vom Arbeitnehmer im Prozess nicht gerügt, besteht kein Anlass, hierzu Ausführungen zu machen. **197**

bb) Hemmung

Die Ausschlussfrist ist **gehemmt**, wenn der Kündigungsberechtigte die zur **Aufklärung des Sachverhalts** notwendig erscheinende Maßnahme mit der gebotenen Eile durchführt.[170] Nicht zum Bereich der Aufklärung gehört allerdings, dass der Arbeitgeber Rechtsrat dazu einholt, ob die bislang ermittelten Indizien die beabsichtigte Kündigung bereits tragen oder ob weitere Aufklärungsmaßnahmen unternommen werden sollen.[171] Der Arbeitgeber befindet sich hier auf einer **Gratwanderung**: Ermittelt er nicht lange genug, reichen ggf die Kündigungen noch nicht aus, um eine außerordentliche Kündigung zu rechtfertigen; ermittelt er zu lange, besteht die Möglichkeit, dass die Ausschlussfrist nach § 626 Abs. 2 BGB bereits abgelaufen ist, weil die Aufklärungen nicht mit der gebotenen Eile erfolgt sind. Hier kann es sich anbieten, bereits zu einem etwas früheren Zeitpunkt eine außerordentliche Kündigung auszusprechen und weitere Kündigungsgründe, die nach Ausspruch der Kündigung bekannt werden – hier müssen dann die Ermittlungen fortgesetzt werden –, später nachzuschieben. **198**

Handelt es sich um eine **Verdachtskündigung**, so dass der Arbeitnehmer vor Ausspruch der Kündigung angehört werden muss, oder stellt es einen Teil der Sachverhaltsaufklärung dar, den Arbeitnehmer zum Kündigungssachverhalt anzuhören, so wird die Ausschlussfrist des § 626 Abs. 2 BGB auch während der Äußerungsfrist für den Arbeitnehmer gehemmt. Die Äußerungsfrist darf allerdings nicht zu lang bemessen sein. Es wird vorgeschlagen, die Frist nicht länger als eine Woche zu setzen.[172] Sie darf an- **199**

---

169 Vgl BAG 28.3.1985 – 2 AZR 113/84, NZA 1985, 559.
170 Vgl BAG 5.12.2002 – 2 AZR 478/01, DB 2003, 1685; BAG 5.6.2008 – 2 AZR 234/07, NZA-RR 2008, 630; BAG 5.6.2008 – 2 AZR 25/07, NZA-RR 2009, 69; LAG Köln 15.4.2010 – 13 Sa 1449/09.
171 Vgl LAG Hamm 1.10.1998 – 8 Sa 969/97, LAGE § 626 BGB Ausschlussfrist Nr. 10; *Schulte*, in: Moll (Hrsg.), Münchener Anwaltshandbuch Arbeitsrecht, § 41 Rn 119.
172 Vgl BAG 10.12.1992 – 2 AZR 271/92, NZA 1993, 593; vgl auch *Schulte*, in: Moll (Hrsg.), Münchener Anwaltshandbuch Arbeitsrecht, § 41 Rn 119.

dererseits aber auch nicht so kurz bemessen sein, dass der Arbeitnehmer nicht ohne größere Bedenkzeit oder ohne Rechtsrat einzuholen sachgerecht Stellung nehmen kann.

cc) Fristbeginn

200 Die Ausschlussfrist beginnt, wenn der Kündigungsberechtigte Kenntnis von den für die Kündigung maßgeblichen Umständen erlangt hat. Damit stellt sich zunächst die Frage, wer in einem Unternehmen **kündigungsberechtigt** ist bzw ob derjenige, welcher als Erster die Gründe erfahren hat, diese Kompetenz und Stellung im Unternehmen innehat. Besitzt er diese nicht, kommt es darauf an, ob er sich in einer Stellung befindet, die erwarten lässt, dass er den Kündigungssachverhalt den zur Kündigung berechtigten Mitarbeitern unverzüglich mitteilt. Verzögerungen bei der Mitteilung, die darauf beruhen, dass die Organisation des Betriebs unzureichend erfolgt ist, sind schädlich. Dies bedeutet, dass die Ausschlussfrist ggf nicht erst dann beginnt, wenn der zur Kündigung Berechtigte tatsächlich von den Kündigungssachverhalten erfährt.[173] Aus Arbeitnehmersicht ist daher nicht nur die Einhaltung der Ausschlussfrist des § 626 Abs. 2 BGB zu rügen, sondern auf den Vortrag des Arbeitgebers hin genau nachzuvollziehen, ob die Weitergabe der entsprechenden Informationen im Betrieb zügig erfolgt ist. Erfahrungsgemäß ist es gerade in größeren Unternehmen schwierig, die Zweiwochenfrist einzuhalten, weil eine ganze Reihe von Personen bei der Entscheidungsfindung über den Ausspruch einer fristlosen Kündigung beteiligt werden muss.

201 Wichtig ist, dass die **ohne Vertretungsmacht** erklärte außerordentliche Kündigung vom Vertretenen gemäß § 184 BGB nur innerhalb der zweiwöchigen Ausschlussfrist des § 626 Abs. 2 Satz 2 BGB genehmigt werden kann.[174]

202 Bei **Verdachtskündigungen** beginnt die Frist des § 626 Abs. 2 BGB erst dann zu laufen, wenn der **Arbeitnehmer angehört** worden ist. Die Anhörung des Arbeitnehmers ist Wirksamkeitsvoraussetzung für eine Verdachtskündigung. Voraussetzung ist freilich, dass der Arbeitnehmer nach Bekanntwerden des Sachverhalts zügig angehört wird.

dd) Doppelkündigung; Anhörung bzw Zustimmung des Betriebsrats; Zustimmung einer Behörde

203 Prozesstaktisch kann es sinnvoll sein, in dem Fall, dass nicht ganz klar ist, ob die Kündigungsgründe für eine außerordentliche oder nur für eine ordentliche Kündigung reichen, eine sog. **Doppelkündigung** auszusprechen, dh eine fristlose und vorsorglich eine fristgerechte Kündigung. Der Betriebsrat muss **zu beiden Kündigungen angehört** werden, wobei die Stellungnahmefrist zur außerordentlichen Kündigung drei Tage, zur ordentlichen dagegen eine Woche beträgt. Wurde der Betriebsrat nicht zu beiden Kündigungen angehört, kommt eine Umdeutung einer fristlosen Kündigung in eine fristgerechte Kündigung gemäß § 140 BGB nicht in Betracht.

204 Weiterhin ist zu berücksichtigen, dass durch die Frist zur **Anhörung des Betriebsrats** (drei Tage) die Ausschlussfrist nicht verlängert, sondern jene in diese einzuberechnen

---

173 Vgl BAG 29.7.1993 – 2 AZR 90/93, NZA 1994, 171.
174 Vgl BAG 26.3.1986 – 7 AZR 585/84, NJW 1987, 1038.

VII. Prozessuale Hinw. zum Kündigungsschutzverf. bei einzelnen Fallgestaltungen 2

ist.[175] Der Arbeitgeber muss damit spätestens am zehnten Tag nach Kenntnis der für die Kündigung maßgeblichen Tatsachen die Anhörung des Betriebsrats einleiten, um dann noch am letzten Tag der Ausschlussfrist die Kündigung aussprechen zu können. Dann kann er allerdings nur hoffen, dass keine Zustellprobleme bei der Kündigung auftreten. Sicherer ist es daher, die Betriebsratsanhörung bereits am achten oder neunten Tag nach Kenntnis der Tatsachen einzuleiten, um mit der Zustellung der Kündigung nicht in Probleme zu geraten.

Benötigt der Arbeitgeber für den Ausspruch der Kündigung die **Zustimmung des Betriebsrats**, so wird auch durch die Dreitagesfrist in diesem Fall die Ausschlussfrist nicht gehemmt. Verweigert der Betriebsrat seine Zustimmung oder gibt er keine Stellungnahme ab, muss der Arbeitgeber innerhalb der Ausschlussfrist bei Gericht den Antrag auf Ersetzung der Zustimmung stellen.[176] Wird dann die Zustimmung rechtskräftig ersetzt, muss der Arbeitgeber die außerordentliche Kündigung analog § 91 Abs. 5 SGB IX **unverzüglich** aussprechen; die Frist des § 626 Abs. 2 BGB beginnt nicht erneut zu laufen.[177] Eine **gerichtliche Zustimmungsersetzung** entfaltet erst mit Rechtskraft die notwendige Gestaltungs- oder Vollstreckungswirkung,[178] so dass der Ausspruch der Kündigung daher auch erst nach dem Eintritt der Rechtskraft erfolgen kann. 205

Ist für die Kündigung die **Zustimmung einer Behörde** erforderlich (§ 9 Abs. 3 MuSchG, § 18 Abs. 1 BEEG, §§ 85, 91 SGB IX), ist die Rechtskraft bzw Bestandskraft des Beschlusses nicht erforderlich.[179] Die Zustimmung der Verwaltungsbehörde ist aber innerhalb der Ausschlussfrist des § 626 Abs. 2 BGB bei der zuständigen Behörde zu **beantragen**. Wird die Zustimmung erteilt, muss der Arbeitgeber die Kündigung **unverzüglich** nach Zustellung des Bescheids aussprechen, § 91 Abs. 5 SGB IX (analog).[180] Ist die Frist des § 626 Abs. 2 BGB noch nicht abgelaufen, kann sie trotz bereits vorliegender Zustimmung voll ausgeschöpft werden.[181] § 91 Abs. 2 Satz 1 SGB IX verdrängt also die Frist des § 626 Abs. 2 BGB nicht.[182] 206

Eine Besonderheit besteht bei der **Kündigung eines Schwerbehinderten**, weil es für den Ausspruch der Kündigung ausreicht, dass die Zustimmung des Integrationsamts mündlich oder fernmündlich bekannt gegeben worden ist.[183] Da es auch möglich ist, dass das Integrationsamt keine Entscheidung trifft und daher die Zustimmung nach § 91 Abs. 3 Satz 2 SGB IX als erteilt gilt, ist dem Arbeitgeber anzuraten, bei Ablauf der Zweiwochenfrist bei dem Integrationsamt anzurufen, ob nicht bereits eine Entscheidung erlassen und zur Post gebracht wurde, da eine Entscheidung der Behörde noch 207

---

175 Vgl BAG 18.8.1977 – 2 ABG 19/77, AP Nr. 10 zu § 103 BetrVG 1972; BAG 8.4.2003 – 2 AZR 515/02, NZA 2002, 961.
176 Vgl BAG 24.10.1996 – 2 AZR 3/06, AP Nr. 32 zu § 103 BetrVG 1972.
177 Vgl BAG 9.7.1998 – 2 AZR 142/98, AP Nr. 36 zu § 103 BetrVG 1972.
178 Vgl BAG 25.1.1979 – 2 AZR 983/77, AP Nr. 12 zu § 103 BetrVG.
179 Vgl HWK/*Sandmann*, § 626 BGB Rn 436.
180 Vgl BAG 11.9.1979 – 6 AZR 753/78, AP Nr. 6 zu § 9 MuSchG 1968; HWK/*Sandmann*, § 626 BGB Rn 437.
181 Vgl BAG 15.11.2001 – 2 AZR 380/00, DB 2002, 1509.
182 Vgl BAG 2.3.2006 – 2 AZR 46/05, NZA 2006, 1211; BAG 1.2.2007 – 2 AZR 333/06, NZA 2007, 744; LAG München 17.1.2008 – 6 Sa 658/07, ArbuR 2008 360; LAG Köln 4.2.2010 – 6 Sa 1045/09, EzA-SD 2010, Nr. 6, 16.
183 Vgl BAG 12.8.1999 – 2 AZR 748/98, AP Nr. 7 zu § 21 SchwbG 1986; BAG 19.6.2007 – 2 AZR 226/06, NZA 2007, 1153.

fristgerecht erfolgt, wenn sie innerhalb der Frist zur Post gebracht wurde, selbst wenn sie zum Zeitpunkt des Ablaufs der Frist den Empfänger noch nicht erreicht hat.[184] Verlässt der Arbeitgeber sich auf den Ablauf der Frist, so hat er möglicherweise zu früh gekündigt, weil die Zustimmung erst nach **Zustellung** des Bescheids ausgesprochen werden darf (§ 88 Abs. 2 SGB IX iVm § 91 Abs. 5 SGB IX). Im Übrigen ist auch die Zweiwochenfrist des § 91 Abs. 2 SGB IX zu beachten, wonach die Zustimmung des Integrationsamts innerhalb von zwei Wochen nach Kenntnis des Kündigungsgrundes beantragt werden muss.[185]

ee) Mitteilung der Kündigungsgründe auf Verlangen des Kündigenden

208 § 626 Abs. 2 Satz 3 BGB sieht die schriftliche **Mitteilung der Kündigungsgründe** auf Verlangen des Kündigenden vor. Viele Anwälte des Arbeitnehmers schreiben nach Ausspruch einer fristlosen Kündigung des Arbeitgebers diesen „formularmäßig" an und machen den **Auskunftsanspruch** nach § 626 Abs. 2 Satz 3 BGB geltend. Ob der Arbeitgeber die entsprechende Auskunft erteilt oder nicht, ist für die Wirksamkeit der außerordentlichen Kündigung allerdings unbeachtlich.[186] Dies stellt nur die Verletzung einer Nebenpflicht dar, die im Extremfall ggf zu Schadensersatzpflichten führen kann. Praktische Relevanz besitzt diese Konstellation nicht.

209 Der Sinn der Aufforderung des Arbeitgebers, die Kündigungsgründe zu nennen, besteht zum einen darin, dass der Arbeitnehmer ein natürliches Interesse daran hat zu erfahren, was ihm vorgeworfen wird. Zum anderen wird der Arbeitgeber auch unter Druck gesetzt, bereits direkt nach Ausspruch der Kündigung „Farbe zu bekennen", damit der Arbeitnehmer ermessen kann, was ihm vorgeworfen wird, und ihm die Beurteilung ermöglicht wird, ob er sich gegen die ausgesprochene Kündigung wehren soll. Zudem kann sich der Arbeitnehmer auf die Güteverhandlung eines Kündigungsschutzprozesses besser vorbereiten, wenn er nicht in der Güteverhandlung von einem entsprechenden Vortrag des Arbeitgebers „überrascht" wird. Andererseits kann eine zu früh erfolgte Aufforderung zur Mitteilung der Kündigungsgründe auch nachteilig sein. Sind diese nämlich schriftlich in der Welt, kann es schwieriger werden, eine „geräuschlose", möglicherweise auch betriebsbedingte Regelung des Ausscheidens in Betracht zu ziehen. Auf Seiten des Arbeitgebers wird der Ausspruch einer außerordentlichen Kündigung in der Regel im Kündigungsschreiben ohne Angabe der Kündigungsgründe erfolgen. Eine Ausnahme besteht dann, wenn spezialgesetzliche Regelungen anordnen, dass die Kündigungsgründe in das Kündigungsschreiben aufzunehmen sind. Dies ist teilweise Wirksamkeitsvoraussetzung (vgl § 22 Abs. 3 BBiG und § 9 Abs. 3 Satz 2 MuSchG). Gegebenenfalls will der Arbeitgeber auch noch weiterermitteln und sich nicht bereits frühzeitig auf eine Begründung festlegen lassen. Dann kann nur kurz darauf hingewiesen werden, dass die Mitteilung der Kündigungsgründe im Prozess schriftsätzlich erfolgt.

---

184 Vgl BAG 9.2.1994 – 2 AZR 720/93, AP Nr. 3 zu § 21 SchwbG 1986.
185 Vgl BAG 2.3.2006 – 2 AZR 46/05, NZA 2006, 1211; vgl auch *Schubert* (Hrsg.), S. 85 ff, Rn 205.
186 Vgl BAG 17.8.1972 – 2 AZR 415/71, AP Nr. 65 zu § 626 BGB.

ff) Zeitpunkt der Kenntniserlangung

Ist die Einhaltung der Ausschlussfrist des § 626 Abs. 2 BGB gerügt, so muss der Arbeitgeber den **Tag der Kenntniserlangung** möglichst genau bezeichnen und unter Beweis stellen. War der Arbeitnehmer am Vorgang der Kenntniserlangung nicht beteiligt, weil sich dieser als interner Vorgang gestaltete, so kann er auch dies wiederum mit **Nichtwissen** (§ 138 Abs. 4 ZPO) **bestreiten**.[187] Dies kann dann zu Beweisschwierigkeiten führen, wenn der Kündigungsberechtigte selbst nicht Zeuge sein kann, weil er etwa Geschäftsführer des Unternehmens ist. Für den Arbeitgeber wird daher wichtig sein, den Zeitpunkt der Kenntniserlangung **beweisbar** festzuhalten, zB durch ein Gespräch mit einem Dritten, der als Zeuge zur Verfügung stehen kann. Beweisbelastet für die Einhaltung der Ausschlussfrist ist der Arbeitgeber.[188]

gg) Gestaltung

Große Bedeutung hat ein Angriff gegen die Einhaltung der Ausschlussfrist in Prozessen, in denen zugunsten des Arbeitnehmers eine lange Kündigungsfrist eingreift oder bei denen lediglich eine außerordentlichen Kündigung, nicht aber eine ordentliche Kündigung ausgesprochen worden ist und eine entsprechende **Umdeutung** an der fehlenden Anhörung des Betriebsrats zur ordentlichen Kündigung scheitert.

Die Frist des § 626 Abs. 2 BGB ist **nicht disponibel**. Vorsicht ist daher von Seiten des den Arbeitgeber beratenden Anwalts geboten, wenn der Arbeitnehmervertreter mitteilt, zwecks Vergleichsverhandlungen werde auf die Einhaltung der Frist des § 626 Abs. 2 BGB verzichtet, damit noch Zeit für Vergleichsverhandlungen vor dem Ausspruch einer Kündigung bleibt. Der Arbeitgeber, der auf diesen Vorschlag eingeht, ist dann später gehindert, eine außerordentliche Kündigung auszusprechen, weil auf die zwingende Wirkung der Ausschlussfrist des § 626 Abs. 2 BGB nicht wirksam verzichtet werden kann.

c) Kündigung wegen Leistungsmängeln
aa) Quantitative Minderleistung

Bei Kündigungen wegen **unterdurchschnittlicher Leistungen** hat die neuere Rechtsprechung des BAG eine erleichterte Darlegung ermöglicht, wenn die Arbeitsleistung des Arbeitnehmers **quantifizierbar** ist. Kennt der Arbeitgeber lediglich die objektiv messbaren Arbeitsergebnisse, genügt er im Kündigungsschutzprozess seiner Darlegungslast, wenn er Tatsachen vorträgt, aus denen ersichtlich ist, dass die Leistungen des Arbeitnehmers deutlich hinter denen vergleichbarer Arbeitnehmer zurückbleiben, also die Durchschnittsleistung erheblich unterschreiten. Alsdann ist es Aufgabe des Arbeitnehmers, hierauf zu entgegnen, zB darzulegen, warum er mit seiner deutlich unterdurchschnittlichen Leistung dennoch seine persönliche Leistungsfähigkeit ausschöpft.[189] Legt der Arbeitnehmer plausibel Umstände dar, welche eine solche Minderleistung erklären,

---

187 Vgl APS/*Dörner*, § 626 BGB Rn 171.
188 Vgl BAG 28.3.1985 – 2 AZR 113/84, AP Nr. 86 zu § 626 BGB; BAG 1.2.2007 – 2 AZR 333/06, NZA 2007, 744.
189 Vgl BAG 11.12.2003 – 2 AZR 667/02, AP Nr. 48 zu § 1 KSchG 1969 Verhaltensbedingte Kündigung.

ist es erneut Sache des Arbeitgebers, diese Umstände zu widerlegen.[190] Trägt der Arbeitnehmer derartige Umstände nicht vor, gilt das schlüssige Vorbringen des Arbeitgebers als zugestanden (§ 138 Abs. 3 ZPO). Es ist dann davon auszugehen, dass der Arbeitnehmer seine Leistungsfähigkeit nicht ausschöpft.

214 Eine **personenbedingte Kündigung** wegen Minderleistungen setzt nicht voraus, dass der Arbeitnehmer gegen die subjektiv zu bestimmende Leistungspflicht vorwerfbar verstößt. Es kommt darauf an, ob die Arbeitsleistung die berechtigte Erwartung des Arbeitgebers von der Gleichwertigkeit der beiderseitigen Leistungen in einem Maße unterschreitet, dass ihm ein Festhalten an dem unveränderten Arbeitsvertrag unzumutbar ist.[191] Das BAG verweist allerdings in der Entscheidung darauf, dass in einer **Vergleichsgruppe** „stets ein Angehöriger der Gruppe das Schlusslicht" ist. Andererseits könne das deutliche und längerfristige Unterschreiten des von vergleichbaren Arbeitnehmern erreichten Mittelwerts oft der einzige für den Arbeitgeber erkennbare Hinweis darauf sein, dass der schwache Ergebnisse erzielende Arbeitnehmer Reserven nicht ausschöpft, die mit zumutbaren Anstrengungen nutzbar wären.[192] Allerdings kann auch bei in Zahlen messbaren Arbeitserfolgen ein errechneter Durchschnittswert nur dann eine Aussagekraft über die Leistungsfähigkeit besitzen, wenn die Leistungen jeweils unter etwa gleichen Bedingungen erbracht werden.[193] Eine entsprechende Beurteilung anhand „statistischer Verfahren" wird allerdings nur in klassischen Produktionsbetrieben, nicht aber in Unternehmen möglich sein, in denen höherwertige Dienstleistungen erbracht werden. Fraglich ist auch, ob diese Rechtsprechung ohne Weiteres auf „Vertriebserfolge" von Außendienstmitarbeitern übertragen werden kann.

bb) Qualitative Minderleistung

215 Schwieriger ist dagegen die Darlegung einer qualitativen Minderleistung. Ob ein Arbeitnehmer seiner Verpflichtung zur Ausschöpfung seiner persönlichen Leistungsfähigkeit nachkommt, ist für den Arbeitgeber anhand objektivierbarer Kriterien nicht erkennbar. Allerdings gelten auch für den Fall der qualitativen Minderleistung, genau wie bei der quantitativen, insoweit – leicht modifiziert – die Regeln der **abgestuften Darlegungslast**.[194] Bei einer Kündigung wegen qualitativer Minderleistung des Arbeitnehmers ist es zunächst Sache des Arbeitgebers, zu den aufgetretenen Leistungsmängeln das vorzutragen, was er über die Fehlerzahl, die Art und Schwere sowie Folgen der fehlerhaften Arbeitsleistung des Arbeitnehmers wissen kann. Kann der Arbeitgeber darlegen, dass der Arbeitnehmer längerfristig die **durchschnittliche Fehlerhäufigkeit** aller mit vergleichbaren Arbeiten beschäftigter Arbeitnehmer erheblich überschreitet, so kann dies ein Anhaltspunkt dafür sein, dass der Arbeitnehmer vorwerfbar seine vertraglichen Pflichten verletzt. Weiterhin ist – im Gegensatz zur quantitativen Minderleistung – dann noch zusätzlich von Seiten des Arbeitgebers anhand der tatsächlichen

---

190 Vgl LAG Rheinland-Pfalz 10.3.2010 – 8 Sa 617/09, n.v.
191 Vgl BAG 11.12.2003 – 2 AZR 667/02, AP Nr. 48 zu § 1 KSchG 1969 Verhaltensbedingte Kündigung.
192 Vgl BAG 11.12.2003 – 2 AZR 667/02, AP Nr. 48 zu § 1 KSchG 1969 Verhaltensbedingte Kündigung.
193 Vgl BAG 27.11.2008 – 2 AZR 675/07, AP Nr. 33 zu § 611 BGB Abmahnung.
194 Vgl BAG 17.1.2008 – 2 AZR 536/06, NZA 2008, 693; LAG Hamm 20.11.2009 – 10 Sa 875/09, ArbRB 2010, 301.

VII. Prozessuale Hinw. zum Kündigungsschutzverf. bei einzelnen Fallgestaltungen 2

Fehlerzahl, der Art, Schwere und Folgen der fehlerhaften Arbeitsleistung des betreffenden Arbeitnehmers näher darzulegen, dass die längerfristige deutliche Überschreitung der durchschnittlichen Fehlerquoten nach den **Gesamtumständen** darauf hinweist, dass der Arbeitnehmer **vorwerfbar** seine **vertraglichen Pflichten verletzt**. Ist der Arbeitgeber dieser Darlegungspflicht vollständig nachgekommen, muss der Arbeitnehmer in der Folge erläutern, warum er dennoch seine Leistungspflicht trotz erheblich unterdurchschnittlicher Leistungen ausgeschöpft hat.[195]

d) Kündigung wegen Krankheit
aa) Fallkonstellationen; „leidensgerechter Arbeitsplatz"

Bei der **personenbedingten Kündigung** sind die Umstände darzulegen, die Anlass dafür bieten, dass der Arbeitnehmer auch in Zukunft seiner arbeitsvertraglichen Leistungspflicht nicht nachkommen wird (Grundlagen der Prognoseentscheidung). Der **Hauptanwendungsfall** der personenbedingten Kündigung ist die Kündigung wegen Krankheit, die in **vier unterschiedlichen Konstellationen** auftritt: 216

- Kündigung wegen häufiger Kurzerkrankungen;
- Kündigung wegen lang andauernder Erkrankung;
- Kündigung wegen krankheitsbedingter Leistungsminderung;
- Kündigung wegen dauernder Unmöglichkeit.

Der Arbeitgeber hat in allen Fällen zu prüfen, ob eine Weiterbeschäftigungsmöglichkeit auf einem anderen freien Arbeitsplatz besteht, bei dem die gesundheitlichen Mängel keine oder nur unbedeutende Auswirkungen haben (sog. **leidensgerechter Arbeitsplatz**). Gibt es einen solchen Arbeitsplatz, so muss der Arbeitgeber diesen durch Ausübung seines Direktionsrechts freimachen und sich dabei auch um eine erforderliche Zustimmung des Betriebsrats zur ggf erfolgenden Versetzung nach § 99 BetrVG bemühen. Ein Austausch von Arbeitnehmern ist allerdings immer dann unzumutbar, wenn der andere betroffene Arbeitnehmer mit diesem nicht einverstanden ist. Der Arbeitgeber braucht deshalb das Risiko, dass ein „zwangsweise" ausgetauschter Arbeitnehmer die Wirksamkeit der (Neu-)Ausübung des Direktionsrechts gerichtlich überprüfen lässt, nicht einzugehen.[196] 217

Im Prozess darf sich der Arbeitgeber grundsätzlich nicht darauf beschränken, pauschal vorzutragen, er kenne keine alternativen Einsatzmöglichkeiten für den erkrankten Arbeitnehmer bzw es gebe keinen freien (leidensgerechten) Arbeitsplatz. Es bedarf in diesem Fall vielmehr eines **umfassenden konkreten Sachvortrags** des Arbeitgebers zu einem nicht mehr möglichen Einsatz des Arbeitnehmers auf dem bisherigen Arbeitsplatz und einer nicht durchführbaren leidensgerechten Anpassung und Veränderung des Arbeitsplatzes bzw eines alternativen Einsatzes auf einem anderen Arbeitsplatz.[197] Der Arbeitgeber ist allerdings nicht zur Durchführung eines Zustimmungsersetzungsverfah- 218

---

[195] Vgl BAG 17.1.2008 – 2 AZR 536/06, NZA 2008, 693; LAG Schleswig-Holstein 24.2.2010 – 6 Sa 399/09, NZA-RR 2010, 466.
[196] Vgl BAG 19.5.2010 – 5 AZR 162/09, NJW 2010, 3112.
[197] Vgl BAG 12.7.2007 – 2 AZR 716/06, NZA 2008, 173; BAG 30.9.2010 – 2 AZR 88/09, NZA 2011, 39.

rens nach § 99 Abs. 4 BetrVG oder zu einer grundlegenden Umorganisation seines Betriebs verpflichtet.[198]

bb) Häufige Kurzerkrankungen

219 Bei einer Kündigung wegen häufiger Kurzerkrankungen spielen **drei Aspekte** eine Rolle:
- Es muss eine **negative Gesundheitsprognose** bestehen. Maßgeblich sind die Umstände zum Zeitpunkt des Zugangs der Kündigung. Eine indizielle Wirkung kommt der Dauer, der Häufung und der Ursache bisheriger Fehlzeiten (Kurzerkrankungen) in der Vergangenheit zu.[199] Ergibt sich hieraus eine entsprechende Prognose, so obliegt es dann dem Arbeitnehmer darzulegen, weshalb gleichwohl mit einer alsbaldigen Genesung und mit dem Abklingen der häufigen Kurzerkrankungen zu rechnen ist. Für den Arbeitnehmer ist es dabei im Grundsatz ausreichend, die vom Arbeitgeber aufgestellte negative Prognose zu bestreiten und seine Ärzte von der Schweigepflicht zu entbinden.[200]
- Weiter ist die **erhebliche Beeinträchtigung der betrieblichen Interessen** bei unterstellter Fortsetzung der Häufigkeit der Kurzerkrankungen darzulegen. Dies kann in der Störung von Betriebsabläufen (etwa durch Ausfälle oder erhöhten Vertretungsbedarf), aber auch in wirtschaftlichen Beeinträchtigungen liegen. Wirtschaftliche Beeinträchtigungen sind relevant, wenn die künftig zu erwartenden Entgeltfortzahlungskosten pro Jahr für mehr als sechs Wochen aufzuwenden sind.[201]
- Schließlich ist eine **Interessenabwägung** durchzuführen, die die Sozialdaten des Arbeitnehmers in die Abwägung mit einzubeziehen hat. Darüber hinaus spielt eine Rolle, ob die Krankheit betriebliche Ursachen hat.[202]

cc) Lang andauernde Erkrankung

220 Bei einer ordentlichen Kündigung wegen lang anhaltender Krankheit muss im Rahmen der Prognose dargelegt werden, dass in den nächsten **24 Monaten** nicht mit einer Änderung der Beurteilung zu rechnen ist und dass der Arbeitnehmer für diese Zeit weiter arbeitsunfähig sein wird.[203] Ab wann eine derartige Prognose gestellt werden kann, ist mit Unsicherheiten behaftet, kann aber im Regelfall bei einer ununterbrochenen Arbeitsunfähigkeit von eininhalb Jahren angenommen werden.[204] Steht die dauerhafte Unmöglichkeit der Erbringung der Arbeitsleistung fest, muss der Arbeitgeber eine darüber hinausgehende erhebliche Beeinträchtigung betrieblicher Interessen nicht darlegen. Die Kündigung ist dann aufgrund der dauernden Unmöglichkeit, die geschuldete Arbeitsleistung zu erbringen, gerechtfertigt.[205]

---

198 Vgl BAG 29.1.1997 – 2 AZR 9/96, DB 1997, 1039; BAG 19.5.2010 – 5 AZR 162/09, NJW 2010, 3112.
199 Vgl BAG 6.9.1989 – 2 AZR 19/89, DB 1990, 429.
200 Vgl BAG 23.6.1983 – 2 AZR 15/82, DB 1983, 2524; BAG 7.11.2002 – 2 AZR 599/01, NZA 2003, 816.
201 Vgl BAG 5.7.1990 – 2 AZR 154/90, AP Nr. 26 zu § 1 KSchG 1969 Krankheit; BAG 7.11.2002 – 2 AZR 599/01, NZA 2003, 1746; BAG 10.11.2005 – 2 AZR 44/05, NZA 2006, 655; BAG 8.11.2007 – 2 AZR 292/06, NZA 2008, 593.
202 Vgl BAG 6.9.1989 – 2 AZR 118/89, BB 1990, 556; BAG 10.11.2005 – 2 AZR 44/05, NZA 2006, 655.
203 Vgl BAG 29.4.1999 – 2 AZR 431/98, DB 1999, 1861; BAG 12.4.2002 – 2 AZR 148/01, NZA 2002, 1081.
204 Vgl BAG 21.5.1992 – 2 AZR 399/91, DB 1993, 1292.
205 Vgl BAG 30.1.1986 – 2 AZR 668/84, NZA 1987, 555.

Bei einer ordentlichen Kündigung wegen lang anhaltender Krankheit trägt zwar der 221
Arbeitnehmer grundsätzlich das Risiko einer Fehlprognose des behandelnden Arztes.
Sprechen jedoch schon im Kündigungszeitpunkt entgegen der Ansicht des behandelnden Arztes objektive Umstände dafür, dass die Wiederherstellung der Arbeitsfähigkeit
in absehbarer Zeit sicher oder zumindest möglich ist, ist die Kündigung in der Regel
schon mangels negativer Prognose sozial ungerechtfertigt.[206]

dd) Krankheitsbedingte Leistungsminderung

Schwieriger sind Kündigungen wegen krankheitsbedingter Leistungsmängel. Hier ist 222
zunächst die personenbedingte Kündigung von der verhaltensbedingten Kündigung
abzugrenzen. Dies ist unter Umständen entscheidend, da im Unterschied zur verhaltensbedingten Kündigung bei der personenbedingten Kündigung keine vorherige Abmahnung erforderlich ist, da die Abmahnung stets ein steuerbares Verhalten voraussetzt.[207] Handelt es sich um einen nachlässiges (vorwerfbares) Verhalten, ist nach den
Grundsätzen einer verhaltensbedingten Kündigung zu verfahren. Vorsorglich bietet es
sich an, die Kündigung sowohl auf personenbedingte als auch auf verhaltensbedingte
Gründe zu stützen.

Bei dem Ausspruch einer Kündigung wegen krankheitsbedingter Leistungsminderung 223
ist für die Negativprognose darzustellen, dass im Zeitpunkt der Kündigungserklärung
damit zu rechnen ist, dass der Arbeitnehmer auch künftig in erheblichem Umfang aufgrund seiner Arbeitsunfähigkeit Minderleistungen erbringen wird.[208] Zudem müssen
die erheblichen betrieblichen Beeinträchtigungen durch die Leistungsminderung dargelegt werden. Ein Nachlass der Leistungsfähigkeit aufgrund Alters ist im üblichen
Maße hinzunehmen.[209] Die Leistungsminderung muss, um kündigungsrelevant zu sein,
erheblich stärker sein als ein entsprechend üblicher Leistungsrückgang (für ältere Arbeitnehmer). Das BAG hat eine Leistung von nur 2/3 der Normalleistung als erhebliche
Beeinträchtigung betrieblicher Interessen angesehen.[210] Im Rahmen einer Interessenabwägung sind wiederum Betriebszugehörigkeit und Lebensalter des Arbeitnehmers,
Dauer und Ursachen der Krankheit abzuwägen. Der typische krankheitsbedingte Kündigungsschutzprozess „gewinnt" oder „verliert" sich auf der Tatsachenebene.

Der Arbeitnehmer ist vor Ausspruch der Kündigung dem Arbeitgeber nicht zu Aus- 224
künften oder dazu verpflichtet, seinen Arzt von der Schweigepflicht zu entbinden. Er
verliert dadurch nicht das Recht, im Kündigungsschutzprozess die negative Prognose
zu bestreiten. Ein solches Verhalten kann auch nicht als treuwidrig angesehen werden.[211] Der Arbeitgeber ist für die negative Gesundheitsprognose gemäß § 1 Abs. 2
Satz 4 KSchG beweispflichtig. Seine Beweispflicht ist allerdings abgestuft. Er kann sich
darauf beschränken, die Fehlzeiten in der Vergangenheit darzulegen und zu behaupten,
in Zukunft seien Krankheitszeiten in entsprechendem Umfang zu erwarten, wenn er

---

206 Vgl BAG 21.2.2001 – 2 AZR 558/99, NZA 2001, 1071.
207 Vgl BAG 9.2.2006 – 6 AZR 47/05, NZA 2006, 1046.
208 Vgl BAG 26.9.1991 – 2 AZR 132/91, AP Nr. 28 zu § 1 KSchG 1969 Krankheit.
209 Vgl BAG 16.3.1961 – 2 AZR 539/59, AP Nr. 2 zu § 1 KSchG Verhaltesbedingte Kündigung.
210 Vgl BAG 11.12.2003 – 2 AZR 667/02, NZA 2004, 784.
211 Vgl BAG 12.4.2002 – 2 AZR 148/01, NZA 2002, 1081.

nicht andere Kenntnisse (zB von einer bevorstehenden Genesung) hat.[212] Der Arbeitnehmer muss dann nach § 138 Abs. 2 ZPO vortragen, weshalb trotzdem mit einer Genesung zu rechnen ist, oder alternativ die Prognose bestreiten und die behandelnden Ärzte von der Schweigepflicht entbinden, wobei er allerdings implizit vortragen muss, dass sich daraus ergibt, dass die negative Prognose nicht besteht.[213] Trägt er hingegen Tatsachen vor, die für seine baldige Genesung sprechen, so ist nicht die Erbringung des vollen Gegenbeweises erforderlich.[214] Über die Gesundheitsprognose ist dann gerichtlich ein Sachverständigengutachten erstellen zu lassen. Ein betriebliches Eingliederungsmanagement (§ 84 SGB IX) ist vor Ausspruch einer krankheitsbedingten Kündigung nicht erforderlich; jedoch ist es im Rahmen der Prognose von Bedeutung; der Arbeitgeber trägt bei nicht durchgeführtem betrieblichem Eingliederungsmanagement die Darlegungs- und Beweislast dafür, dass dieses keinen Erfolg gehabt hätte und die Arbeitsunfähigkeit des Arbeitnehmers fortbestanden hätte.

6. Besonderheiten bei der Änderungskündigung

a) Problemlage

225   Ein praktisch bedeutsames Problemfeld im Hinblick auf prozesstaktisches Vorgehen bildet die Änderungskündigung. Im Rahmen des Ausspruchs und auch der Überprüfung im Änderungsschutzprozess ist es entscheidend, die Voraussetzungen ihrer Wirksamkeit zu kennen und die richtigen Reaktionen vorzubereiten. Am Beispiel der Änderungskündigung lassen sich sowohl die grundsätzliche **Trennung** der **individualrechtlichen und kollektivrechtlichen Ebene** als auch deren bestehenden praktischen Verknüpfungen besonders verdeutlichen. Soll ein Arbeitnehmer zukünftig unter anderen Bedingungen oder auf einem anderen Arbeitsplatz beschäftigt werden, besteht einerseits auf einzelvertraglicher Ebene das Bedürfnis einer Änderung des Arbeitsvertrages, andererseits muss zur praktischen Durchführung der Übertragung einer veränderten Tätigkeit regelmäßig der Betriebsrat gemäß § 99 BetrVG an der Versetzung oder Umgruppierung beteiligt werden.

b) Individualrechtliche Grundlagen der Änderungskündigung

226   Bei der Änderungskündigung besteht die Besonderheit, dass mit dem Ausspruch einer Kündigung ein Angebot auf Fortsetzung des Arbeitsverhältnisses unter bestimmten, genau zu bezeichnenden geänderten Vertragsmodalitäten erfolgen soll. Die Änderungskündigung stellt somit einen **Sonderfall der Beendigungskündigung** dar, weil im Falle der Nichtannahme des Änderungsangebots bei gleichzeitiger Wirksamkeit der Kündigung das Arbeitsverhältnis nach Ablauf der Kündigungsfrist beendet wird.

227   Eine wirksame Änderungskündigung muss zunächst **eindeutig** als solche zu erkennen sein, so dass aus Empfängersicht der Erklärung deutlich entnommen werden kann, ob lediglich ein Änderungsangebot ohne einseitig gestaltende Wirkung gemacht wird, ob der Arbeitgeber meint, aufgrund seines Direktionsrechts zur einseitigen Änderung der

---

212   Vgl BAG 17.6.1999 – 2 AZR 639/98, AP Nr. 37 zu § 1 KSchG 1969 Krankheit.
213   Vgl BAG 17.6.1999 – 2 AZR 639/98, AP Nr. 37 zu § 1 KSchG 1969 Krankheit.
214   Vgl BAG 6.9.1989 – 2 AZR 19/89, AP Nr. 21 zu § 1 KSchG 1969 Krankheit.

Arbeitsbedingungen berechtigt zu sein, ob eine Änderungskündigung oder ob eine Beendigungskündigung erklärt wird.[215] Weiterhin muss die Erklärung im Einzelnen die genauen Änderungen enthalten, da die Änderungskündigung nur wirksam ist, wenn dieser **Bestimmtheitsgrundsatz** eingehalten wird. In der Praxis wird dies häufig missachtet, indem entweder nur eine pauschale Umschreibung der geänderten Tätigkeit oder auch sonst nur eine allgemeine Beschreibung der geänderten vertraglichen Bedingungen erfolgt, so dass der Arbeitnehmer nicht genau erkennen kann, was spezifisch geändert werden soll. Mangels hinreichend spezifizierten konkreten schriftlichen Änderungsangebots ist dann die Änderungskündigung unwirksam.[216] Das **Schriftformerfordernis** des § 623 BGB erstreckt sich nicht nur auf die Kündigungserklärung selbst, sondern auch auf das verbundene Änderungsangebot. Auch sind die maßgeblichen Kündigungsfristen wie im Rahmen einer herkömmlichen Beendigungskündigung einzuhalten.

Die Änderungskündigung hat grundsätzlich **Vorrang vor der Beendigungskündigung**, so dass der Arbeitgeber als ersten Schritt stets zunächst zu prüfen hat, ob eine Weiterbeschäftigung zu geänderten Bedingungen möglich ist. Das BAG sieht den Arbeitgeber selbst dann zum Ausspruch einer Änderungs- anstelle der Beendigungskündigung verpflichtet, wenn der Arbeitnehmer bereits eine entsprechende vorgeschlagene Vertragsänderung durch den Arbeitgeber im Vorfeld abgelehnt hat.[217]

228

Der Inhalt einer Änderungskündigung wird vom kollektiven Arbeitsrecht insoweit determiniert, dass durch eine Änderungskündigung **keine tarifwidrige Vertragsänderung** durchgesetzt werden darf. Werden dem Arbeitnehmer durch Tarifvertrag also bestimmte Arbeitsbedingungen (insbesondere der Tariflohn) eingeräumt, so darf bei beiderseitiger Tarifgebundenheit durch eine Änderungskündigung nicht zum Nachteil des Arbeitnehmers davon abgewichen werden.

229

Zum Ausspruch einer Änderungskündigung anstelle einer Beendigungskündigung ist der Arbeitgeber allerdings generell nur verpflichtet, soweit eine Beschäftigung auf einem anderen Arbeitsplatz oder unter geänderten Arbeitsbedingungen tatsächlich möglich bleibt. Im Fall einer etwaigen Änderung des Leistungsvermögens ist dies beispielsweise nur der Fall, soweit das Restleistungsvermögen noch zu einer sinnvollen Beschäftigung auf einem freien Arbeitsplatz ausreicht.

230

c) Beteiligung des Betriebsrats durch den Arbeitgeber

Soweit im maßgeblichen Betrieb ein Betriebsrat besteht, muss dieser auch im Rahmen der Änderungskündigung vor deren Ausspruch beteiligt werden. Aus prozesstaktischer Sicht ist dabei ein besonderes Augenmerk auf die jedenfalls zwingend erforderliche **Anhörung des Betriebsrats nach § 102 BetrVG** zu legen und zwar insoweit, als dem Betriebsrat nicht nur das Änderungsangebot selbst in der erforderlichen Klarheit, son-

231

---

215 Vgl *Schulte*, in: Tschöpe (Hrsg.), Anwalts-Handbuch Arbeitsrecht, 3 A Rn 84.
216 Vgl BAG 16.9.2004 – 2 AZR 628/03, NZA 2005, 635; BAG 15.1.2009 – 2 AZR 641/07, NZA 2009, 957; BAG 10.9.2009 – 2 AZR 822/07, NZA 2010, 333.
217 Vgl BAG 21.4.2005 – 2 AZR 132/04, NZA 2005, 1289; BAG 21.4.2005 – 2 AZR 244/04, NZA 2005, 1294.

dern auch die Gründe für die beabsichtigte Änderung der Arbeitsbedingungen ausreichend detailliert mitzuteilen sind.

232 Je nach Reichweite der Veränderung des Inhalts des Arbeitsverhältnisses durch die Änderungskündigung, jedoch lediglich in Betrieben mit einer regelmäßigen Mindestzahl von 20 wahlberechtigten Arbeitnehmern, kann die tatsächliche Umsetzung der **personellen Einzelmaßnahme** weiterhin eine **Zustimmung des Betriebsrats nach § 99 BetrVG** erforderlich machen. Dies ist beispielsweise der Fall, wenn durch die Änderung dem Arbeitnehmer ein anderer Arbeitsplatz mit abweichender Tätigkeit oder an einem anderen Ort zugewiesen werden soll, so dass eine Versetzung iSv § 95 Abs. 3 BetrVG vorliegt. Ist die Übertragung der anderen (zB geringwertigeren oder zeitlich weniger umfassenden) Tätigkeit mit einer Reduzierung des Entgelts verbunden, wird regelmäßig daneben noch eine Umgruppierung notwendig werden, welche ebenfalls eine eigene personelle Einzelmaßnahme iSv § 99 BetrVG darstellt. In diesem Fall sind beide Beteiligungsverfahren parallel zueinander durchzuführen, da sie sich weder hinsichtlich der Voraussetzungen noch der Rechtsfolgen decken. Demnach wäre der Betriebsrat gemäß § 102 BetrVG zur Änderungskündigung anzuhören und müsste daneben sowohl der Versetzung als auch der Umgruppierung nach § 99 BetrVG zustimmen.

233 **Beide Verfahren** zur Beteiligung des Betriebsrats können zweckmäßigerweise jedoch **miteinander verbunden** werden, wobei auch in diesem Fall die jeweils vorgegebenen Voraussetzungen beider Verfahren einzuhalten sind. Allerdings ist für die Wirksamkeit der Kündigung selbst (welche im Änderungsschutzverfahren überprüft wird) lediglich die ordnungsgemäße Beteiligung des Betriebsrats nach § 102 BetrVG notwendig. Ein nicht eingehaltenes Mitwirkungsverfahren nach § 99 BetrVG führt dagegen nicht zur Unwirksamkeit der Änderungskündigung, sondern lediglich dazu, dass der Arbeitgeber an der tatsächlichen Durchführung einer personellen Einzelmaßnahme, wie etwa einer Versetzung, gehindert ist.[218]

234 Im Falle der Verbindung beider Verfahren kann die **Entscheidung** des Betriebsrats durchaus **unterschiedlich** ausfallen, da sich die Voraussetzungen eines Widerspruchs nach § 102 Abs. 3 BetrVG und die Gründe für eine Zustimmungsverweigerung gemäß § 99 Abs. 2 BetrVG nicht decken. Stellen die Widerspruchsgründe des § 102 Abs. 3 Nr. 1–5 BetrVG dabei in erster Linie auf den Kündigungsschutz und auf individuelle Rechtspositionen des zu kündigenden Arbeitnehmers ab, beziehen sich die Verweigerungsgründe des § 99 Abs. 2 Nr. 1–6 BetrVG allein auf kollektive betriebliche Interessen. Demnach kann es durchaus vorkommen, dass der Betriebsrat Widerspruch gegen die Änderungskündigung einlegt, weil er in der Änderung der Vertragsbedingungen einen Verstoß gegen die individuellen Rechte des Arbeitnehmers sieht, gleichzeitig aus Sicht der kollektiven betrieblichen Interessen der Versetzung allerdings zustimmt.[219] Auch umgekehrt ist denkbar, dass der Betriebsrat im Verfahren nach § 102 BetrVG keine Einwände geltend macht, seine Zustimmung zur Versetzung nach § 99 BetrVG

---

218 Vgl BAG 30.9.1993 – 2 AZR 283/93, NZA 1994, 615; BAG 8.6.1995 – 2 AZR 739/94; BAG 28.8.2008 – 2 AZR 967/06, NZA 2009, 505; BAG 22.4.2010 – 2 AZR 491/09, NZA 2010, 1235.
219 Vgl *Schulte*, in: Tschöpe (Hrsg.), Anwalts-Handbuch Arbeitsrecht, 3 A Rn 119.

VII. Prozessuale Hinw. zum Kündigungsschutzverf. bei einzelnen Fallgestaltungen 2

aber verweigert. Im letzten Fall muss der Arbeitgeber, um die mit der Änderungskündigung bewirkte Änderung der Arbeitsbedingungen auch umsetzen zu können, ein Zustimmungsersetzungsverfahren beim Arbeitsgericht einleiten. Alternativ kann er auch dem Arbeitnehmer ggf eine Beendigungskündigung aussprechen, wenn der Betriebsrat eine Versetzung auf einen freien Arbeitsplatz durch Verweigerung seiner Zustimmung nach § 99 BetrVG ohne erkennbaren tragenden Grund blockiert; dieser freie Arbeitsplatz steht dann nicht mehr zur Verfügung. Der Arbeitgeber ist nicht verpflichtet, ein Zustimmungsersetzungsverfahren einzuleiten.

Zunächst muss der Arbeitgeber im Rahmen der Änderungskündigung den Betriebsrat nach § 102 Abs. 1 BetrVG **unterrichten** und diesem die entsprechende **Gelegenheit zur Stellungnahme** geben. Auf die ordnungsgemäße Beteiligung des Betriebsrats ist in diesem Zusammenhang größte Sorgfalt zu legen. Im Rahmen dieser **Unterrichtung** muss der Arbeitgeber den Betriebsrat derart umfänglich über den Kündigungssachverhalt und alle weiteren entscheidenden Fakten informieren, dass dieser sich selbst ein **ausreichend klares Bild** machen kann. Dies umfasst in erster Linie die Absicht des Ausspruchs einer Änderungskündigung, die personellen Angaben des Arbeitnehmers und vor allem die maßgeblichen Gründe für die beabsichtigte Änderungskündigung. Weiterhin hat der Arbeitgeber den Betriebsrat auch über das Änderungsangebot selbst in der Form zu informieren, wie es auch dem Arbeitnehmer gegenüber gemacht werden soll. Dazu gehört gerade, dass die bisherigen und die geänderten Arbeitsbedingungen in Einzelheiten insoweit verdeutlicht werden, dass der Betriebsrat die Tragweite der geplanten Maßnahme eigenständig beurteilen kann und in der Lage ist zu prüfen, ob ein Widerspruchsgrund des § 102 Abs. 3 BetrVG vorliegen könnte.[220] Außerdem muss dem Betriebsrat gegenüber unmissverständlich deutlich gemacht werden, dass es im Fall der Nichtannahme des Änderungsangebots zu einer Beendigung des Arbeitsverhältnisses kommen wird. In einem möglichen Änderungs- oder Kündigungsschutzverfahren trägt der Arbeitgeber die vollständige Darlegungs- und Beweislast für die ordnungsgemäße Unterrichtung, so dass diese, obwohl keine Formerfordernisse vorgeschrieben sind, aus Gründen der Nachweisbarkeit grundsätzlich schriftlich durchgeführt werden sollte. Es ist aus Sicht des Arbeitgebers in diesem Zusammenhang zweckmäßig, sich auf einer Kopie des Unterrichtungsschreibens den Empfang durch den Betriebsratsvorsitzenden unter Angabe von Ort, Datum und Uhrzeit quittieren lassen.

235

Darüber hinaus wird die bereits angesprochene **Beteiligung des Betriebsrats nach § 99 BetrVG** in allen Betrieben mit regelmäßig mehr als 20 wahlberechtigten Arbeitnehmern immer dann notwendig, soweit die Änderungskündigung eine Durchführung einer personellen Maßnahme beinhaltet. Da allerdings nicht jede Änderungskündigung das Beteiligungsrecht der Versetzung/Umgruppierung auslöst, ist jeweils zunächst der Inhalt der Änderungskündigung daraufhin zu überprüfen, ob die Änderung der Arbeitsbedingungen den Tatbestand einer **personellen Einzelmaßnahme** nach § 99 BetrVG erfüllt, bevor dann in einem zweiten Schritt festzustellen ist, ob der Betriebsrat im Zustimmungsverfahren ordnungsgemäß beteiligt wurde. Im Rahmen des Verfahrens nach

236

---

220 Vgl BAG 29.3.1990 – 2 AZR 420/89, NZA 1990, 894.

§ 99 BetrVG ergeben sich keinerlei Besonderheiten durch das Zusammenfallen mit der Änderungskündigung auf der vertraglichen Ebene. Der Arbeitgeber ist demnach verpflichtet, den Betriebsrat konkret und umfassend über die beabsichtigte personelle Einzelmaßnahme, deren Auswirkung und die vollständigen Personaldaten der betroffenen Personen vor deren Durchführung zu unterrichten. Die Unterrichtung ist an keine besondere Form gebunden, wobei sich allerdings aus Beweisgründen auch hier die **Schriftform** empfiehlt.

237 Andere Gegenstände des Änderungsangebots können möglicherweise keine Versetzung iSd § 95 Abs. 3 BetrVG darstellen, aber ein **Mitbestimmungsrecht des Betriebsrats nach § 87 BetrVG** auslösen, wenn beispielsweise die Arbeitsbedingungen einer Gruppe von Arbeitnehmern (zB die Arbeitszeit) geändert werden sollen. Die Verletzung des Mitbestimmungsrechts nach § 87 Abs. 1 Nr. 2 BetrVG (Beginn und Ende der täglichen Arbeitszeit sowie Verteilung der Arbeitszeit auf die einzelnen Wochentage) führt dazu, dass die Durchführung und Umsetzung der Individualmaßnahme unwirksam ist, soweit sie den Arbeitnehmer belastet.[221] Das BAG erstreckt diesen Grundsatz allerdings nicht auf die Wirksamkeit der Änderungskündigung, obwohl die Rechtsprechung hier noch nicht als abgeschlossen erscheint.[222] Danach ist die Durchsetzung (dh die betriebliche Umsetzung) der Änderung von der vorherigen Einhaltung der betrieblichen Mitbestimmung abhängig. Die Änderung der Arbeitszeit kommt daher dann erst in Betracht, wenn mit dem Betriebsrat eine entsprechende Einigung erzielt ist oder die Einigungsstelle entschieden hat.

238 Da ein Arbeitnehmer, der das **Änderungsangebot unter Vorbehalt angenommen** hat und anschließend Kündigungsschutzklage erhebt, nach Ablauf der Kündigungsfrist jedoch zunächst dem Änderungsangebot Folge leisten muss (also zB an einen anderen Arbeitsort wechseln muss), da er sich sonst dem Risiko des Vorwurfs der Arbeitsverweigerung aussetzt, kann er sich gegen die „vorläufige Umsetzung" der Vertragsänderung ggf dadurch zur Wehr setzen, dass er den Betriebsrat veranlasst, die erforderliche Zustimmung zur Versetzung gemäß § 99 BetrVG nicht zu erteilen. Der Arbeitgeber ist dann daran gehindert, das Änderungsangebot umzusetzen. Ein Problem kann sich aus diesem Verfahren allerdings dann ergeben, wenn die ursprüngliche Position des Arbeitnehmers weggefallen ist. In diesem Fall könnte der Arbeitgeber ggf geltend machen, dass der Arbeitnehmer auf der neuen Position mangels Zustimmung des Betriebsrats nicht eingesetzt werden kann, so dass als Folge ggf der Ausspruch einer **betriebsbedingten Kündigung** mangels Möglichkeit der Weiterbeschäftigung in Betracht kommt.

---

221 Vgl BAG 16.9.1986 – GS 1/82, NZA 1987, 168.
222 Vgl BAG 17.6.1998 – 2 AZR 336/97, NZA 1998, 1225.

d) Reaktionsmöglichkeiten des Arbeitnehmers und Rechtsfolgen

Dem Arbeitnehmer bieten sich nach einer vom Arbeitgeber ausgesprochenen Änderungskündigung **drei Varianten** an: 239

aa) Vorbehaltlose Annahme des Änderungsangebots

Er kann zunächst das Änderungsangebot **vorbehaltlos annehmen**. In diesem Fall wird die Vertragsänderung unmittelbar wirksam, und das Arbeitsverhältnis wird nach Ablauf der maßgeblichen Kündigungsfrist auf vertragsrechtlicher Ebene unter den veränderten Bedingungen fortgeführt. Die mit dem Änderungsangebot verbundene Kündigungserklärung wird dann insoweit gegenstandslos. 240

Die Annahmeerklärung, welche auch konkludent erfolgen kann, ist **formfrei**, so dass sie auch per Telefax oder per E-Mail abgegeben werden kann. 241

Die **Frist** zur Annahme des Angebots, welche sich grundsätzlich nach § 147 Abs. 2 BGB, § 2 Satz 2 KSchG richtet, bestimmt nur für die Annahme unter Vorbehalt eine Erklärungsfrist von maximal drei Wochen. Diese Frist gilt aber nicht auch für die vorbehaltlose Annahme. Das BAG hat bisher offen gelassen, ob eine vorbehaltlose Annahmemöglichkeit, ohne dass der Arbeitgeber eine entsprechende Frist gesetzt hätte, für die Dauer der vollen Kündigungsfrist oder für eine kürzere Frist besteht.[223] Dem Arbeitgeber ist daher zu empfehlen, für die Annahme des Änderungsangebots eigenständig eine Frist nach § 148 BGB zu setzen. Die gesetzliche Mindestfrist des § 2 Satz 2 KSchG (drei Wochen) wird dabei als absolute Untergrenze angesehen.[224] Aus einer zu kurzen Annahmefrist folgt allerdings nicht die Unwirksamkeit der Kündigung, sondern es ist davon auszugehen, dass die gesetzliche Frist des § 2 Satz 2 KSchG in Lauf gesetzt wird, so dass der Arbeitnehmer das Angebot bis zum Ablauf dieser Frist annehmen kann.[225] 242

Hat der Arbeitnehmer das Vertragsangebot vorbehaltlos angenommen, besteht keine Möglichkeit mehr, die soziale Rechtfertigung der Änderungskündigung gerichtlich überprüfen zu lassen. Selbst eine fehlende oder fehlerhafte Anhörung des Betriebsrats iSv § 102 BetrVG hat dann keine Auswirkung mehr auf die Wirksamkeit der Vertragsänderung.[226] 243

Viele Arbeitgeber wissen gerade in wirtschaftlich angespannten Zeiten um die Ängste der Arbeitnehmer vor einer möglichen Erwerbslosigkeit und nutzen dieses Szenario, um eigentlich nicht gerechtfertigte Änderungen durchzusetzen. Dem betroffenen Arbeitnehmer ist klarzumachen, dass für diese Konstellation gerade die Möglichkeit der Annahme unter Vorbehalt nach § 2 KSchG besteht, durch welche es unter keinen Umständen nach dem Änderungsschutzprozess zu einer Beendigung des Arbeitsverhältnisses kommen kann. Eine vorbehaltlose Ausnahme einer Änderungskündigung wird daher in der Praxis nur ausnahmsweise in Betracht kommen. 244

---

223 Vgl BAG 6.2.2003 – 2 AZR 674/91, NZA 2003, 1178.
224 Vgl BAG 18.5.2006 – 2 AZR 230/05, NZA 2006, 1092.
225 Vgl BAG 18.5.2006 – 2 AZR 230/05, NZA 2006, 1092.
226 Vgl APS/*Koch*, § 102 BetrVG Rn 27.

bb) Ablehnung des Änderungsangebots

245 Der Arbeitnehmer kann das mit der Änderungskündigung verbundene Vertragsänderungsangebot ablehnen. In diesem Fall wird die Änderungskündigung zur Beendigungskündigung, durch welche das Arbeitsverhältnis nach Ablauf der maßgeblichen Kündigungsfrist aufgelöst wird.

246 Von einer Ablehnung ist gleichfalls auszugehen, wenn das Änderungsangebot nicht binnen der gesetzten Annahmefrist bzw in der Frist des § 2 Satz 2 KSchG innerhalb der dreiwöchigen Frist unter Vorhalt angenommen worden ist. Es stellt einen anwaltlichen Fehler dar, die Annahme unter Vorbehalt nach § 2 Satz 2 KSchG erst in dem Schriftsatz der Kündigungsschutzklage zu erklären. Denn die darin enthaltene Annahmeerklärung unter Vorbehalt geht ggf dem Arbeitgeber erst nach Ablauf von drei Wochen zu. Dadurch ist das in der Änderungskündigung enthaltene Änderungsangebot abgelehnt worden. Die Erklärung des Arbeitnehmers ist dann wie ein neuer Antrag zu behandeln. Nach Ablehnung des Änderungsangebots hat der Arbeitnehmer die Möglichkeit, mit der Kündigungsschutzklage innerhalb der dreiwöchigen Frist des § 4 KSchG feststellen zu lassen, dass das Arbeitsverhältnis durch die ausgesprochene Kündigung des Arbeitgebers nicht beendet wurde. In diesem Zusammenhang ist dann lediglich die Beendigung und nicht die zuvor in Frage stehende Vertragsänderung Gegenstand des Kündigungsschutzprozesses.[227]

cc) Annahme des Änderungsangebots unter Vorbehalt
(1) Vorbehaltserklärung

247 Es empfiehlt sich regelmäßig, das Änderungsangebot unter dem ausdrücklichen **Vorbehalt der sozialen Rechtfertigung anzunehmen**. Es entspricht der Erfahrung, dass Arbeitgeber häufig die mit dem wirksamen Ausspruch einer Änderungskündigung verbundenen Anforderungen unterschätzen. Daher ist die „Erfolgsquote" für Arbeitnehmer, die Änderungskündigungen angreifen, relativ hoch.

248 Hat der Arbeitnehmer gemäß § 2 Satz 1 KSchG das Änderungsangebot unter dem Vorbehalt angenommen, dass die Änderung der Arbeitsbedingungen sozial ungerechtfertigt oder aus anderen Gründen rechtsunwirksam ist, muss er zusätzlich auch Kündigungsschutzklage erheben, um zu verhindern, dass die Kündigung gemäß § 7 KSchG als von Anfang an rechtswirksam gilt und der vom Arbeitnehmer nach § 2 KSchG erklärte Vorbehalt erlischt. Eine beispielhafte Formulierung für die **Vorbehaltserklärung** lautet:

> Die Änderungskündigung vom ... [Datum] nehme ich unter dem Vorbehalt an, dass die Änderung der Arbeitsbedingungen nicht sozial ungerechtfertigt oder aus sonstigen Gründen unwirksam ist.

249 Die Annahme unter Vorbehalt hat zur Folge, dass der Arbeitnehmer trotz Anhängigkeit eines Rechtsstreits nach Ablauf der Kündigungsfrist zunächst einmal zu den geänderten Arbeitsbedingungen weiterarbeiten muss. Wird im Änderungsschutzprozess allerdings dann festgestellt, dass die Vertragsänderung sozial ungerechtfertigt war, besteht das Arbeitsverhältnis weiterhin zu den ursprünglichen Bedingungen fort, so dass für den

---

227 Vgl *Schulte*, in: Tschöpe (Hrsg.), 3 A Rn 121.

VII. Prozessuale Hinw. zum Kündigungsschutzverf. bei einzelnen Fallgestaltungen 2

Arbeitnehmer – soweit die Änderungskündigung mit einer Gehaltsreduzierung verbunden war –, ein Anspruch auf Ersatz der während des Verfahrens nicht geleisteten Differenz als Annahmeverzugslohn gemäß § 615 BGB besteht. Im Fall des **ordnungsgemäßen Widerspruchs des Betriebsrats** gegen die Änderungskündigung nach § 102 Abs. 3 BetrVG hat der Arbeitnehmer allerdings ohnehin bis zur rechtskräftigen Entscheidung während der gesamten Prozessdauer einen Anspruch auf Weiterbeschäftigung zu den alten Arbeitsbedingungen nach § 102 Abs. 5 Satz 1 BetrVG, soweit der Arbeitgeber nicht ausnahmsweise nach Satz 2 von dieser Pflicht entbunden wird.

(2) Verhältnismäßigkeitsgrundsatz als Prüfungsmaßstab

Zur **individualrechtlichen Bewertung** der Wirksamkeit einer Änderungskündigung ist zu beachten, dass die soziale Rechtfertigung der Kündigung nicht im Hinblick auf die Beendigung des Arbeitsverhältnisses, sondern auf die Änderung der Arbeitsbedingungen vorliegen muss. Dabei muss sich der Arbeitgeber auf den Vorschlag solcher Arbeitsbedingungen beschränken, die der Arbeitnehmer billigerweise hinnehmen muss, was sich nach dem **Verhältnismäßigkeitsgrundsatz** richtet.[228] Gegenstand des arbeitsgerichtlichen Verfahrens und der Frage, ob dringende betriebliche, personen- oder verhaltensbedingte Gründe das Änderungsangebot des Arbeitgebers nach § 1 Abs. 2 Satz 2 und 3 bzw Abs. 3 KSchG bedingt haben, ist somit das Änderungsangebot. Zunächst wird in diesem Zusammenhang von der Rechtsprechung in einem ersten Schritt überprüft, ob die angegebenen Gründe die Änderung der Arbeitsbedingungen generell rechtfertigen, um danach festzustellen, ob der Inhalt der beabsichtigten Änderung dem Arbeitnehmer im konkreten Fall billigerweise zugemutet werden kann. Dieser **Prüfungsmaßstab** gilt auch dann, wenn der Arbeitnehmer das Angebot ablehnt, sich aber gegen die Wirksamkeit der Kündigung im Klageweg wendet.[229]

250

Diese Prüfung des **Verhältnismäßigkeitsprinzips** hat verschiedene Gesichtspunkte. Zum einen werden damit sog. „überflüssige" Änderungskündigungen ausgegrenzt, also Änderungen, die der Arbeitgeber schon im Rahmen des arbeitgeberseitigen Direktionsrechts hätte vornehmen können (zB durch Versetzung). Kann der Arbeitgeber bereits durch sein Weisungsrecht die gewünschte Änderung herbeiführen, so ist der Ausspruch einer Änderungskündigung wegen der damit verbundenen Bestandsgefährdung des Arbeitsverhältnisses unverhältnismäßig; die Änderungskündigung ist demnach unwirksam.[230] Etwas anderes soll aber dann gelten, wenn der Arbeitnehmer das in der Änderungskündigung enthaltene Angebot (unter Vorbehalt) angenommen hat, so dass sich die Bestandsgefährdung nicht verwirklicht hat.[231] In diesem Zusammenhang ist sich jedoch klarzumachen, dass der Arbeitgeber zwar grundsätzlich die Möglichkeit hat, durch Ausübung seines Direktionsrechts iSd § 106 GewO den Inhalt des betroffenen Arbeitsverhältnisses zu konkretisieren und näher auszugestalten. Allerdings steht das Direktionsrecht in erster Linie im Zusammenhang mit der Bestimmung der genauen

251

---

228 Vgl BAG 28.8.2008 – 2 AZR 967/06, NZA 2009, 505; BAG 29.3.2007 – 2 AZR 31/06, NZA 2007, 855; BAG 23.6.2005 – 2 AZR 642/04, NZA 2006, 92.
229 Vgl BAG 10.2.1999 – 2 AZR 422/98, NZA 1999, 657.
230 Vgl BAG 28.4.1982 – 7 AZR 1139/79, AP Nr. 3 zu § 2 KSchG 1969.
231 Vgl BAG 16.6.2004 – 5 AZR 508/03, NZA 2004, 1155.

Arbeitszeiten und der Übertragung bestimmter Aufgaben innerhalb der vertraglich festgelegten Arbeitsbedingungen. Es verfolgt also nur eine Konkretisierungsfunktion und bietet keinesfalls die Möglichkeit einer einseitigen umfassenderen Änderung des Inhalts der Pflichten des Arbeitsverhältnisses, so dass der Arbeitgeber dazu im Wesentlichen auf die einvernehmliche Vertragsänderung oder eben die Änderungskündigung zurückgreifen muss.

252 Zweitens spielt die Verhältnismäßigkeit dann eine Rolle, wenn das Änderungsangebot daraufhin überprüft wird, ob der Arbeitnehmer die ihm vorgeschlagene Änderung der Arbeitsbedingungen **„billigerweise"** hinnehmen muss. Unter mehreren Änderungsmöglichkeiten muss dem Arbeitnehmer diejenige angeboten werden, die den bisherigen Arbeitsbedingungen am nächsten kommt. Dieser unklare Prüfungsmaßstab führt in der Praxis zu enormen Problemen,[232] insbesondere wenn mehrere Einsatzmöglichkeiten für den Arbeitnehmer bestehen oder prinzipiell die Veränderung mehrerer Vertragsbedingungen (zB im Sinne der Vergütung) denkbar ist.

(3) Speziell: Änderungskündigung zur Lohnkostensenkung

253 Bei der betriebsbedingten Änderungskündigung zum Zwecke der Lohnsenkung (bei gleicher Tätigkeit des Arbeitnehmers) wird die Betriebsbedingtheit der Kündigung nur angenommen, wenn eine **Existenzgefährdung** des Betriebs glaubhaft gemacht werden kann. Der Arbeitgeber muss dann ein **Sanierungskonzept** vorlegen, dem zu entnehmen ist, dass die Einsparungen unumgänglich sind, um die Schließung abzuwenden, und dass keine anderen geeigneten Mittel anstelle der Lohnsenkung bestehen.[233] Dieser Prüfungsmaßstab, nach dem der Arbeitgeber die Finanzlage des Unternehmens, den Anteil der Personalkosten, die Umsetzung und Auswirkung der beabsichtigten Maßnahme sowie darlegen muss, dass andere mildere Maßnahmen ausscheiden, bildet eine so hohe Schwelle, dass Änderungskündigungen zur Lohnkostensenkung nur in außergewöhnlichen Extremfällen Erfolg haben werden.

254 Zudem stellt sich das Problem, dass das Änderungsangebot am Verhältnismäßigkeitsgrundsatz gemessen wird und daher völlig unabsehbar ist, ob das Arbeitsgericht im Rahmen dieser Wertentscheidung die dem Arbeitnehmer im Rahmen der Änderungskündigung auferlegte Lohnkostenkürzung quantitativ als angemessen ansieht. Dies kann aus Arbeitgebersicht zu der Folge führen, eine „Kaskade von Änderungskündigungen" aussprechen zu müssen, bei denen das Änderungsangebot im Hinblick auf die Lohnkostensenkung gestaffelt ist, dh das Änderungsangebot lautet zB auf eine Absenkung des Gehalts auf 1.500 EUR, hilfsweise auf 1.510 EUR, hilfsweise auf 1.520 EUR etc., damit nicht die Änderungskündigung deshalb unwirksam ist und neu ausgesprochen werden muss (dann wiederum unter Einhaltung der Kündigungsfrist), weil das Arbeitsgericht zu der Auffassung kommt, der Lohn hätte zwar abgesenkt werden können, aber nicht in dem Ausmaß, wie dies der Arbeitgeber mit dem Änderungsangebot angeboten hat. Bei einer derartig **gestaffelten Änderungskündigung** (dogmatisch handelt es sich um vorsorglich ausgesprochene weitere Änderungskündigungen) kann sich

---

[232] Vgl *Bauer/Winzer*, BB 2006, 266; vgl *Kühn*, BB 2011 1851 ff.
[233] Vgl BAG 20.3.1986 – 2 AZR 294/85, NZA 1986, 824; BAG 16.5.2002 – 2 AZR 292/01, NZA 2003, 147.

VII. Prozessuale Hinw. zum Kündigungsschutzverf. bei einzelnen Fallgestaltungen 2

dann das Arbeitsgericht die entsprechende Lohnhöhe „heraussuchen", die dann jedenfalls greift. Es ist klar, dass diese Umsetzung bei dem betroffenen Arbeitnehmer ein nicht unerhebliches Maß an Verwirrung hervorrufen wird, zumal er gehalten ist, seine Vorbehaltserklärungen auch zu den hilfsweise erklärten Änderungskündigungen abzugeben. Einfacher ist es, wenn ein Lohnsystem besteht, in das der Arbeitnehmer bei veränderter Tätigkeit eingruppiert werden kann.

Der insgesamt hohe Prüfungsmaßstab für die Wirksamkeit von Änderungskündigungen hat dazu geführt, dass diese nicht sonderlich beliebt sind. Es ist pointiert (allerdings zu Unrecht) auch darauf verwiesen worden, dass es nach der Rechtsprechung des BAG leichter sei, einem Mitarbeiter insgesamt betriebsbedingt zu kündigen als sein Gehalt zu senken. 255

(4) Speziell: Verweigerung der Zustimmung durch den Betriebsrat

Problematisch gestaltet sich der Fall, wenn der **Betriebsrat** einer mit der Änderungskündigung verbundenen eventuellen, damit verbundenen **personellen Einzelmaßnahme** iSv § 99 BetrVG (etwa der Versetzung) die **Zustimmung verweigert** und diese auch nicht im Verfahren nach § 99 Abs. 4 BetrVG durch das Arbeitsgericht auf Antrag des Arbeitgebers ersetzt wurde. Dann ist zwar die **Änderungskündigung** trotz fehlender Zustimmung iSv § 99 BetrVG wirksam, kann allerdings nicht tatsächlich umgesetzt werden, so dass der Arbeitnehmer zunächst auf seinem alten Arbeitsplatz so lange weiterbeschäftigt werden muss, bis die Zustimmung nachträglich erteilt oder im Verfahren nach § 99 Abs. 4 BetrVG ersetzt wird. Soweit nach Ablauf der Kündigungsfrist weder eine Zustimmung vorliegt, noch der Arbeitgeber von der vorläufigen Durchführung der Maßnahme nach § 100 BetrVG Gebraucht gemacht hat, kann die Versetzung nicht durchgeführt werden. 256

Entgegen einer früher vertretenen Ansicht hat das BAG in einer jüngeren Entscheidung vom 22.4.2010 herausgestellt, dass selbst dann, wenn die Zustimmung nicht ersetzt wird, **keine dauerhafte Unmöglichkeit** iSd § 275 Abs. 1 BGB eintritt, nach welcher die gegenseitigen Hauptleistungspflichten entfallen. Dies ergebe sich daraus, dass der Arbeitgeber gerade nicht dauerhaft daran gehindert wäre, eine entsprechende Versetzung anzuordnen.[234] Vielmehr sei es dem Arbeitgeber unbenommen, nach erfolglosem Zustimmungsersuchen und erfolglosem Antrag auf Zustimmungsersetzung ein neues Ersuchen um Zustimmung an den Betriebsrat zu richten und bei dessen abermaliger Ablehnung erneut eine gerichtliche Ersetzung zu beantragen. Der Lohn ist also dem Arbeitnehmer weiter zu entrichten. Es bietet sich aber ggf der Ausspruch einer betriebsbedingten Beendigungskündigung an. 257

---

234 Vgl BAG 22.4.2010 – 2 AZR 491/09, NZA 2010, 1235.

7. Betriebsratsanhörung gemäß § 102 BetrVG
a) Bedeutung und Anwendungsbereich der Anhörung
aa) Betriebsratsanhörung als Wirksamkeitsvoraussetzung

258 In Kündigungsschutzprozessen kommt der Betriebsratsanhörung nach § 102 Abs. 1 BetrVG große Bedeutung zu. Ist im Betrieb, zu dem der Arbeitnehmer gehört, ein Betriebsrat gewählt, so ist die Einhaltung des Anhörungsverfahrens gemäß § 102 Abs. 1 BetrVG **Wirksamkeitsvoraussetzung** einer Kündigung (und zwar bei der ordentlichen wie bei der außerordentlichen Kündigung, bei Anwendbarkeit des KSchG oder außerhalb der Anwendung des KSchG, wie zB in Kleinbetrieben oder während der Wartezeit).

259 Die Anhörungspflicht **entfällt** nur insoweit, wie der Betrieb zum Zeitpunkt der Kündigung betriebsratslos oder der Betriebsrat funktionsunfähig ist, was allerdings nur dann angenommen wird, wenn alle Betriebsrats- und Ersatzmitglieder nicht nur kurzfristig, dh nicht nur für wenige Tage, verhindert sind. Es ist für die Funktionsfähigkeit demnach ausreichend, dass zumindest ein die Geschäfte weiterführendes Betriebsratsmitglied verbleibt.

260 Ein zur Unwirksamkeit der Kündigung führendes **Fehlen der Anhörung** wird jedoch nicht nur dann angenommen, wenn der Arbeitgeber den Betriebsrat überhaupt nicht über die Kündigung unterrichtet hat, sondern auch dann, wenn eine Unterrichtung zwar stattgefunden hat, die Kündigung allerdings bereits vor der Stellungnahme des Betriebsrats bzw des Ablaufs der für die Stellungnahme vorgesehenen Frist erklärt wurde. In diesem Zusammenhang wird auf die Abgabe der Kündigungserklärung durch den Arbeitgeber und nicht auf den Zugang beim Arbeitnehmer abgestellt. Da die ordnungsgemäße Anhörung des Betriebsrats **vor Ausspruch der Kündigung** eine zivilrechtliche Wirksamkeitsvoraussetzung darstellt, tritt die Unwirksamkeit ohne Rücksicht auf die weiteren materiellen Kündigungsvoraussetzungen und -gründe ein.

bb) Schutzzweck

261 Die Vorschrift des § 102 BetrVG besitzt sowohl eine kollektivrechtliche als auch eine individualrechtliche Schutzfunktion, wobei sie allerdings nach Ansicht des BAG sogar vorrangig dem kollektiven Interessenschutz dient, da durch sie der Einfluss des Betriebsrats auf die Zusammensetzung der Belegschaft gesichert werden solle.[235] In der Praxis bewirkt das Beteiligungserfordernis allerdings in erster Linie gerade die **Verstärkung des individuellen Kündigungsschutzes**, was durch die Unwirksamkeitsfolge im Fall der fehlenden oder fehlerhaften Anhörung besonders verdeutlicht wird.[236] Das BAG hat allerdings ausgeführt, das Beteiligungsverfahren nach § 102 BetrVG ziele gerade nicht auf eine selbstständige Überprüfung der Wirksamkeit einer Kündigung durch den Betriebsrat ab, sondern solle diesem vielmehr im Vorfeld der Kündigung eine **erörternde Einflussnahme auf die Willensbildung des Arbeitgebers** als dessen Partner im Rahmen eines institutionalisierten und vertrauensvollen Gespräches ermöglichen.[237]

---

[235] Vgl BAG 27.6.1985 – 2 AZR 412/84, NZA 1986, 426; BAG 15.12.1994 – 2 AZR 327/94, NZA 1995, 521.
[236] Vgl APS/*Koch*, § 102 BetrVG Rn 3.
[237] Vgl BAG 28.8.2003 – 2 AZR 377/02, BB 2004, 1056.

cc) Personeller Anwendungsbereich

Grundsätzlich sind die Dauer der Betriebszugehörigkeit, der Umfang und die Art der Beschäftigung der Arbeitnehmer für die Anwendbarkeit von § 102 BetrVG ohne Bedeutung, so dass die Pflicht zur Anhörung des Betriebsrats auch auf Probe- oder Aushilfsarbeitsverhältnisse, Teilzeitbeschäftigungen und geringfügige Beschäftigungen sowie auf befristete Arbeitsverhältnisse Anwendung findet.[238]

262

Vorsicht ist jedoch im Zusammenhang mit **Leiharbeitnehmern** geboten, da diese gemäß § 14 AÜG während der gesamten Zeit ihrer Arbeitsleistung beim entleihenden Betrieb Arbeitnehmer des Verleihers bleiben. Demnach muss im Falle einer vorzeitigen Beendigung des Arbeitseinsatzes beim Entleiher dessen Betriebsrat nicht angehört werden.

263

Im Fall der Kündigung von **leitenden Angestellten** besteht für den Arbeitgeber mangels Arbeitnehmereigenschaft nach § 105 BetrVG lediglich die Pflicht, dem Betriebsrat die Kündigung rechtzeitig mitzuteilen, ohne dass zugleich ein Recht zur Stellungnahme eingeräumt werden muss. Die Beurteilung, ob eine Person als leitender Angestellter zu qualifizieren ist, ergibt sich allein aus zwingendem Recht (in diesem Zusammenhang aus § 5 Abs. 3 BetrVG) und ist somit keinerlei Parteivereinbarung zugänglich. Aus diesen Gründen ist es denkbar, dass sich erst während des Kündigungsschutzprozesses ergibt, dass entgegen der Überzeugung der Parteien oder zumindest des Arbeitgebers dem Gekündigten nach Ansicht des Arbeitsgerichts nicht die Eigenschaft eines leitenden Angestellten zukommt. Aus Arbeitgebersicht ist daher zwingend auch bei leitenden Angestellten zu einer **vorsorglichen Anhörung** des Betriebsrats zu raten. Dagegen ist es auch Sicht des Anwalts der Arbeitnehmerseite besonders in Zweifelsfällen, wenn der Betriebsrat nicht angehört wurde, ratsam, sich vor Gericht darauf zu berufen, sein Mandant falle nicht unter den Personenkreis der leitenden Angestellten nach § 5 Abs. 3 BetrVG, um so eine Unwirksamkeit der Kündigung aufgrund der fehlenden Anhörung nach § 102 BetrVG zu bewirken. Dies kann sogar in Fällen gelten, in denen der Arbeitnehmer selbst während der gesamten Dauer des Arbeitsverhältnisses von einer leitenden Stellung ausgegangen ist.

264

b) Ordnungsgemäßes Anhörungsverfahren
aa) Rüge; Darlegungs- und Beweislast

Die ordnungsgemäße Anhörung des Betriebsrats wird im Kündigungsschutzprozess **nicht von Amts wegen** geprüft, sondern muss gerügt werden. Der Arbeitnehmer hat dabei darzulegen, dass eine Anhörung nach § 102 Abs. 1 BetrVG erforderlich ist, dh dass ein Betriebsrat in dem Betrieb, dem er zugeordnet ist, besteht. Ansonsten kann sich die Arbeitnehmerseite grundsätzlich darauf beschränken, im Kündigungsschutzprozess die ordnungsgemäße Anhörung des Betriebsrats (mit Nichtwissen) zu bestreiten. Diese Möglichkeit ist natürlich nur dann eröffnet, wenn der Arbeitnehmer tatsächlich keine Kenntnis vom Anhörungsverfahren selbst hat. War er hingegen am Anhörungsverfahren beteiligt, so muss die Rüge der ordnungsgemäßen Anhörung des Betriebsrats substantiierter erfolgen.

265

---

[238] Vgl. *Kittner/Bachner*, in: Däubler/Kittner/Klebe, BetrVG, § 102 Rn 6; *Seitz/Hülbach*, in: Tschöpe (Hrsg.), 3 J Rn 19.

266 Üblicherweise wird das **Fehlen der ordnungsgemäßen Betriebsratsanhörung** in der Kündigungsschutzklage (pauschal) wie folgt gerügt:

Die ordnungsgemäße Anhörung des Betriebsrats gemäß § 102 Abs. 1 BetrVG wird bestritten.

267 Die **Rüge** der ordnungsgemäßen Anhörung des Betriebsrats muss nicht notwendigerweise in der Klageschrift erfolgen, sondern kann auch noch später im Laufe des erstinstanzlichen Verfahrens erhoben werden (§ 6 Satz 1 KSchG). Eine Verletzung der Parteimaxime seitens des Gerichts stellt es allerdings dar, wenn – wie dies gelegentlich geschieht – Richter in der Güteverhandlung ohne vorherigen Sachvortrag der Parteien die Betriebsratsanhörung eigenständig ansprechen oder sogar problematisieren. In diesem Fall sollte vom Anwalt des Arbeitgebers unverzüglich eingeschritten werden, da dies einen gravierenden prozessrechtlichen Verstoß darstellt. Allerdings ist es dann meistens schon zu spät, und der Arbeitnehmer greift die Rüge auf.

268 Hat der Anwalt des Arbeitnehmers die ordnungsgemäße Anhörung des Betriebsrats gerügt, ist der Arbeitgeber für die ordnungsgemäße Anhörung gemäß § 102 Abs. 1 BetrVG in vollem Umfang darlegungs- und beweispflichtig. Dies umfasst das **Anhörungsverfahren** selbst sowie die **Reaktion** des Betriebsrats. Wesentlich ist, dass der Vortrag des Arbeitgebers zum Anhörungsverfahren ausreichend substantiiert ist. Dies betrifft zunächst die Frage, **wer** den Betriebsrat **wann** angehört hat. Ist das Anhörungsverfahren schriftlich erfolgt, so muss vorgetragen werden, wann dem Betriebsrat das Schriftstück übermittelt worden ist.

269 Gerade in größeren Unternehmen, in denen mehr als nur ein Betriebsrat besteht, ist darauf zu achten, dass der **richtige Betriebsrat** angehört wird, nämlich derjenige, zu dessen Belegschaft der gekündigte Arbeitnehmer gehört. Die Beteiligung setzt allerdings die Möglichkeit der Zuordnung des Arbeitnehmers zu einem bestimmten Betrieb voraus.[239] In manchen Fällen kann eine genaue Zuordnung von vorne herein nicht ganz eindeutig sein. Wird dann im Kündigungsverfahren ein nicht zuständiger Betriebsrat beteiligt, ist dies wie eine fehlende Beteiligung des Betriebsrats zu werten, was nach § 102 Abs. 1 Satz 3 BetrVG zur Unwirksamkeit der Kündigung führt. Schließt etwa der Prokurist am Hauptsitz eines Unternehmens mit einem zur Ausbildung beschäftigten „Trainee in allen Filialen" einen Arbeitsvertrag und wird der Arbeitnehmer danach an eine bestimmte Filiale entsendet, bewirkt das Fehlen der Anhörung des zuständigen Betriebsrats am Hauptsitz die Unwirksamkeit der Kündigung nach § 102 BetrVG, obwohl der Filialbetriebsrat beteiligt wurde.[240] Im Zweifel sind vorsorglich mehrere Betriebsräte parallel anzuhören.

bb) Einleitung des Anhörungsverfahrens

270 Die Einleitung des Anhörungsverfahrens beginnt damit, dass der Betriebsrat zu den Kündigungsgründen angehört wird. Für die Anhörung ist es von entscheidender Bedeutung, dass das Anhörungsverfahren **zeitlich vor der Abgabe der Kündigungserklärung** erfolgt, so dass die Kündigungserklärung noch nicht den Machtbereich des Ar-

---

[239] Vgl BAG 21.3.1996 – 2 AZR 559/95, NZA 1996, 974.
[240] Vgl BAG 12.5.2005 – 2 AZR 149/04, NZA 2005, 1358.

VII. Prozessuale Hinw. zum Kündigungsschutzverf. bei einzelnen Fallgestaltungen 2

beitgebers verlassen haben darf, bevor das Anhörungsverfahren abgeschlossen ist. Ein Abschluss des Verfahrens lediglich vor Zugang der Erklärung ist nicht ausreichend.[241]

Der Arbeitgeber muss weiterhin zum Zeitpunkt der Anhörung bereits einen **konkreten Kündigungsentschluss gefasst** haben, und der Ausspruch der Kündigung muss anschließend **in engem zeitlichem Zusammenhang** mit dem Abschluss des Anhörungsverfahrens stehen, damit dieses nicht als sog. **Vorratsanhörung** zu qualifizieren ist. Bei einer Vorratsanhörung war die Kündigung zwar ursprünglich auf bestimmte konkrete Tatsachen gestützt, wird allerdings erst mit (erheblichem) zeitlichem Abstand zum Abschluss der Betriebsratsbeteiligung gegenüber dem Arbeitnehmer erklärt. In solchen Fällen kann eine erneute Anhörung des Betriebsrats Wirksamkeitsvoraussetzung der später ausgesprochenen Kündigung sein. Verschiedene Landesarbeitsgerichte haben in diesem Zusammenhang in erster Linie an eine zeitliche Komponente angeknüpft und entschieden, dass eine erneute Anhörung nach Verstreichenlassen eines Zeitraums von zehn Wochen bis sechs Monaten notwendig war.[242] Das BAG stellte in diesem Zusammenhang dagegen darauf ab, ob sich der Kündigungssachverhalt innerhalb der verstrichenen Zeit geändert hat. War dies der Fall, beispielsweise weil weitere Kündigungsgründe aufgetreten sind, so muss eine erneute Anhörung durchgeführt werden.[243] So hat das BAG etwa eine erneute Anhörung bei einer betriebsbedingten Kündigung für erforderlich angesehen, wenn sich die Anzahl der weiter zu beschäftigenden Arbeitnehmer entgegen den Angaben in der ersten Anhörung nachträglich geändert hatte.[244]

271

An die **Form der Unterrichtung** des Betriebsrats sind von Seiten des Gesetzes keine besonderen Anforderungen gestellt, so dass sie sowohl mündlich als auch schriftlich erfolgen kann. Ist die Anhörung des Betriebsrats nur **mündlich** erfolgt, so ergeben sich jedoch häufig Beweisschwierigkeiten, wenn in der Beweisaufnahme im Einzelnen vom Arbeitgeber bewiesen werden muss, hinsichtlich welcher Details das Anhörungsverfahren durchgeführt worden ist. Eine entsprechende Beweisführung wird, soweit das Anhörungsverfahren mündlich erfolgt ist, schon deshalb schwierig werden, weil die Betriebsratsanhörung und das geführte Gespräch ggf dann schon ein Jahr zurückliegen.

272

Deshalb ist es aus Arbeitgebersicht ratsam, die Mitteilung stets in schriftlicher Form vorzunehmen und sich die Entgegennahme durch den Betriebsratsvorsitzenden unter Datumsangabe auf einer Kopie des Unterrichtungsschreibens quittieren zu lassen. Weiterhin muss aus der Unterrichtung entweder ausdrücklich oder zumindest aus den Umständen hervorgehen, dass der Betriebsrat zur Stellungnahme aufgefordert und ihm die Entscheidung nicht nur mitgeteilt wird. Es besteht dagegen keine Pflicht des Arbeitgebers, dem Betriebsrat evtl bestehende schriftliche Unterlagen vorzulegen oder Einsicht in die Personalakten zu gewähren.[245]

273

---

241 Vgl BAG 8.4.2003 – 2 AZR 515/02, NZA 2003, 961.
242 Vgl LAG Hamm 18.2.1975 – 6 Sa 1076/74, ARST 1977, 62; LAG Hamm 29.8.1977 – 9 Sa 684/77, DB 1978, 259; LAG Frankfurt/M. 18.3.1976 – 6 Sa 645/75, DB 1977, 125.
243 Vgl BAG 26.5.1977 – 2 AZR 201/76, NJW 1978, 603.
244 Vgl BAG 22.9.2005 – 2 AZR 365/04, n.v.
245 Vgl BAG 6.2.1997 – 2 AZR 265/96, NZA 1997, 656; BAG 26.1.1995 – 2 AZR 386/94, NZA 1995, 672.

274 Das Anhörungsverfahren ist grundsätzlich dem **Vorsitzenden des Betriebsrats** gegenüber und im Fall seiner Verhinderung dessen Stellvertreter gegenüber einzuleiten (§ 26 Abs. 2 Satz 1 BetrVG). Die Unterrichtung des Betriebsrats hat dabei grundsätzlich **während der Arbeitszeit** zu erfolgen. Nimmt der Vorsitzende sie jedoch außerhalb der Arbeitszeit an, so ist die Mitteilung bereits zu diesem Zeitpunkt zugegangen. Mit dem Zugang der Mitteilung beginnt der **Lauf der Anhörungsfrist** nach § 102 Abs. 2 BetrVG, welche im Fall der ordentlichen Kündigung höchstens eine Woche und bei der außerordentlichen Kündigung maximal drei Tage beträgt. In diesem Zusammenhang wird dem Betriebsrat die Kenntnis seines Vorsitzenden unabhängig davon zugerechnet, ob dieser das Gremium später tatsächlich benachrichtigt. Der Zugang kann durch Erklärung des Arbeitgebers nur ausnahmsweise gegenüber einem **anderen Betriebsratsmitglied** dann bewirkt werden, soweit dieses zuvor vom Betriebsrat zur Entgegennahme ermächtigt wurde. Wird die Erklärung dagegen einem nicht berechtigten Betriebsratsmitglied gegenüber abgegeben, so gilt dieses als Erklärungsbote des Arbeitgebers und ein Zugang erfolgt erst zu dem Zeitpunkt, zu welchem die Anhörungsaufforderung dem Betriebsratsvorsitzenden inhaltlich korrekt zugeleitet wird.[246] Nach zum Teil vertretener untergerichtlicher Auffassung soll der Betriebsrat die Anhörung nach § 174 BGB zurückweisen können, wenn keine Original-Vollmacht des Arbeitgebers beigelegt ist oder ein Fall der Registerpublizität vorliegt.[247] Vorsorglich sollte daher die Anhörung „zurückweisungsfest" ausgestaltet werden.

275 Mängel der **internen Willensbildung** des Betriebsrats sind dem Arbeitgeber nicht zuzurechnen und für die Wirksamkeit des Anhörungsverfahrens nach § 102 BetrVG bedeutungslos. Ausgenommen ist der Fall, dass der Arbeitgeber zweifelsfrei erkennen kann, dass ein ordnungsgemäßer Beschluss des Betriebsrats nicht ergangen sein kann. Dies ist etwa dann der Fall, wenn der Arbeitgeber dem Betriebsratsvorsitzenden ein Anhörungsschreiben übergibt und der Betriebsratsvorsitzende sofort mitteilt, dass „er" bzw der Betriebsrat einverstanden sei. Der Arbeitgeber weiß dann, dass der Betriebsrat als Organ nicht mit der Angelegenheit befasst war und keinen entsprechenden Beschluss gefasst hat. In diesem Fall kann sich der Arbeitgeber nicht darauf berufen, dass der Mangel der ordnungsgemäßen Beschlussfassung des Betriebsrats nicht in seinem Verantwortungsbereich liege; die Kündigung ist mangels ordnungsgemäßen Anhörungsverfahrens unwirksam.[248]

cc) Inhaltliche Anforderungen an die Betriebsratsanhörung

276 Das eigentliche Problem im Zusammenhang mit § 102 BetrVG liegt regelmäßig nicht in der fehlenden Anhörung des Betriebsrats, sondern vielmehr in seiner **Fehlerhaftigkeit**. Oftmals genügt die Erklärung des Arbeitgebers, mit welcher er den Betriebsrat über die bevorstehende Kündigung unterrichtet, nicht den (hohen) Anforderungen der Rechtsprechung. Grundsätzlich hat der Arbeitgeber bei der Unterrichtung des Betriebsrats sicherzustellen, dass dieser derart **umfänglich** über den **Kündigungssachverhalt und**

---

246 Vgl BAG 26.9.1991 – 2 AZR 132/91, NZA 1992, 1073.
247 LAG Berlin Brandenburg 29.6.2011 – 15 Sa 735/11.
248 Vgl BAG 28.3.1974 – 2 AZR 472/73, AP Nr. 3 zu § 102 BetrVG 1972.

alle weiteren entscheidenden Fakten informiert ist, dass er sich selbst ein ausreichend klares Bild über die Kündigung machen kann.

Inhaltlich ist der Arbeitgeber zunächst zur Mitteilung aller erheblichen Personen- und Sozialdaten verpflichtet, wobei im Rahmen der **Personalien** zur zweifelsfreien Identifizierung regelmäßig die Nennung von Vor- und Nachnamen genügt, so dass die Anschrift gerade nicht zwingend mitgeteilt werden muss. Allerdings kann in Großbetrieben die Nennung weiterer Merkmale, wie der Personalnummer oder des Arbeitsbereichs, zur zuverlässigen Identifikation des zu Kündigenden notwendig sein. Diese genaue Individualisierungspflicht besteht auch bei Massenentlassungen, so dass es in diesem Fall nicht genügt, wenn dem Betriebsrat, ohne nähere Bezeichnung der einzelnen Personen, lediglich die Anzahl der zu kündigenden Arbeitnehmer mitgeteilt wird.[249] Sollen mehrere Arbeitnehmer gekündigt werden, so ist es weiterhin nicht ausreichend, dass der Arbeitgeber dem Betriebsrat eine größere Zahl von Arbeitnehmern nennt und diesem anschließend die Auswahl überlässt.[250]

277

Im Rahmen der **Sozialdaten** sind das Lebensalter, die Dauer der Betriebszugehörigkeit und die ausgeübte Tätigkeit stets mitteilungspflichtig. Dagegen müssen der Familienstand und die bestehenden Unterhaltspflichten des Arbeitnehmers nur dann mitgeteilt werden, soweit sie für die Kündigungsentscheidung von Bedeutung sind, etwa im Rahmen einer Sozialauswahl bei der betriebsbedingten Kündigung. Im Regelfall wird eine solche Bedeutung allerdings anzunehmen sein, da mit den Unterhaltspflichten regelmäßig auch das Interesse des Arbeitnehmers an der Erhaltung seines Arbeitsplatzes steigt, so dass diese auch grundsätzlich in die Interessenabwägung miteinbezogen werden müssen.[251] In jedem Fall mitteilungspflichtig ist darüber hinaus das eventuelle Bestehen eines **besonderen Kündigungsschutzes** des Arbeitnehmers, etwa aufgrund von Schwangerschaft, Schwerbehinderteneigenschaft oder tariflicher bzw vertraglicher Unkündbarkeit.

278

Weiterhin muss der Arbeitgeber gegenüber dem Betriebsrat angeben, um **welche Art der Kündigung** es sich handelt, also ob eine ordentliche oder außerordentliche Kündigung oder etwa eine Änderungskündigung ausgesprochen werden soll, ob die Kündigung unter Einhaltung der Kündigungsfrist erfolgen soll und zu welchem Kündigungstermin der Ausspruch beabsichtigt ist. Im Fall der außerordentlichen Kündigung muss der Arbeitnehmer eindeutig zu erkennen geben, wenn er hilfsweise auch eine ordentliche Kündigung bezweckt, da die Anhörung zur außerordentlichen Kündigung nicht diejenige zur ordentlichen ersetzt. Will der Arbeitgeber eine ordentliche Kündigung aussprechen, so ist er im Fall der Anwendbarkeit des KSchG dazu verpflichtet, weiterhin darzulegen, ob es sich um eine personen-, verhaltens- oder betriebsbedingte Kündigung handelt. Dies ist für das weitere Verfahren von entscheidender Bedeutung, da der Arbeitgeber im Kündigungsschutzprozess beispielsweise gerade nicht mehr von einer verhaltensbedingten zu einer personenbedingten Kündigung wechseln kann. Die

279

---

249 Vgl BAG 16.9.1993 – 2 AZR 267/93, NZA 1994, 311.
250 Vgl LAG Berlin 14.9.1981 – 9 Sa 63/81, ZIP 1981, 1374.
251 Vgl BAG 27.2.1997 – 2 AZR 302/96, NZA 1997, 761.

Kündigungsfrist wird vom BAG als unverzichtbares Kriterium im Rahmen der Interessenabwägung gesehen, da sie zur Bestimmung der persönlichen Auswirkungen für den Arbeitnehmer – insbesondere bezüglich der Situation am Arbeitsmarkt – notwendig ist. In diesem Zusammenhang ist allerdings grundsätzlich ausreichend, dass der Arbeitgeber die nach seiner subjektiven Vorstellung anwendbare Kündigungsfrist übermittelt, so dass eine Abweichung von der tatsächlich einschlägigen Frist nicht zur Unwirksamkeit der Anhörung führt.

280 Zudem sind dem Betriebsrat in der Erklärung alle **Gründe** mitzuteilen, die aus Sicht des Arbeitgebers für die Kündigungsentscheidung maßgeblich sind. Darüber hinaus gebietet die Wahrheitspflicht dem Arbeitgeber, soweit bekannt, dem Betriebsrat auch solche Tatsachen mitzuteilen, die den Arbeitnehmer **entlasten** oder gegen die Kündigung sprechen.[252] So ist etwa dessen etwaige Gegendarstellung zur Kenntnis zu geben. Im anschließenden Kündigungsschutzverfahren ist die Berufung auf solche Kündigungsgründe versperrt, die nicht bereits im Anhörungsverfahren vorgebracht wurden. Alle Gründe, die der Arbeitgeber trotz bestehender Kenntnis zum Zeitpunkt der Einleitung des Verfahrens dem Betriebsrat nicht mitgeteilt hat, können demnach im Kündigungsschutzverfahren **nicht nachgeschoben** werden. Dies gilt selbst dann, wenn der Betriebsrat der Kündigung zugestimmt hat. In diesen Fällen führt auch eine erneute nachträgliche Beteiligung des Betriebsrats zu den Gründen nicht dazu, dass ein Nachschieben möglich sein soll, so dass der Arbeitgeber lediglich eine erneute Kündigung mit neuem Anhörungsverfahren aussprechen kann, um die Verwertung der weiteren Gründe erreichen zu können.[253] Erhält der Arbeitgeber dagegen von weiteren, für die Kündigung maßgeblichen Tatsachen vor Ausspruch der Kündigung, aber nach Einleitung des Anhörungsverfahrens Kenntnis, so muss er diese dem Betriebsrat unverzüglich mitteilen, damit sie auch im Kündigungsschutzprozess verwertbar bleiben, unabhängig davon, ob diese Gründe vor oder nach der ersten Anhörung entstanden sind. Soweit sich der Kündigungssachverhalt durch Hinzutreten der neuen Tatsachen allerdings so wesentlich ändert, dass es sich eigentlich um einen neuen Sachverhalt handelt, so beginnt die Anhörungsfrist des § 102 Abs. 2 BetrVG erneut zu laufen.[254] Sind bestimmte Kündigungsgründe zwar schon vor Ausspruch der Kündigung entstanden, dem Arbeitgeber aber erst später bekannt geworden, können diese dann im Kündigungsschutzprozess verwertet werden, wenn der Arbeitgeber den Betriebsrat zuvor hierzu erneut unter Wahrung der Fristen anhört.[255] Gründe, die erst nach Ausspruch der Kündigung entstehen, können nicht für eine zuvor ausgesprochene Kündigung nutzbar gemacht werden; hier ist der Ausspruch einer neuen Kündigung erforderlich.

281 Die Pflicht zur Darlegung der maßgeblichen Kündigungsgründe gilt auch dann, wenn für den Ausspruch der Kündigung selbst – wie etwa in der Wartezeit in den ersten sechs Monaten des Arbeitsverhältnisses – mangels Anwendbarkeit des KSchG **keine Kündigungsgründe erforderlich** sind. Auch in diesem Fall muss der Betriebsrat wissen, was

---

252 Vgl BAG 31.8.1989 – 2 AZR 453/88, NZA 1990, 658.
253 Vgl BAG 26.9.1991 – 2 AZR 132/91, NJW 1993, 810.
254 Vgl BAG 3.4.1987 – 7 AZR 66/86, NZA 1988, 37.
255 Vgl BAG 4.6.1997 – 2 AZR 362/96, NZA 1997, 1158.

VII. Prozessuale Hinw. zum Kündigungsschutzverf. bei einzelnen Fallgestaltungen 2

ursächlich für den Kündigungsentschluss des Arbeitgebers gewesen ist. Hierbei ist dem Betriebsrat alles mitzuteilen, was tatsächlich für die Kündigung ausschlaggebend ist. Sind dies Tatsachen, so sind auch diese vorzutragen; die Mitteilung einer subjektiven Meinung ist dann nicht ausreichend.[256] Bei einem Ausspruch einer **Kündigung innerhalb der Wartezeit** besteht für den Arbeitnehmer häufig die einzig realistische Möglichkeit, die Kündigung wegen nicht ordnungsgemäßer Anhörung des Betriebsrats anzugreifen. Die Erfahrung zeigt, dass relativ viele Betriebsratsanhörungen für Kündigungen in der Wartezeit fehlerhaft sind oder zum Teil sogar ganz unterlassen werden. Ist der Angriff gegen die in der Wartezeit ausgesprochene Kündigung erfolgreich, so scheidet häufig eine „Wiederholungskündigung" des Arbeitnehmers aus, weil dieser dann bereits aufgrund des Ablaufs der Wartefrist Kündigungsschutz genießt.

Das Anhörungsverfahren ist subjektiv determiniert.[257] Dies bedeutet, dass der Arbeitgeber alle Kündigungsgründe einschließlich der den Kündigungssachverhalt besonders prägenden Begleitumstände mitteilen muss, die ihm bekannt sind und auf welche er die Kündigung stützen will; es müssen dem Betriebsrat also nicht alle objektiv kündigungsrechtlich erheblichen Tatsachen, sondern (nur) die vom Arbeitgeber für die Kündigung als ausschlaggebend angesehenen Umstände mitgeteilt werden.[258] Auch die irrtümliche Übermittlung von unrichtigen Angaben durch den Arbeitgeber führt somit nicht zur Unwirksamkeit der Betriebsratsanhörung. 282

Der Kündigungssachverhalt muss unter Darstellung der Tatsachen, aus denen der Kündigungsentschluss hergeleitet wird, so ausführlich beschrieben werden, dass der Betriebsrat ohne zusätzliche eigene Nachforschungen die Stichhaltigkeit der Kündigungsgründe prüfen kann.[259] Sind dem Betriebsrat bereits gewisse Umstände bekannt, so brauchen diese in der Anhörung nicht wiederholt zu werden. 283

Die inhaltlichen Anforderungen an die Betriebsratsanhörung sind von der Rechtsprechung relativ hoch angesetzt. Es kann daher nur geraten werden, dass der Anwalt dem ihn konsultierenden Arbeitgeber dazu anhält, die Betriebsratsanhörung vor Ausspruch der Kündigung noch einmal auf Vollständigkeit und Richtigkeit prüfen zu lassen. Denn nichts ist ärgerlicher, als wenn eine ansonsten gut vorbereitete und materiell rechtmäßige Kündigung im Kündigungsschutzprozess daran scheitert, dass die Betriebsratsanhörung nicht (ganz) ordnungsgemäß gewesen ist. 284

Im Rahmen der **ordentlichen Kündigung** ist regelmäßig hinsichtlich der Anforderungen an die Mitteilung der Kündigungsgründe zwischen den drei bekannten Kategorien der verhaltens-, personen- und betriebsbedingten Kündigung zu unterscheiden. **Inhaltlich** sind dann jeweils folgende Gesichtspunkte in die Betriebsratsanhörung aufzunehmen: 285

- **Betriebsbedingte Kündigung:** unternehmerische Entscheidung, genaue Belegung der Gründe für unternehmerische Entscheidung (Rationalisierungsmaßnahmen, Auftrags- bzw Umsatzrückgang), Wegfall des konkreten Arbeitsplatzes, Fehlen von

---

[256] Vgl BAG 17.2.2000 – 2 AZR 913/98, NZA 2000, 761; BAG 24.2.2000 – 8 AZR 167/99, NZA 2000, 764.
[257] Vgl BAG 7.11.2002 – 2 AZR 599/01, AP Nr. 40 zu § 1 KSchG 1969 Krankheit.
[258] Vgl BAG 7.11.2002 – 2 AZR 599/01, AP Nr. 40 zu § 1 KSchG 1969 Krankheit.
[259] Vgl BAG 7.11.2002 – 2 AZR 599/01, AP Nr. 40 zu § 1 KSchG 1969 Krankheit; BAG 11.12.2003 – 2 AZR 536/02, AP Nr. 65 zu § 1 KSchG 1969 Soziale Auswahl.

Weiterbeschäftigungsmöglichkeiten auf einem freien Arbeitsplatz, durchgeführte soziale Auswahl (Bildung der relevanten Vergleichsgruppe, dabei Nennung aller vergleichbaren Arbeitnehmer mitsamt ihrer vollständigen Sozialdaten, Abwägung der sozialen Kriterien, ggf Herausnahme bestimmter Arbeitnehmer aus der Sozialauswahl, Begründung der Auswahlentscheidung).

- **Personenbedingte Kündigung:** personenbedingter Kündigungsgrund hinsichtlich des Fehlens oder Wegfalls der Eignung zur Beschäftigung; bei Krankheit: Fehlzeiten in der Vergangenheit, soweit bekannt jeweils mit der Krankheitsursache (letzte drei Kalenderjahre), negative Zukunftsprognose (für die nächsten zwei Jahre), Lohnfortzahlungskosten des Arbeitgebers, weitere betriebliche Belastungen durch die Arbeitsunfähigkeit bzw wirtschaftliche Belastungen (erhöhter Vertretungsbedarf, Arbeitsausfall), unternommene Maßnahmen (Überbrückungsmaßnahmen, Befragung von Ärzten, Suche nach einem leidensgerechten Arbeitsplatz); nur soweit vom Arbeitgeber ernsthaft erwogen oder von Seiten des Arbeitnehmers angeregt: anderweitige Weiterbeschäftigungsmöglichkeit, etwa durchgeführtes betriebliches Eingliederungsmanagement und dessen Ergebnis, Interessenabwägung.

- **Verhaltensbedingte Kündigung:** Darstellung der Pflichtverletzungen und der sich daraus ergebenden negativen Zukunftsprognose, Darstellung der bereits erfolgten Abmahnungen zur Verdeutlichung der Schwere der Verfehlungen, Darstellung der Auswirkungen des Fehlverhaltens, etwa in Form von Betriebsstörungen oder Gefährdungen betrieblicher Interessen, Darstellung ggf auch aller den Arbeitnehmer entlastenden Tatsachen, wie etwa einer Gegendarstellung des Arbeitnehmers, Darstellung weiterer für die Interessenabwägung erforderlicher Tatsachen.

286 Im Rahmen der **außerordentlichen Kündigung** ist dem Betriebsrat detailliert der wichtige Grund zur fristlosen Aufhebung des Arbeitsverhältnisses iSd § 626 Abs. 1 BGB aus der Arbeitgebersicht deutlich zu machen. Um es dem Betriebsrat zu ermöglichen, diese Arbeitgeberentscheidung nachvollziehen zu können, müssen bei der Unterrichtung zunächst die den Kündigungsgrund tragenden Tatsachen, die Aspekte, welche die Fortsetzung des Arbeitsverhältnisses bis zum Ablauf der Kündigungsfrist unzumutbar machen, und die Elemente einer umfassenden Interessenabwägung dargelegt werden. Weiterhin ist eine Mitteilung möglicher vorangegangener Abmahnungen und eventueller Gegendarstellungen des Arbeitnehmers erforderlich. Um dem Betriebsrat darüber hinaus die Überprüfung der Einhaltung der zweiwöchigen Ausschlussfrist des § 626 Abs. 2 BGB zu ermöglichen, ist auch der Zeitpunkt zu nennen, zu welchem der Arbeitgeber von dem maßgeblichen Sachverhalt Kenntnis erlangt hat.[260]

Der **Interessenausgleich mit Namensliste** ersetzt nicht die Anhörung des Betriebsrats nach § 102 BetrVG.[261] Zwar ist es zulässig, dass beide Verfahren **zusammengefasst** werden können, damit der Betriebsrat gleichzeitig mit dem Abschluss des Interessenausgleichs auch zu den beabsichtigten Kündigungen Stellung nehmen kann. Diese Ver-

---

260 Vgl *Kittner/Bachner*, in: Däubler/Kittner/Klebe, BetrVG, § 102 Rn 99; *Seitz/Hülbach*, in: Tschöpe (Hrsg.), 3 J Rn 63.
261 Vgl BAG 20.5.1999 – 2 AZR 148/99, AP Nr. 4 zu § 1 KSchG 1969 Namensliste.

VII. Prozessuale Hinw. zum Kündigungsschutzverf. bei einzelnen Fallgestaltungen 2

bindung von Interessenausgleich und Betriebsratsanhörung muss jedoch bei Einleitung des Beteiligungsverfahrens ausdrücklich klargestellt werden, damit der Betriebsrat weiß, dass er sich im Rahmen des Anhörungsverfahrens nach § 102 BetrVG bewegt. Wichtig ist, dass auch in diesem Anhörungsverfahren die gebotenen Details dem Betriebsrat bekannt sind oder mitgeteilt werden und dass eine **individuelle Betrachtung** der Kündigungsabsicht bezüglich des einzelnen Arbeitnehmers erfolgt.

c) Ende des Anhörungsverfahrens und Auspruch der Kündigung

Das Anhörungsverfahren **endet** bei einer ordentlichen Kündigung spätestens eine Woche nach der ordnungsgemäßen Einleitung durch den Arbeitgeber (§ 102 Abs. 2 Satz 1 BetrVG), bei der außerordentlichen Kündigung nach drei Tagen (§ 102 Abs. 2 Satz 3 BetrVG). Eine **Fristverlängerung** kann jedoch vereinbart werden.[262] Die Fristen berechnen sich nach § 187 Abs. 1, § 188 Abs. 1, 2 BGB, wobei die Frist regelmäßig um 24.00 Uhr des letzten Tages endet.[263] Dies bedeutet, dass die Kündigung **erst am Tag danach** ausgesprochen werden kann. 287

Beispiel: Wird der Betriebsrat am Mittwoch angehört, so endet die Wochenfrist am darauf folgenden Mittwoch, 24.00 Uhr. Eine Kündigung kann dem Arbeitnehmer gegenüber dann erst am Donnerstag ausgesprochen werden, sofern der Betriebsrat sich nicht vorher abschließend erklärt hat.

Die Kündigung darf erst nach Abschluss des Anhörungsverfahrens ausgesprochen werden. Es liegt **keine ordnungsgemäße Anhörung** vor, wenn das Kündigungsschreiben bereits zu dem Zeitpunkt abgeschickt worden ist, zu dem die Frist des Anhörungsverfahrens noch lief, selbst wenn das Kündigungsschreiben erst nach Beendigung des Anhörungsverfahrens **zugeht**.[264] Etwas anderes gilt nur dann, wenn der Betriebsrat am letzten Tag der Anhörungsfrist noch keine Stellungnahme abgegeben hat, der Arbeitgeber das Kündigungsschreiben am letzten Tag der Äußerungsfrist bei Dienstschluss einem Kurierdienst übergibt und gleichzeitig dafür sorgt, dass eine Zustellung erst so spät erfolgt, dass er sie noch verhindern kann, wenn der Betriebsrat wider Erwarten doch zu der Kündigungsabsicht Stellung nimmt.[265] Der Grund liegt darin, dass der Arbeitgeber dem Betriebsrat sonst die Möglichkeit nimmt, innerhalb der gesetzlichen Frist des § 102 Abs. 2 BetrVG auf die Entscheidung des Arbeitgebers (zumindest theoretisch noch) Einfluss nehmen zu können, wenn er das Kündigungsschreiben bereits vor Ablauf der Frist aus seinem Machtbereich so herausgibt, dass er nicht mehr die Möglichkeit hat, dessen Zugang zu verhindern. 288

d) Reaktionsmöglichkeiten des Betriebsrats
aa) Nachfrage durch den Betriebsrat

Der Betriebsrat hat im Beteiligungsverfahren nach § 102 BetrVG grundsätzlich verschiedene Möglichkeiten, auf die Unterrichtung des Arbeitgebers von der Kündigung eines Arbeitnehmers zu reagieren. Zunächst kann der Betriebsrat beschließen, beim 289

---
262 Vgl BAG 14.8.1986 – 2 AZR 561/85, AP Nr. 43 zu § 102 BetrVG 1972.
263 Vgl *Fitting/Engels/Schmidt/Trebinger/Linsenmaier*, § 102 BetrVG Rn 50 a.
264 Vgl BAG 8.4.2003 – 2 AZR 515/02, AP Nr. 133 zu § 102 BetrVG 1972.
265 Vgl BAG 8.4.2003 – 2 AZR 515/02, AP Nr. 133 zu § 102 BetrVG 1972.

Arbeitgeber hinsichtlich weiterer zu erteilender Informationen zur Person des betroffenen Arbeitnehmers oder zu den Hintergründen der Kündigung, wie beispielsweise den Kündigungsgründen, nachzufragen. Eine solche **Nachfrage** führt allerdings bei bereits ausreichender Unterrichtung nicht zu einer Unterbrechung oder Hemmung der Anhörungsfrist iSv § 102 Abs. 2 BetrVG, so dass der Betriebsrat grundsätzlich weiter verpflichtet bleibt, seine Stellungnahme innerhalb dieser Frist abzugeben. War der Arbeitgeber ursprünglich seiner Informationspflicht im Rahmen der Einleitung des Verfahrens nicht ausreichend nachgekommen, so dass erst auf der Grundlage der auf Nachfrage übermittelten Informationen eine Beurteilung der Kündigung möglich wurde, beginnt die Anhörungsfrist des § 102 Abs. 2 BetrVG allerdings erneut zu laufen.[266]

bb) Abschließende Erklärung durch den Betriebsrat; Zustimmung

290 Das Anhörungsverfahren wird vor Ablauf der Wochenfrist beendet, wenn der Betriebsrat sich zu der Kündigung **abschließend erklärt**. Stimmt etwa der Betriebsrat der Kündigung ohne jegliche Vorbehalte oder Bedingungen zu, beendet die **Zustimmung** das Anhörungsverfahren iSv § 102 BetrVG, und der Arbeitgeber kann die Kündigung bereits vor Fristablauf aussprechen. Aus diesem Grund ist die Zustimmung des Betriebsrats **nicht mehr widerruflich**, soweit sie bereits dem Arbeitgeber gegenüber erklärt wurde. Allerdings ist es erforderlich, dass der Arbeitgeber vom Vorsitzenden oder von einem anderen dazu ermächtigten Betriebsratsmitglied von der ausdrücklichen Zustimmung unterrichtet wird. Nicht ausreichend ist es dagegen, dass der Arbeitgeber lediglich aus der Erklärung eines beliebigen Mitglieds schließt, der Betriebsrat habe zugestimmt.[267]

291 Eine solche, das Anhörungsverfahren beendende Erklärung kann auch darin liegen, dass der Betriebsrat **abschließend erklärt**, zu der Kündigung **keine Stellungnahme** abzugeben. Dann kann die Kündigung ebenfalls unmittelbar anschließend ausgesprochen werden. Es muss aber aus der Stellungnahme des Betriebsrats unmissverständlich folgen, dass keine weitere Erörterung gewünscht und für ihn das Anhörungsverfahren damit abgeschlossen ist.[268]

cc) Äußerung von Bedenken

292 Weiterhin besteht für den Betriebsrat die Möglichkeit, gegenüber dem Arbeitgeber **Bedenken** hinsichtlich der beabsichtigten Kündigung zu äußern. Im Gegensatz zum Widerspruch kann sich die Äußerung von Bedenken auf jegliche Gründe stützen, so dass die Äußerung insbesondere in Betracht kommt, soweit die in § 102 Abs. 3 BetrVG abschließend geregelten Gründe für einen Widerspruch nicht vorliegen. Allerdings verbessert die Äußerung von Bedenken (im Gegensatz zum Widerspruch) nicht unmittelbar die Rechtsstellung des Arbeitnehmers, da sie weder eine formalisierte Bedeutung im Kündigungsschutzprozess hat, noch den Weiterbeschäftigungsanspruch des Arbeitnehmers während des laufenden Verfahrens nach § 102 Abs. 5 BetrVG auslöst.

---

266 Vgl BAG 6.2.1997 – 2 AZR 265/96, NZA 1997, 656.
267 Vgl BAG 3.4.2008 – 2 AZR 965/06, NZA 2008, 807.
268 Vgl BAG 16.1.2003 – 2 AZR 707/01, AP Nr. 129 zu § 102 BetrVG 1972; BAG 16.9.2004 – 2 AZR 511/03, AP Nr. 142 zu § 102 BetrVG 1972.

VII. Prozessuale Hinw. zum Kündigungsschutzverf. bei einzelnen Fallgestaltungen 2

Die Äußerung von Bedenken muss gemäß § 102 Abs. 2 Satz 1 BetrVG schriftlich und unter Angabe von Gründen erfolgen, wobei eine Übermittlung per Telefax als Kopie der Originalunterschrift[269] oder als E-Mail, soweit diese der Textform nach § 126 b BGB genügt,[270] ausreichend ist.

dd) Widerspruch des Betriebsrats

Der Widerspruch gegen die beabsichtigte Kündigung iSv § 102 Abs. 3 BetrVG bildet die stärkste Form der Stellungnahme des Betriebsrats im Rahmen des Anhörungsverfahrens. Er verbessert die materielle Rechtsstellung des Arbeitnehmers im Hinblick auf **zwei entscheidende Rechtsfolgen**. Einerseits gilt die Kündigung nach § 1 Abs. 2 Satz 2 Nr. 1 und Satz 3 KSchG als sozial ungerechtfertigt, wenn der jeweilige vom Betriebsrat behauptete Widerspruchsgrund tatsächlich vorliegt. Andererseits besteht nach form- und fristgemäßem Widerspruch ein Weiterbeschäftigungsanspruch des Arbeitnehmers auf seinem Arbeitsplatz zu unveränderten Bedingungen bis zum Abschluss des Kündigungsschutzprozesses nach § 102 Abs. 5 BetrVG. Grundsätzlich kann der Betriebsrat, wie sich aus § 102 Abs. 3 BetrVG eindeutig ergibt, nur einer **ordentlichen Kündigung** widersprechen. Der Betriebsrat muss der Kündigung innerhalb der einwöchigen Anhörungsfrist in der vorgeschriebenen Form – also schriftlich und mit eigenhändiger Unterschrift versehen – widersprechen.

Ein Widerspruch liegt nur vor, wenn sich aus der Erklärung **zweifelsfrei und unmissverständlich** ergibt, dass der Betriebsrat die Kündigung ablehnt. Weiterhin muss der Widerspruch ordentlich **begründet** sein, was lediglich der Fall ist, wenn in der Stellungnahme Gründe und Tatsachen angegeben sind, die das Vorliegen eines der in § 102 Abs. 3 BetrVG abschließend festgelegten Widerspruchsgründe zumindest möglich erscheinen lassen. Der Widerspruch muss sich auf zumindest einen dieser Widerspruchsgründe stützen, eine darüber hinausgehende Nennung von weiteren Einwänden ist unschädlich. Hinsichtlich des Umfangs der Begründung ist lediglich ein Verweis auf das Gesetz oder eine Wiederholung des Wortlautes ebenso wenig ausreichend wie die Angabe von Leerformeln, Gerüchten, Andeutungen oder Vermutungen ohne nachprüfbare Substanz.[271]

e) Prozesstaktische Bedeutung

Im **Kündigungsschutzprozess** ist darauf zu achten, dass vom Arbeitgeber zur Begründung der Kündigung nicht Umstände angeführt werden können, die in der Betriebsratsanhörung nicht mitgeteilt worden sind. Werden dem Arbeitgeber erst nach Ausspruch der Kündigung Gründe bekannt, die sich auf Sachverhalte beziehen, die vor Ausspruch der Kündigung stattgefunden haben und auf die die Kündigung (ebenfalls) gestützt werden kann, so muss er den Betriebsrat hierzu **nachträglich anhören**.[272] Dies

---

269 Vgl BAG 11.6.2002 – 1 ABR 43/01, NZA 2003, 226.
270 Vgl BAG 10.3.2009 – 1 ABR 93/07, NZA 2009, 622.
271 Vgl HWK/*Ricken*, § 102 BetrVG Rn 68.
272 Vgl BAG 28.2.1990 – 2 AZR 401/98, AP Nr. 25 zu § 1 KSchG Krankheit; vgl auch *Schulte*, in: Moll (Hrsg.), § 44 Rn 98.

wird von Arbeitgebern häufig versäumt mit der Folge, dass dem Arbeitgeber eine Berufung auf diese Kündigungsgründe versperrt ist, um die Kündigung zu begründen.

297 Prozesstaktisch bietet sich dadurch für den Anwalt des Arbeitnehmers bereits im **Anhörungsverfahren** Gelegenheit, die Chancen des Arbeitnehmers im Kündigungsrechtsstreit auszuloten und zu verbessern. Im Regelfall wird der Betriebsrat den Arbeitnehmer im Verfahren nach § 102 BetrVG anhören. Hierbei erfährt der Arbeitnehmer, dass der Ausspruch einer Kündigung beabsichtigt ist. In diesem Stadium des Verfahrens ist üblicherweise auch in Erfahrung zu bringen, wie das Anhörungsverfahren abgelaufen ist, insbesondere ob eine schriftliche Unterlage existiert. Manchmal weigern sich Betriebsräte, die schriftlichen Unterlagen über das Anhörungsverfahren an den Arbeitnehmer herauszugeben. Zu einer Weitergabe ist der Betriebsrat nicht verpflichtet, ggf enthält die Anhörung auch Elemente, die der Vertraulichkeit unterliegen. Häufig wird der Betriebsrat dem Arbeitnehmer aber Kenntnis von der Anhörung verschaffen (können). Hieraus ergibt sich bereits im Wesentlichen, aus welchen Gründen die Kündigung erfolgen soll, so dass der Arbeitnehmer die Gelegenheit erhält, bereits entsprechenden Gegenvortrag dem Betriebsrat zu übermitteln, den dieser in seine Stellungnahme einfließen lassen kann. Gegebenenfalls kann der Betriebsrat auch gebeten werden, der Kündigung – soweit die Voraussetzungen vorliegen – gemäß § 102 Abs. 3 BetrVG zu **widersprechen**. Nicht selten lassen sich auch noch im Anhörungsverfahren unter Zuhilfenahme des Betriebsrats Möglichkeiten nutzbar machen, ggf den Arbeitgeber vom Ausspruch einer Kündigung abzubringen. Ein derartiges **präventives Vorgehen** kann sich für den Arbeitnehmer auszahlen und bedeutet für den Anwalt im Übrigen relativ wenig Aufwand. Selbst wenn jedoch ein solches präventives Vorgehen keinen Erfolg bringt, kann der Arbeitnehmer durch die Zusammenarbeit mit dem Betriebsrat für den anschließenden **Kündigungsschutzprozess** durch die erhaltenen Informationen bereits genau bestimmen, mit welchem Vortrag des Arbeitgebers er zu rechnen hat, und kann einen entsprechenden Gegenvortrag vorbereiten.

f) Der Weiterbeschäftigungsanspruch nach § 102 Abs. 5 BetrVG

298 Eine für den Arbeitnehmer besonders wichtige Chance im Zusammenhang mit dem Widerspruch des Betriebsrats im Rahmen von kündigungsrechtlichen Streitigkeiten bildet der **Weiterbeschäftigungsanspruch** des Arbeitnehmers bis zum Abschluss des Kündigungsschutzprozesses nach § **102 Abs. 5 BetrVG**. Durch diese Möglichkeit kann dem Arbeitnehmer trotz Ablaufs der Kündigungsfrist bei Fortsetzung der Tätigkeit zu unveränderten Arbeitsbedingungen der Gehaltsanspruch erhalten werden. Das bisherige Arbeitsverhältnis besteht somit – auflösend bedingt durch die rechtskräftige Abweisung der Kündigungsschutzklage – kraft Gesetzes mit den bisherigen beiderseitigen Hauptpflichten fort. Die entscheidendste Voraussetzung für das Bestehen eines solchen vorläufigen kollektivrechtlichen Weiterbeschäftigungsanspruchs ist das Vorliegen eines **ordnungsgemäßen Widerspruchs** des Betriebsrats nach § 102 Abs. 3 BetrVG. Weiterhin ist erforderlich, dass der Arbeitnehmer eine **Kündigungsschutzklage** erhoben hat, mit der festgestellt werden soll, dass das Arbeitsverhältnis durch die Kündigung nicht beendet wurde. Demnach entfällt der Weiterbeschäftigungsanspruch, wenn der Arbeitnehmer nach § 4 KSchG die dreiwöchige Präklusionsfrist versäumt hat. Wurde die

VII. Prozessuale Hinw. zum Kündigungsschutzverf. bei einzelnen Fallgestaltungen

Klage nach Versäumung gemäß § 5 KSchG anschließend jedoch verspätet zugelassen, besteht der Weiterbeschäftigungsanspruch erst mit Beschlusskraft iSd § 5 Abs. 4 KSchG. Allerdings muss der Arbeitnehmer darüber hinaus die Fortbeschäftigung ausdrücklich vom Arbeitgeber verlangen. Das **Weiterbeschäftigungsverlangen** ist zwar an keine bestimmte Form gebunden, allerdings muss der entsprechende Wille aufgrund von § 102 Abs. 5 BetrVG deutlich hervortreten.

Der vorläufig weiterbeschäftigte Arbeitnehmer ist als normaler Mitarbeiter zu behandeln, so dass er grundsätzlich auch Anspruch auf die Zahlung aller Sonderzulagen hat. Darüber hinaus bleibt er auch im betriebsverfassungsrechtlichen Sinne Teil der Belegschaft, so dass er beispielsweise bei Betriebsratswahlen weiterhin aktiv und passiv wahlberechtigt ist.[273]

299

Kommt der Arbeitgeber dem berechtigten **Weiterbeschäftigungsverlangen** nicht nach, hat der Arbeitnehmer die Möglichkeit, dieses gerichtlich durchzusetzen. Aufgrund des Zeitdrucks ist in der Regel ein Antrag auf Erlass einer **einstweiligen Verfügung** auf Weiterbeschäftigung das sinnvolle Mittel. Auch in diesem Verfahren muss der Arbeitnehmer die anspruchsbegründenden Tatsachen glaubhaft machen, also insbesondere das Vorliegen einer ordentlichen Kündigung, den ordnungsgemäßen Widerspruch des Betriebsrats und sein fristgemäßes Weiterbeschäftigungsverlangen nachweisen. Ob weiterhin auch ein im einstweiligen Rechtsschutz normalerweise notwendiger Verfügungsgrund (wegen des drohenden endgültigen Rechtsverlusts) glaubhaft gemacht werden muss, ist umstritten, wird aber von der wohl herrschenden Ansicht verneint.[274]

300

Leistet der Arbeitgeber der einstweiligen Verfügung keine Folge, richtet sich die **Zwangsvollstreckung** nach § 888 ZPO. Demnach ist im Rahmen des Antrags auf einstweiligen Rechtsschutz darauf zu achten, dass die Verpflichtung zur Weiterbeschäftigung auf eine bestimmbare Tätigkeit gerichtet wird. Als Zwangsmaßnahme kommt in erster Linie das Zwangsgeld (und ggf Zwanghaft) in Betracht, welches einen Betrag zur Nichterfüllung für jeden Arbeitstag zu bestimmen hat.

301

8. Verhalten bei Situationen, in denen der Arbeitnehmer bereits eine neue Stelle gefunden hat

Kündigungsschutzprozesse erledigen sich häufig „von selbst", wenn der gekündigte Arbeitnehmer einen neuen Arbeitsplatz gefunden hat und mit diesem zufrieden ist. Obwohl dieser Sachverhalt zunächst einmal rechtlich nicht relevant ist für den Fortgang des Verfahrens, führt er doch dazu, dass die Prozesstaktik geändert werden muss.

302

Der den Arbeitnehmer vertretende Anwalt wird zunächst dafür zu sorgen haben, dass er von seinem Mandanten stets über dessen Arbeitsuche **informiert** gehalten wird. Es ist auch erforderlich, dass eine Rücksprache stattfindet, bevor der Arbeitnehmer eine neue Stelle antritt. Denn zum einen ist dem Arbeitnehmer, der sich im Kündigungs-

303

---

273 Vgl LAG Berlin 2.5.1994 – 9 TaBV 1/94, AiB 1994, 693.
274 Vgl LAG Berlin 16.9.2004 – 10 Sa 1763/04, LAGE § 102 BetrVG 2001 Beschäftigungspflicht Nr. 3; LAG München 16.8.1995 – 9 Sa 543/95, LAGE § 102 BetrVG 1972 Beschäftigungspflicht Nr. 22; LAG Hamburg 25.1.1994 – 3 Sa 113/93, LAGE § 102 BetrVG 1972 Beschäftigungspflicht Nr. 21; LAG Hamm 24.1.1994 – 19 Sa 2029/93, AuR 1994, 310; LAG Nürnberg 27.10.1992 – 6 Sa 496/92, BB 1993, 444.

rechtsstreit befindet und die Unwirksamkeit der ihm gegenüber ausgesprochenen Kündigung geltend macht, grundsätzlich verwehrt, eine Wettbewerbstätigkeit aufzunehmen, es sei denn, dass sein Arbeitgeber dieser ausdrücklich zustimmt. Auch der gekündigte Arbeitnehmer (selbst nach Ablauf der Kündigungsfrist), der sich arbeitsgerichtlich gegen seine Kündigung wendet, bleibt an das vertragliche Wettbewerbsverbot des § 60 HGB gebunden. Der Arbeitnehmer, der während des Kündigungsschutzprozesses eine Wettbewerbstätigkeit aufnimmt, muss damit rechnen, dass ihm, wenn der Arbeitgeber hiervon erfährt, eine fristlose Kündigung ausgesprochen wird (die dann auch im Regelfall wirksam sein dürfte).[275]

304 Zum anderen beeinflusst die Aufnahme einer neuen Tätigkeit das **Annahmeverzugsrisiko** des Arbeitgebers, so dass der Arbeitnehmer auch insoweit von seinem Anwalt über die im weiteren Lauf des Verfahrens zu verfolgende Taktik zu beraten ist. In vielen Branchen, in denen sich Arbeitnehmer etwa regelmäßig auf bestimmten Fachmessen begegnen, spricht es sich schnell herum, dass ein gekündigter Mitarbeiter anderswo (zB bei einem Konkurrenten) eine neue Stelle gefunden hat. Der den Arbeitnehmer beratende Anwalt wird daher häufig versuchen, noch bevor der von ihm vertretene Arbeitnehmer die neue Stelle antritt, einen Abfindungsvergleich zu erreichen.

305 Für den einen Arbeitgeber vertretenden Anwalt kann es daher Anlass sein, **misstrauisch** zu werden, wenn sich der den Arbeitnehmer vertretende Kollege nach längerer Zeit meldet und den Abschluss eines **Abfindungsvergleichs** (ggf noch unter Abkürzung der Kündigungsfrist) vorschlägt. Dies kann ein Anhaltspunkt dafür sein, dass der Arbeitnehmer bereits eine neue Stelle gefunden hat, was wiederum dazu führen kann, dass der Arbeitgeber nur noch eine geringere Abfindung als ursprünglich beabsichtigt anzubieten braucht, da der Arbeitnehmer selbst nach Obsiegen im Prozess nicht zu seinem alten Arbeitgeber zurückkehren wird. Für den Arbeitgeber lohnt es sich daher, „Augen und Ohren offen zu halten", um in Erfahrung zu bringen, ob der Arbeitnehmer bereits anderswo eine neue Position innehat.

306 Auch der Fall, dass der Arbeitnehmer zwar keine neue Stelle angetreten, sondern eine entsprechende Arbeitsmöglichkeit ohne triftigen Grund abgelehnt hat, kann für den Arbeitgeber entscheidende Bedeutung besitzen. Diese kann sich nämlich ebenfalls auf die Höhe einer potenziellen Annahmeverzugslohnzahlung als **böswillig unterlassene anderweitige Verdienstmöglichkeit** iSd § 615 Satz 2 BGB auswirken. Allerdings wird ein solches böswilliges Unterlassen oftmals schwer beweisbar sein, da der Arbeitgeber selten umfassende Kenntnis über das Bestehen passender Stellenangebote bei anderen Unternehmen haben wird. Ernsthaft gemeinte Stellen- und Arbeitsangebote „befreundeter" Unternehmen können hier zu einer Reduzierung des Annahmeverzugsrisikos führen.

307 Eine schwierige Situation kann sich in diesem Zusammenhang manchmal **im Kammertermin** ergeben, wenn der Arbeitgeber (oder sogar der Vorsitzende Richter) die **Frage** stellt, ob der Arbeitnehmer **bereits eine anderweitige Stelle angetreten** hat. Da diese

---

275 Vgl BAG 25.4.1991 – 2 AZR 624/90, AP Nr. 104 zu § 626 BGB; BAG 28.1.2010 – 2 AZR 1008/08, NZA-RR 2010, 461; LAG Köln 26.6.2006 – 3 (11) Sa 81/06, NZA-RR 2007, 73.

Frage für das Annahmeverzugsrisiko und für die Abfindungsverhandlungen von erheblicher Bedeutung ist, darf sie nicht wahrheitswidrig beantwortet werden. Dies würde einen (strafbaren) Prozessbetrug darstellen. Wird die Frage aber wahrheitsgemäß beantwortet, so reduzieren sich, wenn der Arbeitnehmer mittlerweile anderswo tätig ist, die Chancen deutlich, eine entsprechend höhere Abfindung zu erhalten. Im Extremfall wird der Arbeitgeber ganz davon absehen, eine Abfindung zu zahlen. Es ist wichtig, dass der den Arbeitnehmer vertretende Rechtsanwalt auf diese Situation vorbereitet ist und das entsprechende Vorgehen genau mit seinem Mandanten erörtert, damit dieser keine unbedarften Äußerungen abgibt. Es ist zu empfehlen, auf eine solche Frage zu antworten, dass dies für den hiesigen Rechtsstreit rechtlich nicht erheblich sei und daher von seinem Mandanten nicht beantwortet werden müsse. Freilich wird auch durch diese Antwort Misstrauen gesät, da ja dann, wenn der Mandant noch keine Stelle gefunden hat, dies ohne Weiteres mitgeteilt werden kann. Häufig kann es daher auch angezeigt sein, dass dann, wenn der Mandant bereits eine neue Stelle (in Aussicht) hat, dieser beim Kammertermin nicht erscheint. Ist das persönliche Erscheinen angeordnet, so kann es sich anbieten zu versuchen, die Partei vom persönlichen Erscheinen entbinden zu lassen. Durch die gute Vorbereitung einer derartigen Situation sowohl bei Anwalt als auch Mandanten kann – je nachdem – leicht ein fünfstelliger Abfindungsbetrag „verspielt" oder „gesichert" werden.

9. Beweisaufnahme

Jeder Anwalt kennt die Situation, dass das Ergebnis von Beweisaufnahmen selten vorhersehbar ist. Zeugen, die der Anwalt vorher informatorisch befragt hat, stellen Sachverhaltsumstände Monate später häufig überraschend anders und ggf mit anderen Aspekten dar, als der Anwalt es vermutet hatte. Dies bedeutet für den Anwalt, der noch auf einen Vergleich setzt, zu versuchen, auf einen **Vergleichsschluss noch vor der Beweisaufnahme** hinzuwirken. Dabei kann nicht darauf gehofft werden, dass der Richter vor der Beweisaufnahme noch einmal Vergleichsverhandlungen führt (obwohl auch dies gelegentlich vorkommt). Hier muss der Anwalt selbst die **Initiative** ergreifen und noch vor dem Beweisaufnahmetermin Kontakt mit der anderen Partei aufnehmen. Nach einer Beweisaufnahme bleibt häufig für Vergleichsverhandlungen nicht mehr viel Raum, insbesondere wenn das Ergebnis der Beweisaufnahme offensichtlich ist. Die Partei, zu deren Gunsten die Beweisaufnahme ausgegangen ist, wird in den wenigsten Fällen noch vergleichsbereit sein (und wenn, dann nur in einem sehr viel geringeren Maß).

Anwälte sind immer wieder mit der Frage konfrontiert, ob und wie Beweisaufnahmen **vorzubereiten** sind. Insbesondere wenn es sich um komplexe Vorgänge handelt und Mitarbeiter des Unternehmens als Zeugen zu befragen sind, kann es sich anbieten, den komplexen Sachverhalt mit den Zeugen vor der Beweisaufnahme noch einmal durchzusprechen, ohne sich hierbei allerdings in die Gefahr des Vorwurfs zu begeben, die Zeugen beeinflusst zu haben. Es geht darum, für den Rechtsstreit wichtige Aspekte, die ggf die Durchsicht weiterer Unterlagen erforderlich werden lassen, noch einmal aufzuarbeiten, weil üblicherweise Mitarbeiter in einem Unternehmen mit einer Vielzahl von

Vorgängen beschäftigt sind und diese nicht mehr präsent haben, sich insbesondere auf eine Beweisaufnahme nicht mehr selbst vorbereiten. Der Anwalt wird darauf zu achten haben, dass die Vorbereitung der Beweisaufnahme und das Gespräch mit den Zeugen nicht so „zielgerichtet" erfolgen, dass die Zeugen in der Beweisaufnahme gleichlautende, vorgefertigt wirkende Erklärungen abgeben. Es entspricht allgemeiner Erfahrung, dass „einstudierte" Zeugenaussagen sofort auffallen und durch den entsprechend vermittelten Mangel an Glaubwürdigkeit das Gegenteil dessen bewirken, wozu sie beabsichtigt sind. Zeugen, die bisher keine Erfahrung mit gerichtlichen Beweisaufnahmen haben, sollte im Vorhinein der Ablauf einer solchen Verhandlung erläutert werden, damit sie nicht überrascht werden.

310 **Mängel** der anfänglichen **Sachverhaltsaufklärung** rächen sich in der Beweisaufnahme. Kommen hier Umstände zu Tage, von denen der den Arbeitgeber beratende Anwalt bisher keine Kenntnis hatte, so spricht dies dafür, dass er die Sachverhaltsaufklärung vor Ausspruch der Kündigung nicht mit der erforderlichen Sorgfalt durchgeführt hat. Eine weitere Erfahrung ist, dass sich Unternehmensvertreter häufig darüber ärgern, vor Gericht als Zeuge aussagen zu müssen, da dies unter Umständen auch bedeutet, dass betriebliche Belange zurückstehen und zB Geschäftstermine verschoben werden müssen. Daher ist es besonders wichtig, dass der den Arbeitgeber vertretende Anwalt das Unternehmen und dessen hierfür verantwortliche Mitarbeiter bereits frühzeitig dahin gehend darüber beraten hat, welchen Aufwand eine Beweisaufnahme mit sich bringt und welche Personen ggf vom Gericht als Zeugen vernommen werden könnten. Es kann nicht schaden, dies ausführlich darzulegen, da die wenigsten Unternehmensmitarbeiter wissen, wie eine Beweisaufnahme (vor einem Arbeitsgericht) abläuft.

311 Bei einer (arbeitsgerichtlichen) Beweisaufnahme wird bekanntlich von den Zeugenaussagen **kein Wortprotokoll** erstellt. Der Richter fasst nach den Ausführungen der Zeugen das von diesen Gesagte zusammen und fragt anschließend, ob dies so korrekt wiedergegeben worden ist. Je nachdem, wie die Beweisaufnahme durchgeführt wird, kann es sein, dass der Vorsitzende Richter längere Passagen dessen wiedergeben muss, was der Zeuge gesagt hat. Dabei schleichen sich häufig Fehler, Ungenauigkeiten und Verkürzungen ein, die der Vorsitzende Richter so zusammenfasst und diktiert, wie er dies verstanden hat. Hierbei ist erhebliche Sorgfalt durch die beteiligten Anwälte darauf zu legen, dass das, was die Zeugen (zum Teil in Nuancen) wiedergegeben haben, auch objektiv so protokolliert wird. Sofern nämlich auf das Ergebnis der Beweisaufnahme später schriftsätzlich Bezug genommen wird (teilweise auch in der zweiten Instanz), steht nur das Protokoll der Beweisaufnahme zur Verfügung. Es ist daher darauf zu achten, dass die **Aussagen der Zeugen so protokolliert werden, wie sie abgegeben** worden sind, ohne dass hier schon in einer bestimmten Weise Einfluss auf die Zeugenaussagen genommen wird. Gelegentlich kann es vorkommen, dass ein Vorsitzender Richter seine Sicht des Prozesses bereits in die Protokollierung der Zeugenaussagen einfließen lässt und – bewusst oder unbewusst – bestimmte, ihm weniger wichtig erscheinende Einzelheiten weglässt oder unterschlägt, andere dagegen besonders stark hervorhebt oder pointiert. Die Anwälte müssen hier besonders auf der Hut sein und entsprechende **Protokollierungsanträge** stellen. Es kann auch angeraten sein, entsprechende **Klärungs-**

fragen bei dem dann noch anwesenden Zeugen zu stellen, damit Unklarheiten erläutert oder beseitigt werden.

Nach dem Ende einer Beweisaufnahme ist es sinnvoll, schriftsätzlich zum Ergebnis der Beweisaufnahme Stellung zu nehmen. Auch dem Mandanten sollte das Ergebnis der Beweisaufnahme noch einmal kurz schriftlich mitgeteilt werden.

VIII. Die Freistellung des Arbeitnehmers im Vergleich
1. Ausgangssituation

Die Vereinbarung der unwiderruflichen Freistellung des Arbeitnehmers, die in gerichtlichen Vergleichen in der Praxis häufig vereinbart wird, birgt **gewisse Risiken** für Arbeitnehmer und Arbeitgeber. Die einvernehmliche unwiderrufliche Freistellung eines Arbeitnehmers führt jedenfalls nach der klarstellenden Rechtsprechung des BSG nicht zu sozialversicherungsrechtlichen Nachteilen.[276]

Aus Sicht des Arbeitgebers ist in jedem Fall bei einer Freistellung daran zu denken, wie mit folgenden Aspekten der Freistellung umgegangen wird:

- Soll Urlaub durch die Freistellungszeit abgegolten werden?
- Soll anderweitiger Verdienst zur Anrechnung gebracht werden?
- Soll das Wettbewerbsverbot in der Freistellungszeit weiter gelten?

2. Gestaltungsmöglichkeiten

Um die geschilderten Sachverhalte zu regeln, kommen mehrere Gestaltungsweisen in Betracht:

- Zum einen kann im Rahmen eines Tatsachenvergleichs die Zeit der Freistellung (oder ein Teil) kalendarisch als **Resturlaub** oder als **Freizeitausgleich** ausgewiesen werden. Hier besteht freilich für den Arbeitgeber das Risiko, dass der Arbeitnehmer erkrankt und der Urlaub, der in der Zukunft genommen und auf die Freistellung angerechnet werden soll, nicht durch die Zeit der Freistellung aufgebraucht wird, sondern gesondert abzugelten ist. Vorzuziehen ist in der Situation für den Arbeitgeber ein **Tatsachenvergleich**, durch den die Parteien klarstellen, dass restliche Urlaubsansprüche bis zum Beendigungszeitpunkt des Arbeitsverhältnisses in natura erledigt sind. Dies setzt freilich voraus, dass in gewissem Umfang Unklarheit oder Streit über die Dauer des restlichen Urlaubs bestanden hat, da sonst Tatsachenvergleiche nicht wirksam sind.

- Die Anrechnung anderweitigen Erwerbs setzt Annahmeverzug voraus, der bei einer einvernehmlich im Vergleich vereinbarten Freistellung nicht vorliegt. Es muss daher im Vergleich ausdrücklich erwähnt werden, dass anderweitiger Erwerb nach Annahmeverzugsgrundsätzen angerechnet wird. Es kann auf § 615 BGB verwiesen werden. Allerdings kann nicht gleichzeitig eine Anrechnung anderweitigen Erwerbs und des Urlaubsanspruchs erfolgen; hier ist nach Zeitabschnitten zu differenzieren.

---

276 Vgl BSG 24.9.2008 – B 12 KR 27/07 R, NZA-RR 2009, 269.

Bei einer widerruflichen Freistellung kann ohnehin keine Anrechnung von Urlaub oder anderweitigem Erwerb erfolgen.

- Schließlich wird zum Teil angenommen, das Wettbewerbsverbot (§ 60 HGB) sei bei der unwiderruflichen Freistellung konkludent ebenfalls suspendiert. Daher empfiehlt sich arbeitgeberseits eine Klarstellung, dass das Wettbewerbsverbot für die Dauer der Freistellung bestehen bleibt.

IX. Chancen und Risiken einer Prozessbeschäftigung

317 Generell trägt der Arbeitgeber das Risiko, dem Arbeitnehmer im Fall der Feststellung der Unwirksamkeit der Kündigung für den gesamten Prozesszeitraum den Annahmeverzugslohn nach § 615 Satz 1 BGB gewähren zu müssen. Zwar muss sich der Arbeitnehmer in diesem Zeitraum nach § 615 Satz 2 BGB das anrechnen lassen, was er durch mögliche anderweitige Verwendung seiner Dienste zu erwerben böswillig unterlässt, allerdings ist der Arbeitgeber dafür vollständig darlegungs- und beweislastpflichtig.[277] Regelmäßig wird sich ein böswilliges Ausschlagen einer zumutbaren anderweitigen Tätigkeit für den Zeitraum des Prozesses kaum beweisen lassen. Um dennoch das **Annahmeverzugsrisiko** während eines anhängigen Kündigungsschutzverfahrens zu **verringern,** kann der Arbeitgeber dem Arbeitnehmer trotz der für wirksam gehaltenen Kündigung anbieten, nach Ablauf der Kündigungsfrist, mit welcher der Arbeitnehmer eigentlich aus dem Betrieb ausscheiden würde, das Arbeitsverhältnis **befristet bis zum Erlass eines rechtskräftigen Urteils**, das die Wirksamkeit der Kündigung feststellt, **fortzusetzen.** Sofern diese Beschäftigung nur zur **Abwendung** der sonst drohenden **Zwangsvollstreckung** aus einem erstinstanzlichen Titel auf Weiterbeschäftigung erfolgt, kommt nach herrschender Auffassung aufgrund der fehlenden Freiwilligkeit auf Seiten des Arbeitgebers dabei jedoch kein – wie auch immer geartetes – Vertragsverhältnis zustande.[278]

318 Problematisch ist allerdings die **freiwillige Beschäftigung** des Arbeitnehmers (zB noch während des Kündigungsschutzprozesses im ersten Rechtszug nach Ablauf der Kündigungsfrist des Arbeitnehmers). Der Beschäftigung liegt in diesen Fällen eine **arbeitsvertragliche Vereinbarung** zugrunde.[279] Die durch den rechtskräftigen Abschluss des Verfahrens befristete Beschäftigung stellt eine sog. **Zweckbefristung** dar („bis zum rechtskräftigen Abschluss des Kündigungsschutzverfahrens"). Teilweise wird die Beschäftigung „bis zur rechtskräftigen Abweisung der Kündigungsschutzklage" dagegen als auflösende Bedingung angesehen, da der Eintritt des Ereignisses selbst ungewiss ist.[280] Die Unterscheidung stellt auf Unterschiede in der Formulierung ab, hat jedoch keine praktischen Auswirkungen, da auch auflösende Bedingungen gemäß § 21 TzBfG der **Befristungskontrolle** unterfallen.

319 In diesem Zusammenhang ergeben sich allerdings Probleme daraus, dass die arbeitsvertragliche Vereinbarung einer Prozessbeschäftigung als befristete Tätigkeit der

---

277 Vgl KR/*Spilger*, § 11 KSchG Rn 55.
278 Vgl BAG 24.9.2003 – 5 AZR 500/02, NZS 2004, 90; vgl *Oberthür*, ArbRB 2006, 268.
279 Vgl BAG 19.1.2005 – 7 AZR 113/04, ArbRB 2005, 232.
280 Vgl LAG Niedersachsen 27.9.2005 – 13 Sa 257/05, NZA-RR 2006, 179; *Oberthür*, ArbRB 2006, 268, 269.

Schriftform nach § 14 Abs. 4 TzBfG bedarf.²⁸¹ Dies bedeutet, dass die Prozessbeschäftigung stets formwirksam, dh unter Einhaltung der Schriftform, zu vereinbaren ist. Der Arbeitnehmer ist grundsätzlich nicht zur Annahme eines Angebots des Arbeitgebers über eine Prozessbeschäftigung verpflichtet, so dass die **Weigerung der Arbeitsaufnahme** nicht zu den Bestand des Arbeitsverhältnisses gefährdenden Sanktionen wie Abmahnung oder Kündigung führen darf.²⁸² Allerdings kann die Weigerung des Arbeitnehmers, eine die Schriftform wahrende Vereinbarung über die Prozessbeschäftigung abzuschließen, gemäß § 615 Satz 2 BGB als böswillig unterlassener anderweitiger Erwerb angesehen werden, so dass die Vergütung, die der Arbeitnehmer in der Prozessbeschäftigung erhalten hätte, fiktiv auf einen etwaigen Annahmeverzugsanspruch anzurechnen sein wird.

Problematisch und höchstrichterlich bislang nicht geklärt ist weiterhin der **Befristungsgrund** für die Prozessbeschäftigung. Diese erfordert zur wirksamen Vereinbarungen gerade das Vorliegen eines sachlichen Grundes iSv § 14 Abs. 1 TzBfG. Allerdings werden die Kataloggründe des § 14 Abs. 1 TzBfG in der Regel in den aufgezeigten Konstellationen nicht einschlägig sein. Zwar wurde in der Rechtsprechung eine Prozessbeschäftigung bereits ohne nähere Begründung auf den sachlichen Grund nach § 14 Abs. 1 Satz 2 Nr. 4 TzBfG, die Eigenart der Arbeitsleistung rechtfertige die Befristung, gestützt.²⁸³ Mit der „Eigenart" der Tätigkeit werden aber wohl eher die inhaltliche Ausgestaltung der Tätigkeit sowie das betriebliche Umfeld gemeint sein und nicht die allgemeinen, von der eigentlichen Tätigkeit losgelösten äußeren Umstände, wie etwa die Beschäftigung zur Überbrückung der Prozessdauer.²⁸⁴ Wenn man die Prozessbeschäftigung nicht generell als „sonstigen Grund" anerkennen will, wird vorgeschlagen, dass die sachliche Rechtfertigung der Prozessbeschäftigung immer dann gegeben ist, wenn die der Prozessbeschäftigung vorangegangene Kündigung sozial gerechtfertigt ist.²⁸⁵ Dies ist allerdings die typische Konstellation, in der die Befristungskontrolle überhaupt einschlägig werden könnte. Ist nämlich die Kündigung nicht sozial gerechtfertigt und obsiegt der Arbeitnehmer mit der Kündigungsschutzklage, stellt sich die Problematik der Befristungskontrolle nicht mehr, weil der Arbeitnehmer ohnehin weiter in einem unbefristeten Arbeitsverhältnis steht.

Da die Frage, ob die Prozessbeschäftigung einen sachlichen Grund iSd § 14 Abs. 1 Satz 2 TzBfG darstellt, noch nicht höchstrichterlich geklärt ist, kann im Rahmen der Güteverhandlung ein **gerichtlicher Teilvergleich** über die Prozessbeschäftigung vereinbart werden. Eine in einem solchen Teilvergleich vereinbarte Befristung ist kraft ausdrücklicher gesetzlicher Regelung gemäß § 14 Abs. 1 Satz 2 Nr. 8 TzBfG sachlich gerechtfertigt und wahrt gleichzeitig die Schriftform iSd § 14 Abs. 4 TzBfG.²⁸⁶ Dies verdeutlicht den großen **Vorteil** der Vereinbarung einer **Prozessbeschäftigung im gerichtlichen Teilvergleich**. Fehlt dagegen die Wahrung der Schriftform oder ein sachli-

---
281 Vgl BAG 22.10.2003 – 7 AZR 113/03, NZA 2004, 1275.
282 Vgl LAG Schleswig-Holstein 1.9.2009 – 5 Sa 112/09, BeckRS 2009, 72610.
283 Vgl LAG Niedersachsen 17.2.2004 – 13 Sa 56/03, NZA-RR 2004, 194, 195.
284 Vgl *Sittard/Ulbrich*, RdA 2006, 218, 222.
285 Vgl *Oberthür*, ArbRB 2006, 269, 270.
286 Vgl BAG 23.11.2006 – 6 AZR 394/06, NJW 2007, 1831.

cher Grund, ist die Befristung bis zum Prozessende unwirksam, so dass das Arbeitsverhältnis trotz Abweisung der Kündigungsschutzklage fortbesteht, wenn sich der Arbeitnehmer nach § 17 TzBfG innerhalb von drei Wochen nach Prozessende unter Anrufung des Arbeitsgerichts auf die Unwirksamkeit der Befristung mangels Schriftform beruft.

322 In **materieller Hinsicht** wird man sich freilich zu überlegen haben, ob die prozessuale Weiterbeschäftigung nicht dem Kündigungsgrund im Kündigungsschutzprozess entgegensteht und hiermit einen „negativen Rückschlageffekt" haben kann. Beruft sich der Arbeitgeber etwa auf den Wegfall der Position und damit auf die Unmöglichkeit, den Arbeitnehmer anderweitig einzusetzen, steht dem eine Prozessbeschäftigung im Regelfall entgegen. Gleiches gilt im Fall einer ausgesprochenen fristlosen Kündigung, wenn sich der Arbeitgeber auf die Unzumutbarkeit der weiteren Beschäftigung des Arbeitnehmers beruft. Sinnvoll kann eine Prozessbeschäftigung allerdings nach Ausspruch einer krankheitsbedingten Kündigung sein.

X. Auflösungsantrag gemäß § 9 KSchG

1. Konzeption

323 Der Auflösungsantrag gemäß § 9 KSchG führt – angesichts der hohen Hürden der Rechtsprechung – in Kündigungsschutzprozessen, insbesondere im Verhältnis zur Auflösung des Arbeitsverhältnisses mittels gerichtlichen oder außergerichtlichen Abfindungsvergleichs, eher ein Schattendasein; er kann bei Vorliegen der entsprechenden Voraussetzungen prozesstaktisch dennoch nutzbar gemacht werden. Mit einem Auflösungsantrag wird das Ziel verfolgt, das **Arbeitsverhältnis** trotz Feststellung der Sozialwidrigkeit der Kündigung **gegen Zahlung einer entsprechenden Abfindung** durch das Gericht **auflösen** zu lassen. Wesentliche Voraussetzung für einen erfolgreichen Auflösungsantrag ist, dass der antragstellenden Partei eine Fortsetzung des Arbeitsverhältnisses nicht zumutbar ist. Der Antrag kann im Rahmen des Kündigungsschutzprozesses bis zum Ende der mündlichen Verhandlung (auch in der Berufungsinstanz) sowohl von der Arbeitnehmerseite unter den Voraussetzungen des § 9 Abs. 1 Satz 1 KSchG als auch nach Satz 2 von Seiten des Arbeitgebers gestellt werden.

Soweit sich der Arbeitnehmer zwar gegen die ausgesprochene Kündigung wenden möchte, allerdings aufgrund der Umstände (berechtigterweise) nicht bereit ist, das Arbeitsverhältnis anschließend fortzusetzen, ist anzuraten – sofern die Annahme einer Unzumutbarkeit der Fortsetzung durch das Gericht wahrscheinlich ist –, den Auflösungsantrag **bereits in erster Instanz** zu stellen. Sollte nämlich die Kündigung durch das Arbeitsgericht in der Ausgangsinstanz als sozial ungerechtfertigt bewertet werden und der Arbeitnehmer somit mit seinem Feststellungsantrag obsiegen, bestünden das Arbeitsverhältnis und die entsprechende Plicht des Arbeitnehmers zur Weiterarbeit fort. Aufgrund des Durchdringens mit dem Feststellungsantrag fehlt es dann allerdings an einer materiellen Beschwer für den Arbeitnehmer durch das erstinstanzliche Urteil, so dass die Einlegung einer Berufung mit dem Ziel, in der Berufungsinstanz den Auflösungsantrag zu stellen, ausscheidet. Demnach müsste der Arbeitnehmer nach Urteilsspruch trotz eigentlich bestehender Unzumutbarkeit seine Tätigkeit beim Arbeitgeber wieder aufnehmen, so dass ein Fernbleiben eine Pflichtverletzung begründen würde.

2. Voraussetzungen des Auflösungsantrags
a) Auflösungsvoraussetzungen

Grundsätzliche Voraussetzung des Auflösungsantrags ist zunächst die Feststellung der **Sozialwidrigkeit** der arbeitgeberseitigen Kündigung durch das Gericht. Ist die Kündigung aus mehreren Gründen unwirksam und somit festgestellt, dass sie zumindest auch sozialwidrig ist, besteht für den Arbeitnehmer dennoch die Möglichkeit, den Auflösungsantrag nach § 9 Abs. 1 Satz 1 KSchG zu stellen. Der Arbeitgeber hingegen kann generell im Fall einer sozialwidrigen Kündigung die Auflösung des Arbeitsverhältnisses nur verlangen, wenn die Rechtsunwirksamkeit der Kündigung allein auf deren Sozialwidrigkeit, nicht jedoch auf anderen Gründen iSv § 13 Abs. 3 KSchG beruht. Ist die Kündigung beispielsweise auch wegen der fehlerhaften Beteiligung des Betriebsrats nach § 102 BetrVG unwirksam, scheidet eine Auflösung des Arbeitsverhältnisses nach § 9 KSchG auf Antrag des Arbeitgebers von vornherein aus.[287] Ausnahmsweise kommt für den Arbeitgeber die Möglichkeit des Auflösungsantrags allerdings dann in Betracht, wenn die Unwirksamkeit der Kündigung, abgesehen von der Sozialwidrigkeit, (auch) auf einer Norm beruht, die nicht den Arbeitnehmer schützt, sondern allein der Wahrung der Interessen Dritter dient.[288] Ist die Kündigung nicht sozialwidrig, sondern lediglich aus anderen Gründen unwirksam (zB Verstoß gegen Sonderkündigungsschutz), so kann weder vom Arbeitgeber noch vom Arbeitnehmer ein Auflösungsantrag gestellt werden. 324

Handelt es sich bei der ausgesprochenen Kündigung um eine **Änderungskündigung**, kann ein Auflösungsantrag nur gestellt werden, wenn der Arbeitnehmer die Änderungsbedingungen endgültig ablehnt und es damit zu einem Rechtsstreit über die Beendigung des Arbeitsverhältnisses kommt. Macht der Arbeitnehmer dagegen von der Möglichkeit der Annahme unter Vorbehalt nach § 2 KSchG Gebrauch, streiten die Parteien lediglich um die soziale Rechtfertigung des Änderungsangebots, so dass ein Auflösungsantrag unzulässig ist. 325

Weitere Voraussetzung für den Erfolg eines Auflösungsantrags ist grundsätzlich, dass die **Fortsetzung des Arbeitsverhältnisses** für den jeweiligen Antragsteller **unzumutbar** ist. Dabei ist in einer zweistufigen Prüfung zunächst festzustellen, ob grundsätzlich Gründe vorliegen, die „an sich" zur Rechtfertigung einer Auflösung geeignet sind, bevor dann im Rahmen einer Abwägung anhand der Umstände des Einzelfalles zu ermitteln ist, ob danach tatsächlich eine Unzumutbarkeit der Fortsetzung vorliegt. Im Zusammenhang mit dieser zentralen Voraussetzung der Unzumutbarkeit ist auf Feinheiten zu achten und zwischen den Anforderungen eines Arbeitnehmer- und eines Arbeitgeberantrags zu differenzieren. Nach § 9 Abs. 1 Satz 1 KSchG ist im Fall des **Arbeitneh-** 326

---
287 Vgl. st. Rspr des BAG, zuletzt: BAG 28.8.2008 – 2 AZR 63/07, NZA 2009, 275; BAG 28.5.2009 – 2 AZR 949/07, AP Nr. 59 zu § 9 KSchG.
288 Vgl. st. Rspr des BAG, zuletzt: BAG 28.8.2008 – 2 AZR 63/07, NZA 2009, 275; BAG 28.5.2009 – 2 AZR 949/07, AP Nr. 59 zu § 9 KSchG; KR/*Spilger*, § 9 KSchG Rn 27 b.

merantrags als weitere Voraussetzung erforderlich, dass dem Arbeitnehmer die **Fortsetzung** des Arbeitsverhältnisses **auf Dauer nicht mehr zuzumuten** ist. In diesem Zusammenhang muss der Arbeitnehmer die zur Unzumutbarkeit führenden Umstände konkret darlegen und ggf auch beweisen. Diese Umstände können sich oftmals bereits aus der Kündigung selbst ergeben, etwa wenn der Arbeitgeber im Rahmen der Kündigungserklärung oder im Zusammenhang mit deren Abgabe beleidigende oder diskriminierende Äußerungen getätigt hat. Die Unzumutbarkeitsgründe können allerdings auch erst im Anschluss an den Ausspruch der Kündigung und dabei in erster Linie durch ein Verhalten des Arbeitgebers im Prozess entstanden sein. Ein entsprechend zu qualifizierendes Verhalten des Arbeitgebers im Kündigungsschutzprozess liegt beispielsweise vor, wenn dieser im Laufe des Verfahrens Beleidigungen ausspricht oder den Arbeitnehmer unberechtigterweise der Lüge bezichtigt. Weiterhin ist in bestimmten Fällen auch an eine Anknüpfung an Verhaltensweisen des Arbeitgebers denkbar, welche bereits vor Ausspruch der Kündigung aufgetreten sind. Hat der Arbeitgeber etwa im Vorfeld bereits mehrfach unwirksame Kündigungen ausgesprochen oder wider besseren Wissens dauerhafte Zweifel an der Qualifikation eines langjährigen Mitarbeiters geäußert, ist das Vertrauensverhältnis als zerstört und die Fortsetzung für den Arbeitnehmer damit als unzumutbar anzusehen.[289]

327 Die Anforderungen an die Unzumutbarkeit entsprechen in diesem Zusammenhang nicht zwangsläufig denen einer **außerordentlichen Kündigung nach § 626 Abs. 1 BGB**. Generell sind an sie nicht allzu hohe Anforderungen zu stellen, da im Fall des Auflösungsantrags des Arbeitnehmers eigentlich beide Parteien keinen Willen zur Fortsetzung des Arbeitsverhältnisses haben, was der Arbeitgeber bereits durch die Kündigung zum Ausdruck gebracht hat.[290] Zu überlegen ist weiter, ob für den Arbeitnehmer aufgrund der Stärke der Verfehlungen des Arbeitgebers neben den Voraussetzungen für einen Auflösungsantrag ggf auch die Voraussetzungen für eine außerordentliche Kündigung vorliegen.

328 Erfüllt ein Verhalten des Arbeitgebers im Zusammenhang mit der angegriffenen Kündigung auch den Tatbestand der Unzumutbarkeit nach § 626 Abs. 1 BGB, steht dem Arbeitnehmer alternativ auch der Weg der außerordentlichen Kündigung bei gleichzeitigem Verlangen einer Entschädigung nach § 628 Abs. 2 BGB offen. Der Ersatz des sog. **Auflösungsschadens** geht auf das Erfüllungsinteresse. Dieser umfasst grundsätzlich die Pflicht, den Anspruchsberechtigten so zu stellen, wie er bei Fortbestand des Arbeitsverhältnisses stünde, so dass nicht nur der entgangene Verdienst bis zum Ablauf der ordentlichen Kündigungsfrist zu ersetzen ist, sondern evtl auch entsprechend §§ 9, 10, 13 KSchG eine den **Verlust des Bestandsschutzes ausgleichende Entschädigung** hinzu kommt. Eine solche Entschädigung ist nach der Rechtsprechung des BAG immer dann zu gewähren, wenn der Arbeitgeber zum betreffenden Zeitpunkt das Arbeitsverhältnis nicht selbst hätte kündigen können.[291] Unter Umständen kann sich also der

---

289 Vgl MüKo-BGB/*Hergenröder*, § 9 KSchG Rn 38.
290 Vgl *Berkowsky*, in: Richardi (Hrsg.), § 128 Rn 10.
291 Vgl BAG 26.7.2007 – 8 AZR 796/06, NZA 2007, 1419; BAG 21.5.2008 – 8 AZR 623/07, NZA-RR 2009, 75.

X. Auflösungsantrag gemäß § 9 KSchG

Ausspruch einer außerordentlichen Kündigung für den Arbeitnehmer finanziell lukrativer darstellen.

Ein Auflösungsantrag von Seiten des Arbeitgebers unterliegt dagegen nach § 9 Abs. 1 Satz 2 KSchG neben der Feststellung der Sozialwidrigkeit der Voraussetzung, dass dieser Gründe für die **Prognose** glaubhaft macht, eine **den Betriebszwecken dienliche weitere Zusammenarbeit** mit dem Arbeitnehmer sei **nicht zu erwarten**. Dabei handelt es sich um einen unbestimmten Rechtsbegriff, dessen Ausfüllung und Bewertung den Tatsachengerichten obliegen. Der Arbeitgeber trägt insofern die volle Darlegungs- und Beweislast. Es wird zwar regelmäßig dem Interesse des Arbeitgebers entsprechen, im Fall der Sozialwidrigkeit der Kündigung das Arbeitsverhältnis auf andere Weise und somit etwa auch im Wege des Auflösungsantrags nach § 9 KSchG zu beenden. Das BAG stellt in ständiger Rechtsprechung an das Vorliegen dieser Voraussetzung jedoch hohe Anforderungen, da eine Auflösung des Arbeitsverhältnisses auf Antrag des Arbeitgebers aufgrund des vorrangigen Bestands- und nicht nur des Abfindungsschutzes im KSchG nur einen Ausnahmefall bilden soll.[292] Aus diesem Grund muss auf die Begründung ein besonderes Augenmerk gelegt werden, wobei schlagwortartige und abstrakt gehaltene Formulierungen (etwa das Vertrauensverhältnis sei zerstört) nicht ausreichend sind.[293] Beruft sich der Arbeitgeber in diesem Zusammenhang auf Gründe, die schon hinsichtlich der Kündigungsrechtfertigung selbst angeführt wurden, muss er zusätzlich greifbare Tatsachen dafür vortragen, weshalb aufgrund eines konkreten Kündigungssachverhalts, welcher die Kündigung selbst nicht rechtfertigen konnte (da es zur Auflösung gerade nur kommen kann, wenn die Kündigung unwirksam ist), eine weitere zweckmäßige Zusammenarbeit nicht zu erwarten ist.[294]

329

Als **Auflösungsgründe** für den Arbeitgeber kommen in erster Linie Umstände in Betracht, die das persönliche Verhältnis zum Arbeitnehmer, die Wertung seiner Persönlichkeit, seiner Leistung oder seiner Eignung für die ihm gestellten Aufgaben und sein Verhältnis zu den übrigen Mitarbeitern betreffen. Wirtschaftliche oder betriebsbedingte Gründe können einen Auflösungsantrag dagegen generell nicht rechtfertigen. Weiterhin können die Gründe für eine solche Prognose allerdings insbesondere auch auf das Verhalten des Arbeitnehmers im Rahmen des Kündigungsschutzprozesses gestützt werden. Hat dieser sich etwa vorsätzlich einen falschen Prozessvortrag, Beleidigungen, Drohungen oder Verleumdungen gegenüber dem Arbeitgeber oder anderen als Zeugen geladenen Mitarbeitern zu Schulden kommen lassen, ist eine weitere Zusammenarbeit von Seiten des Arbeitgebers regelmäßig unzumutbar.[295] Gründe, welche im Rahmen der Kündigungsschutzklage mangels Beteiligung des Betriebsrats nach § 102 BetrVG nicht berücksichtigt werden konnten, können im Verfahren nach § 9 KSchG dagegen

330

---

[292] Vgl st. Rspr des BAG, zuletzt: BAG 12.1.2006 – 2 AZR 21/05, NZA 2006, 917; BAG 23.6.2005 – 2 AZR 256/04, NZA 2006, 363; BAG 7.3.2002 – 2 AZR 158/01, NZA 2003, 261.
[293] Vgl *Holthausen/Holthausen*, NZA-RR 2007, 449, 452.
[294] Vgl BAG 24.5.2005 – 8 AZR 246/04, NZA 2005, 1178.
[295] Vgl ErfK/*Kiel*, § 9 KSchG Rn 14; BAG 12.1.2006 – 2 AZR 21/05, NZA 2006, 917; BAG 7.3.2002 – 2 AZR 158/01, NZA 2003, 261.

nachgeschoben werden, da eine betriebsverfassungsrechtliche Beteiligungspflicht in diesem Zusammenhang nicht besteht.[296]

b) Beurteilungszeitpunkt, Prozessvortrag, Veränderungen während des Prozesses

331 Der **Beurteilungszeitpunkt** bezieht sich auf den Zeitpunkt der letzten mündlichen Verhandlung, so dass während der Dauer des Prozesses sich ergebende Gründe mit zur Begründung des Auflösungsantrags herangezogen werden können. Damit kann zB auch ein „zu schneidiger" Prozessvortrag der anderen Seite zum Gegenstand eines Auflösungsantrags gemacht werden. Aus diesem Grund ist darauf zu achten, den **Prozessvortrag** nicht zu emotional und von Vorwürfen geprägt zu halten, da ansonsten anstatt der gewünschten Verwirklichung des Ziels des Hauptantrags möglicherweise eine Zerstörung des Vertrauensverhältnisses droht, welche einen Auflösungsantrag der Gegenseite nach sich zieht.[297] In diesem Zusammenhang ist jeder Partei das Verhalten des jeweiligen Prozessbevollmächtigten zumindest insoweit zuzurechnen, wie sie dieses gebilligt oder veranlasst hat.

332 Nach der Rechtsprechung des BAG ist es weiterhin möglich, dass bestimmte Gründe, die zunächst dazu geeignet schienen, die Auflösung des Arbeitsverhältnisses zu rechtfertigen, ihr Gewicht aufgrund einer **Änderung der tatsächlichen oder rechtlichen Umstände während des Prozesses** wieder verlieren und somit eine Auflösung zum Beurteilungszeitpunkt ausscheidet.[298] Waren etwa im Rahmen der ursprünglichen Prognose Probleme im Umgang des Arbeitnehmers mit anderen Mitarbeitern erwartet worden, kann eine entsprechende maßgebliche Veränderung beispielsweise im zwischenzeitlich erfolgten Austausch eines Vorgesetzten oder Wechsel in der Belegschaftsstruktur liegen.[299]

3. Richtiger Antrag

333 Im Fall der Vertretung der Arbeitnehmerseite muss der Antrag als **unechter Eventualantrag** für den Fall des Durchdringens mit dem Hauptantrag auf Feststellung, dass das Arbeitsverhältnis durch die Kündigung nicht aufgelöst wurde, gestellt werden. Dagegen handelt es sich bei dem Auflösungsantrag der Arbeitgeberseite um einen **echten Hilfsantrag**, über den nur entschieden werden soll, wenn der Hauptantrag auf Abweisung der Kündigungsschutzklage unterliegt.

334 Der Antrag muss zwar deutlich erkennen lassen, dass die Auflösung des Arbeitsverhältnisses begehrt wird, nicht erforderlich ist jedoch die ausdrückliche Beantragung der **Gewährung einer Abfindung**, da das Gericht diese von Amts wegen im Fall der Auflösung zuspricht.[300] Die Höhe der verlangten Abfindung kann, muss aber nicht, im Antrag angeführt werden. Hat eine Partei allerdings eine bestimmte Abfindungshöhe beziffert, ist sie trotz Durchdringens mit dem Auflösungsantrag an den Gerichtskosten zu beteiligen, wenn das Gericht hinter der Höhe des Antrags zurückbleibt. Zur Vermei-

---

296 Vgl BAG 10.10.2002 – 2 AZR 240/01, AP Nr. 45 zu § 9 KSchG.
297 So auch *Holthausen/Holthausen*, NZA-RR 2007, 449, 450.
298 Vgl BAG 12.1.2006 – 2 AZR 21/05, NZA 2006, 917; BAG 23.6.2005 – 2 AZR 256/04, NZA 2006, 363.
299 Vgl BAG 7.3.2002 – 2 AZR 158/01, NZA 2003, 261.
300 Vgl *Berkowsky*, in: Richardi (Hrsg.), § 128 Rn 8.

dung eines solchen Kostenrisikos ist demnach – soweit auf die Abfindung überhaupt Bezug genommen wird – die Zahlung einer „angemessenen Abfindung" zu beantragen.[301] Der zu formulierende **Antrag** lautet wie folgt:

Es wird beantragt, das Arbeitsverhältnis gegen Zahlung einer Abfindung, die in das Ermessen des Gerichts gestellt wird, aufzulösen.

Das Gericht entscheidet dann über den jeweiligen Antrag und löst bei dessen Stattgabe unter Festsetzung einer entsprechenden Abfindung das Arbeitsverhältnis auf.

4. Rechtsmittel gegen Auflösungsurteil

Soweit eine Partei durch das Auflösungsurteil beschwert ist, hat sie die Möglichkeit, gegen dieses **Berufung** einzulegen. Eine **Beschwer** liegt für die jeweilige Partei vor, wenn das Gericht entweder den eigenen Auflösungsantrag zurückgewiesen oder dem Antrag der Gegenseite stattgegeben hat. Der Arbeitnehmer ist weiterhin immer dann beschwert, soweit das Gericht bei der Festsetzung der Abfindung unterhalb der Höchstgrenze nach § 10 Abs. 1 KSchG geblieben ist.[302] Bleibt der Hauptantrag des Arbeitgebers auf Feststellung der Wirksamkeit der Kündigung erfolglos, dringt dieser aber mit dem Hilfsantrag nach § 9 KSchG durch, kann er dennoch Berufung gegen das Urteil einlegen, um seinen Hauptantrag weiterzuverfolgen und den Hilfsantrag auf Auflösung fallen zu lassen. Bestätigt in dieser Fallkonstellation das Berufungsgericht die Sozialwidrigkeit der Kündigung, kann der Arbeitgeber den Auflösungsantrag in zweiter Instanz auch erneut stellen.

335

5. Besondere Konstellationen

Es existiert eine Reihe von Fallgruppen, bei welchen im Zusammenhang mit der Auflösung des Arbeitsverhältnisses gewisse Besonderheiten zu beachten sind.

336

a) Beidseitige Antragstellung

Wird ein Auflösungsantrag nach § 9 KSchG im Prozess **von beiden Seiten gestellt**, hat das Gericht ohne weitergehende Prüfung das Arbeitsverhältnis gegen Zahlung einer Abfindung aufzulösen, da insofern davon auszugehen ist, dass beide Parteien das Arbeitsverhältnis fortan nicht mehr für durchführbar halten. In dieser Konstellation ist es dann nicht mehr entscheidend, ob eine solche Unzumutbarkeit aus einer objektiven Sicht tatsächlich besteht, da keine Partei des Schutzes des Gerichts bedarf und sich eine Unzumutbarkeit bereits aus dem gegenseitigen Willen beider Parteien auf Nichtfortsetzung des Arbeitsverhältnisses ergibt.

337

b) Außerordentliche Kündigung

Bei einer außerordentlichen Kündigung ist für den Arbeitgeber ein Auflösungsantrag gemäß § 13 Abs. 1 Satz 3 KSchG nicht möglich. Daher ist dem Arbeitgeber nicht zuletzt aus diesem Grund für solche Fälle anzuraten, vorsorglich eine „Doppelkündigung" auszusprechen, dh eine fristlose sowie hilfsweise eine fristgerechte Kündigung. In die-

338

---

301 So auch MüKo-BGB/*Hergenröder*, § 9 KSchG Rn 10.
302 Vgl ErfK/*Kiel*, § 9 KSchG Rn 31 f.

sem Zusammenhang ist allerdings darauf zu achten, dass der Betriebsrat gemäß § 102 Abs. 1 BetrVG zu beiden Kündigungen anzuhören ist.

c) Auflösungsantrag ohne Begründung

339 Bei **Geschäftsführern, Betriebsleitern und ähnlichen leitenden Angestellten**, die zur selbstständigen Einstellung oder Entlassung von Arbeitnehmern berechtigt sind, bedarf der Auflösungsantrag des Arbeitgebers nach § 14 Abs. 2 Satz 2 KSchG **keiner besonderen Begründung**. Der Arbeitgeber wird gegenüber solchen Personen nach Ausspruch einer sozial ungerechtfertigten Kündigung im Kündigungsschutzprozess aufgrund der erleichterten Voraussetzungen gerne versuchen, den Auflösungsantrag zu stellen. **Leitende Angestellte** iSd KSchG genießen damit keinen Bestandsschutz, sondern lediglich einen „Abfindungsschutz". Allerdings ist der kündigungsschutzrechtliche Begriff des leitenden Angestellten iSv § 14 Abs. 2 KSchG deutlich enger gefasst als der betriebsverfassungsrechtliche Begriff des leitenden Angestellten iSv § 5 Abs. 3 BetrVG.

340 In der betrieblichen Praxis gibt es leitende Angestellte iSd KSchG (§ 14 Abs. 2 Satz 1 KSchG) allerdings nur relativ selten.[303] Insbesondere muss die **Berechtigung zur selbstständigen Einstellung oder Entlassung** von Arbeitnehmern im Außen- und Innenverhältnis bestehen. Bereits wenn – wie in größeren Konzernen üblich – das Vier-Augen-Prinzip gilt, fehlt es schon an der notwenigen selbstständigen Einstellungs- oder Entlassungsbefugnis.[304] Die Voraussetzung der selbstständigen Einstellungs- oder Entlassungsbefugnis iSv § 14 Abs. 2 Satz 1 KSchG bezieht sich dabei nicht nur auf die Gruppe der „ähnlichen leitenden Angestellten", sondern auf alle in § 14 Abs. 2 Satz 1 KSchG genannten Personengruppen, also auch auf Geschäftsführer und Betriebsleiter. Diese Befugnis zur eigenverantwortlichen Einstellung oder Entlassung ist also zentral.[305] Sie muss zudem einen wesentlichen Teil der Tätigkeit des Angestellten ausmachen und – zumindest in qualitativer Hinsicht bezogen auf den konkreten Betrieb – eine bedeutende Anzahl von Arbeitnehmern erfassen.[306] Demnach ist bei Vertretung der Arbeitgeberseite im Falle der Stellung eines Auflösungsantrags im Kündigungsschutzprozess mit einem „vermeintlichen" leitenden Angestellten zunächst zu prüfen, ob es sich tatsächlich um einen solchen handelt, und im Zweifelsfall vorsichtshalber der umfassenden Begründungspflicht nachzukommen.

341 Das Gericht hat für die Auflösung des Arbeitsverhältnisses den Zeitpunkt festzusetzen, an dem es bei sozial gerechtfertigter Kündigung geendet hätte. Hat der Arbeitgeber allerdings nebeneinander eine außerordentliche und eine ordentliche Kündigung ausgesprochen, ist es dem Arbeitnehmer unbenommen, (hinsichtlich der außerordentlichen Kündigung) einen Auflösungsantrag nach § 13 Abs. 1 Satz 3 KSchG zu stellen. Letzterer führt allerdings abweichend nach § 13 Abs. 1 Satz 4 KSchG zu einer Auflösung des Arbeitsverhältnisses durch das Gericht bereits zum Zeitpunkt des Kündigungsausspruchs.

---

303 Vgl für eine Checkliste *Kliemt/Teusch*, ArbRB 2006, 252, 254 f.
304 Vgl BAG 18.11.1999 – 2 AZR 903/98, EzA § 14 KSchG Nr. 4.
305 Vgl BAG 18.10.2000 – 2 AZR 465/99, EzA § 14 KSchG Nr. 5.
306 Vgl BAG 27.9.2001 – 2 AZR 176/00, EzA § 14 KSchG Nr. 6; BAG 10.10.2007 – 7 ABR 61/06, NJOZ 2008, 2239.

Soll ein Auflösungsantrag nach § 9 Abs. 1 Satz 1 KSchG gestellt werden, welcher gemäß 342
§ 9 Abs. 2 KSchG im Erfolgsfall zu einer Auflösung zu dem Zeitpunkt führt, zu dem es
bei sozial gerechtfertigter Kündigung geendet hätte, ist sich zu verdeutlichen, dass dann
ein **Annahmeverzugslohnanspruch über den Zeitpunkt der Beendigung** des Arbeitsverhältnisses hinaus **ausgeschlossen** ist. Es ist daher stets sorgfältig abzuwägen und zu
kalkulieren, ob ein etwaiger Annahmeverzugslohnanspruch für den Arbeitnehmer nicht
günstiger ist als der bei einer erfolgreichen Auflösung zu erwartende Abfindungsanspruch. Die Abfindungshöhe hat das Gericht nach § 10 KSchG im Rahmen des pflichtgemäßen Ermessens zu bestimmen.

d) Schadensersatz

Hat der Arbeitgeber eine rechtswidrige ordentliche oder eine unwirksame außerordentliche Kündigung ausgesprochen, so kann ggf anstelle des Auflösungsantrags (unterstellt, die Voraussetzungen liegen vor) die **Geltendmachung eines Schadensersatzanspruches** nach § 628 Abs. 2 BGB sinnvoll sein. § 628 Abs. 2 BGB ist auf die Konstellation zugeschnitten, dass der Arbeitnehmer eine Eigenkündigung ausspricht, die
durch das vertragswidrige Verhalten der anderen Seite veranlasst ist. Sie wird aber auch
auf andere Beendigungstatbestände übertragen, soweit der Arbeitgeber für sein vertragswidriges schuldhaftes Verhalten den Anlass für die Beendigung gegeben hat.[307]
Erforderlich ist aber jedenfalls ein Beendigungstatbestand. Ist dieser im Wege eines
Aufhebungsvertrages zustande gekommen, muss derjenige, der sich Rechte vorbehalten
will, dies in der Aufhebung zum Ausdruck bringen, da ansonsten das Auflösungsverschulden nicht mehr geltend gemacht werden kann.[308] Zudem ist ein wichtiger Grund
iSd § 626 BGB erforderlich. Das Auflösungsverschulden der anderen Seite muss also
hinreichendes Gewicht haben.

343

Der Schadensersatzanspruch des § 628 Abs. 2 BGB richtet sich auf den Ausgleich aller 344
adäquat kausal verursachten Schadensfolgen. Der Berechtigte ist so zu stellen, wie er
bei Fortbestand des Arbeitsverhältnisses stehen würde.[309] Die ordentliche Kündigungsfrist wird dabei als zeitliche Grenze für den Schaden des entgangenen Verdienstes angenommen, der um eine den Verlust des Bestandsschutzes ausgleichende angemessene
Entschädigung entsprechend §§ 9, 10 KSchG angehoben werden kann.[310]

e) Rücknahme einer Kündigung

Interessante prozessuale Konstellationen können sich ebenfalls immer dann ergeben, 345
wenn der Arbeitgeber anbietet, das Arbeitsverhältnis ungeachtet des Ausspruchs der
Kündigung fortzusetzen („Rücknahme einer Kündigung"). Der Arbeitnehmer muss
sich dann erklären, ob er das Angebot zur Fortsetzung des Arbeitsverhältnisses zu unveränderten Bedingungen annimmt. Gelegentlich wird vorgeschlagen, im Fall der Ab-

---

307 Vgl BAG 8.8.2002 – 8 AZR 574/01, NZA 2002, 1323; BAG 22.1.2009 – 8 AZR 808/07, NZA 2009, 547.
308 Vgl BAG 10.5.1971 – 3 AZR 126/70, NJW 1971, 2092.
309 Vgl BAG 8.8.2002 – 8 AZR 574/01, NZA 2002, 1323; BAG 21.10.2008 – 8 AZR 623/07, NZA-RR 2009, 75; LAG Thüringen 17.11.2009 – 7 Sa 414/08, n.v.
310 Vgl BAG 26.2.2001 – 8 AZR 739/00, NZA 2002, 325; BAG 21.10.2008 – 8 AZR 623/07, NZA-RR 2009, 75; LAG Thüringen 17.11.2009 – 7 Sa 414/08, n.v.; *Boewer*, in: Moll (Hrsg.), Münchener Anwaltshandbuch Arbeitsrecht, § 45 Rn 279.

lehnung gleich einen Auflösungsantrag zu stellen, um wenigstens auf diese Weise noch eine Abfindung zu erhalten. Hierin liegt jedoch ein Risiko, da ein **Auflösungsantrag** nur dann gestellt werden sollte, wenn auch dessen materielle Voraussetzungen (Unzumutbarkeit der Fortsetzung des Arbeitsverhältnisses) vorliegen. Ansonsten besteht nämlich die Gefahr, dass der Auflösungsantrag zurückgewiesen wird mit der Folge, dass der Kündigungsschutzklage stattgegeben wird und ein noch fortbestehendes Arbeitsverhältnis vorliegt. In diesem Fall stellt sich die Weigerung des Arbeitnehmers, das Arbeitsverhältnis fortzusetzen, als böswillig unterlassener anderweitiger Erwerb iSd § 615 Satz 2 BGB dar, so dass daraus ein Verlust seiner Annahmeverzugslohnansprüche resultieren kann.

f) Weiterbeschäftigungsantrag

346 Hat der Arbeitnehmer im Kündigungsschutzprozess – möglicherweise „formularmäßig" – zunächst einen **Weiterbeschäftigungsantrag** gestellt, so stellt es sich als **widersprüchliches Verhalten** dar, wenn er anschließend einen Auflösungsantrag auf Umstände stützt, die ihm zum Zeitpunkt der Erhebung der Kündigungsschutzklage (und somit auch zum Zeitpunkt des Weiterbeschäftigungsverlangens) bereits bekannt waren. Nachträglich eintretende Umstände (zB Prozessvortrag des Arbeitgebers) können hingegen – bei Vorliegen der entsprechenden Voraussetzungen – sehr wohl zum Gegenstand eines Auflösungsantrags gemacht werden. Vorsorglich ist es daher ratsam, den Beschäftigungsantrag nicht „automatisch" mit der Kündigungsschutzklage zu stellen, um sich ggf einen Auflösungsantrag, der auf bereits bekannte Umstände gestützt werden soll, offen zu halten.

XI. Die Erklärung nach § 12 KSchG
1. Voraussetzungen und Rechtsfolgen

347 Die nicht seltene prozessuale Situation, dass ein Arbeitnehmer nach gewonnener Kündigungsschutzklage in zwei Arbeitsverhältnissen steht, wenn er nämlich während des Kündigungsschutzprozesses bereits ein anderes Arbeitsverhältnis eingegangen ist, stellt allein noch **keinen Unzumutbarkeitsgrund** für einen Auflösungsantrag nach § 9 KSchG dar. Vielmehr wird diese Problemkonstellation über die Regelung des § 12 KSchG gelöst, nach welcher dem Arbeitnehmer die Möglichkeit eröffnet wird, innerhalb **einer Woche** nach dem rechtskräftig gewonnenen Kündigungsschutzprozess dem alten Arbeitgeber gegenüber die Fortsetzung des Arbeitsverhältnisses zu verweigern (§ 12 Abs. 1 Satz 1 KSchG). Das neue Arbeitsverhältnis muss dabei allerdings bereits vor Rechtskraft der Entscheidung eingegangen worden sein. Entscheidend ist in diesem Zusammenhang auf den Zeitpunkt des **Abschlusses des Arbeitsvertrages** mit dem neuen Arbeitgeber und nicht auf die tatsächliche Arbeitsaufnahme abzustellen. Wird hingegen erst nach Rechtskraft des Urteils ein neues Arbeitsverhältnis eingegangen, greift § 12 KSchG nicht ein, und der Arbeitnehmer gerät nach erfolgter Aufforderung des Arbeitgebers, die Arbeit wieder aufzunehmen, durch die Weigerung der Fortsetzung des alten Arbeitsverhältnisses in Schuldnerverzug.[311] Die genaue Ausgestaltung des neuen Ar-

---

311 Vgl ErfK/*Kiel*, § 12 KSchG Rn 4.

beitsverhältnisses, also ob dieses als Voll- oder Teilzeit-, als befristetes oder unbefristetes Arbeitsverhältnis, als Probe-, Aushilfs- oder Leiharbeitsverhältnis ausgestaltet ist, ist dagegen für die Erklärung ohne Bedeutung.

Voraussetzung für die **Nichtfortsetzungserklärung** ist zunächst ein **rechtskräftiges Feststellungsurteil**, dass das betroffene Arbeitsverhältnis durch die Kündigung nicht beendet wurde. Diesem steht die Ablehnung eines vom Arbeitnehmer nach § 9 Abs. 1 Satz 1 KSchG gestellten Auflösungsantrags durch das Gericht gleich. Dabei ist es ohne Belang, ob der zugrunde liegende Kündigungsschutzprozess eine ordentliche oder außerordentliche Kündigung betraf. — 348

Entscheidet sich der Arbeitnehmer nach Feststellung des Fortbestehens des in Frage stehenden Arbeitsverhältnisses dahin gehend, das Arbeitsverhältnis mit dem alten Arbeitgeber nicht fortsetzen zu wollen, muss er dies **innerhalb einer Woche** nach Rechtskraft des Urteils gegenüber dem alten Arbeitgeber schriftlich erklären. Dabei ist es nach § 12 Satz 2 KSchG zur Wahrung der Frist ausreichend, dass die schriftliche Erklärung des Arbeitnehmers, die Fortsetzung des Arbeitsverhältnisses zu verweigern, innerhalb einer Woche zur Post gegeben wurde. Bei der Frist des § 12 KSchG handelt es sich um eine materiellrechtliche **Ausschlussfrist** und nicht um eine prozessuale Frist, so dass bei Versäumung eine Wiedereinsetzung in den vorherigen Stand ausscheidet.[312] — 349

Das **Arbeitsverhältnis erlischt** im Falle der abgegebenen Verweigerung zur Fortsetzung des alten Arbeitsverhältnisses dann **automatisch** mit Zugang der Erklärung. Da es sich bei § 12 KSchG um ein einseitiges Sonderkündigungsrecht handelt, muss auch die für Kündigungen obligatorische **Schriftform** iSv § 623 BGB zwingend eingehalten werden. Die Erklärung nach § 12 KSchG kann allerdings bereits vorsorglich während des laufenden Prozesses abgegeben werden.[313] Entscheidet sich der Arbeitnehmer dagegen zur Fortsetzung des alten Arbeitsverhältnisses, kann er sich von seinem neuen Arbeitsverhältnis lediglich im Wege der allgemeinen Mittel, wie Kündigung, Anfechtung oder Aufhebungsvertrag, lösen. — 350

2. Prozesstaktische Erwägungen und wirtschaftliche Zweckmäßigkeit

Die Frage, ob die Nichtfortsetzungserklärung nach § 12 Satz 1 KSchG abgegeben werden soll, hat erhebliche **wirtschaftliche Auswirkungen** und ist daher auch aus taktischen Gründen insbesondere für die Arbeitnehmerseite bedeutsam. — 351

Gibt nämlich der Arbeitnehmer die **Nichtfortsetzungserklärung ab**, so kann er den entgangenen Verdienst nach § 12 Satz 4 KSchG nur bis zum Zeitpunkt des Eintritts in ein neues Arbeitsverhältnis geltend machen. Verdient also der Arbeitnehmer in seinem neuen Arbeitsverhältnis weniger, als er im alten Arbeitsverhältnis verdient hat, ist es aus wirtschaftlicher Betrachtungsweise ggf sinnvoll, die Erklärung nach § 12 KSchG nicht abzugeben, damit der Lohnanspruch auf Annahmeverzugslohn in voller Höhe erhalten bleibt und lediglich eine Anrechnung des Verdienstes beim neuen Arbeitgeber — 352

---

312 Vgl APS/*Biebl*, § 12 KSchG Rn 18; KR/*Rost*, § 12 KSchG Rn 25; MüKo-BGB/*Hergenröder*, § 12 KSchG Rn 13.
313 Vgl ErfK/*Kiel*, § 12 KSchG Rn 3.

ab dem Zeitpunkt der Arbeitsaufnahme nach § 615 Satz 2 BGB erfolgt. Beträgt das Einkommen des Arbeitnehmers in seiner neuen Position dagegen (unter Umständen sogar wesentlich) mehr als das in seinem alten Arbeitsverhältnis, kann es sinnvoll sein, die Erklärung nach § 12 KSchG abzugeben, damit der Annahmeverzugszeitraum nach § 12 Satz 4 KSchG mit Aufnahme der neue Tätigkeit und somit vor dem Beginn des Zeitraums des erhöhten Verdienstes beendet wird. Da nämlich eine Gesamtbetrachtung des im gesamten Annahmeverzugszeitraum erzielten anderweitigen Verdienstes vorzunehmen ist, würde sich ansonsten der Arbeitnehmer durch den höheren Verdienst des neuen Arbeitsverhältnisses die vormaligen Annahmeverzugsansprüche aus dem alten Arbeitsverhältnis ggf zunichtemachen.

353 Hier verlangt also eine vernünftige Beratung eine vorherige sorgfältige Kalkulation der sich aus § 12 KSchG ergebenden wirtschaftlichen Folgen. Darüber hinaus ist natürlich auch in einem Vergleich der beiden Arbeitsverhältnisse im Hinblick auf Möglichkeiten und Risiken zu ermitteln, ob eine Fortsetzung des alten Arbeitsverhältnisses zweckmäßig erscheint oder nicht. Entscheidend ist nämlich gerade nicht allein die finanziell günstigere Lösung im Vergleich vom **Annahmeverzugslohn** zum Lohn des neuen Arbeitsverhältnisses, sondern vielmehr die **langfristige Perspektive**. Dem Arbeitnehmer ist nicht damit gedient, das alte Arbeitsverhältnis lediglich im Hinblick auf lukrativere Annahmeverzugszahlungen fortzusetzen und das neue Arbeitsverhältnis zu kündigen, wenn der alte Arbeitgeber ihm kurz darauf ggf erneut kündigt, der andere Arbeitsplatz ihm allerdings eine langfristige Beschäftigungsmöglichkeit geboten hätte.

354 Gibt der Arbeitnehmer die Nichtfortsetzungserklärung **nicht ab**, besteht das alte Arbeitsverhältnis weiterhin fort. Die **Rechtsfolgen** für die Vergütungsansprüche gegen den alten Arbeitgeber bestimmen sich nach §§ 615, 296 BGB. Da sich der Arbeitgeber im Falle der Unwirksamkeit der Kündigung im Annahmeverzug befindet, kann der Arbeitnehmer wegen § 615 Satz 1 BGB nach wie vor seinen Vergütungsanspruch gemäß §§ 611 Abs. 1, 612 BGB für den gesamten Zeitraum des Prozesses beanspruchen. Auch die Eingehung des neuen Arbeitsverhältnisses führt nicht zur Unmöglichkeit der Leistungserbringung durch den Arbeitnehmer iSd § 275 BGB und zur Beendigung des Annahmeverzugs des alten Arbeitgebers; diesbezüglich enthält § 11 Nr. 2 KSchG eine Sonderregelung, welche für den Anwendungsbereich des KSchG lex specialis gegenüber dem für Dienstverhältnisse allgemein geltenden § 615 Satz 2 BGB ist. Danach ist der Arbeitnehmer zur Eingehung eines neuen Arbeitsverhältnisses angehalten, um die Anrechnung böswillig unterlassenen anderweitigen Erwerbs auf seinen Vergütungsanspruch zu verhindern. Aus diesem Grund ist der Arbeitnehmer nach § 275 Abs. 1 und 2 BGB von der Verpflichtung zur Arbeitsleistung freigeworden, weil er das durch Eingehung des neuen Arbeitsverhältnisses eingetretene Unvermögen, die Arbeitsleistung gegenüber dem alten Arbeitgeber zu erbringen, nicht zu vertreten hat.[314] Demzufolge dauert der Annahmeverzug des alten Arbeitgebers bis zum Ende der Kündigungsfrist des neuen Dienstverhältnisses an.[315] Er muss sich nach § 11 Nr. 1 KSchG auf seinen

---

314 Vgl *Boewer*, in: Moll (Hrsg.), § 45 Rn 411.
315 Vgl MüKo-BGB/*Henssler*, § 615 BGB Rn 33.

Vergütungsanspruch freilich das anrechnen lassen, was er durch die anderweitige Verwendung seiner Dienste erwirbt, demnach den bei seinem neuen Arbeitgeber erhaltenen Lohn.

Der Arbeitnehmer kann sich dann überlegen, ob er in seinem **neuen Arbeitsverhältnis** eine **ordentliche Kündigung** ausspricht. Während des Laufs dieser ordentlichen Kündigungsfrist kann der alte Arbeitgeber nicht mit dem Hinweis darauf kündigen, er benötige den Arbeitnehmer bereits vor Ablauf dieser Kündigungsfrist aus betrieblichen Gründen.[316] Seine Verhinderung bis zum Zeitpunkt der frühestmöglichen Kündigung des neuen Arbeitsverhältnisses hat der Arbeitnehmer gerade nicht zu vertreten. Nimmt der Arbeitnehmer aber im Rahmen seines neuen Arbeitsverhältnisses die ordentliche Kündigungsfrist nicht wahr und äußert er sich auch nicht, so enden nach der Aufforderung des Arbeitgebers, die Arbeit wieder aufzunehmen, der Annahmeverzug des alten Arbeitgebers sowie das Leistungsverweigerungsrecht des Arbeitnehmers.[317] Unterbleibt die Arbeitsaufnahme bei seinem alten Arbeitgeber ohne weitere Erklärung seitens des Arbeitnehmers auch nach Aufforderung weiterhin, ohne dass dieser bei seinem neuen Arbeitgeber die ordentliche Kündigung ausspricht, so wird der Arbeitgeber davon ausgehen können, dass dem Arbeitnehmer dauerhaft die Leistungsbereitschaft fehlt. In diesem Fall ist der Arbeitgeber zum Ausspruch einer personen- oder verhaltensbedingten Kündigung berechtigt. Weiterhin befindet sich der Arbeitnehmer gegenüber seinem alten Arbeitgeber ab diesem Zeitpunkt im Schuldnerverzug.

Äußert sich der Arbeitnehmer überhaupt **nicht**, entfällt sein Sonderkündigungsrecht nach § 12 Satz 1 KSchG, so dass daraus sein Wille zur Fortsetzung des alten Arbeitsverhältnisses geschlossen wird. Für den Arbeitnehmer kann es daher unter Umständen interessant sein, die für den alten Arbeitgeber unsichere Situation trotz Eingehens eines Arbeitsverhältnisses hinauszuzögern und die Erklärung nach § 12 KSchG nicht abzugeben, wenn er in seiner neuen Position weniger verdient als bei dem Arbeitgeber. Auf diese Weise behält er nämlich seinen vollen Anspruch auf den Annahmeverzugslohn (unter Anrechnung des niedrigen Gehalts bei seinem neuen Arbeitgeber) bis zur Beendigung des Verzugszeitraums durch die arbeitgeberseitige Aufforderung zur Arbeitsleistung und Verstreichen der ersten ordentlichen Kündigungsmöglichkeit des Arbeitnehmers gegenüber seinem neuen Arbeitgeber. Die aufgezeigte Konstellation verdeutlicht die erheblichen Risiken und Unsicherheiten für den Arbeitgeber im Zusammenhang mit der Situation nach Feststellung des Fortbestehens des Arbeitsverhältnisses. Aus diesem Grund wird vertreten, dass der Arbeitnehmer zur Begrenzung der Unsicherheit gegenüber dem alten Arbeitgeber verpflichtet sei, nach Verstreichenlassen der Frist des § 12 KSchG diesen über die in Bezug auf das Arbeitsverhältnis zum neuen Arbeitgeber maßgeblichen Kündigungsfristen zu informieren.[318] Der Arbeitgeber wird nur so in die Lage versetzt, unmittelbar nach Ablauf der mitgeteilten Fristen durch Aufforderung des Arbeitnehmers das seinerseits Erforderlich zu tun, um den Annahmeverzugszeitraum frühestmöglich zu beenden.

---

316 Vgl LAG Köln 23.11.1994 – 8 Sa 862/94, LAGE § 12 KSchG Nr. 2.
317 Vgl LAG Sachsen 19.5.2004 – 5 Sa 873/03, n.v.
318 Vgl LAG Sachsen 19.5.2004 – 5 Sa 873/03, n.v.; ErfK/*Kiel*, § 12 KSchG Rn 8.

XII. Der Abfindungsanspruch gemäß § 1a KSchG

357 Nach § 1a KSchG erwirbt der Arbeitnehmer bei einem Hinweis des Arbeitgebers nach § 1a Abs. 1 Satz 2 KSchG im Falle einer betriebsbedingten Kündigung mit Ablauf der Kündigungsfrist einen Anspruch auf Abfindung, wenn er bis zum Ablauf der Dreiwochenfrist des § 4 Satz 1 KSchG keine Kündigungsschutzklage erhebt. Der Abfindungsanspruch ist nach Ansicht des BAG nicht nur im Fall der Beendigungskündigung, sondern auch bei der betriebsbedingten Änderungskündigung anwendbar, da diese eine Beendigungskündigung enthalte.[319] Der Anspruch ist von **drei Voraussetzungen** abhängig:

- Der Arbeitgeber muss die Kündigung wegen dringender betrieblicher Erfordernisse nach § 1 Abs. 2 Satz 1 KSchG ausgesprochen haben.
- Der Arbeitgeber hat in der Kündigungserklärung den Hinweis erteilt, dass die Kündigung auf dringende betriebliche Erfordernisse gestützt ist und der Arbeitnehmer bei Verstreichenlassen der Klagefrist die Abfindung beanspruchen kann (§ 1a Abs. 1 Satz 2 KSchG).
- Der Arbeitnehmer erhebt bis zum Ablauf der Frist des § 4 Satz 1 KSchG keine Klage auf Feststellung, dass das Arbeitsverhältnis durch die Kündigung nicht aufgelöst ist.

358 Zunächst war es allgemeine Meinung, dass § 1a KSchG inhaltlich missglückt ist und daher keine praktische Relevanz entfalten wird. Vor dem Hintergrund der neueren Rechtsprechung des BSG zum Abwicklungsvertrag[320] und zur Verhängung von Sperrzeiten hat § 1a KSchG jedoch Bedeutung erlangt, weil er eine Chance zur einvernehmlichen Regelung einer Beendigung eines Arbeitsverhältnisses gegen Zahlung einer Abfindung ohne die Verhängung einer Sperrzeit bietet.

359 Problematisch kann jedoch sein, wenn der Arbeitgeber eine **höhere Abfindungsleistung** anbietet, als sie nach § 1a KSchG vorgesehen ist. In diesem Fall kann in dem stillschweigenden Verzicht auf die Erhebung der Klage die konkludente Annahme des Angebots liegen, so dass konstruktiv doch wieder von einer Abwicklungsvereinbarung auszugehen wäre, die eine Sperrzeit begründen kann. Wird dagegen hinsichtlich der Abfindungshöhe die Vorgabe des § 1a KSchG eingehalten, so erwägt das BSG ausdrücklich, für Streitfälle ab dem 1.1.2004 auf eine ausnahmslose Prüfung der Rechtmäßigkeit der Arbeitgeberkündigung zu verzichten, so dass eine Sperrzeit nicht zu verhängen sein wird.[321]

360 Bietet der Arbeitgeber dagegen eine **geringere Abfindungsleistung** an, als dies in § 1a KSchG vorgesehen ist, hält er sich aber im Übrigen an die Voraussetzungen des Vorgehens nach § 1a KSchG, so gilt der gesetzliche Abfindungsanspruch des § 1a Abs. 2 Satz 1 KSchG. Macht der Arbeitgeber hingegen deutlich, dass er nicht nach § 1a KSchG vorgeht, so wird hierin lediglich ein Angebot auf Abschluss eines Abwicklungsvertrages liegen, der nicht an die Voraussetzungen des § 1a KSchG gebunden ist. Insofern ist bei

---

319 Vgl BAG 13.12.2007 – 2 AZR 663/06, NZA 2008, 528.
320 Vgl BSG 18.12.2003 – B 11 AL 35/03 R, NZA 2004, 661.
321 Vgl BSG 12.7.2006 – B 11a AL 47/05 R, NZA 2006, 1359.

der Formulierung eines entsprechenden Aufhebungs- oder Abwicklungsangebots genau zu überlegen, ob die Form des § 1 a KSchG gewählt werden soll.

§ 1 a KSchG erfordert, dass der Arbeitnehmer bis zum Ablauf der Frist des § 4 Satz 1 KSchG keine Kündigungsschutzklage erhebt. Was ist aber, wenn der Arbeitnehmer innerhalb der Frist des § 4 Satz 1 KSchG Klage auf Entgeltzahlung oder Weiterbeschäftigung für die Zeit nach Ablauf der Kündigungsfrist erhebt? Hier macht der Arbeitnehmer nämlich inzidenter geltend, dass eine rechtswirksame Kündigung nicht vorliege. Zudem ermöglicht ihm § 6 KSchG in diesem Verfahren, bis zum Schluss der mündlichen Verhandlung auch noch einen Kündigungsschutzantrag zu stellen. Für solche Fälle wird man ebenfalls in erweiternder Auslegung des § 1 a KSchG die Verwirkung des Abfindungsanspruchs anzunehmen haben. Rechtsprechung hierzu existiert freilich noch nicht.[322]

361

Was ist, wenn der Arbeitnehmer sich nicht gegen die Kündigung als solche, sondern nur gegen die – ggf zu kurz berechnete – Kündigungsfrist wehrt? Nach Sinn und Zweck des Anspruchs nach § 1 a KSchG bleibt in diesem Fall der Abfindungsanspruch erhalten, da es nicht um eine Kündigungsschutzklage geht. Die Klage auf Einhaltung der zutreffenden Kündigungsfrist kann, je nachdem wie die Kündigungserklärung formuliert ist, in der Frist des § 4 Satz 1 KSchG anzugreifen sein.[323] Die unzutreffende Berechnung der Kündigungsfrist durch den Arbeitgeber macht die ordentliche Kündigung nicht insgesamt unwirksam, sondern betrifft den Zeitpunkt ihrer Wirksamkeit.[324]

362

Schließlich kann es sein, dass der Arbeitnehmer keine Kündigungsschutzklage erhebt, aber nach Ablauf der Kündigungsfrist einen Wiedereinstellungsanspruch geltend macht. Manche schlagen vor, dass in diesem Rahmen die Geschäftsgrundlage der Abfindung weggefallen sei, so dass die Abfindung nach den Grundsätzen des Rücktrittsrechts zurückzuzahlen sei.[325] Rechtsprechung hierzu existiert noch nicht.

363

Ein **Verzicht** (bzw Verzichtsvertrag) des Arbeitnehmers auf einen in Zukunft entstehenden Abfindungsanspruch nach § 1 a KSchG (zB Abfindungsreduzierung gegen Freistellung) wird gemäß § 134 BGB als nichtig angesehen.[326]

364

Erhebt der Arbeitnehmer zunächst Kündigungsschutzklage und nimmt diese später zurück, so gilt zwar aufgrund der Fiktion des § 269 Abs. 3 ZPO der Rechtsstreit als nicht anhängig und die Kündigung gemäß § 7 KSchG als von Anfang an rechtswirksam. Dies soll aber den Abfindungsanspruch gleichwohl nicht rückwirkend entstehen lassen. § 1 a KSchG habe den Zweck, eine gerichtliche Auseinandersetzung zu vermeiden, was aber durch die ursprüngliche Klageerhebung vereitelt sei. Die Fiktion des § 269 Abs. 3 ZPO sei daher ohne Bedeutung.[327]

365

---

322 Vgl *Weyand/Düwell*, S. 195.
323 Vgl BAG 1.9.2010 – 5 AZR 700/09, NJW 2010, 3740.
324 Vgl BAG 15.12.2005 – 2 AZR 148/05, NZA 2006, 791.
325 Vgl *Preis*, DB 2004, 70, 74; *Quecke*, RdA 2004, 86, 97.
326 Vgl *Altenburg/Reufels/Leister*, NZA 2006, 71, 76.
327 Vgl LAG Sachen-Anhalt 17.6.2003 – 8 Sa 614/03, n.v.; in diesem Sinne auch zu verstehen: BAG 13.12.2007 – 2 AZR 971/06, NJW 2008, 2061; HWK/*Quecke*, § 1 a KSchG Rn 15.

366 Im Fall der **nachträglichen Klagezulassung** nach § 5 KSchG **scheidet** ein Abfindungsanspruch nach § 1 a KSchG auch bei Verstreichenlassen der Klagefrist immer dann **aus**, wenn der Arbeitnehmer **im Nachhinein Klage erhebt** und zwar unabhängig davon, ob diese mit dem Antrag auf verspätete Zulassung nach § 5 KSchG verbunden wird.[328] Dies gilt selbst dann, wenn der Antrag auf nachträgliche Zulassung später noch zurückgezogen wird.[329]

367 Vorsicht mit dem Verfahren nach § 1 a KSchG ist bei **größeren Umstrukturierungen** geboten, in denen bereits Abfindungsansprüche aus Sozialplänen bestehen. In diesen Fällen stellt sich nämlich die Frage, ob der Abfindungsanspruch nach § 1 a KSchG **zusätzlich zur Sozialplanabfindung** geschuldet sei. Ist der Sozialplananspruch höher als der Anspruch nach § 1 a KSchG, so kann dies zu bejahen sein, da ansonsten der „Anreizeffekt" zum Klageverzicht vollständig verloren ginge. Hier wird ein Arbeitgeber genau darauf hinzuweisen haben, wie sich die Abfindung nach § 1 a KSchG zur Sozialplanabfindung verhält. Dabei ist auch zu berücksichtigen, dass die angesprochenen Abfindungsansprüche grundsätzlich unterschiedliche Zwecke verfolgen. Sozialplanabfindungen sollen neben der Überbrückungsfunktion gerade für den Verlust des Arbeitsplatzes entschädigen, wogegen die Entschädigung nach § 1 a KSchG gerade Anreiz und Gegenleistung für den Verzicht auf die Kündigungsschutzklage bieten soll. Allerdings kann die Anrechnung des Anspruchs aus § 1 a KSchG auf anderweitige Abfindungszahlungen in einem Tarifvertrag oder Sozialplan vorgesehen werden.[330]

XIII. Prozesstaktisches Verhalten bei der „Rücknahme" einer Arbeitgeberkündigung

1. Ausgangssituation

368 Da es sich bei der Kündigung um eine einseitige empfangsbedürftige Willenserklärung handelt, die mit ihrem Zugang wirksam wird, kann sie nicht einseitig zurückgenommen werden.[331] Die Erklärung der „Rücknahme" einer Kündigung ist jedoch gemäß § 133 BGB dahin gehend auszulegen, dass darin ein **Angebot** zur Fortsetzung bzw zur Neubegründung des schon beendeten Arbeitsverhältnisses zu sehen ist.[332]

369 Prozesstaktisch kommt die „Rücknahme" einer Arbeitgeberkündigung in den Situationen vor, in denen zB der Arbeitgeber sieht, dass der Arbeitnehmer den Kündigungsschutzprozess gewinnen wird und Annahmeverzugsansprüche vermeiden will, oder in Fällen, in denen sich nach Ausspruch der Kündigung die Sachlage geändert hat, so dass nun doch wieder ein Beschäftigungsbedarf für den Arbeitnehmer besteht. Gelegentlich wird das Inaussichtstellen der „Rücknahme" der Kündigung auch dazu benutzt, Abfindungsforderungen von Arbeitnehmern, die bereits eine andere Arbeitsstelle angetreten haben, herunterzuhandeln. Der Arbeitgeber kalkuliert in diesen Fällen damit, dass

---

328 Vgl BAG 13.12.2007 – 2 AZR 971/06, NJW 2008, 2061; BAG 20.8.2009 – 2 AZR 267/08, NZA 2009, 1197.
329 Vgl BAG 13.12.2007 – 2 AZR 971/06, NJW 2008, 2061.
330 Vgl BAG 19.6.2007 – 1 AZR 340/06, NZA 2007, 1357.
331 Vgl BAG 29.3.2006 – 3 AZB 69/05, NZA 2006, 693.
332 Vgl *Fischer*, NZA 1999, 459; *Schmädicke/Leister*, ArbRB 2007, 279.

der Arbeitnehmer seine neue Arbeitsstelle nicht aufgeben werde, wenn er ein Angebot zur Fortsetzung des Arbeitsverhältnisses zu den bisherigen Bedingungen erhält.

2. Reaktionsmöglichkeiten des Arbeitnehmers

Der Arbeitnehmer kann das in der „Rücknahme" einer Kündigung enthaltene Angebot zur Fortsetzung des Arbeitsverhältnisses (bzw Neubegründung) zu den bisherigen Bedingungen annehmen oder ablehnen. 370

Nimmt er das Angebot **an**, so wird das Arbeitsverhältnis fortgesetzt bzw neu begründet. Ist die „Rücknahme" der Kündigung erst nach Ablauf der Kündigungsfrist erfolgt, so kann der Kündigungsschutzprozess ggf noch Bedeutung für die Frage erhalten, was mit den Vergütungsansprüchen bis zum Zeitpunkt des Angebots auf Fortsetzung des Arbeitsverhältnisses zu geschehen hat, wenn das Angebot des Arbeitgebers nicht dergestalt zu verstehen ist, dass hiervon auch rückständige Annahmeverzugslohnansprüche seit Ablauf der Kündigungsfrist erfasst sein sollen. Ansonsten wird der Kündigungsschutzprozess erledigt. 371

Lehnt der Arbeitnehmer das Angebot auf Fortsetzung des Arbeitsverhältnisses **ab**, so hat dies auf den Kündigungsschutzprozess zunächst keinen Einfluss. Denn möglicherweise will der Arbeitnehmer zunächst den Ausgang des Kündigungsschutzprozesses **abwarten** und sich bei gewonnenem Prozess dann entscheiden, ob er zu seinem vormaligen Arbeitgeber zurückkehrt oder nicht. Dies kann etwa dann der Fall sein, wenn sich der Arbeitnehmer zum Zeitpunkt der Rücknahme der Kündigung noch in der **Wartezeit** bei seinem neuen Arbeitgeber befindet und zunächst abwarten will, ob er diese dort „durchsteht". 372

Die Ablehnung des Fortsetzungsangebots hat jedoch **Auswirkungen auf den Annahmeverzugsanspruch**, da sich der Arbeitnehmer gemäß § 615 Satz 2 BGB das Gehalt, das er bei seinem ehemaligen Arbeitgeber nach Rücknahme der Kündigung hätte erhalten können, auf den Annahmeverzugslohnanspruch wird anrechnen lassen müssen, es sei denn, die Tätigkeitserbringung bei seinem Arbeitgeber sei unzumutbar (was lediglich in den seltensten Fällen anzunehmen sein wird). Der Annahmeverzug wird allerdings nicht schon durch die „Rücknahme" der Kündigung beendet. Nach der Rechtsprechung des BAG muss dem Arbeitnehmer eine konkrete Einsatzmöglichkeit angeboten und er zur Arbeitsaufnahme **aufgefordert** werden.[333] 373

XIV. Prozesstaktische Überlegungen bei Parallelverfahren

Eine Vertretung in Massen- bzw Parallelverfahren gibt Anlass, bereits zu Beginn prozesstaktische Überlegungen anzustellen. Vertritt der Anwalt eine größere Anzahl von Arbeitnehmern gegen denselben Arbeitgeber (zB bei einer **Massenentlassung**), so ist darauf zu achten, dass jeweils einzelne Mandatsverhältnisse zu den Arbeitnehmern bestehen, die aufgrund der speziellen Situation auch ein **unterschiedliches Vorgehen** erfordern können. In Parallelverfahren besteht die Gefahr, dass die Besonderheiten des 374

---

[333] Vgl BAG 19.1.1999 – 9 AZR 679/97, NZA 1999, 925; LAG Köln 29.6.2001 – 11 Sa 305/01, NZA-RR 2002, 237; vgl *Schmädicke/Leister*, ArbRB 2007, 279.

einzelnen Falles nicht genügend Aufmerksamkeit erfahren, entweder weil vorgefertigte Schriftsätze gleichlautend in allen Verfahren eingereicht werden oder weil – dies ist insbesondere für Arbeitgebervertreter relevant – die Besprechung mit dem Mandanten über die Verfahren nicht ausreichend individualisiert erfolgt. Der die Arbeitnehmer vertretende Anwalt wird zudem darauf zu achten haben, dass die anwaltliche **Verschwiegenheitspflicht** gewahrt bleibt und die Arbeitnehmer nicht über den Sach- und Streitstand der Parallelverfahren unterrichtet werden, es sei denn, auf Wunsch aller Arbeitnehmer findet eine gemeinsame Besprechung der Angelegenheit statt. Der die Arbeitnehmer vertretende Rechtsanwalt wird zudem darauf zu achten haben, dass nicht **Dritte** Einfluss auf die Verfahrensgestaltung gewinnen (zB Betriebsrat). Es ist Aufgabe des Anwalts, jeden Arbeitnehmer individuell zu beraten. Dies kann ggf dann zu internen Konflikten führen, wenn die Mandatierung auf Vermittlung des Betriebsrats zustande gekommen ist. Ergeben sich gegenläufige Interessen, so kann in bestimmten Konstellationen auch eine **Interessenkollision** vorliegen, die den Anwalt daran hindert, die Vertretung eines Arbeitnehmers zu übernehmen.

375 Soweit es sich um die Vertretung von Arbeitnehmern in einer größeren Anzahl von Kündigungsschutzprozessen handelt, richtet es sich nach dem **Geschäftsverteilungsplan** der Arbeitsgerichte, ob die Verfahren (zB nach dem Anfangsbuchstaben des Beklagten geordnet) zu einer bestimmten Kammer zugewiesen oder auf verschiedene Kammern verteilt werden. Eine Verteilung auf verschiedene Kammern kann zum Teil zu divergierenden Entscheidungen führen, aber auch dazu, dass die Besonderheiten des einzelnen Falles (eher) berücksichtigt werden. Wird die Geschäftsverteilung nach der Reihenfolge der Klageeingänge vorgenommen (zB jeweils im Zehner-Block), so kann dann, wenn eine Verteilung auf verschiedene Kammern gewünscht ist, die Einreichung der Klagen gezielt zeitlich gestreckt vorgenommen werden. Eine Befassung mit dem üblicherweise im Internet verfügbaren Geschäftsverteilungsplan der Arbeitsgerichte kann somit bereits vor Klageeinreichung zu entsprechenden Gestaltungsmöglichkeiten führen. Eine Verteilung der Verfahren auf mehrere Kammern führt im Übrigen auch dazu, dass in den Güte- und Kammerverhandlungen dem einzelnen Fall mehr Zeit eingeräumt wird, als wenn die Fälle – wie dies häufig vor einer Kammer passiert – „en bloc" verhandelt werden.

376 Sind die Verfahren auf **mehrere Kammern** verteilt, wird gelegentlich vorgeschlagen, ein Verfahren als „**Pilotverfahren**" auszuwählen und zwischen den Parteien eine Einigung zu treffen, dass die anderen Verfahren entsprechend des rechtskräftigen Ausgangs des Pilotverfahrens analog behandelt werden, ggf verbunden mit dem Verzicht auf entsprechende Ausschluss- oder Verjährungsfristen. Aus Arbeitgebersicht ist hier zur Vorsicht zu raten. Dies kann allenfalls aus Gründen der Prozessökonomie bei einer ganz erheblichen Anzahl an Klagen sinnvoll sein, ansonsten zeigt es sich eben, dass die Verfahren doch häufig individuell so verschieden sind, dass sie nicht ohne Weiteres „über einen Kamm geschert" werden können.

377 Vorsicht ist auch bei **Vergleichsverhandlungen** geboten. Die Arbeitgeberseite schlägt gelegentlich vor, einen bestimmten Vergleich nur abschließen zu wollen, wenn damit alle Verfahren erledigt werden. Dies kann auf die Kläger einen entsprechenden „Grup-

pendruck" ausüben, sich auf einen Vergleich einlassen zu sollen, den sie ggf aus eigenem Antrieb so nicht abgeschlossen hätten. Auch hier wird es die Aufgabe des Anwalts sein, individuell zu beraten. Aus Arbeitgebersicht ist hingegen die Frage zu erörtern, ob es sinnvoll ist, lediglich mit einigen Klägern einen Vergleich abzuschließen, wenn aufgrund der Weigerung, einen Vergleich abzuschließen, im Fall einiger Kläger ohnehin mit einer rechtskräftigen Entscheidung zu rechnen ist.

Sind in einem Massenverfahren auf der Klägerseite eine **Vielzahl einzelner Anwälte** beteiligt, so kann der den Arbeitgeber vertretende Anwalt häufig einen gewissen **Informationsvorsprung** erlangen und zB bereits bei anderen Kammern oder Gerichten ergangene Urteile, die zugunsten seiner Partei ergangen sind, vorlegen. Die Vorlage solcher (erst- oder zweitinstanzlicher) Urteile kann häufig eine gewisse Dynamik in die Prozesse einführen und Vergleichsverhandlungen beschleunigen und zu seinen Gunsten beeinflussen. 378

§ 3 Beschäftigungsansprüche, Zwangsvollstreckung

I. Beschäftigungsantrag

379 Ein reines Feststellungsurteil (Stattgabe des Kündigungsschutzantrags nach § 4 KSchG) ist nicht vollstreckbar. Um nach oder mit einem gewonnenen Kündigungsschutzprozess Druck auf den Arbeitgeber auszuüben und eine tatsächliche Beschäftigung zu erreichen, wird häufig im Kündigungsschutzverfahren ein **Beschäftigungsanspruch** geltend gemacht. Der **Antrag** lautet üblicherweise:

> Die Beklagte wird verurteilt, den Kläger zu unveränderten Bedingungen als ... [Funktion] zu beschäftigen.

380 Zum einen muss der Antrag **präzise** genug sein, dh, es muss sich aus dem Tenor des Urteils ergeben, als was der Mitarbeiter zu beschäftigen ist. Nicht vollstreckbar sind unbestimmte Anträge, wie zB „den Kläger zu unveränderten Arbeitsbedingungen zu beschäftigen". Mit einer zu präzisen Antragsformulierung kann es zum anderen aber ggf dann Schwierigkeiten geben, wenn sich die Beklagte auf die **Flexibilitätsklausel** des Arbeitsvertrages beruft (dh dass der Arbeitnehmer verpflichtet ist, auch andere Tätigkeiten zu verrichten). Denn dann würde durch die Ausurteilung eines Beschäftigungstitels im Hinblick auf eine bestimmte Funktion in das arbeitgeberseitige Direktionsrecht eingegriffen, das es dem Arbeitgeber erlaubt, dem Arbeitnehmer auch andere Tätigkeiten zuzuweisen. Wird dies von der Beklagtenseite gerügt, kann es sich anbieten, den **Antrag** zu stellen,

> die Beklagte zu verurteilen, als ... [Funktion] zu den arbeitsvertraglichen Bedingungen zu beschäftigen.

Damit wird klargestellt, dass das arbeitgeberseitige Direktionsrecht nicht eingeschränkt werden soll.

381 Der Beschäftigungsantrag kann also zum einen dazu genutzt werden, mit der Zwangsvollstreckung **Druck auf den Arbeitgeber auszuüben** und die Beschäftigung des Arbeitnehmers tatsächlich durchzusetzen. Der Beschäftigungsantrag ist daher ein wesentliches Mittel, um das Ziel des Mandanten (sei es eine hohe Abfindung, sei es die tatsächliche Weiterbeschäftigung) zu erreichen. Andererseits ist zu bedenken, dass der Beschäftigungsantrag auch nachteilig sein kann, wenn der Arbeitnehmer einen Auflösungsantrag nach § 9 KSchG stellt und darlegt, die weitere Beschäftigung bei dem Arbeitgeber sei nicht mehr zumutbar. Durch das Stellen eines Beschäftigungsantrags bringt der Arbeitnehmer nämlich zum Ausdruck, dass er die **weitere Beschäftigung** bei dem Arbeitgeber für **zumutbar** hält. Er kann sich daher, um die Unzumutbarkeit der weiteren Beschäftigung zu begründen, dann nicht mehr auf Umstände beziehen, die sich auf einen Zeitpunkt vor Stellung des Beschäftigungsantrags beziehen.

II. Vollstreckung des Beschäftigungsantrags

382 Die Vollstreckung eines Anspruchs auf Beschäftigung richtet sich nach § 888 ZPO (Vornahme einer unvertretbaren Handlung). Die **Zwangsvollstreckung** setzt voraus, dass sich die wesentlichen Arbeitsbedingungen im **Tenor** oder zumindest im Tatbestand

oder in den Entscheidungsgründen des Urteils wiederfinden.³³⁴ Der Titel muss so aus sich heraus bestimmt sein, dass für jeden Dritten erkennbar ist, was der Gläubiger vom Schuldner verlangt.³³⁵

Für die Zulässigkeit der Zwangsvollstreckung reicht es aus, wenn aus einem Weiterbeschäftigungstitel die **Art der ausgeurteilten Beschäftigung** des Arbeitnehmers ersichtlich ist. Das ist etwa gegeben, wenn eine Verurteilung zur Beschäftigung als „Angestellter" erfolgt ist und sich aus dem Titel ergibt, mit welcher Art von Tätigkeiten der Arbeitnehmer befasst war. **Einzelheiten** zur Art und Weise der Tätigkeit und zu den sonstigen Arbeitsbedingungen sind dagegen gerade **nicht** erforderlich, so dass es ausreicht, wenn sich das Berufsbild des Arbeitnehmers aus dem Titel ergibt.³³⁶ Die Zuordnung konkreter Tätigkeiten unterliegt nämlich gerade dem Direktionsrecht des Arbeitgebers.³³⁷ Ein Weiterbeschäftigungstitel ist jedenfalls dann hinreichend bestimmt, wenn sich die Art der Beschäftigung aus dem Titel, ggf unter Heranziehung des Tatbestands und der Entscheidungsgründe, ergibt und zwischen den Parteien im Übrigen kein Streit über die auszuführende Tätigkeit herrscht, was bei einem Weiterbeschäftigungstitel nach unwirksamer Kündigung in der Regel angenommen werden kann.³³⁸ **383**

Bei einer **betriebsbedingten Kündigung** kann sich der Arbeitgeber auf den Standpunkt stellen, dass die Stelle des Klägers weggefallen und deshalb eine weitere Beschäftigung **nicht mehr möglich** sei. Eine **Zwangsvollstreckung** auf „unveränderte Weiterbeschäftigung" kommt nicht (mehr) in Betracht, wenn der entsprechende Arbeitsplatz ersatzlos weggefallen ist. Der Arbeitgeber kann in einem solchen Fall nicht gezwungen werden, die auf seiner unternehmerischen Freiheit beruhende Entscheidung zurückzunehmen und den alten Organisationszustand wiederherzustellen.³³⁹ Der Arbeitgeber muss in einem solchen Fall im Einzelnen darlegen, dass der Arbeitsplatz des Arbeitnehmers aufgrund der die Kündigung bedingenden unternehmerischen Entscheidung und in deren Umsetzung weggefallen ist. Von Bedeutung ist allerdings, dass die Behauptung des Arbeitgebers, dass der bisherige Arbeitsplatz weggefallen sei, dann nicht zur Unmöglichkeit der Zwangsvollstreckung führt, wenn das Arbeitsgericht die betriebsbedingte Kündigung wegen fehlender Sozialauswahl als unwirksam beurteilt hat.³⁴⁰ **384**

Beispiel: Die Beklagte hatte der Klägerin, die als Texterfasserin beschäftigt war und eine Ausbildung als Bürokauffrau besaß, betriebsbedingt gekündigt mit der Begründung, dass der Arbeitsplatz entfallen sei. Das Arbeitsgericht hielt die Kündigung der Beklagten für unwirksam und verurteilte die Beklagte antragsgemäß auch zur Weiterbeschäftigung der Klägerin „zu den bisherigen Bedingungen". Die Klägerin stellte einen Zwangsgeldantrag, dem das Arbeitsgericht stattgab mit der Verpflichtung, die Klägerin als Bürokauffrau zu einem **385**

---

334 Vgl LAG Bremen 18.11.1988 – 3 Ta 65/88, NZA 1989, 231; LAG Köln 24.10.1995 – 13 (5) Ta 245/95, LAGE § 888 ZPO Nr. 36.
335 Vgl BAG 28.2.2003 – 1 AZB 53/02, AP Nr. 13 zu § 78 ArbGG 1979.
336 Vgl BAG 15.4.2009 – 3 AZB 93/08, NZA 2009, 917.
337 Vgl LAG Hessen 23.10.2008 – 12 Ta 383/08, n.v.
338 Vgl LAG Baden-Württemberg 21.2.2007 – 17 Ta 1/07, n.v.
339 Vgl LAG München 14.2.2006 – 10 Ta 493/05, AuA 2006, 228; so auch: LAG Hessen 23.10.2008 – 12 Ta 383/08, n.v.; vgl auch *Bertzbach*, jurisPR-ArbR 13/2006, S. 109, 110; aA LAG Baden-Württemberg 30.6.2010 – 19 Sa 22/10, LAGE § 62 ArbGG 1979 Nr. 34.
340 Vgl LAG München 1.8.2005 – 4 Ta 250/05, AE 2006, 62.

konkreten Bruttogehalt weiterzubeschäftigen. Die Beklagte legte dagegen sofortige Beschwerde ein mit der Begründung, der Weiterbeschäftigungstitel habe keinen vollstreckungsfähigen Inhalt; im Übrigen sei aufgrund des Wegfalls des Arbeitsplatzes eine Unmöglichkeit der Weiterbeschäftigung gegeben.[341] Das Landesarbeitsgericht hielt den Beschäftigungstitel „zu den bisherigen Bedingungen" noch für hinreichend bestimmt und vollstreckbar, da sich seine inhaltliche Bestimmtheit im Wege der Auslegung von Tatbestand und Entscheidungsgründen des vollständigen Urteils ermitteln lasse.[342]

386 Soll die Zwangsvollstreckung schon aus der abgekürzten Ausfertigung des Urteils erfolgen, so ist eine solche Auslegung allerdings nicht möglich. Hierfür ist erforderlich, dass sich die konkrete Tätigkeit des Arbeitnehmers aus dem Tenor des Beschäftigungstitels ergibt.

Der Einwand der Unmöglichkeit der Weiterbeschäftigung wurde im genannten Fall zurückgewiesen, weil nach dem Urteil des Arbeitsgerichts die Klägerin als Bürokauffrau tatsächlich weiterbeschäftigt werden konnte. Das Landesarbeitsgericht hatte nämlich eine fehlerhafte Sozialauswahl festgestellt.

Eine Berufung auf die Unmöglichkeit einer Beschäftigung kommt nur dann in Betracht, wenn es keine vergleichbaren Arbeitnehmer bzw Arbeitsplätze gibt. Dabei ist auch die Möglichkeit in Betracht zu ziehen, dass bei einer ggf bestehenden Flexibilitätsregelung im Arbeitsvertrag andere, gleichwertige Arbeitsplätze arbeitgeberseitig zugewiesen werden können.

387 Eine **Unmöglichkeit der Weiterbeschäftigung** kann allerdings dann vorgetragen werden, wenn der Arbeitsplatz bzw vergleichbare Arbeitsplätze gemäß § 613a BGB auf ein anderes Unternehmen übergangen sind. Der ehemalige Arbeitgeber kann nicht im Wege der Zwangsvollstreckung gezwungen werden, einen Arbeitsplatz zu schaffen. Ist jedoch eine **umwandlungsrechtliche Ausgliederung** erfolgt, fingiert § 322 UmwG einen einheitlichen Betrieb im Sinne des KSchG, wenn nach einer im Wege der Ausgliederung erfolgten Spaltung (§ 123 Abs. 3 UmwG) die beteiligten Unternehmen einen Betrieb gemeinsam weiterführen. Dann erstreckt sich die Weiterbeschäftigungspflicht auf andere (freie) Arbeitsplätze in dem gemeinsamen Betrieb, unabhängig davon, welchem der beteiligten Unternehmen dieser Arbeitsplatz zugeordnet ist.[343]

388 Für einen Arbeitgeber stellt es häufig einen aus seiner Sicht nicht hinnehmbaren **Ansehensverlust** dar, wenn ein gekündigter Arbeitnehmer nach obsiegendem erstinstanzlichem Urteil und kraft des Beschäftigungstitels seine Beschäftigung zwangsweise im Unternehmen erwirkt. Die (ggf) auch schon bloße Androhung der Vollstreckung des Beschäftigungsanspruchs kann dazu führen, dass der Arbeitgeber eine erheblich höhere Abfindung als zuvor anbietet, um eine vergleichsweise Einigung im Rechtsstreit herbeizuführen und den Arbeitnehmer nicht mehr in seinem Unternehmen beschäftigen zu müssen. Erfolgt aber die Zwangsvollstreckung aus dem Beschäftigungstitel, so hat der Arbeitgeber im Fall einer betriebsbedingten Kündigung relativ wenig andere Möglichkeiten, der Zwangsvollstreckung entgegenzuwirken, als sich zum einen auf eine mög-

---

341 Vgl LAG München 1.8.2005 – 4 Ta 250/05, AE 2006, 62; vgl Anm. *Schäder*, ArbRB 2006, 175.
342 So auch LAG Baden-Württemberg 21.2.2007 – 17 Ta 1/07, n.v.
343 Vgl LAG Köln 9.3.2006 – 14 Sa 146/06, DB 2006, 730; vgl *Hamann*, jurisPR-ArbR 27/2006, S. 180, 181.

licherweise gegebene **Unbestimmtheit des Titels** oder zum anderen auf die **Unmöglichkeit der Beschäftigung** zu berufen. Der den Arbeitgeber beratende Anwalt wird bereits vor einem erstinstanzlichen Urteil den Arbeitgeber auf etwaige Risiken einer Vollstreckung hinweisen. Die Praxis zeigt, dass die tatsächliche Beschäftigung des Arbeitnehmers geraume Zeit hinausgezögert werden kann, wenn im Vollstreckungsverfahren Rechtsmittel, wie etwa die sofortige Beschwerde, eingelegt werden. Ergeht ein Zwangsgeldbeschluss, so kann die Vollstreckung des Zwangsgeldes noch abgewendet werden, wenn vor dessen Vollstreckung die Beschäftigung des Arbeitnehmers erfolgt.[344] Teilweise gelingt es auf diese Art und Weise, eine tatsächliche Beschäftigung des Arbeitnehmers bis zur Verhandlung des Kündigungsschutzverfahrens im zweiten Rechtszug **hinauszuzögern**.

Der den Arbeitnehmer beratende Anwalt wird – soweit eine Vollstreckung des Beschäftigungsantrags erfolgen soll – die Zwangsvollstreckung zügig einleiten und den Arbeitnehmer auch darauf hinweisen, dass dann seine **tatsächliche Tätigkeit** erforderlich wird. Immer wieder sollte der den Arbeitnehmer beratende Anwalt zudem darauf hinweisen, dass ein „automatischer" Abfindungsanspruch nicht besteht – dies ist ein verbreitetes Missverständnis –, sondern der Streitgegenstand des Kündigungsschutzverfahrens die Wirksamkeit oder Unwirksamkeit der Kündigung ist.

III. Bedeutung des § 61 Abs. 2 ArbGG

§ 61 Abs. 2 ArbGG ermöglicht es, den auf Vornahme einer Handlung gerichteten Antrag mit einer **Fristsetzung** und einer **Entschädigungsforderung** für den Fall des fruchtlosen Fristablaufs zu verbinden. Wichtig ist, dass der Arbeitnehmer mit der Zuerkennung eines Entschädigungsanspruchs seinen originären Erfüllungsanspruch verliert. Deshalb ist vor Stellung des Antrags nach § 61 Abs. 2 ArbGG genau zu überlegen, ob dies den Interessen des Mandanten entspricht. Beispielsweise ist es bei einem Anspruch auf Erteilung eines Zeugnisses sinnvoller, statt eines Entschädigungsantrags die Zwangsvollstreckung nach § 888 ZPO zu betreiben (wenn das Zeugnis etwa zur anderweitigen Bewerbung benötigt wird).

Die **Höhe der Entschädigung** muss so bemessen sein, dass der Beklagte tatsächlich zu der geschuldeten Handlung bewegt wird. Der Kläger muss allerdings darlegen und beweisen, dass ihm durch die Nichtvornahme der Handlung ein Schaden entstehen wird. Er muss die Schadenshöhe entweder selbst beziffern oder die Umstände, aus denen sich die Schadenshöhe ergibt, angeben.[345] Der **Antrag** lautet wie folgt:[346]

Wir werden beantragen,

1. die Beklagte zu verurteilen, den Kläger ... [Beschreibung der vorzunehmenden Handlung];
2. der Beklagten hierfür eine Frist von einem Monat ab Rechtskraft des Urteils zu setzen, nach deren Ablauf der Kläger die Annahme ablehnt;

---

344 Vgl Thomas/*Putzo*, 31. Aufl. 2010, § 888 ZPO Rn 14.
345 Vgl *Böhm*, ArbRB 2006, 93, 94.
346 Vgl *Böhm*, ArbRB 2006, 93, 95.

3. die Beklagte zu verurteilen, nach fruchtlosem Fristablauf an den Kläger eine Entschädigung in Höhe von … [Betrag] nebst Zinsen in Höhe von fünf Prozentpunkten über dem Basiszinssatz seit … [Datum] zu zahlen [alternativ: eine Entschädigung nebst Zinsen in Höhe von fünf Prozentpunkten über dem Basiszinssatz seit … [Datum] zu zahlen, deren Höhe in das Ermessen des Gerichts gestellt wird].

392 Wird der Beklagte zur Vornahme einer Handlung, verbunden mit einer Entschädigungszahlung nach Fristablauf, verurteilt, so hat der Beklagte die Handlung vorzunehmen. Erbringt er sie binnen der gesetzten Frist nicht, kann der Kläger die Zwangsvollstreckung nach den Vorschriften über die Vollstreckung von Urteilen, die auf Geldforderungen lauten (§§ 803 ff ZPO), betreiben.

IV. Sonstige Vollstreckungsfragen

393 § 62 Abs. 1 ArbGG bestimmt, dass arbeitsgerichtliche Urteile **ohne Sicherheitsleistung** vollstreckbar sind. Eine gesonderte Entscheidung über die vorläufige Vollstreckbarkeit im Tenor ergeht nicht. Die Abwendung der vorläufigen Vollstreckung durch Sicherheitsleistung ist ausgeschlossen. Auf Antrag kann das Arbeitsgericht die vorläufige Vollstreckbarkeit allerdings **ausschließen**, wenn die Vollstreckung einen **nicht zu ersetzenden Nachteil** bringt (§ 62 Abs. 1 Satz 2 ArbGG), wobei dieser drohende unersetzbare Nachteil dementsprechend **glaubhaft** zu machen ist. Die Schwelle der Anforderung hinsichtlich dieser Glaubhaftmachung ist hoch. Es ist bei Zahlungsforderungen etwa darzulegen, dass aufgrund der Vermögensverhältnisse des Vollstreckungsgläubigers davon auszugehen ist, dass die per Zwangsvollstreckung beigetriebene Forderung nie wieder zurückgezahlt wird.[347] Zudem sind bei der Überprüfung die Erfolgsaussichten des Rechtsmittels zu berücksichtigen.

394 Der Antrag auf Ausschließung der vorläufigen Vollstreckbarkeit muss spätestens in der mündlichen Verhandlung gestellt werden. Das Gericht entscheidet über den Ausschluss der Vollstreckbarkeit im Urteil. Nach Erlass des Urteils kann der Antrag nicht nachgeholt werden. Es muss dann ein **Antrag auf Einstellung der Zwangsvollstreckung** gestellt werden (§ 62 Abs. 1 Satz 3 ArbGG). Voraussetzung ist nach § 97 Abs. 1 ZPO die Berufung gegen ein vorläufig vollstreckbares Urteil. Zugleich ist darzulegen, dass ein nicht zu ersetzender Nachteil eintreten würde. Diese Einstellung der Zwangsvollstreckung wird sehr restriktiv gehandhabt. Bei Beschäftigungsansprüchen ist ein nicht zu ersetzender Nachteil praktisch ausgeschlossen. Denkbar sind Fälle, in denen etwa einem Arbeitnehmer massive Untreuehandlungen vorgeworfen werden.

V. Einstweiliger Rechtsschutz
1. Anwendungsbereiche

395 In Konstellationen, in denen ein Arbeitnehmer nach einer betriebsbedingten Kündigung einen **Beschäftigungstitel** gegen den Arbeitgeber erwirkt hat, bietet sich für den Arbeitgeber ein **doppeltes Vorgehen** an. Zum einen kann ein Antrag auf **Einstellung der Zwangsvollstreckung** gestellt werden, wobei sich vor Vorliegen der vollständigen Ur-

---

347 Vgl LAG Düsseldorf 20.12.1985 – 15 Sa 1125/85, LAGE § 62 ArbGG 1979 Nr. 13.

teilsgründe allerdings die Problematik stellt, dass häufig noch nicht erkennbar ist, ob Berufung eingelegt werden soll. Zum anderen kann im Zwangsvollstreckungsverfahren auf eine ggf nicht ausreichende **Bestimmtheit des Titels** und auf die **Unmöglichkeit** der Beschäftigung abgestellt werden.

In besonderen Fällen kann die Beschäftigung auch im **einstweiligen Rechtsschutz** erreicht werden. Dies ist erstens dann der Fall, wenn im noch laufenden Arbeitsverhältnis der Kläger von der Erbringung seiner Arbeitspflicht freigestellt wird, ohne dass hierzu eine (wirksame) vertragliche Grundlage vorliegt. Zweitens kann eine Beschäftigung im einstweiligen Rechtsschutz auch dann erwirkt werden, wenn der Arbeitnehmer im Kündigungsschutzverfahren keinen Beschäftigungsantrag gestellt hat, sein Kündigungsschutzprozess aber Erfolg gehabt hat. Freilich sollte in jedem Fall die Dringlichkeit der Maßnahme dargelegt und glaubhaft gemacht werden, dh aus welchem Grund der Arbeitnehmer ein besonderes Interesse an der Erbringung seiner Arbeitsleistung hat. Etwas Derartiges ist besonders bei qualifizierten Berufen anzunehmen, in denen die fortwährende Tätigkeit erforderlich ist, um bestimmte Fachkenntnisse aufweisen oder Qualifikationsnachweise erbringen zu können (Beispiel: Chirurg, Pilot). Drittens ist einstweiliger Rechtsschutz bei dem betriebsverfassungsrechtlichen Weiterbeschäftigungsanspruch eröffnet.

396

Zu unterscheiden sind der Beschäftigungsanspruch und der Weiterbeschäftigungsanspruch. Der **Beschäftigungsanspruch** ergibt sich aus §§ 611, 613 BGB. Er setzt voraus, dass das Arbeitsverhältnis noch besteht. Der **Weiterbeschäftigungsanspruch** beinhaltet dagegen, dass das Arbeitsverhältnis (zB durch Ablauf der Kündigungsfrist) bereits beendet ist. Zu unterscheiden ist hier der **allgemeine Weiterbeschäftigungsanspruch**[348] (etwa nach einem für den Arbeitnehmer obsiegenden Urteil in der ersten Instanz) sowie der **betriebsverfassungsrechtliche Weiterbeschäftigungsanspruch** gemäß § 102 Abs. 5 Satz 1 BetrVG.

397

Ein Vorgehen im Wege des einstweiligen Rechtsschutzes kommt insbesondere in Betracht, um **Verhandlungsdruck** für einen **Abfindungsvergleich** zu erzeugen.[349] Arbeitgeber pflegen gerne – und zwar unabhängig davon, ob ein vertragliches Recht zur Freistellung vorliegt – Arbeitnehmer, denen gekündigt worden ist oder bei denen eine Kündigung bevorsteht, von der Erbringung ihrer Arbeitsleistung freizustellen. Die Geltendmachung des Beschäftigungsanspruchs im einstweiligen Rechtsschutz eröffnet dann dem Arbeitnehmer die Möglichkeit, Druck auf den Arbeitgeber auszuüben; bei einer im Rahmen des einstweiligen Verfügungsverfahrens anberaumten mündlichen Verhandlung besteht überdies die Möglichkeit, über eine vergleichsweise Einigung zu verhandeln.

398

2. Prozesstaktische Darlegung der erforderlichen Voraussetzungen

Voraussetzung für den **Beschäftigungsanspruch** ist zunächst, dass das Arbeitsverhältnis noch besteht, dh dass die Kündigungsfrist noch nicht abgelaufen ist. In diesem Fall

399

---

348 Vgl BAG 27.2.1985 – GS 1/84, AP Nr. 14 zu § 611 BGB Beschäftigungspflicht.
349 Vgl *Fröhlich*, ArbRB 2007, 89 ff.

ergibt sich der Beschäftigungsanspruch aus dem Arbeitsvertrag (§§ 611, 613 BGB), so dass damit bereits ein **Verfügungsanspruch** besteht. Eine Ausnahme ist nur dann gegeben, wenn überwiegende schutzwürdige Interessen des Arbeitgebers im Rahmen einer Interessenabwägung den Beschäftigungsanspruch des Arbeitnehmers überwiegen.[350] Hierfür ist jedoch der Arbeitgeber in vollem Umfang darlegungs- und beweispflichtig. Denkbar sind in diesem Rahmen im Grunde nur **Extremfälle**, wie die Unmöglichkeit der Beschäftigung oder wichtige verhaltensbedingte oder personenbedingte Gründe. Als verhaltensbedingte Gründe können etwa die Gefährdung der Wahrung von Betriebsgeheimnissen oder die Gefährdung des Betriebsfriedens geltend gemacht werden.[351] Es müssen jedenfalls ganz erhebliche, vom Arbeitgeber im konkreten Fall darzulegende Umstände sein, die das Interesse des Arbeitgebers an einer Nichtbeschäftigung so stark werden lassen, dass es den vertraglich gegebenen Beschäftigungsanspruch überwiegt. Bei personenbedingten Gründen ist etwa an eine akut ansteckende Krankheit des Arbeitnehmers zu denken.

400 Bei der Darlegung des weiterhin erforderlichen **Verfügungsgrundes** ist streitig, ob ein solcher bereits deshalb gegeben ist, weil aufgrund des drohenden Ablaufs der Kündigungsfrist der Beschäftigungsanspruch im ordentlichen Verfahren nicht mehr rechtzeitig durchgesetzt werden kann und so durch Zeitablauf vereitelt wird oder ob der Arbeitnehmer darüber hinaus darlegen und glaubhaft machen muss, aus welchem Grund er auf die Erfüllung des Beschäftigungsanspruchs angewiesen ist, etwa um seine beruflichen Qualifikationen aufrechtzuerhalten.[352] Angesichts dieser divergierenden Rechtsprechung sollte der Antragsteller vorsichtshalber stets Tatsachen vortragen und entsprechende Argumente dafür darlegen, warum der Antragsteller auf die tatsächliche Erbringung seiner Arbeitsleistung angewiesen ist. Betreibt allerdings ein Arbeitnehmer das Verfügungsverfahren nicht mit dem nötigen Nachdruck – was etwa durch Einreichen der Berufungsbegründung erst nach Verlängerung der Berufungsbegründungsfrist zum Ausdruck kommt –, zeigt er damit, dass das für die Zuerkennung des Verfügungsgrundes notwendige Eilbedürfnis offenbar nicht gegeben ist.[353] Weiterhin soll es nach Ansicht des LAG Köln an einem Verfügungsgrund der Dringlichkeit aufgrund einer wirtschaftlichen Notlage des Arbeitnehmers fehlen, wenn dieser nach dem erstinstanzlichen Urteil einen Vergütungsanspruch aus Annahmeverzugslohn geltend machen kann und weiterhin einen Anspruch auf Arbeitslosengeld erworben hat.[354]

401 Eine **Verteidigungsstrategie des Arbeitgebers** sollte zum einen darin bestehen, das besondere Interesse des Arbeitnehmers an einer Beschäftigung zu widerlegen und im Übrigen das arbeitgeberseitige Interesse an einer Suspendierung des Arbeitnehmers darzulegen und glaubhaft zu machen. Ist dies nicht erfolgreich, um den Beschäftigungsanspruch im Wege des einstweiligen Rechtsschutzes abzuwehren, besteht die Möglichkeit des Arbeitgebers für den Fall, dass eine Kündigung ausgesprochen worden ist, je-

---

[350] Vgl BAG 19.8.1976 – 3 AZR 173/75, AP Nr. 4 zu § 611 BGB Beschäftigungspflicht.
[351] Vgl *Korinth*, S. 236.
[352] Vgl die Nachweise der Rspr bei *Korinth*, S. 240, 241; vgl auch *Fröhlich*, ArbRB 2007, 89, 90.
[353] Vgl BAG 17.8.2004 – 6 Sa 439/04, NZA-RR 2005, 255.
[354] Vgl LAG Köln 20.12.2007 – 9 Ta 356/07, AE 2009, 55.

denfalls darauf zu achten, dass der Beschäftigungsanspruch des Arbeitnehmers nur **bis zum Ablauf der Kündigungsfrist** tituliert wird. Zum anderen kann der Arbeitgeber den **Resturlaub** des Arbeitnehmers **in die Kündigungsfrist legen** und damit den Beschäftigungsanspruch des Arbeitnehmers jedenfalls de facto für den restlichen Urlaubszeitraum vereiteln.

3. Bestehen einer wirksamen Freistellungsbefugnis

Besteht eine **arbeitsvertragliche Freistellungsbefugnis,** so kommt es im Rechtsstreit darauf an, ob die arbeitsvertragliche Freistellungsregelung wirksam ist. Hierbei ist erstens dahin gehend zu differenzieren, ob die arbeitsvertragliche Freistellungsregelung eine Freistellungsbefugnis unabhängig vom Ausspruch einer Kündigung oder erst nach Ausspruch einer Kündigung vorsieht. Zweitens ist zu differenzieren, ob es sich um eine individuell ausgehandelte oder um eine formularvertragliche Regelung handelt. Drittens ist zu berücksichtigen, dass es bislang keine einheitliche Rechtsprechung zu diesen Fragen gibt. 402

Freistellungsregelungen, die eine Freistellungsbefugnis des Arbeitgebers unabhängig vom Ausspruch einer Kündigung und unabhängig von bestimmten Freistellungsgründen vorsehen, werden unabhängig davon, ob es sich um eine individualrechtliche Vereinbarung oder um einen Formularvertrag handelt, als rechtswidrig angesehen.[355] Bei einem **individuell ausgehandelten** Arbeitsvertrag kann jedenfalls wirksam vereinbart werden, dass der Arbeitgeber den Arbeitnehmer nach Ausspruch einer Kündigung während der Dauer der Kündigungsfrist unter Fortzahlung der Bezüge von der Arbeitsleistung freistellen kann.[356] Zu beachten ist, dass unabhängig von der – wirksamen – individuell ausgehandelten Freistellungsbefugnis nach Ausspruch einer Kündigung die Freistellung selbst als arbeitgeberseitige Maßnahme iSv § 315 BGB, § 106 GewO nach billigem Ermessen durchgeführt werden muss, das wiederum überprüfbar ist. Auch hier kann der Antragsteller also trotz Vorliegens einer vertraglichen Freistellungsregelung ansetzen und die Ermessensausübung angreifen.[357] 403

Ob eine **formularvertragliche** Freistellungsbefugnis nach Ausspruch einer Kündigung wirksam ist, ist von der Rechtsprechung nicht abschließend entschieden. Hierzu wird vertreten, dass der Arbeitgeber die berechtigten Interessen bzw Fälle in die Freistellungsregelung aufnehmen muss, bei deren Vorliegen er eine Freistellung vornehmen kann.[358] 404

Eine einstweilige Verfügung kommt nicht nur dann in Betracht, wenn eine **Suspendierung** des Arbeitnehmers erfolgt, sondern auch dann, wenn dem Arbeitnehmer Aufgaben übertragen werden, die seinem arbeitsvertraglichen Beschäftigungsanspruch nicht entsprechen, zB weil sie eine **Degradierung** beinhalten. In diesem Fall kann ein Antrag auf Erlass einer einstweiligen Verfügung dahin gehend gestellt werden, dass dem Antrags- 405

---

355 Vgl *Mengel,* in: Hümmerich/Reufels (Hrsg.), § 1 Rn 1750 ff.
356 Vgl LAG Köln 20.8.1998 – 6 Sa 241/98, n.v.; LAG Sachsen 12.6.2003 – 2 Sa 715/02, n.v.
357 Vgl *Korinth,* S. 231.
358 Vgl *Preis,* in: Preis (Hrsg.), Der Arbeitsvertrag, 3. Aufl. 2009, S. 914; *Korinth,* S. 232 f.

gegner aufgegeben wird, es zu unterlassen, dem Antragsteller bestimmte Aufgaben zu übertragen.

4. Anforderungen des allgemeinen Weiterbeschäftigungsanspruchs

406 Für den **allgemeinen Weiterbeschäftigungsanspruch** gelten materiell folgende Grundsätze:

407 Es geht um die Zeit **nach Ablauf der Kündigungsfrist**, in der – jedenfalls nach Ansicht des Arbeitgebers – ein Arbeitsverhältnis nicht besteht. Für die Zeit **zwischen dem Ablauf der Kündigungsfrist und einem Urteil erster Instanz** wird grundsätzlich dem Nichtbeschäftigungsinteresse des Arbeitgebers der Vorrang vor dem Beschäftigungsinteresse des Arbeitnehmers eingeräumt, wenn nicht die Kündigung **offensichtlich unwirksam** ist.[359] Offensichtlich unwirksam ist eine Kündigung immer dann, wenn deren Unwirksamkeit „greifbar" ist, etwa weil der Betriebsrat gemäß § 102 BetrVG nicht angehört wurde, trotz Vorliegens einer **Schwerbehinderung** die Zustimmung des Integrationsamts nicht vorliegt oder ähnliche schwerwiegende Unwirksamkeitsgründe gegeben sind. Alternativ ist auch denkbar, dass der Arbeitnehmer ein **überragendes Weiterbeschäftigungsinteresse** hat.[360] In der Zeit zwischen Ablauf der Kündigungsfrist und einem Urteil erster Instanz kann per einstweiliger Verfügung der Weiterbeschäftigungsanspruch nur bis zum Erlass des Urteils erwirkt werden.

408 **Ab dem Erlass des erstinstanzlichen Urteils** stellt sich die Situation wie folgt dar: Unterliegt der Arbeitnehmer im Kündigungsschutzprozess, so besteht grundsätzlich kein Weiterbeschäftigungsanspruch mehr. Obsiegt der Arbeitnehmer in erster Instanz, fällt die Interessenabwägung ungeachtet der noch nicht eingetretenen Rechtskraft des Urteils dagegen gerade zu seinen Gunsten aus. Aufgrund der „Richtigkeitsgewähr" des erstinstanzlichen Urteils wird dann daraus eine überwiegende Wahrscheinlichkeit dafür abgeleitet, dass die Kündigung unwirksam ist und das Arbeitsverhältnis somit fortbesteht.[361] Ein Bedürfnis für diese Konstellation wird jedoch häufig deshalb nicht bestehen, weil dann bereits im Hauptsacheverfahren in erster Instanz ein **Beschäftigungsanspruch** gestellt werden kann, der bei Stattgabe vollstreckbar ist. Eines **einstweiligen Rechtsschutzes** bedarf es in dieser Konstellation daher nicht. Hieraus können sich für den Arbeitnehmer auch Probleme für die Darlegung des Verfügungsgrundes ergeben. Er müsste nämlich darlegen, aus welchen Gründen er einen Beschäftigungsantrag im erstinstanzlichen Hauptsacheverfahren nicht gestellt hat.

409 Der Arbeitgeber kann den Beschäftigungsanspruch des Arbeitnehmers ggf auch durch Ausspruch einer **weiteren Kündigung** vereiteln. Dies gilt allerdings nur insoweit, als die erneute Kündigung auf einen neuen Lebenssachverhalt gestützt wird, der es möglich erscheinen lässt, dass die erneute Kündigung eine andere rechtliche Beurteilung erfährt als die vorangegangene Kündigung. Ohne Auswirkung bleiben demnach auf den gleichen Sachverhalt gestützte oder aus anderen Gründen offensichtlich unwirksame Kün-

---

[359] Vgl BAG 19.12.1985 – 2 AZR 190/85, AP Nr. 17 zu § 611 BGB Beschäftigungspflicht.
[360] Vgl *Korinth*, S. 250.
[361] *Korinth*, S. 252.

digungen.³⁶² Ist die erneute Kündigung noch vor dem Urteil der ersten Instanz über die erste Kündigung ausgesprochen worden, so ist dies für den im Hauptsacheverfahren bezüglich der ersten Kündigung gestellten Beschäftigungsantrag relevant, dh er kann nicht über den Zeitpunkt des Beendigungstermins nach der zweiten Kündigung hinaus ausgesprochen werden (es sei denn, die zweite Kündigung ist offensichtlich unwirksam). Ist die zweite Kündigung erst ausgesprochen worden, nachdem der Beschäftigungsanspruch bereits tituliert ist, kann eine entsprechende Einwendung im Zwangsvollstreckungsverfahren erfolgen.

Macht der Arbeitgeber geltend, dass der erstinstanzlich ausgeurteilte Weiterbeschäftigungsanspruch durch eine nach Schluss der mündlichen Verhandlung in erster Instanz ausgesprochene Folgekündigung entfallen ist, so kann dies im Verfahren auf Einstellung der Zwangsvollstreckung gemäß § 62 Abs. 1 Satz 3 ArbGG in entsprechender Anwendung des § 769 ZPO vom Berufungsgericht berücksichtigt werden. Es bedarf darüber hinaus dann keiner Erhebung einer Vollstreckungsabwehrklage hinsichtlich des Weiterbeschäftigungstitels, verbunden mit einem Antrag nach § 769 ZPO.³⁶³

5. Durchsetzung und Abwehr des betriebsverfassungsrechtlichen Weiterbeschäftigungsanspruchs im einstweilen Rechtsschutz

a) Voraussetzungen

Besonderheiten bestehen bei dem **betriebsverfassungsrechtlichen Weiterbeschäftigungsanspruch** nach § 102 Abs. 5 BetrVG. Der Verfügungsanspruch auf Weiterbeschäftigung besteht unabhängig davon, ob bereits ein Urteil der ersten Instanz vorliegt, dann, wenn der Betriebsrat einer ordentlichen Kündigung frist- und ordnungsgemäß widersprochen hat und der Arbeitnehmer die Weiterbeschäftigung bis zum rechtskräftigen Abschluss des Rechtsstreits verlangt hat (§ 102 Abs. 5 Satz 1 BetrVG).

Der **Widerspruch des Betriebsrats** kann nur auf bestimmte Gründe gestützt werden, die in § 102 Abs. 3 Nr. 1–5 BetrVG abschließend aufgeführt sind. In seinem Widerspruch muss der Betriebsrat zwar nicht detaillierte Tatsachen angeben, die einen Widerspruchsgrund schlüssig ergeben, oder gar die konkrete Norm zitieren. Es muss sich jedoch aus seinem konkreten Vortrag ableiten lassen, auf welchen Widerspruchsgrund der Betriebsrat abstellen will. Es reicht nicht aus, lediglich auf einen Fall des § 102 Abs. 3 BetrVG zu verweisen, ohne entsprechende Tatsachen oder eine entsprechende Begründung abzugeben. Die Rechtsprechung ist hierbei in den letzten Jahren strenger geworden. So muss der Betriebsrat darlegen, auf welchen freien oder frei werdenden Arbeitsplatz eine Weiterbeschäftigung des Arbeitnehmers erfolgen kann. Dies erfordert die Angabe des Arbeitsplatzes bzw des Bereichs, in dem der Arbeitnehmer anderweitig beschäftigt werden kann.³⁶⁴ Es ist nicht ausreichend, wenn ohne nähere Erläuterung pauschal darauf verwiesen wird, der Arbeitnehmer könne mit seinen bisherigen Arbei-

---

362 Vgl BAG 19.12.1985 – 2 AZR 190/85, AP Nr. 17 zu § 611 BGB Beschäftigungspflicht.
363 Vgl LAG Baden-Württemberg 30.6.2010 – 19 Sa 22/10, BB 2010, 2172.
364 Vgl BAG 17.6.1999 – 2 AZR 608/98, AP Nr. 11 zu § 102 BetrVG Weiterbeschäftigung; BAG 11.5.2000 – 2 AZR 54/99, EzA § 102 BetrVG 1972 Beschäftigungspflicht Nr. 11.

ten weiterbeschäftigt werden oder könne nach erfolgter Fortbildung auf einem neu einzurichtenden Arbeitsplatz anderen Arbeitnehmern zuarbeiten.[365]

413 Erforderlich ist weiter, dass der Widerspruch auf einem **ordnungsgemäßen Beschluss** des Betriebsrats beruht. Der wirksame Beschluss muss dem Arbeitgeber innerhalb der Wochenfrist zugegangen sein.[366] Bei dem Ausspruch einer außerordentlichen Kündigung scheidet eine Weiterbeschäftigung nach dem betriebsverfassungsrechtlichen Weiterbeschäftigungsanspruch aus. In der Praxis ist es relativ häufig, dass der Widerspruch des Betriebsrats den Anforderungen an einen „ordnungsgemäßen" Widerspruch iSd § 102 Abs. 5 Satz 1 BetrVG nicht entspricht; bereits deswegen kann dann der Weiterbeschäftigungsanspruch des Arbeitnehmers vereitelt werden.

414 Häufig übersehen wird, dass der Arbeitnehmer die Weiterbeschäftigung gemäß § 102 Abs. 5 Satz 1 BetrVG dem Arbeitgeber gegenüber auch **verlangt** haben muss. Das bloße Angebot der Arbeitskraft, um den Annahmeverzug nach § 615 BGB herbeizuführen, reicht hierzu nicht aus.[367] Das Weiterbeschäftigungsverlangen ist regelmäßig bis zum Ende der Kündigungsfrist abzugelten.

415 Hat der Arbeitnehmer die entsprechenden Voraussetzungen des Weiterbeschäftigungsanspruchs dargelegt und glaubhaft gemacht, wird vertreten, dass für den betriebsverfassungsrechtlichen Weiterbeschäftigungsanspruch darüber hinaus ein **Verfügungsgrund** nicht mehr erforderlich sei. Dies lässt sich aus § 102 Abs. 5 BetrVG allerdings nicht ableiten. Vielmehr ist der Auffassung Vorzug zu geben, dass ein Verfügungsgrund zwar erforderlich, regelmäßig aber dann gegeben ist, wenn ein Verfügungsanspruch vorliegt, weil ansonsten durch Zeitablauf der Weiterbeschäftigungsanspruch nach § 102 Abs. 5 BetrVG gänzlich vereitelt würde.[368] Auch in der Rechtsprechung wird die Notwendigkeit eines Verfügungsgrundes verschiedentlich betont.[369] Ein Verfügungsgrund kann allerdings dann entfallen, wenn der Arbeitnehmer seinen Weiterbeschäftigungsanspruch erst längere Zeit nach Erlass des erstinstanzlichen Urteils geltend macht und angesichts dessen die Dringlichkeit nicht mehr erkennbar ist.

416 Hat der Antrag des Arbeitnehmers Erfolg, so ist er bis zum rechtskräftigen Abschluss des Rechtsstreits zu unveränderten Arbeitsbedingungen weiterzubeschäftigen (§ 102 Abs. 5 Satz 1 BetrVG).

b) Reaktionsmöglichkeiten des Arbeitgebers
aa) Entbindungsantrag nach § 102 Abs. 5 Satz 2 BetrVG

417 Die **Verteidigungsmöglichkeit des Arbeitgebers** besteht darin, dass er sich durch einstweilige Verfügung gemäß § 102 Abs. 5 Satz 2 BetrVG von seiner Verpflichtung zur Weiterbeschäftigung **entbinden** lässt. Voraussetzung hierfür ist, dass die Klage des Arbeitnehmers keine hinreichende Aussicht auf Erfolg bietet oder mutwillig erscheint (Nr. 1), die Weiterbeschäftigung des Arbeitnehmers zu einer unzumutbaren wirtschaft-

---

365 Vgl BAG 17.8.2004 – 6 Sa 439/04, NZA-RR 2005, 255.
366 Vgl *Schulte*, in: Moll (Hrsg.), § 44 Rn 76.
367 Vgl LAG München 17.12.2003 – 5 Sa 1118/03, NZA-RR 2005, 312; *Korinth*, S. 269.
368 Vgl *Korinth*, S. 272.
369 Vgl LAG Nürnberg 18.9.2007 – 4 Sa 586/07, ZTR 2008, 108; LAG Hamm 23.4.2008 – 10 SaGa 17/08, n.v.; LAG Köln 10.3.2010 – 3 SaGa 26/09; LAG Schleswig-Holstein 19.5.2010 – 6 SaGa 9/10, n.v.

lichen Belastung des Arbeitgebers führen würde (Nr. 2) oder der **Widerspruch des Betriebsrats offensichtlich unbegründet** war (Nr. 3).

Letzteres betrifft lediglich die materiellen Unwirksamkeitsgründe. Liegt bereits kein wirksamer Widerspruch des Betriebsrats vor, fehlt es an einem Verfügungsanspruch des Arbeitgebers auf Erlass der einstweiligen Verfügung. Daraus ergibt sich für Arbeitgeber die prozesstaktische Frage, ob **vorsorglich** ein **Entbindungsantrag** gestellt werden sollte, wenn neben Zweifeln an der Ordnungsgemäßheit des Widerspruchs auch materielle Gründe vorliegen, die dem Weiterbeschäftigungsanspruch des Arbeitnehmers entgegenstehen. Teilweise wird vertreten, dass eine einstweilige Verfügung mit dem Antrag gestellt werden könne, dass festgestellt wird, dass eine Weiterbeschäftigungspflicht nicht besteht.[370] Dem ist allerdings nicht zu folgen, da feststellende einstweilige Verfügungen unzulässig sind. Es müsste daher **zweigleisig** vorgegangen werden: Zum einen kann der Entbindungsantrag nach § 102 Abs. 5 Satz 2 BetrVG im Wege des einstweiligen Rechtsschutzes vom Arbeitgeber so gestellt werden, dass die formelle Ordnungsgemäßheit des Widerspruchs nicht gerügt wird. Zum anderen kann dann, wenn der Arbeitnehmer seinen Weiterbeschäftigungsantrag im Wege des einstweiligen Rechtsschutzes nach § 102 Abs. 5 Satz 1 BetrVG verfolgt, im Wege einer Schutzschrift oder im einstweiligen Verfügungsverfahren vorgetragen werden, dass bereits kein ordnungsgemäßer Widerspruch vorliegt. Wichtig ist jedenfalls, dass ein Rechtsschutzbedürfnis für den Antrag erst dann besteht, wenn der Arbeitnehmer die Weiterbeschäftigung gemäß § 102 Abs. 5 Satz 1 BetrVG verlangt hat.[371]

418

Für den Entbindungsantrag des Arbeitgebers ist ein Verfügungsgrund nicht gesondert erforderlich, da § 102 Abs. 5 Satz 2 BetrVG die Eilbedürftigkeit fingiert. Wird dem Antrag des Arbeitgebers stattgegeben, so ist dieser von der Weiterbeschäftigungspflicht entbunden. Dies gilt jedoch nur für den betriebsverfassungsrechtlichen Weiterbeschäftigungsanspruch. Sobald ein stattgebendes erstinstanzliches Urteil ergeht, in dem der (allgemeine) Weiterbeschäftigungsantrag tituliert ist, wird der Antrag des Arbeitgebers wirkungslos. Im Fall der Abweisung des Antrags des Arbeitgebers ist eine Wiederholung insoweit denkbar, wie sich neue Tatsachen ergeben haben, die einen Entbindungsantrag rechtfertigen könnten (zB im Hinblick auf unzumutbare wirtschaftliche Belastungen gemäß § 102 Abs. 5 Satz 2 Nr. 2 BetrVG). Hierbei dürfte es sich aber um absolute Ausnahmefälle handeln. Verwiesen wird beispielsweise auf „**Massenwidersprüche**" des Betriebsrats bei Massenentlassungen.

419

bb) Schutzschrift

Alternativ bietet es sich für den Arbeitgeber an, bei einem zu erwartenden Antrag auf einstweilige Verfügung des Arbeitnehmers nach § 102 Abs. 5 Satz 1 BetrVG eine **Schutzschrift** bei dem Arbeitsgericht zu hinterlegen. In der Schutzschrift kann vorsorglich für den Fall, dass von einem ordnungsgemäß erhobenen Widerspruch ausgegangen wird, um einen rechtlichen Hinweis gemäß § 139 ZPO gebeten werden, so dass dann

420

---

370 Vgl *Wedekamp*, in: Dunkl/Moeller/Baur/Feldmeier, Teil B Rn 153.
371 Vgl *Korinth*, S. 281.

noch Zeit besteht, den Entbindungsantrag von der Weiterbeschäftigungspflicht nach § 102 Abs. 5 Satz 2 BetrVG zu stellen.[372]

---

372 Vgl den Vorschlag bei *Korinth*, Einstweiliger Rechtsschutz im Arbeitsgerichtsverfahren, S. 294.

§ 4 Teilzeitansprüche und vorläufiger Rechtsschutz

Der Teilzeitanspruch nach § 8 TzBfG sowie der sich hiervon unterscheidende Teilzeitanspruch während der **Elternzeit** nach § 15 Abs. 5 BEEG haben in den vergangenen Jahren zu reger Prozesstätigkeit geführt. Typischerweise stellen sich die Streitfälle im Zusammenhang mit der Erziehung von Kindern oder bei der Rückkehr aus der Elternzeit, wenn die bisherige Arbeitszeit reduziert werden soll. Da die gerichtliche Geltendmachung des Teilzeitanspruchs meistens längere Zeit benötigt als zur Verfügung steht und typischerweise die Arbeitsaufnahme in Vollzeit kurz bevorsteht, kommt der Durchsetzung von Teilzeitansprüchen im Wege des **einstweiligen Rechtsschutzes** besondere Bedeutung zu. Mit dem Pflegezeitgesetz ist jetzt noch ein weiterer Teilzeitanspruch eingeführt worden (§ 3 PflegeZG). **421**

Der **allgemeine Teilzeitanspruch** setzt voraus, dass das Arbeitsverhältnis länger als sechs Monate bestanden hat (§ 8 Abs. 1 TzBfG) und der Arbeitgeber in der Regel mehr als 15 Arbeitnehmer beschäftigt (§ 8 Abs. 7 TzBfG). Schließlich muss ein Antrag auf Verringerung der Arbeitszeit bis spätestens drei Monate vor dem Beginn der Teilzeitarbeit gestellt worden sein (§ 8 Abs. 2 Satz 1 TzBfG). Zwischen den Parteien ist die gewünschte Verringerung und die Verteilung der Arbeitszeit zu erörtern (§ 8 Abs. 3 TzBfG). **422**

Hinsichtlich des **Neuverteilungswunsches** ist der Arbeitnehmer nicht streng an das bisherige Arbeitsverteilungskonzept des Arbeitgebers gebunden, so dass er auch etwa verlangen kann, zukünftig statt in einer Fünftagewoche nur noch in einer Viertageswoche zu arbeiten.[373] Der Arbeitnehmer kann seinen Wunsch nach einer bestimmten Verteilung der zu verringernden Arbeitszeit nachträglich nicht mehr ändern, nachdem der Arbeitgeber sein Angebot auf Verringerung und Verteilung der Arbeitszeit abgelehnt hat (§ 8 Abs. 4 Satz 1 TzBfG). Demnach ist ein entsprechend geänderter Verteilungswunsch nur durch neuerliche Geltendmachung von Verringerung und Verteilung unter den Voraussetzungen des § 8 Abs. 4 TzBfG durchsetzbar.[374] Macht der Arbeitnehmer die Verringerung geltend, ohne einen Wunsch bzw Vorschlag hinsichtlich der Verteilung vorzubringen, obliegt die entsprechende Neuverteilung der Arbeitszeit dem Arbeitgeber mittels seines Direktionsrechts.[375] **423**

Eine **Entscheidung** ist dem Arbeitnehmer spätestens einen Monat vor dem gewünschten Beginn der Verringerung schriftlich mitzuteilen (§ 8 Abs. 5 Satz 1 TzBfG). Ansonsten wird die Zustimmung des Arbeitgebers fingiert (§ 8 Abs. 5 Satz 2 TzBfG). Der Arbeitgeber hat dem Verlangen des Arbeitnehmers auf Arbeitszeitverringerung grundsätzlich zu entsprechen, soweit dem nicht betriebliche Gründe entgegenstehen, für welche der Arbeitgeber in vollem Umfang darlegungs- und beweislastpflichtig ist.[376] Dem Recht des Arbeitgebers zur Ablehnung aufgrund betrieblicher Erfordernisse steht allerdings nicht entgegen, dass der Arbeitgeber im Rahmen einer Betriebsvereinbarung Arbeit- **424**

---

373 Vgl BAG 18.8.2009 – 9 AZR 517/08, NZA 2009, 1207.
374 Vgl BAG 24.6.2008 – 9 AZR 514/07, NZA 2008, 1289.
375 Vgl BAG 8.5.2007 – 9 AZR 1112/06, NZA-RR 2008, 615.
376 Vgl BAG 8.5.2007 – 9 AZR 1112/06, NZA-RR 2008, 615.

nehmern in bestimmten Lebenslagen, insbesondere Arbeitnehmern in Elternzeit, besondere Teilzeitmodelle anbietet.[377] Die Rechtsprechung hat für **Teilzeitansprüche** ein **dreistufiges Verfahren** entwickelt:[378] Erstens ist das vom Arbeitgeber aufgestellte und durchgeführte Organisationskonzept festzustellen, das der vom Arbeitgeber als betrieblich erforderlich angesehenen Arbeitszeitregelung zugrunde liegt. Zweitens ist zu überprüfen, ob die vom Organisationskonzept bedingte Arbeitszeitregelung tatsächlich der gewünschten Änderung der Arbeitszeit entgegensteht. Drittens ist zu prüfen, ob das Gewicht der entgegenstehenden betrieblichen Gründe so erheblich ist, dass die Erfüllung des Arbeitszeitwunsches des Arbeitnehmers zu einer wesentlichen Beeinträchtigung der Arbeitsorganisation, des Arbeitsablaufs, der Sicherung des Betriebs oder zu einer unverhältnismäßigen wirtschaftlichen Belastung des Betriebs führen würde.[379] Die hiernach ergangene Rechtsprechung zeigt, dass aus Arbeitgebersicht substantiiert ein schlüssiges Organisationskonzept darzulegen ist.[380]

425 Prozessual ist dann, wenn zwischen den Parteien keine Einigung über den Teilzeitwunsch erzielt worden ist, die begehrte Vertragsänderung im Wege der **Leistungsklage**, gerichtet auf Abgabe einer Willenserklärung, zu erheben (§ 894 ZPO). Greift die Fiktion des § 8 Abs. 5 Satz 2 TzBfG ein, so soll eine **Feststellungsklage** nach § 256 ZPO zulässig sein.[381] Der **Antrag** auf Verringerung der Arbeitszeit und auf Festlegung bzw Verteilung kann in einem einheitlichen Antrag gestellt werden.[382] Er lautet:

> Es wird beantragt, die Beklagte zu verurteilen, der Verringerung der Arbeitszeit des Klägers auf ... [Zahl] Stunden pro Woche bei einer Verteilung dieser Arbeitszeit auf ... [Verteilung] zuzustimmen.

426 Die vorgenannte Antragsgestaltung geht von einer Verknüpfung des Verringerungsantrags mit der begehrten Verteilung aus. Gleichwohl wird man in anderen Fällen auch einen uneigentlichen Hilfsantrag für zulässig halten müssen und **beantragen**,

> die Beklagte zu verurteilen, dem Antrag des Klägers zur Verringerung der vertraglichen Arbeitszeit auf ... [Zahl] Stunden zuzustimmen, sowie weiterhin die Beklagte zu verurteilen, die Verteilung der Arbeitszeit ... [Festlegung] festzulegen.[383]

427 Aus dem Verfassungsgebot der Gewährung effektiven Rechtsschutzes wird die generelle Statthaftigkeit einer einstweiligen Verfügung bei einem Teilzeitanspruch nach § 8 TzBfG abgeleitet, obwohl eine einstweilige Verfügung aufgrund des Regelungscharakters eine **Vorwegnahme der Hauptsache** bedeutet.

428 Für den **Verfügungsanspruch** ist zunächst erforderlich darzulegen, dass der Arbeitnehmer den Umfang der Verringerung seiner Arbeitszeit sowie ggf deren neue Verteilung spätestens **drei Monate** vor Beginn geltend gemacht hat (§ 8 Abs. 2 TzBfG) und der Arbeitgeber das Teilzeitbegehren bis spätestens **einen Monat** vor dem gewünschten Be-

---

377 Vgl BAG 15.8.2006 – 9 AZR 30/06, NZA 2007, 259.
378 Vgl BAG 18.2.2003 – 9 AZR 164/02, AP Nr. 2 zu § 8 TzBfG.
379 Vgl BAG 18.2.2003 – 9 AZR 164/02, AP Nr. 2 zu § 8 TzBfG.
380 Vgl zB BAG 18.3.2003 – 9 AZR 126/02, AP Nr. 3 zu § 8 TzBfG.
381 Vgl *Schunder*, in: FS 25 Jahre Arbeitsgemeinschaft Arbeitsrecht, 2006, S. 171, 177.
382 Vgl BAG 18.2.1003 – 8 AZR 164/02, AP Nr. 2 zu § 8 TzBfG.
383 Vgl HKW/*Schmalenberg*, § 8 TzBfG Rn 52.

ginn schriftlich abgelehnt hat (§ 8 Abs. 5 TzBfG). Weiter ist darzulegen, dass entgegenstehende betriebliche Gründe iSd § 8 Abs. 4 Satz 1 und 2 TzBfG nicht ersichtlich oder zumindest mit hoher Wahrscheinlichkeit auszuschließen sind.[384]

An den **Verfügungsgrund** stellt die Rechtsprechung strenge Anforderungen. Der Erlass einer einstweiligen Anordnung mittels einer Leistungsverfügung muss zur Abwendung wesentlicher Nachteile iSd § 940 ZPO notwendig sein. Der Arbeitnehmer muss also schlüssig darlegen und glaubhaft machen, dass eine vorläufige Regelung mittels Leistungsverfügung und damit eine zumindest teilweise Befriedigung geboten ist, weil ihm ein Abwarten der Entscheidung im Hauptsacheverfahren nicht zuzumuten ist.[385] Der klassische Fall des Verfügungsgrundes stellt die **Betreuung von minderjährigen Kindern oder naher Angehöriger** dar, die nur bei einer Teilzeittätigkeit erfolgen kann. Dabei ist von dem Arbeitnehmer konkret darzulegen, dass eine Kinderbetreuung anderweitig (dh durch Dritte) nicht sichergestellt werden kann. Der Tatsachenvortrag ist durch **eidesstattliche Versicherungen** glaubhaft zu machen. Dies schließt den Vortrag ein, inwieweit vergeblich versucht wurde, gegen Entgelt zB eine Kinderfrau oder Tagesmutter bzw einen Platz in der Tagesstätte zu finden.

429

Es wird empfohlen, den Antrag im Sinne eines **Zustimmungsantrags** (es ist die Abgabe einer Willenserklärung des Arbeitgebers erforderlich) mit einem **Beschäftigungsantrag** zu verbinden.[386] Der **Antrag** lautet danach:

430

Es wird beantragt,

1. den Antragsgegner zu verurteilen, der Verringerung der vertraglichen Arbeitszeit der Antragstellerin von bislang ... [Zahl] Stunden pro Woche auf ... [Zahl] Stunden pro Woche sowie der Verteilung der Arbeitszeit einschließlich der Pausen auf ... [Verteilung] vorläufig bis zu einer rechtskräftigen Entscheidung in der Hauptsache zuzustimmen;

2. die Antragsgegnerin zu verurteilen, die Antragstellerin mit einer Arbeitszeit von ... [Zahl] Stunden pro Woche bei einer Verteilung der Arbeitszeit einschließlich der Pausen auf ... [Verteilung] vorläufig bis zu einer rechtskräftigen Entscheidung in der Hauptsache zu beschäftigen.

---

384 Vgl ArbG Bonn 10.4.2002 – 4 Ga 23/02, NZA-RR 2002, 416; LAG Köln 5.3.2002 – 10 Ta 50/02, MDR 2002, 1257; vgl *Tiedemann*, ArbRB 2006, 284, 285.
385 Vgl im Einzelnen *Tiedemann*, ArbRB 2006, 284, 286.
386 Vgl *Tiedemann*, ArbRB 2006, 284, 287 f.

§ 5 Entfristungsprozesse

I. Grundkonstellation

431 Entfristungsklagen haben in den letzten Jahren an Bedeutung gewonnen. In bestimmten Wirtschaftszweigen ist die Befristung von Arbeitsverhältnissen branchenüblich (zB Medien). Teilweise werden Mitarbeiter über viele Jahre hinweg auf der Grundlage befristeter Verträge beschäftigt.

432 Gemäß § 17 Satz 1 TzBfG muss der Arbeitnehmer **innerhalb von drei Wochen** nach dem vereinbarten Ende des befristeten Arbeitsvertrages Klage auf Feststellung erheben, dass das Arbeitsverhältnis aufgrund der Befristung nicht beendet ist. Die Befristung gilt bei Versäumung dieser Klagefrist von Anfang an als rechtswirksam (§ 7 KSchG iVm § 17 Satz 2 TzBfG). Die Dreiwochenfrist wird bei mehreren aufeinanderfolgenden Befristungsabreden für **jede Befristungsabrede** mit dem Ablauf der darin vereinbarten Befristung in Gang gesetzt.[387] Die Klagefrist findet auch Anwendung auf auflösend bedingte und zweckbefristete Arbeitsverhältnisse.

433 Bei **Kettenbefristungen** führt dies dazu, dass im Rahmen einer Entfristungsklage nur der **letzte befristete Arbeitsvertrag** gerichtlich überprüft wird. Die vorherigen Befristungen gelten als rechtswirksam. Aus § 17 Satz 3 TzBfG folgt nichts anderes, da die Kettenbefristung nicht die „Fortsetzung" des Arbeitsverhältnisses, sondern dessen Neubegründung darstellt.[388] Erhält ein Arbeitnehmer im Anschluss an seinen bisherigen befristeten Arbeitsvertrag das Angebot einer befristeten Verlängerung des Vertrages, so ist der Arbeitnehmer über seine Erfolgsaussichten im Fall einer Entfristungsklage zu beraten. Ist die bisherige Befristung unwirksam, so kann es Sinn machen, zum jetzigen Zeitpunkt Entfristungsklage zu erheben und das neue Vertragsangebot nicht anzunehmen. Dies wird insbesondere dann in Betracht zu ziehen sein, wenn die neue Befristung wirksam wäre, zB weil ein sachlicher Grund iSd § 14 Abs. 1 TzBfG für diese neue Befristung vorliegen würde. Der Arbeitnehmer ist dann vor die schwierige Frage gestellt, ob er das Verlängerungsangebot des Arbeitgebers annimmt und dann ggf nach Auslaufen der neuen Befristung keine großen Erfolgsaussichten mit einer Entfristungsklage hat (weil dort ein sachlicher Grund gemäß § 14 Abs. 1 TzBfG vorliegt) oder ob er bereits auf der Grundlage des bisherigen befristeten Vertrages rechtzeitig Entfristungsklage erhebt mit der Folge, dass die Verlängerung des befristeten Vertrages nicht zustande kommt und der Arbeitgeber wahrscheinlich ablehnen wird, ihn über das Auslaufen des bisherigen befristeten Vertrages weiterzubeschäftigen. Eine Annahme des dem Arbeitnehmer neu angebotenen befristeten Vertrages „**unter Vorbehalt**" bedarf der Zustimmung des Arbeitgebers. Wird ein solcher Vorbehalt lediglich einseitig erklärt, so gilt dies als neues Angebot (§ 150 Abs. 2 BGB) mit der Folge, dass es von der anderen Partei erst noch angenommen werden muss. Eine der Änderungskündigung gemäß § 2 KSchG vergleichbare Regelung einer „Annahme unter Vorbehalt" für Befristungsklagen gibt es nicht.

---

[387] Vgl BAG 24.10.2001 – 7 AZR 686/00, DB 2002, 536.
[388] Vgl *Schulte*, in: Moll (Hrsg.), § 38 Rn 149.

Aus **Arbeitgebersicht** kann es sich daher durchaus anbieten, bei Arbeitnehmern, deren Arbeitsverhältnisse **offensichtlich unwirksam befristet** sind, eine Entfristungsklage durch Anbieten einer weiteren Befristung zu verhindern, die dann aber sorgfältig auf eine wirksame Grundlage nach § 14 Abs. 1 TzBfG gestellt wird. Bekommen Mitarbeiter einen weiteren befristeten Vertrag angeboten, ist die Wahrscheinlichkeit, dass eine Entfristungsklage erhoben wird, meist relativ gering. Erfolgt die weitere Befristung des Arbeitnehmers dann mit sachlichem Grund nach § 14 Abs. 1 TzBfG, so kann die anschließende Befristung auslaufen, ohne dass eine Entfristungsklage des Arbeitnehmers erfolgversprechend wäre. 434

II. Speziell: Schriftformerfordernis, § 14 Abs. 4 TzBfG

Der den Arbeitnehmer beratende Anwalt wird den Arbeitnehmer zunächst nach dem **Befristungsgrund** fragen. Mangels Zitiergebots muss dieser nicht im Arbeitsvertrag genannt werden. Zudem wird sich der Anwalt den Arbeitsvertrag vorlegen lassen müssen, um zu überprüfen, ob die **Schriftform** nach § 14 Abs. 4 TzBfG eingehalten ist. Die gesetzliche Schriftform, welche sich nach § 126 BGB richtet, ist in der Praxis häufig nicht gewahrt. Zum einen finden sich noch sog. **Verlängerungsschreiben**, in denen der Arbeitgeber dem Arbeitnehmer mitteilt, dass sein Vertrag bis zu einem bestimmten Datum verlängert werde, und der Arbeitnehmer dies durch Weiterarbeit konkludent annimmt. Hier ist das Schriftformerfordernis der Befristungsabrede nicht gewahrt. Problematisch sind auch divergierende Angebots- und Annahmeerklärungen der Parteien auf demselben Blatt, da § 126 BGB erfordert, dass der gesamte Inhalt der Vereinbarung durch die Unterschrift beider Parteien gedeckt ist.[389] Problematisch sind daher ggf auch in Briefform gefasste **Verlängerungsangebote**, die der Arbeitnehmer mit dem Zusatz „einverstanden" unterzeichnet. Zur Wahrung der für die Befristung von Arbeitsverträgen erforderlichen Schriftform genügt es nach Ansicht des BAG allerdings, wenn die eine Vertragspartei in einem von ihr unterzeichneten, an die andere Vertragspartei gerichteten Schreiben den Abschluss eines befristeten Arbeitsvertrages anbietet und die andere Vertragspartei das Vertragsangebot annimmt, indem sie das Schriftstück ebenfalls unterzeichnet.[390] Es ist daher aus Arbeitgebersicht dringend anzuraten, stets **Verlängerungsvereinbarungen** zu treffen, die in Form einer kurzen Vertragsergänzung abgefasst werden sollten, die von beiden Parteien im Original unterzeichnet wird. 435

Fehlt die Einhaltung der Schriftform, so entsteht grundsätzlich ein unbefristetes Arbeitsverhältnis. Auch die spätere schriftliche Niederlegung der zunächst nur mündlich vereinbarten Befristung führt nicht dazu, dass die zunächst formnichtige Befristung rückwirkend wirksam wird.[391] 436

---

389 Vgl RG 8.12.1925 – VI 350/25, RGZ 112, 199, 200; vgl APS/*Backhaus*, § 14 TzBfG Rn 456.
390 Vgl BAG 26.7.2006 – 7 AZR 514/05, NJW 2007, 315.
391 Vgl BAG 13.6.2007 – 7 AZR 700/06, NZA 2008, 108; BAG 16.4.2008 – 7 AZR 1048/06, NZA 2008, 1184.

III. Weitere Konstellationen im Zusammenhang mit Unwirksamkeitsgründen; sachgrundlose Befristungen

1. Vorbeschäftigung

437 Unwirksamkeitsgründe ergeben sich häufig auch bei der **sachgrundlosen Befristung** nach § 14 Abs. 2 TzBfG. Dies hängt vor allem mit der Voraussetzung zusammen, dass eine sachgrundlose Befristung nach § 14 Abs. 2 Satz 1 TzBfG nicht zulässig ist, wenn mit demselben Arbeitgeber **bereits** in den letzten drei Jahren ein befristetes oder unbefristetes Arbeitsverhältnis bestanden hat (§ 14 Abs. 2 Satz 2 TzBfG).[392] Schädlich ist jede Vorbeschäftigung bei demselben Arbeitgeber, egal in welcher Form. Dies bedeutet, dass Personen, die zB vor zwei Jahren bereits einmal als Aushilfe tätig geworden sind, nicht sachgrundlos nach § 14 Abs. 2 TzBfG befristet werden können. Abzustellen ist auf die juristische Person des Arbeitgebers. Die Vorbeschäftigung bei einem anderen Konzernunternehmen ist demnach unschädlich.[393] Es ist zudem darauf zu achten, dass der befristete Vertrag, der auf § 14 Abs. 2 TzBfG gestützt werden soll, **vor der Arbeitsaufnahme** des Arbeitnehmers abgeschlossen wird. Hat der Arbeitnehmer seine Arbeit nämlich schon angetreten, so besteht bereits ein (faktisches) Arbeitsverhältnis, so dass eine sachgrundlose Befristung nach § 14 Abs. 2 TzBfG aufgrund der tatsächlichen Vorbeschäftigung ausscheidet.

2. Verlängerung von Arbeitsverhältnissen mit sachgrundloser Befristung

438 Vorsicht ist bei Verlängerungen von Arbeitsverhältnissen mit sachgrundloser Befristung nach § 14 Abs. 2 TzBfG geboten. § 14 Abs. 2 Satz 1 TzBfG erlaubt innerhalb der Gesamtdauer von zwei Jahren eine dreimalige Verlängerung eines kalendermäßig befristeten Arbeitsverhältnisses.

439 Die Rechtsprechung legt den **Verlängerungsbegriff** eng aus, so dass mit der Verlängerung eines Vertrages **lediglich** die **Laufzeit** des bisherigen Vertrages verändert werden darf. Von dem Begriff der Verlängerung wird somit nur das Hinausschieben des vereinbarten Vertragsablaufs erfasst. Problematisch ist daher jedwede weitere Veränderung, ja selbst marginale Änderungen, wie zB eine Anhebung des Gehalts oder eine Veränderung der Arbeitszeit, können dazu führen, dass keine Verlängerung, sondern der **Neuabschluss** eines Vertrages vorliegt und damit die Befristung nicht mehr auf § 14 Abs. 2 Satz 1 TzBfG gestützt werden kann.[394] Dies gilt selbst dann, wenn die angebotenen Arbeitsvertragsbedingungen für den Arbeitnehmer gegenüber dem bisherigen Vertragsinhalt günstiger sind.

440 Ausnahmsweise handelt es sich allerdings **nicht** um einen **unzulässigen Neuabschluss** nach § 14 Abs. 2 Satz 2 TzBfG, wenn in einem befristeten Anschlussvertrag eine erhöhte Arbeitszeit vereinbart wird, um einem Anspruch des Arbeitnehmers Rechnung zu tragen, den dieser als Erhöhungsverlangen nach § 9 TzBfG bereits zuvor oder anlässlich

---

392 Vgl BAG 6.4.2011 – 7 AZR 716/09, NZA 2011, 905 ff.
393 Vgl BAG 18.8.2005 – 8 AZR 523/04, NZA 2006, 145.
394 Vgl BAG 23.8.2006 – 7 AZR 12/06, NZA 2007, 204.

der Vereinbarung der Verlängerung gemacht hat und dem der Arbeitgeber in dem Folgevertrag mit der Veränderung der Arbeitszeit lediglich Rechnung trägt.[395]

Diese insgesamt strenge Rechtsprechung des BAG[396] wird in der Praxis häufig nicht beachtet, so dass aus der Sicht des den Arbeitnehmer vertretenden Anwalts die „Ursprungsfassung" und die „Verlängerung" genau abzugleichen sind. Ergeben sich Abweichungen, so könnte eine Entfristungsklage erfolgreich sein, weil die Verlängerung nicht mehr auf § 14 Abs. 2 TzBfG gestützt werden kann. Freilich ist der Arbeitgeber in diesen Fällen nicht daran gehindert, sich auf einen sachlichen Grund nach § 14 Abs. 1 TzBfG zu berufen. Doch dieser dürfte häufig nicht vorliegen.

IV. Gerichtlicher Vergleich, § 14 Abs. 1 Satz 2 Nr. 8 TzBfG

Eine **prozessuale Möglichkeit**, eine wirksame Befristung zu vereinbaren, besteht in der durch § 14 Abs. 1 Satz 2 Nr. 8 TzBfG vorgesehenen Möglichkeit, die Befristung in einem **gerichtlichen Vergleich** zu protokollieren. Unter einem gerichtlichen Vergleich im schriftlichen Verfahren wird ein Prozessvergleich iSd § 794 Abs. 1 Nr. 1 ZPO verstanden. Ein außergerichtlicher Vergleich reicht also nicht aus. Ein gerichtlicher Vergleich nach § 278 Abs. 6 ZPO erfüllt allerdings die Voraussetzungen des § 14 Abs. 1 Satz 2 Nr. 8 TzBfG.

Vorsicht ist jedoch insoweit geboten, als das BAG für den Sachgrund des § 14 Abs. 1 Satz 2 Nr. 8 TzBfG verlangt, dass die Parteien **zur Beendigung** eines Kündigungsverfahrens oder eines Feststellungsstreits über den Fortbestand des Arbeitsverhältnisses infolge einer Befristung eine Einigung erzielen. Dies bedeutet also, dass der Bestand des Arbeitsverhältnisses ursprünglich im Streit gewesen sein muss, was nach der Rechtsprechung nicht schon dann der Fall sein soll, wenn zB ein Arbeitgeber den Ausspruch einer Kündigung lediglich androht. Vielmehr müssen beide Parteien gegensätzliche Rechtsstandpunkte darüber eingenommen haben, ob bzw wie lange zwischen ihnen ein Arbeitsverhältnis besteht. Insbesondere der Arbeitnehmer muss nachdrücklich seine Rechtsposition vertreten und gegenüber dem Arbeitgeber geltend gemacht haben. Es muss insoweit ein „offener Streit" bestanden haben.[397] Der gerichtliche Vergleich kann somit nicht dazu genutzt werden, eine von den Arbeitsvertragsparteien vor Rechtshängigkeit getroffene Vereinbarung, durch die ein befristeter Arbeitsvertrag lediglich verlängert werden soll, protokollieren zu lassen. Es ist daher ein echter **Bestandsschutzstreit** erforderlich.

---

395 Vgl BAG 16.1.2008 – 7 AZR 603/06, NZA 2008, 701.
396 Vgl hierzu *Dörner*, NZA 2007, 57 ff.
397 Vgl BAG 26.4.2006 – 7 AZR 366/05, NZA 2006, 1431.

§ 6 Diskriminierungsprozesse

444 Seit dem Inkrafttreten des Allgemeinen Gleichbehandlungsgesetzes (AGG) ist im Vergleich zur Vergangenheit ein deutlicher Anstieg der Zahl von Diskriminierungsklagen zu verzeichnen. Dies ist nicht zuletzt darauf zurückzuführen, dass betroffenen Arbeitnehmern mit dem AGG nun – besonders auch in der gesteigerten öffentlichen Wahrnehmung – ein umfassendes und wirksames Instrument zur Vorbeugung und Behandlung der verschiedensten Arten ungerechtfertigter Diskriminierungen und ihrer Folgen zur Verfügung steht. Die prozessualen Besonderheiten von Diskriminierungsprozessen werden im Folgenden aufgezeigt.

I. Darlegungs- und Beweislast
1. Beweislasterleichterung, Indizien

445 Typischerweise ist es für den Kläger kaum möglich oder jedenfalls schwierig, eine Benachteiligung aus Gründen des § 1 AGG nach den allgemeinen Grundsätzen der Darlegungs- und Beweislast nachzuweisen, weil die Gründe der internen Auswahlentscheidung in der Regel nicht mitgeteilt werden oder zugänglich sind. § 22 AGG sieht angesichts dessen eine **Beweislasterleichterung** vor.

446 § 22 AGG enthält **teilweise** eine **Beweislastumkehr**. Die Normregeln bewirken unter bestimmten Voraussetzungen einen partiellen Übergang der Beweislast auf den beklagten Arbeitgeber, und zwar bezüglich des **Grundes der Benachteiligung**. Der Arbeitnehmer muss daher zunächst nach den allgemeinen Regeln in vollem Umfang darlegen und beweisen, dass er gegenüber einer anderen Person benachteiligt wurde, was jedoch im Fall der nicht erfolgten Einstellung oder Beförderung wenig Probleme bereiten wird. Außerdem muss er **Indizien** vortragen und beweisen, die eine Benachteiligung aus Gründen des § 1 AGG vermuten lassen. Indizien sind Hilfstatsachen, die für sich allein oder in ihrer Gesamtheit einen Rückschluss auf das Vorliegen der Haupttatsache zulassen. Der Vortrag von bloßen „ins Blaue hinein" getätigten Behauptungen oder Mutmaßungen reicht dagegen nicht aus, da dann die notwendige Substanz anhand konkreter Anhaltspunkte fehlt, die den Rückschluss auf eine Diskriminierung zulässt.

447 Bereits im Zusammenhang mit dem Nachweis von Indizien kann es jedoch unter Umständen erforderlich sein, bestimmte Informationen vom betroffenen Arbeitgeber einzuholen, insbesondere zu den Kriterien des Auswahlverfahrens und zu der Frage, ob etwa ein anderer Arbeitnehmer eingestellt wurde – und wenn ja, welcher. Bislang ist allerdings unklar, in welchem Umfang ein solcher **Auskunftsanspruch** für nicht ausgewählte Bewerber gegenüber dem Arbeitgeber besteht. In diesem Zusammenhang hat das BAG unlängst die Frage im Vorabentscheidungsverfahren an den EuGH gerichtet, inwieweit das Gemeinschaftsrecht mit der EG-Antidiskriminierungs-Richtlinie (Richtlinie 2006/54/EG) einen solchen Anspruch erfordert und ob, falls ein solcher Anspruch besteht, die Ablehnung der Auskunft durch den Arbeitgeber bereits eine Tatsache darstellt, welche eine Diskriminierung vermuten lässt.[398]

---

[398] Vgl BAG 20.5.2010 – 8 AZR 287/08, NZA 2010, 1006.

I. Darlegungs- und Beweislast 6

Die Indizien müssen die **überwiegende Wahrscheinlichkeit** begründen, dass tatsächlich 448
eine sachlich nicht gerechtfertigte Benachteiligung aus Gründen des § 1 AGG vorliegt.
Es muss geprüft werden, ob das Indiz den Schluss auf eine Diskriminierung nahelegt.
Ist das der Fall, muss der Kläger den **regulären Beweis** für das **Vorliegen des Indizes**
führen. Die **Anforderungen an das Beweismaß** sind dabei abgesenkt. Das Gericht muss
nicht vollständig von einer Benachteiligung überzeugt sein, damit sich die Beweislast
umkehrt. Es muss nur im Sinne einer Glaubhaftmachung – wie auch schon zuvor im
Rahmen der Rechtsprechung zur Vorgängervorschrift des § 611 a Abs. 1 Satz 3 BGB
aF vertreten – **überwiegend wahrscheinlich** sein, dass eine Benachteiligung vorgelegen
hat oder vorliegt.[399] Dabei ist zur genauen Beurteilung eine Gesamtbetrachtung aller
Indizien vorzunehmen.[400]

Im Rahmen der Benachteiligung ist es nicht zwingend erforderlich, dass diese allein auf 449
einem der in § 1 AGG genannten Merkmale beruht. Es ist vielmehr ausreichend, dass
ein solches Diskriminierungsmerkmal zu einem **Motivbündel** für die Entscheidung gehört. Demnach liegt eine Benachteiligung etwa auch dann vor, wenn eine Arbeitnehmerin zwar nicht nur, aber auch wegen ihres Geschlechts nicht eingestellt wurde.[401]

Beispiel 1:[402] Frau S leidet an Neurodermitis, aufgrund derer bei ihr ein Behinderungsgrad 450
von 40 % anerkannt ist, und bewirbt sich auf eine Arbeitsstelle im Bereich Parkraumbewirtschaftung. Ihre Bewerbung wird mit der schriftlichen Begründung zurückgewiesen, dass
aufgrund der Neurodermitis eine erhöhte Stressanfälligkeit und damit ein erhöhtes Erkrankungsrisiko bestehe. Sie sei für die Tätigkeit daher nicht geeignet.

Frau S kann durch Vorlage der schriftlichen Ablehnung zunächst den Vollbeweis dafür erbringen, dass sie gegenüber anderen Bewerbern ungleich behandelt worden ist. Dies ergibt
sich aus der Sache selbst, denn sie ist – im Gegensatz zu mindestens einem anderen Stellenbewerber – nicht eingestellt worden.

Außerdem kann sie Indizien beweisen, die auf eine Benachteiligung aufgrund ihrer Behinderung hindeuten: Aus dem Ablehnungsschreiben geht hervor, dass der Arbeitgeber aufgrund ihrer Neurodermitis davon ausgeht, dass sie für die Stelle nicht geeignet ist. Deshalb
geht die Beweislast teilweise auf den Arbeitgeber über. Er muss beweisen, dass doch keine
Benachteiligung aus Gründen des § 1 AGG vorliegt bzw dass ein sachlicher Rechtfertigungsgrund gegeben ist.

Das Arbeitsgericht Berlin sprach im obigen Fall der Klägerin eine Entschädigung in Höhe von
ca. sechs Monatsgehältern zu. Das Gericht stützte den Anspruch direkt auf die Richtlinie
2000/78/EG (das AGG war zu dieser Zeit noch nicht in Kraft). Die Klägerin sei unmittelbar
diskriminiert worden. In der Ablehnung ihrer Bewerbung liege eine Ungleichbehandlung,
die nicht gerechtfertigt sei. Denn das behauptete erhöhte allgemeine Krankheitsrisiko stelle
keine wesentliche und entscheidende berufliche Anforderung dar. Der Arbeitgeber habe nur

---

399 Vgl im Einzelnen *Windel*, RdA 2007, 1 ff; ebenso: BAG 19.8.2010 – 8 AZR 530/09, NZA 2010, 1412; BAG 17.12.2009 – 8 AZR 670/08, NZA 2010, 383; BAG 24.4.2008 – 8 AZR 257/07, NZA 2008, 1351; ArbG Berlin 12.11.2007 – 86 Ca 4035/07, NJW 2008, 1401.
400 Vgl LAG Köln 6.4.2009 – 5 Ta 89/09, NZA-RR 2009, 526; BAG 24.4.2008 – 8 AZR 257/07, NZA 2008, 1351.
401 Vgl ArbG Berlin 12.11.2007 – 86 Ca 4035/07, NJW 2008, 1401; zum Ausreichen des Motivbündels auch: BAG 17.12.2009 – 8 AZR 670/08, NZA 2010, 383; BAG 22.1.2009 – 8 AZR 906/07, NZA 2009, 945.
402 Vgl ArbG Berlin 13.7.2005 – 86 Ca 24618/04, NZA-RR 2005, 608.

die abstrakte Gefahr erhöhter Erkrankungszeiten dargelegt, die keine Rechtfertigung für die Benachteiligung darstellen könne.

451 Nach Inkrafttreten des **AGG** gibt es nun eine ganze Reihe von vergleichbaren Fällen und Entscheidungen, welche die gleichen Anforderungen an das Vorliegen der Voraussetzungen der Beweiserleichterung des § 22 AGG stellen. Insoweit wurde die zu § 611 a BGB aF ergangene Rechtsprechung zumindest in den Grundzügen aufgegriffen.

452 **Beispiel 2:**[403] Die Klägerin war über ein Jahr aufgrund eines befristeten Vertrages für ein Bewachungs- und Sicherheitsunternehmen in einem konkreten Objekt eingesetzt worden, bevor sie kurz vor Ablauf der Befristung zu einem Gespräch über die Frage der Verlängerung bzw Nichtverlängerung der Tätigkeit geladen wurde. Im Rahmen dieses Personalgesprächs überreichte sie den Verantwortlichen ein Schwangerschaftsattest mit dem konkret errechneten Geburtstermin. Zudem hatte die Klägerin bereits einige Tage vor dem Gespräch den Objektleiter der Firma auf ihre Schwangerschaft hingewiesen. Anschließend wurde der Vertrag der betroffenen Arbeitnehmerin nicht verlängert, wobei sich die beklagte Firma darauf berief, der Entschluss der Nichtverlängerung habe bereits vor Beginn des Personalgesprächs festgestanden.

Die Klägerin trug zur Glaubhaftmachung der Diskriminierung vor, dass die befristeten Verträge aller anderen am Objekt beschäftigten Arbeitnehmer verlängert wurden, was einen Rückschluss darauf zulasse, dass ihre Schwangerschaft den Grund für die Nichtverlängerung darstelle. Nach Ansicht des LAG Köln waren somit ausreichende Indizien für eine geschlechtsspezifische Benachteiligung erbracht, so dass die Beweislasterleichterung nach § 22 AGG zur Anwendung gelangte. Bereits das zeitliche Zusammenfallen der Mitteilung der Nichtverlängerung im selben Gespräch, in welchem die Schwangerschaftsbescheinigung überreicht wurde, begründe ein ausreichend starkes Indiz. Ein weiteres entscheidendes Indiz stellte nach Ansicht des Gerichts die unstreitige Verlängerung aller weiteren befristeten Verträge am selben Objekt dar, so dass es nun nach § 22 AGG Sache der beklagten Arbeitgeberin war, das Nichtvorliegen einer Diskriminierung bei der Entscheidung nachzuweisen, was ihr im Fall gerade nicht gelang.

453 Steht allerdings etwa die **mangelnde Eignung** eines Bewerbers aufgrund der in seiner Bewerbung ausgewiesenen Qualifikation bereits **offenkundig** fest, so kann die nachfolgende Äußerung einer Personalleiterin, der Bewerber wäre für die Stelle zu alt, mangels möglicher Kausalität für die Ablehnung kein Indiz mehr für eine Altersdiskriminierung iSd § 22 AGG mehr darstellen.[404]

454 Die Beweislast kehrt sich grundsätzlich auch dann nicht um, wenn der Arbeitnehmer nur **pauschal behauptet**, diskriminiert worden zu sein. Die Beweislastumkehr erfolgt nur, wenn der Kläger **konkrete Indizien** vorträgt, die auf eine Benachteiligung aus Gründen des § 1 AGG schließen lassen.

455 **Beispiel 3:**[405] Herr M ist schwerbehindert. Er ist bisher bei der Stadt in der Vergütungsgruppe 1 beschäftigt. Er bewirbt sich um eine andere Stelle im Bereich des Ordnungswesens, die höher vergütet ist und um die sich auch andere Bewerber bemühen. Herr M wird wie vier weitere Bewerber zu einem Vorstellungsgespräch eingeladen. Bei seinem Vorstellungsge-

---

403 Vgl LAG Köln 6.4.2009 – 5 Ta 89/09, NZA-RR 2009, 526.
404 Vgl LAG Köln 10.2.2010 – 5 Ta 408/09, NZA-RR 2010, 234.
405 Vgl ArbG Passau 21.4.2004 – 1 Ca 2078/03, n.v.

spräch werden seine Qualifikationen und seine Einstellung zum Beruf erörtert. Aus dem Protokoll der Stadtratssitzung, in der über die Besetzung der Stelle entschieden wird, ist festgehalten, dass ein anderer Bewerber bessere Noten in der Abschlussprüfung und Herr M im Vorstellungsgespräch nicht den Eindruck gemacht habe, „im Sinne einer bürgerfreundlichen und serviceorientierten Verwaltung arbeiten zu können". Vielmehr sei bei ihm „obrigkeitsstaatliches Denken" zu Tage getreten. Herr M erhält eine Absage und erhebt eine Entschädigungsklage mit der Begründung, bei seinem Vorstellungsgespräch habe man erkennen können, dass die Rathausführung der Ansicht gewesen sei, er sei aufgrund seiner Behinderung den physischen und psychischen Anforderungen der Stelle nicht gewachsen.

Es findet keine Beweislastumkehr statt. Herr M kann zwar beweisen, dass er gegenüber einem anderen – nämlich dem eingestellten Bewerber – ungleich behandelt wurde. Er hat aber keine Indizien vorgetragen und bewiesen, die vermuten lassen, dass er wegen eines in § 1 AGG genannten Grundes benachteiligt wurde. Hinsichtlich des Vorstellungsgesprächs sind seine Ausführungen nicht ausreichend substantiiert. Er hat keine Hilfstatsachen vorgetragen, sondern nur **pauschal behauptet**, benachteiligt worden zu sein. Es bleibt also bei der allgemeinen Beweislastverteilung. Herr M muss den Beweis erbringen, dass der Arbeitgeber ihn aus Gründen des § 1 AGG abgelehnt hat und kein sachlicher Rechtfertigungsgrund vorlag. Aufgrund der Beweislage gelingt ihm dies nicht, so dass seine Klage erfolglos blieb.

Zwar werden im Allgemeinen von der Rechtsprechung **keine besonders hohen Anforderungen** an den Vortrag von Indizien des möglicherweise Diskriminierten gestellt, allerdings wird doch **jedes Argument einzeln** auf seine Stichhaltigkeit hin überprüft.

Beispiel 4:[406] Der Kläger ist ein zu 30 % schwerbehinderter und derzeit arbeitsloser Kfz-Meister und hatte sich auf eine Stellenausschreibung einer Kfz-Werkstatt hin beworben, in welcher ein „flexibler und belastbarer" Mitarbeiter mit Berufserfahrung, guten Kenntnissen in Kfz-Elektrik und -Elektronik und sehr guten Deutschkenntnissen in Wort und Schrift gesucht wurde. In seinem Bewerbungsschreiben verwies der Kläger auf seine Berufserfahrung als Kfz-Meister, in der er bei seiner letzten langjährigen Anstellung als Leiter der Service-Abteilung tätig war, jedoch auch in der praktischen Reparatur ausgeholfen habe, wenn „Not am Mann" war. Weiterhin offenbarte er seine bestehende Schwerbehinderteneigenschaft. Auf eine spätere Nachfrage zum Stand seiner Bewerbung erhielt der Kläger ein kurzes Ablehnungsschreiben, in welchem mitgeteilt wurde, dass man sich für einen Mitbewerber entschieden habe. Weiterhin hieß es, dass aufgrund der Vielzahl von Bewerbungen die Entscheidung nicht leicht gefallen sei, die Ablehnung jedoch weder in der Qualifikation noch in der Person des Klägers begründet liege. Daraufhin erhob der Kläger eine Klage auf Schadensersatz in Höhe von 9.000 EUR, da die Ablehnung aufgrund seiner Schwerbehinderung und somit unter Verstoß gegen das AGG erfolgt sei. Dies zeige zum einen bereits die Stellenanzeige, in welcher besonderer Wert auf die Eigenschaften „flexibel und belastbar" gelegt wurde, was zum Ausdruck bringe, dass der Arbeitgeber diese einem schwerbehinderten Arbeitnehmer gerade nicht zutraue, da sie offensichtlich im Widerspruch zu seiner Behinderung stünden. Auch argumentierte der Kläger mit dem Wortlaut des Ablehnungsschreibens, nach welchem die Ablehnung weder mit der Person noch der Qualifikation zu tun habe, so dass als Ausschlussgrund letztlich nur die Schwerbehinderung übrig bleibe. Der Arbeitgeber führte dagegen aus, der Kläger habe nicht in das Anforderungsprofil gepasst, da keine leitende Servicekraft, sondern ein Mechaniker für die Werkstatt gesucht worden sei. Zu

---

406 Vgl LAG Nürnberg 19.2.2008 – 6 Sa 675/07, NZA 2009, 148.

weiterer Beweisführung sei er nicht verpflichtet, da der Kläger keine für die Beweislasterleichterung nach § 22 AGG erforderlichen Indizien vorgetragen habe.

Sowohl das Arbeitsgericht als auch das Landesarbeitsgericht in der Berufung haben das Vorbringen des Klägers zurückgewiesen, da dieser weder Indizien iSv § 22 AGG vorgetragen noch bewiesen habe, aus welchem Grund eine Benachteiligung aufgrund der Schwerbehinderung zu vermuten sei. Einerseits lasse die Stellenausschreibung nicht bereits auf eine Diskriminierung schließen, da die Attribute „flexibel und belastbar" nach dem allgemeinen Sprachgebrauch in keinerlei Widerspruch zu einer Schwerbehinderung stehen und ein Schwerbehinderter in seiner Tätigkeit genauso flexibel arbeiten und die übliche Belastbarkeit mitbringen könne. Außerdem stellten diese Attribute übliche in Bewerbungen geforderte Eigenschaften dar. Auch das Ablehnungsschreiben sei kein taugliches Indiz für eine Benachteiligung, da es sich bei der gewählten Formulierung, eine Ablehnung liege weder in der Qualifikation noch in der Person des Bewerbers begründet, lediglich um eine nicht weiter aussagekräftige Höflichkeitsfloskel handele. Weiterhin stelle zum einen eine Schwerbehinderung gerade ein Merkmal dar, welches in der Person des Arbeitnehmers liege, und zum anderen lassen sich eine Vielzahl von anderen Auswahlkriterien finden, die weder mit der Person noch der Qualifikation zusammenhängen, so dass sich ein automatischer Rückschluss auf die Behinderung verbiete. Demnach sei der Kläger dem nach § 22 AGG erforderlichen Vorbringen nicht nachgekommen, so dass eine Beweiserleichterung nicht einschlägig sei und es somit an einem Nachweis der Ungleichbehandlung aufgrund einer der in § 1 AGG genannten Merkmale fehle.[407]

458 Welche Indizien den **Verdacht einer Benachteiligung** begründen, ist somit – wie bereits aufgezeigt – eine Frage des **Einzelfalles**. Das Gericht überprüft, ob die vom Kläger vorgetragenen Tatsachen die **überwiegende Wahrscheinlichkeit** einer Benachteiligung begründen (s. Rn 448). Dabei ist zu beachten, welche Informationen dem Kläger überhaupt zugänglich sind. Überhöhte Anforderungen sind unter Berücksichtigung dessen nicht zu stellen. So sei allein die Ablehnung einer Bewerberin mit der Begründung, diese sei „nicht Muttersprachlerin", selbst dann ein Indiz für eine Diskriminierung, wenn perfekte Sprachkenntnisse für die Auswahl verlangt wurden und die Bewerberin diese (was allerdings aus der Bewerbung selbst noch nicht, sondern erst in der mündlichen Verhandlung ersichtlich wurde) nicht besaß.[408] Nach der Gesetzesbegründung kann sich ein tatsächlicher Anhaltspunkt auch aus einer **nicht neutralen Stellenausschreibung** ergeben. Wird etwa in der Stellenausschreibung explizit ein „junger" Arbeitnehmer gesucht, werden solche Personen, die nicht mehr „jung" sind, vom Kreis derer, die für die zu besetzende Stelle in Betracht kommen, ausgeschlossen. Zur Widerlegung der Vermutung einer Benachteiligung wegen des **Alters** muss der Arbeitgeber das Gericht davon überzeugen, dass die Benachteiligung gerade nicht auf dem Alter beruht. Er muss also Tatsachen vortragen und ggf beweisen, aus denen sich ergibt, dass es ausschließlich andere Gründe waren als das Alter, die zu der weniger günstigen Behandlung geführt haben.[409]

459 Weiterhin können auch die Ergebnisse von Statistiken oder sog. Testing-Verfahren im Rahmen der richterlichen Würdigung einen tatsächlichen Anhaltspunkt darstellen.

---

407 Vgl LAG Nürnberg 19.2.2008 – 6 Sa 675/07, NZA 2009, 148.
408 Vgl ArbG Berlin 11.2.2009 – 55 Ca 16952/08, NZA-RR 2010, 16.
409 Vgl BAG 19.8.2010 – 8 AZR 530/09, NZA 2010, 1412.

I. Darlegungs- und Beweislast 6

Beim **Testing-Verfahren** wird eine Vergleichsperson eingesetzt, um zu überprüfen, ob ein Verhalten gegenüber einer Person, die eines der in § 1 AGG genannten Merkmale erfüllt, gleichermaßen gegenüber einer Vergleichsperson, bei der dies nicht der Fall ist, erfolgt. Es ist allerdings noch nicht ganz klar, wie derartige Verfahren in der Praxis eingesetzt werden sollen. Auch mit der Verwendung von **Statistiken** kann ein Indiz für eine geschlechtsbezogene Diskriminierung iSv § 22 AGG dargelegt werden. Das LAG Berlin-Brandenburg sah ein solches Indiz darin, wenn im Zusammenhang mit einer nicht erfolgten Beförderung einer Frau in eine Führungsposition dargestellt wird, dass in einem Unternehmen mit 1.100 Angestellten alle 27 Führungspositionen mit Männern besetzt sind, obwohl der Frauenanteil in der Gesamtbelegschaft bei etwa 2/3 liegt.[410] Diese Entscheidung wurde vom BAG zwar aufgehoben, ohne dass aber das BAG den Rückgriff auf Statistiken zur Darlegung eines Indizes versperrt hat.[411]

Eine Benachteiligung ist allerdings nicht ausschließlich in Fällen anzunehmen, in denen eine bestimmte Behandlung **unmittelbar** an ein Diskriminierungsmerkmal aus § 1 AGG geknüpft ist, sondern auch wenn dies **mittelbar** erfolgt. So liegt eine geschlechtsbezogene Benachteiligung nicht nur dann vor, wenn bei einer Auswahlentscheidung direkt an das Geschlecht angeknüpft wird, sondern auch dann, wenn negativ auf Auswahlkriterien abgestellt wird, welche ausschließlich von Angehörigen eines Geschlechts erfüllt werden können, wie beispielsweise die **Schwangerschaft** bei Frauen.[412]

460

Nach dem unmissverständlichen Gesetzeswortlaut liegt ein Verstoß gegen das Benachteiligungsverbot auch dann vor, wenn die Person, die die Benachteiligung begeht, das Vorliegen eines Diskriminierungsmerkmals bei der Benachteiligung – entgegen der tatsächlichen Lage in der Realität – nur annimmt und somit quasi einen „Versuch am untauglichen Objekt" begeht (Putativdiskriminierung).[413]

461

2. Rechtfertigung der Ungleichbehandlung

Nach der Umkehr der Beweislast muss der Arbeitgeber anschließend die **Rechtfertigung der Ungleichbehandlung** in vollem Umfang darlegen, um somit nachzuweisen, dass er keine diskriminierende Ungleichbehandlung im Sinne des AGG vorgenommen hat.[414] Der Beweis ist jedoch erst dann erbracht, wenn das Gericht zu der vollen Überzeugung gelangt, dass eine unzulässige Benachteiligung des Klägers nicht vorliegt. Dies kann der Arbeitgeber dadurch erreichen, dass er die Voraussetzungen für die Beweislastumkehr nach § 22 AGG oder das gesamte inhaltliche Vorbringen des Klägers hinsichtlich der Benachteiligung widerlegt oder indem er die Indizienwirkung beseitigt.

462

Eine unzulässige Benachteiligung scheidet trotz **diskriminierender Stellenausschreibung** etwa immer dann aus, wenn der Kläger für die zu besetzende Stelle objektiv von vornherein vollständig ungeeignet war und somit in keiner Weise dem Anforderungsprofil des Arbeitgebers entsprach.[415]

463

---
410 Vgl LAG Berlin-Brandenburg 26.11.2008 – 15 Sa 517/08, NJOZ 2008, 5205.
411 Vgl BAG 22.7.2010 – 8 AZR 1012/08, NZA 2011, 93 ff.
412 Vgl BAG 24.4.2008 – 8 AZR 257/07, NZA 2008, 1351.
413 Vgl BAG 17.12.2009 – 8 AZR 670/08, NZA 2010, 383.
414 Vgl BAG 21.7.2009 – 9 AZR 431/08, NZA 2009, 1087.
415 Vgl LAG Hamburg 29.10.2008 – 3 Sa 15/08, FD-ArbR 2009, 273597.

464 **Beispiel 5:**[416] Der Kläger ist schwerbehindert und bewirbt sich um eine Stelle im Sekretariatsbereich. Beim Bewerbungsverfahren wird die Schwerbehindertenvertretung nicht beteiligt. Im Rahmen des Vorstellungsgesprächs wird er zu seinen Schreibmaschinenkenntnissen befragt. Er ist aufgrund seiner Schwerbehinderung jedoch nur in der Lage, langsam Schreibmaschine zu schreiben. Der Kläger wird abgelehnt und erhebt Entschädigungsklage mit der Begründung, er sei wegen seiner Schwerbehinderung benachteiligt worden. Dies ergebe sich bereits daraus, dass die Schwerbehindertenvertretung nicht beteiligt worden sei.

Die Beweislast kehrt sich bereits aufgrund dieser vorgebrachten Tatsachen um, so dass der Arbeitgeber beweisen muss, dass der Kläger nicht wegen seiner Behinderung diskriminiert worden ist. Der Umstand, dass die Schwerbehindertenvertretung nicht beteiligt worden ist, stellt ein Indiz dar, aufgrund dessen eine Benachteiligung wegen der Schwerbehinderung vermutet werden kann. Gleiches gilt für den Fall, dass die Agentur für Arbeit nicht danach gefragt wurde, ob verfügbare arbeitslose Schwerbehinderte als Bewerber in Betracht kämen (§ 81 Abs. 1 SGB IX).[417] Allgemein lässt sich sagen, dass immer dann, wenn Stellen nicht informiert werden, deren Beteiligung zum Schutz des Arbeitnehmers zwingend vorgeschrieben ist (Schwerbehindertenvertretung, Gleichstellungsbeauftragte etc.), ein Indiz für eine Benachteiligung gegeben ist und eine Beweislastumkehr erfolgt. Der Arbeitgeber muss in diesem Fall darlegen, dass die Schreibmaschinenfähigkeiten für die Sekretariatstätigkeit wichtig sind und deswegen einen sachlichen Grund darstellen, warum der Kläger abgelehnt worden ist.

465 Das BAG hat im obigen Fall weder eine unmittelbare noch eine mittelbare Diskriminierung angenommen. Die Personalentscheidung beruhe darauf, dass der Kläger nicht über die geforderten Schreibmaschinenkenntnisse verfüge. Zu ähnlich gelagerten Fällen sind weitere sowohl untergerichtliche als auch höchstrichterliche Entscheidungen ergangen.[418]

466 Um für den Fall einer Beweislastumkehr gewappnet zu sein, ist dem Arbeitgeber anzuraten, alle **Personalvorgänge** genau zu **dokumentieren**. Unternehmerische Auswahlentscheidungen im Rahmen der Personalarbeit müssen objektivierbar und nachvollziehbar, dh auch belegbar gestaltet werden. Es sollten daher von Personalgesprächen (Auswahlgesprächen) ggf kurze Gesprächsprotokolle oder Vermerke angefertigt, und alle schriftlichen Unterlagen aufbewahrt werden. Die Beweggründe der Personalentscheidung sollten kurz festgehalten werden, da es ansonsten im Fall eines späteren Rechtsstreits, der ggf erst erhebliche Zeit später entsteht, nicht mehr möglich ist zu rekapitulieren, aus welchem Grund eine spezifische Auswahlentscheidung getroffen wurde.

II. Bedeutung

467 Diskriminierungsklagen nahmen in der bisherigen arbeitsgerichtlichen Praxis grundsätzlich nur eine geringe Bedeutung ein, da im Wesentlichen Bestandsschutzstreitigkei-

---

416 Vgl BAG 15.2.2005 – 9 AZR 635/03, NZA 2005, 870.
417 LAG Baden-Württemberg 1.2.2011 – 22 Sa 67/10 AE 2011, 205 ff.
418 Vgl LAG Hamburg 29.10.2008 – 3 Sa 15/08, FD-ArbR 2009, 273597; LAG Rheinland-Pfalz 1.9.2005 – 4 Sa 865/04, ZTR 2006, 207; VG Düsseldorf 6.5.2005 – 2 K 4552/03, Behindertenrecht 2005, 176; BAG 21.7.2009 – 9 AZR 431/08, NZA 2009, 1087.

ten (Kündigungsschutzprozesse) geführt werden, die den Eigengesetzlichkeiten des KSchG unterliegen. Zumindest außerhalb des Anwendungsbereichs des KSchG ist allerdings mit Inkrafttreten des AGG der Anteil an Diskriminierungsprozessen merklich angestiegen, was für die Zukunft auch weiterhin erwartet werden kann.

Natürlich ist zugleich mit der Steigerung des Schutzniveaus häufig auch verbunden, dass das Auftreten von Missbrauchsfällen ansteigt und dementsprechend auch Klagen von **Trittbrettfahrern** erhoben werden, die versuchen, eine Benachteiligung iSv § 1 AGG zu provozieren und deswegen Schadensersatz- oder Entschädigungsansprüche geltend zu machen. Für Arbeitgeber kann es daher angeraten sein, Umschau zu halten, ob der Bewerber sich zugleich auch bei anderen Unternehmen beworben hat. So führte in einem bereits angesprochenen Fall die Berufung des Arbeitgebers auf die so gewonnenen Erkenntnisse und die damit verbundene Vermutung, es handele sich um einen sog. AGG-Hopper, der von vornherein versuche, entsprechende Entschädigungen zu erhalten, ohne dass er ernsthaft am Arbeitsplatz Interesse habe, zumindest dazu, dass der betroffene Kläger seine anderen anhängigen Diskriminierungsklagen im Einzelnen darlegen und erklären musste.[419] 468

III. Schadensersatzanspruch

Anspruchsgrundlage für Schadensersatz ist § 15 Abs. 1 AGG. Der Schadensersatzanspruch nach § 15 Abs. 1 Satz 1 AGG knüpft an einen Verstoß gegen ein Benachteiligungsverbot an. Er ist zwar vom Verschulden des Arbeitgebers abhängig, welches aber grundsätzlich nach § 15 Abs. 1 Satz 2 AGG vermutet wird. Dementsprechend trägt der Arbeitgeber die Beweislast dafür, dass er die Benachteiligung nicht nach den Grundsätzen der §§ 276–278 BGB zu vertreten hat. 469

Schadensersatzklagen beziehen sich auf die **materiellen Schäden**, so dass sich der Umfang somit nach den §§ 249 ff BGB richtet. Eine Naturalrestitution, etwa in Form eines **Einstellungs- oder Beförderungsanspruchs**, scheidet allerdings nach § 15 Abs. 6 AGG aus. Grundsätzlich ist der gesamte aus der Benachteiligung resultierende Schaden zu ersetzen, was in erster Linie den **entgangenen Gewinn**, etwa in Form von nicht erhaltenem Lohn mangels Einstellung oder der Lohndifferenz infolge einer nicht erfolgten Beförderung, erfasst.[420] 470

Im Gegensatz zur Entschädigung nach § 15 Abs. 2 AGG ist der Schadensersatzanspruch in **zeitlicher** Hinsicht nach in der Rechtsprechung teilweise vertretener Ansicht nicht begrenzt, so dass dem ansonsten einzustellenden bestqualifizierten Bewerber die mangels Beförderung bzw Einstellung entstandene Lohndifferenz für den gesamten Zeitraum zu gewähren ist.[421] Andere Stimmen wollen eine zeitliche Begrenzung anhand der Vorschrift des § 628 Abs. 2 BGB vornehmen, da der Arbeitgeber einen (erhöhten) Lohn nur bis zur theoretischen Kündigungsmöglichkeit zu zahlen habe. Der Schaden ist im Einzelnen zu substantiieren und, wenn möglich, bereits gegenüber dem Gericht zu be- 471

---

419 Vgl LAG Nürnberg 19.2.2008 – 6 Sa 675/07, NZA 2009, 148.
420 Vgl LAG Berlin-Brandenburg 26.11.2008 – 15 Sa 517/08, NJOZ 2008, 5205.
421 Vgl LAG Berlin-Brandenburg 26.11.2008 – 15 Sa 517/08, NJOZ 2008, 5205.

ziffern.⁴²² Zumindest sollten allerdings die Berechnungsgrundlagen (Bruttogehalt und Beginn des hypothetischen Bezugs) genannt werden. Der typische **Antrag** lautet:

> Es wird beantragt, die Beklagte zu verurteilen, an den Kläger ... [Betrag] EUR nebst Zinsen von fünf Prozentpunkten über dem Basiszinssatz seit dem ... [Datum] zu zahlen.

IV. Entschädigungsanspruch
1. Konzeption

472 § 15 Abs. 2 Satz 1 AGG begründet eine Anspruchsgrundlage, aufgrund derer der Anspruchssteller wegen eines Schadens, der nicht Vermögensschaden ist, eine angemessene Entschädigung in Geld für durch die Benachteiligung erlittene **Persönlichkeitsverletzungen** verlangen kann. Die Möglichkeit, eine Entschädigung zu verlangen, ist insbesondere für alle Personen relevant, die zwar unrechtmäßig benachteiligt wurden, aber **auch ohne die Diskriminierung nicht eingestellt**, befördert oder weiterbeschäftigt worden wären, so dass es an einem materiellen Schaden iSd § 15 Abs. 1 AGG fehlt.

473 Im Gegensatz zum Schadensersatzanspruch nach § 15 Abs. 1 AGG ist der Entschädigungsanspruch nach § 15 Abs. 2 AGG im Fall einer Diskriminierung **verschuldensunabhängig** zu gewähren. Liegt ein Verstoß des Arbeitgebers gegen das Benachteiligungsverbot des § 7 iVm § 1 AGG vor, so ist grundsätzlich das Entstehen eines immateriellen Schadens beim Arbeitnehmer anzunehmen, der zu einem Entschädigungsanspruch führt.⁴²³ Die Entschädigung darf bei einer Nichteinstellung allerdings **drei Monatsgehälter** nicht übersteigen, wenn der oder die Beschäftigte auch bei benachteiligungsfreier Auswahl nicht eingestellt worden wäre (§ 15 Abs. 2 Satz 2 AGG).

474 Der Entschädigungsantrag kann ebenfalls konkret beziffert werden. Er kann aber auch unbeziffert erhoben und in der Höhe ins Ermessen des Gerichts gestellt werden. Erforderlich ist dann, dass der Kläger die anspruchsbegründenden Tatsachen für die Bemessung des Anspruchs darlegt.⁴²⁴ Außerdem kann eine Untergrenze angegeben werden. Ein solcher **Antrag** könnte lauten:

> Die Beklagte wird verurteilt, an den Kläger eine angemessene Entschädigung zu zahlen, deren Höhe ins Ermessen des Gerichts gestellt wird und ... [Betrag] EUR nicht unterschreiten sollte.

2. Höhe der Entschädigung

475 Für die Höhe der jeweiligen Entschädigung sind – neben der bereits angesprochenen Grenze des § 15 Abs. 2 Satz 2 AGG (s. Rn 473) – in erster Linie die Art und Schwere der Persönlichkeitsverletzung maßgeblich. Daneben sind nach Ansicht des BAG die Dauer und Folgen der Benachteiligung, der Anlass und der Beweggrund des Handelns, der Grad der Verantwortlichkeit des Arbeitgebers, etwa geleistete Wiedergutmachung oder erhaltene Genugtuung und das Vorliegen eines Wiederholungsfalles zu berück-

---

422 Vgl im Einzelnen *Deinert*, DB 2007, 398, 399 f.
423 Vgl BAG 22.1.2009 – 8 AZR 906/07, NZA 2009, 945; LAG Niedersachsen 15.9.2008 – 14 Sa 1769/07, NZA-RR 2009, 126.
424 Vgl BAG 16.9.2008 – 9 AZR 791/07, NZA 2009, 79; BAG 22.1.2009 – 8 AZR 906/07, NZA 2009, 945.

sichtigen.⁴²⁵ Bei der Bemessung kommt dem Gericht ein nach billigem Ermessen auszufüllender **Beurteilungsspielraum** zu, so dass die Festsetzung Aufgabe des Tatrichters ist und somit auch nur einer eingeschränkten Überprüfung durch die Revisionsgerichte zugänglich ist. Bekanntlich wird in den Vereinigten Staaten in Diskriminierungsfällen den Klägern bei Vorliegen der entsprechenden Voraussetzungen auch ein sog. Strafschadensersatz (*punitive damages*) zugesprochen, der oft erhebliche Größenordnungen erreicht. Dies hat dazu geführt, dass amerikanische Unternehmen sehr sensibel auf Diskriminierungssachverhalte bzw Diskriminierungsklagen reagieren. In Deutschland werden sich auch in Zukunft die Schadensersatzsummen nicht in US-amerikanischen Höhen und Größenordnungen bewegen. Jedoch wurde auch von Seiten des BAG der Sanktionszweck der Norm betont, so dass bei der Festsetzung seitens des Gerichts darauf zu achten sei, dass die Entschädigung geeignet sein muss, eine wirklich abschreckende Wirkung gegenüber dem Arbeitgeber zu haben, und in jedem Fall in einem angemessenen Verhältnis zum erlittenen Schaden steht.⁴²⁶

Insgesamt sind die **Gerichte** allerdings bislang bei der Festsetzung von Entschädigungen zumeist **eher zurückhaltend** vorgegangen. Um einen groben Überblick über die etwaigen Höhen darzustellen, werden hier in Kürze exemplarisch einige Urteile dargestellt: **476**

In einem vor dem LAG München in Berufung verhandelten Fall⁴²⁷ hatte sich der Kläger gegen die **altersdiskriminierende** Ablehnung auf seine Bewerbung gewendet, da in der Stellenausschreibung ein „junger" Arbeitnehmer gesucht wurde. Er hatte in diesem Zusammenhang einen Schadensersatz in Höhe eines vollen Jahresgehalts und ein Schmerzensgeld in Höhe von mindestens 25.000 EUR gefordert, da er aufgrund der altersdiskriminierenden Ablehnung an Appetitlosigkeit und Schlafstörungen leide. Das LAG München hatte unter Beibehaltung des Ausgangsurteils den Schadensersatzanspruch abgewiesen, da der Kläger auch bei diskriminierungsfreiem Verfahren objektiv nicht eingestellt worden wäre. Weiterhin stellte es zwar eine Altersdiskriminierung durch die Stellenanzeige fest, welche allerdings nicht besonders schwer wiege, so dass eine Entschädigung in Höhe eines Bruttomonatsgehaltes (3.344 EUR zzgl Verzugszinsen) angemessen sei, gerade weil ein kausaler Zusammenhang zu den körperlichen Konsequenzen nicht feststellbar war. Das BAG hat dies im Revisionsverfahren bestätigt.⁴²⁸ **477**

In einem weiteren Fall hatte ein Arbeitgeber gegenüber einer Arbeitnehmerin bei der Einstellung für eine kurzzeitige Tätigkeit für wenige Tage geäußert, die Arbeitnehmerin sei aufgrund ihres **Alters** nur für eine geringwertigere Tätigkeit mit einem geringeren Stundenlohn geeignet. Hatte das Ausgangsgericht eine Entschädigung wegen einer Altersdiskriminierung noch abgelehnt, da der Arbeitgeber seinen Fehler unmittelbar nach Erhalt der Entschädigungsforderung seitens der Klägerin durch Einstellung und Entlohnung in der höherwertigen Tätigkeitsgruppe „korrigiert" habe, so sprach das Be- **478**

---

425 Vgl BAG 19.8.2010 – 8 AZR 530/09, NZA 2010, 1412.
426 Vgl BAG 19.8.2010 – 8 AZR 530/09, NZA 2010, 1412; BAG 22.1.2009 – 8 AZR 906/07, NZA 2009, 945; LAG Niedersachsen 15.9.2008 – 14 Sa 1769/07, NZA-RR 2009, 126.
427 Vgl LAG München 3.6.2009 – 10 Sa 719/08, n.v.
428 Vgl BAG 19.8.2010 – 8 AZR 530/09, NZA 2010, 1412.

rufungsgericht der Klägerin zumindest eine Entschädigung in Höhe von 1.000 EUR zu.[429] Das LAG Niedersachsen bestätigte zwar, dass es sich aufgrund der Kurzzeitigkeit der Tätigkeit und der Wiedergutmachung zwar nicht um einen schweren Verstoß handele, dass eine solche schwere Verletzung aber gerade auch nicht Voraussetzung für die Annahme einer Benachteiligung und somit der Zuerkennung einer Entschädigung sei. Das BAG hat diese Festsetzung bestätigt und herausgestellt, dass der Klägerin eine höhere Entschädigung aufgrund der eher geringeren Stufe des Verstoßes nicht zustehe.[430]

479 Eine **strengere Tendenz** lässt sich in der Rechtsprechung bei diskriminierenden Verstößen aufgrund von **Abstammung, Nationalität, Religion oder Behinderung** feststellen, wobei dies gerade auch Fälle betrifft, in denen die Betroffenen auch ohne Benachteiligung tatsächlich eher nicht eingestellt worden wären.

Einer muslimischen Bewerberin, welche aus dem Bewerbungsverfahren des Diakonischen Werkes der Evangelischen Kirche ausgeschlossen wurde, weil sie nicht dem christlichen Glauben angehörte, sprach das ArbG Hamburg[431] wegen eines schweren Verstoßes eine Entschädigung in Höhe von drei Bruttomonatsgehältern (Höchstgrenze) von insgesamt 3.900 EUR zu. Zwar erfüllte die Bewerberin nicht in vollem Umfang das Anforderungsprofil an die Stelle, weshalb nicht zwingend von einer Einstellung ausgegangen werden konnte, jedoch hielt die Arbeitgeberin die Bewerbung augenscheinlich für interessant genug, der Bewerberin einen Eintritt in die Evangelische Kirche nahezulegen, da dies unbedingte Einstellungsvoraussetzung sei.

Das ArbG Berlin hat einer Klägerin, welche einer ethnischen Benachteiligung als „nicht deutsche Muttersprachlerin" im Bewerbungsverfahren ausgesetzt war, welche die Stelle allerdings auch bei diskriminierungsfreiem Auswahlverfahren gegenüber einer objektiv besser qualifizierten und geeigneten Mitbewerberin nicht erhalten hätte, ebenfalls den festgelegten Höchstsatz von drei Bruttomonatsgehältern zugesprochen.[432]

Das BAG hielt im Fall der Diskriminierung eines Arbeitnehmers aufgrund einer angenommenen (aber tatsächlich nicht bestehenden) Behinderung im Einstellungsverfahren – ähnlich wie das Ausgangsgericht, aber unter Aufhebung des dagegen ablehnenden Berufungsurteils – die Zahlung einer Entschädigung in Höhe von 8.000 EUR für angemessen.[433] „Spektakuläre" Entscheidungen hat es bisher nicht gegeben.

3. Steuerrechtliche Behandlung der Entschädigung

480 Bei einer Entschädigung handelt es sich um eine nicht die Erwerbsgrundlage betreffende Zahlung an den Arbeitnehmer, so dass diese grundsätzlich **nicht steuerpflichtig** ist. Demnach ist von Seiten des Rechtsanwalts geboten, gerade in Fällen, in denen auch die Beendigung des Arbeitsverhältnisses den Gegenstand einer Klage bildet und ein Aufhebungsvergleich geschlossen wird, darauf zu achten, dass die (für die Aufhebung) gewährte Abfindung und die nach § 15 Abs. 2 AGG wegen einer Benachteiligung zu leis-

---

429 Vgl LAG Niedersachsen 15.9.2008 – 14 Sa 1769/07, NZA-RR 2009, 126.
430 Vgl BAG 18.3.2010 – 8 AZR 1044/08, NJW 2010, 2970.
431 Vgl ArbG Hamburg 4.12.2007 – 20 Ca 105/07, RDG 2008, 150.
432 Vgl ArbG Berlin 11.2.2009 – 55 Ca 16952/08, NZA-RR 2010, 16.
433 Vgl BAG 17.12.2009 – 8 AZR 670/08, NZA 2010, 383.

tende Entschädigungszahlung getrennt ausgewiesen werden. Nur auf diese Weise kann eine Vermischung und damit eine Steuerpflicht für den gesamten Betrag vermieden werden.[434] Arbeitgeber werden freilich im Vergleich nur ungern eine Entschädigung zahlen, da hierdurch ein rechtwidriges Verhalten des Arbeitgebers festgehalten wird.

4. Rechtsmissbrauch

Ausgeschlossen sind jegliche Entschädigungsansprüche allerdings immer dann, wenn deren Geltendmachung **rechtsmissbräuchlich** ist. So ist Voraussetzung für einen etwaigen Entschädigungsanspruch grundsätzlich immer, dass der Kläger objektiv für eine entsprechende Stelle geeignet ist und sich auch subjektiv ernsthaft um diese bemüht. Dies soll die Geltendmachung von Ansprüchen durch „Trittbrettfahrer" oder sog. AGG-Hopper verhindern, welche nicht ernsthaft an einer konkreten Stelle, sondern vielmehr nur an der Gewährung einer Entschädigung interessiert sind (s. Rn 468). Allerdings wird ein solcher Nachweis in vielen Fällen schwierig sein.

481

Indizien für einen Rechtsmissbrauch können etwa sein:

- die gleichzeitige oder regelmäßige Bewerbung ausschließlich auf unter Verstoß gegen § 11 AGG ausgeschriebene Stellen oder auf solche, für die der Bewerber offensichtlich ungeeignet ist;
- die Nennung von unter Arbeitsmarktaspekten utopischen Vergütungsforderungen oder unrealistischen Arbeitsbedingungen;
- ein anderweitig bestehendes, ungekündigtes Arbeitsverhältnis mit höherer Vergütung;
- die nicht unter nachvollziehbaren Gründen erfolgte Ablehnung einer Einladung zum Vorstellungsgespräch;
- wenn einer Bewerbung hinsichtlich der Form, des Umfangs oder des Inhalts offensichtlich die Ernsthaftigkeit fehlt.[435]

V. Feststellungsklagen

Feststellungsklagen erscheinen in Konstellationen sinnvoll, in denen der Arbeitnehmer unter Verstoß gegen § 1 AGG benachteiligt wird und mit der Klage gerichtlich festgestellt werden soll, dass er gegenüber anderen Arbeitnehmern in einer vergleichbaren Situation zukünftig gleichbehandelt werden muss. Derartige **Anträge** könnten etwa lauten:

482

festzustellen, dass die Beklagte verpflichtet ist, die Klägerin ab dem ... [Datum] in der Lohngruppe ... [Zahl] zu vergüten;

---

434 Vgl *Cornelius/Lipinski*, BB 2007, 496.
435 Vgl LAG Berlin 30.3.2006 – 10 Sa 2395/05, NZA-RR 2006, 513; LAG Baden-Württemberg 13.8.2007 – 3 Ta 119/07, AuA 2007, 624; LAG Schleswig-Holstein 9.12.2008 – 5 Sa 286/08, LAGE § 15 AGG Nr. 7; LAG Hamm 26.6.2008 – 15 Sa 63/08, LAGE § 15 AGG Nr. 5; LAG Rheinland-Pfalz 11.1.2008 – 6 Sa 522/07, LAGE § 15 AGG Nr. 3; LAG Hamburg 12.1.2009 – 3 Ta 26/08, LAGE § 15 AGG Nr. 8; LAG Schleswig-Holstein 29.1.2009 – 4 Sa 346/08, SchlHA 2009, 168; LAG Baden-Württemberg 20.3.2009 – 9 Sa 5/09, n.v.

oder

festzustellen, dass die Beklagte verpflichtet ist, der Klägerin ab dem ... [Datum] eine Betriebsrente in Höhe von ... [Betrag] EUR monatlich zu zahlen.

Derartige Anträge sind sinnvoll, wenn sich damit auch ein Rechtsverhältnis für die **Zukunft** regeln und gestalten lässt. Problematisch kann ggf das **Feststellungsinteresse** nach § 256 Abs. 1 ZPO sein, wenn – jedenfalls in Bezug auf die Vergangenheit – auch eine Leistungsklage erhoben werden kann. Hier ist anzuraten, für etwaige nachzuzulende Beträge in der Vergangenheit **Leistungsklage** zu erheben und den Feststellungsantrag (für die Zukunft) gesondert zu stellen. Allerdings muss sich die Feststellung auf ein bestimmtes Rechtsverhältnis beziehen, da die Klage ansonsten bereits unzulässig ist. Ein Feststellungsinteresse besteht insoweit ebenfalls lediglich dann, wenn sich das festzustellende Rechtsverhältnis auf die Rechtsstellung des Klägers tatsächlich auswirkt.

483 **Beispiel:**[436] Im der Entscheidung zugrunde liegenden Fall war die Klägerin als Mitarbeiterin in einer Kindertagesstätte beschäftigt und im Rahmen eines Personalabbaus aufgrund ihres Alters zu einem „Personalüberhang" – als Zwischenmaßnahme zur Vorbereitung einer Versetzung – zugeordnet worden. Die Klägerin verfolgte mit ihrer Klage das Ziel feststellen zu lassen, dass sie in ihrer Funktion als Erzieherin des Eigenbetriebs „Kindergärten City" nicht dem sog. Personalüberhang des Landes Berlin zugeordnet ist, verbunden mit einem Antrag auf Gewährung eines Schmerzensgeldes aufgrund der erlittenen Altersdiskriminierung.

Das BAG bestätigte zwar den von den Vorgängerinstanzen ausgesprochenen Entschädigungsanspruch in Höhe von 1.000 EUR, hielt aber den Feststellungsantrag mangels bestehenden Feststellungsinteresses für unzulässig. Das BAG führte aus, dass es sich bei der Zuordnung zum Personalüberhang selbst nicht um ein **Rechtsverhältnis**, sondern vielmehr nur um ein Element eines solchen handele. In Bezug auf das Arbeitsverhältnis ändere sich durch eine solche **innerbehördliche organisatorische Entscheidung** noch nichts, so dass diese selbst noch keine Rechtswirkungen entfalte und vielmehr nur als vorbereitende Verfahrenshandlung für die anschließende Versetzung zwingend erforderlich sei. Demnach sei lediglich die Überprüfung auf die Wirksamkeit einer anschließend ergehenden Versetzung möglich, da lediglich diese sich auf die Rechtsstellung des Arbeitnehmers unmittelbar auswirke.

VI. Klage auf Verpflichtung des Arbeitgebers zur Erfüllung von Organisationspflichten

484 Der Arbeitnehmer kann als weiteres Instrument zur Verhinderung von Benachteiligungen durch andere Beschäftigte durch **Leistungsklage Organisationspflichten des Arbeitgebers** durchsetzen (zB die Vornahme von Schulungen oder die Abmahnung bzw Versetzung eines anderen Arbeitnehmers). **Anträge** können zB lauten:

Die Beklagte wird verurteilt, für ... [Benennung der relevanten Gruppe] Antidiskriminierungsschulungen durchzuführen.

Oder:

Die Beklagte wird verpflichtet, den Arbeitnehmer ... [Name] wegen seines Verhaltens gegenüber dem Kläger ... [abzumahnen, in eine andere Abteilung zu versetzen etc.].

---

436 Vgl BAG 22.1.2009 – 8 AZR 906/07, NZA 2009, 945.

Die **Organisationspflichten** des Arbeitgebers ergeben sich aus § 12 AGG. Sie sind im Gesetz nicht näher genannt. Dabei besteht einerseits die Pflicht des Arbeitgebers nach § 12 Abs. 2 AGG zur Verwirklichung der Schutzpflichten durch präventive Maßnahmen, mit welchen im Vorhinein auf die Herstellung einer benachteiligungsfreien Arbeitsumgebung hingewirkt werden soll. Die in § 12 Abs. 3 AGG genannten nachträglichen Maßnahmen zur Unterbindung zukünftiger Benachteiligungen (Abmahnung, Umsetzung, Versetzung oder Kündigung) werden lediglich beispielhaft genannt. Es gilt der Grundsatz der Verhältnismäßigkeit. Um ein geeignetes und wirksames Schutzniveau zu erreichen, muss auch dem einzelnen Arbeitnehmer ein eigener Anspruch auf Durchsetzung dieser Pflichten eingeräumt werden.[437] Dem Arbeitgeber steht in der Regel ein Ermessens- und Beurteilungsspielraum zu, welche Maßnahmen er ergreift. Der Arbeitnehmer wird im Rahmen einer Leistungsklage daher ggf alternative Maßnahmen zur Auswahl stellen müssen.

485

VII. Klage nach anderen Anspruchsgrundlagen

§ 15 Abs. 5 AGG stellt klar, dass aus sonstigen allgemeinen Rechtsvorschriften folgende Ansprüche gegen einen benachteiligenden Arbeitgeber unberührt bleiben. In Betracht kommen insbesondere Ansprüche auf **Unterlassung** nach § 1004 BGB oder auf **Ersatz des materiellen Schadens** nach §§ 823, 252 BGB.

486

VIII. Fristen

1. Frist zur Geltendmachung und zur Klageerhebung

Hinsichtlich der Geltendmachung von Ansprüchen nach dem AGG besteht grundsätzlich eine zweistufige Fristensystematik: Schadensersatzansprüche nach § 15 Abs. 1 AGG und Entschädigungsansprüche nach § 15 Abs. 2 Satz 1 AGG sind gemäß § 15 Abs. 4 Satz 1 AGG innerhalb einer Frist von **zwei Monaten** schriftlich gegenüber dem Anspruchsgegner geltend zu machen. Abweichende tarifliche Regelungen sind allerdings möglich. Die Frist beginnt im Fall einer Bewerbung oder eines beruflichen Aufstiegs mit dem Zugang der Ablehnung und in den sonstigen Fällen einer Benachteiligung zu dem Zeitpunkt, in dem der oder die Beschäftigte von der Benachteiligung Kenntnis erlangt (§ 15 Abs. 4 Satz 2 AGG).

487

Aufgrund der relativ kurzen Frist ist Arbeitgebern anzuraten, etwaige Personalentscheidungen schriftlich zu **dokumentieren** und den Betroffenen frühzeitig zur Kenntnis zu geben, wobei auch diese Mitteilungen dann wiederum zu dokumentieren sind, um ggf eine Berufung auf den Fristablauf gemäß § 15 Abs. 4 AGG zu ermöglichen. In Bezug auf Einstellungen oder Beförderungen ist es daher wichtig, den Zeitpunkt des Zugangs des Ablehnungsschreibens exakt zu dokumentieren, was oftmals schwierig sein dürfte, wenn die Ablehnungsschreiben nicht persönlich übergeben oder zB per Einschreiben mit Rückschein übersandt werden.

488

---

437 Vgl BAG 25.10.2007 – 8 AZR 593/06, NZA 2008, 223.

489 Nach § 61 b Abs. 1 ArbGG muss eine **Klage auf Entschädigung** nach § 15 AGG auf der zweiten Stufe innerhalb von **drei Monaten**, nachdem der Anspruch schriftlich geltend gemacht worden ist, erhoben werden. Es ist zwar auch eine sofortige Klageerhebung ohne vorherige Geltendmachung nach § 15 Abs. 4 AGG möglich, wobei allerdings dann auch für die Klageerhebung die zweimonatige Frist der ersten Stufe einschlägig ist. Der Wortlaut des § 61 b Abs. 1 ArbGG erwähnt zwar nur Entschädigungsansprüche und nimmt damit Bezug auf § 15 Abs. 2 AGG, soll über seinen Wortlaut hinaus jedoch auch Schadensersatzansprüche nach § 15 Abs. 1 AGG erfassen.[438] Darüber hinaus wird vertreten, dass die Dreimonatsfrist des § 61 b Abs. 1 ArbGG nicht nur für die Ansprüche nach § 15 Abs. 1 und 2 AGG gilt, sondern auch für Ansprüche wegen einer verbotenen Benachteiligung, die sich aus anderen Rechtsvorschriften ergeben.[439] Vor einer höchstrichterlichen Klärung sollte daher auch in diesen Fällen die Dreimonatsfrist des § 61 b Abs. 1 ArbGG beachtet werden. Da die Frist des § 61 b Abs. 1 ArbGG auf den Zeitpunkt der schriftlichen Geltendmachung abstellt und die Frist zur schriftlichen Geltendmachung nach § 15 Abs. 4 AGG an ein bestimmtes Ereignis anknüpft (im Fall einer Bewerbung oder eines beruflichen Aufstiegs mit dem Zugang der Ablehnung und in den sonstigen Fällen einer Benachteiligung zu dem Zeitpunkt, in dem der oder die Beschäftigte von der Benachteiligung Kenntnis erlangt), muss häufig auf den Zeitpunkt der Tathandlung bzw der Kenntnisnahme abgestellt werden. Eine **Wiedereinsetzung in den vorherigen Stand** bei Verstreichen der Frist scheidet aus.

2. Verhältnis zu tarifvertraglichen Ausschlussfristen

490 Bisher nicht geklärt ist das Verhältnis von **tarifvertraglichen Ausschlussfristen** und den gesetzlichen Ausschlussfristen nach § 15 Abs. 4 AGG und § 61 b ArbGG. Während die Frist nach § 15 Abs. 4 Satz 1 AGG tarifdispositiv ist (dh von den Tarifparteien auch verkürzt werden kann), ist dies bei der Klagefrist nach § 61 b Abs. 1 ArbGG nicht der Fall. Sieht ein Tarifvertrag also eine zweistufige Ausschlussfrist vor, bei der die zweite Stufe (Klagefrist) länger als drei Monate ist, muss trotzdem innerhalb von drei Monaten nach schriftlicher Geltendmachung Klage erhoben werden. Ist die zweite Stufe kürzer als drei Monate, muss dann innerhalb dieser kurzen Frist geklagt werden. Anderenfalls ist der Anspruch tariflich verfallen.[440] Daraus ergibt sich, dass die Klärung eines ggf auf das Arbeitsverhältnis anwendbaren Tarifvertrages für die erfolgreiche Geltendmachung der Ansprüche unerlässlich ist.

3. Speziell: Unbekannter Anspruchsgegner

491 Ein Sonderproblem besteht dann, wenn der **Anspruchsgegner nicht bekannt** ist, zB wenn das Stellenbesetzungsverfahren über **Personalvermittler** erfolgt ist.[441] Unabhängig von der Frage, ob der Personalvermittler selbst in Anspruch genommen werden kann,[442] kann eine Geltendmachung des Anspruchs gegen den Arbeitgeber erst dann

---

[438] Vgl *Bauer/Krieger*, AnwBl 2006, 800, 802.
[439] Vgl *Bauer/Göpfert/Krieger*, § 15 AGG Rn 67; *Bauer/Krieger*, AnwBl 2006, 800, 802.
[440] Vgl *Bauer/Krieger*, AnwBl 2006, 800, 802.
[441] Vgl *Schwab*, NZA 2007, 178 f.
[442] Vgl ablehnend *Schwab*, NZA 2007, 178, 179; vgl zum Ganzen eingehend *Diller*, NZA 2007, 649 ff.

erfolgen, wenn dieser dem Arbeitnehmer mitgeteilt wird. Diskutiert wird ein **Auskunftsanspruch** des Bewerbers gegen den Personalvermittler auf Nennung des Auftraggebers, der teils aus § 666 BGB, teils aus § 242 BGB abgeleitet wird.[443] Hier kann der Arbeitnehmer gehalten sein, seinen Auskunftsanspruch, sofern er die Auskunft nicht zügig erhält, im Wege des einstweiligen Rechtsschutzes geltend zu machen, weil der Arbeitnehmer ansonsten die Fristen nach § 15 Abs. 4 AGG sowie § 61 b Abs. 1 ArbGG nicht wahren kann.

Problematisch ist weiterhin der **Rechtsweg**. Ansprüche gegen **Personalvermittler** sind vor den ordentlichen Gerichten geltend zu machen.[444] Zwar führt die Leistungsverfügung nach § 940 ZPO auch im vorliegenden Fall zur Vorwegnahme der Hauptsache, jedoch kann der Arbeitnehmer seine Rechte auf Entschädigung und Schadensersatz ansonsten nicht durchsetzen, wenn die Auskunft erst nach rechtskräftigem Abschluss des Hauptsacheverfahrens erteilt wird. Hieraus kann die Dringlichkeit für den Erlass einer einstweiligen Verfügung folgen.

492

---

443 Vgl *Schwab*, NZA 2007, 178, 179.
444 Vgl *Diller*, NZA 2007, 649, 653.

§ 7 Vergütungsansprüche: Ausschluss- und Verfallfristen

I. Annahmeverzugsansprüche

1. Anrechnungszeitraum

493 Ein erhebliches Druckmittel des Arbeitnehmers im Rahmen eines Kündigungsschutzverfahrens besteht häufig weniger in der Drohung, das Arbeitsverhältnis nach obsiegendem Urteil fortzusetzen – trotz zahlreicher gewonnener Kündigungsschutzprozesse sind „Rückkehrer" nach einem gewonnenen Kündigungsschutzprozess eher selten –, sondern darin, dass durch einen drohenden Annahmeverzugslohnanspruch Druck auf den Arbeitgeber ausgeübt wird, eine Abfindung zu vereinbaren. Dies setzt voraus, dass der Annahmeverzugslohnanspruch nach erfolgreicher Kündigungsschutzklage geltend gemacht werden kann. Eine Klageerweiterung im Hinblick auf den Annahmeverzugslohn scheidet häufig aus, da dieser streitwert- und kostenerhöhend ist. Zudem ergibt sich die Problematik, dass sich der Arbeitnehmer das Arbeitslosengeld, das er erhält, auf den Lohnanspruch anrechnen lassen muss. Aufgrund des während des Kündigungsrechtsstreits noch nicht feststehenden Annahmeverzugszeitraums kann jedoch eine Anrechnung des Arbeitslosengeldes oder des anderweitigen Verdienstes häufig noch nicht erfolgen, da nach der Rechtsprechung des BAG der Annahmeverzug nicht nach Monatsabschnitten zu bemessen ist, dh, die Anrechnung des anderweitigen Erwerbs (Arbeitslosengeld sowie sonstige Einkünfte bzw böswillig unterlassener Erwerb) sind dergestalt zur Anrechnung zu bringen, dass zunächst der **gesamte Annahmeverzugszeitraum** zu ermitteln ist und auf diesen der insgesamt erwirtschaftete anderweitige Verdienst bzw böswillig unterlassene Verdienst zur Anrechnung zu bringen ist.

494 **Beispiel:**[445] Annahmeverzugszeitraum: Januar bis März 2011; monatliches Bruttogehalt bei dem Arbeitgeber: 3.000 EUR; vom Arbeitnehmer während des Annahmeverzugszeitraums erzielter Zwischenverdienst: Januar 2011: 0 EUR; Februar und März 2011: je 4.500 EUR

Die höchstrichterliche Rechtsprechung nimmt eine **Gesamtbetrachtung** vor.[446] Der gesamte Annahmeverzugszeitraum ist zu betrachten. Der Gesamtvergütung, die der Arbeitnehmer von seinem Arbeitgeber in diesem Zeitraum zu beanspruchen hat, wird das gegenübergestellt, was der Arbeitnehmer in der betreffenden Zeit anderweitig erworben hat. Im obigen Beispiel bedeutet das, dass der Gehaltsanspruch des Arbeitnehmers gegenüber seinem Arbeitgeber 9.000 EUR betragen würde. Der anderweitige Verdienst im Annahmeverzugszeitraum beträgt ebenfalls 9.000 EUR, so dass der Arbeitgeber keinen Lohnanspruch gegen den Arbeitgeber mehr hat.

495 Anders sähe es dann aus, wenn eine Betrachtung nach **Zeitabschnitten** durchzuführen wäre, wenn etwa monatsweise „abgerechnet" würde.[447] Dies hätte nach dem oben genannten Beispiel zur Folge, dass der Arbeitnehmer noch einen Betrag in Höhe von 3.000 EUR (nämlich für Januar 2011) von seinem Arbeitgeber zu beanspruchen hätte. Aus dem Wortlaut des § 615 Satz 2 BGB lassen sich Argumente für die eine wie für die

---

445 Vgl *Nägele/Böhm*, ArbRB 2006, 317, 318.
446 Vgl st. Rspr des BAG, zuletzt: BAG 22.11.2005 – 1 AZR 407/04, AP Nr. 5 zu § 615 BGB Anrechnung; BAG 12.12.2006 – 1 AZR 96/06, NZA 2007, 453.
447 Vgl hierzu *Nägele/Böhm*, ArbRB 2006, 318, 319.

andere Betrachtungsweise finden. Anhaltspunkte dafür, dass das BAG seine Rechtsprechung ändern wird, gibt es aber nicht. Dagegen hat sich das LAG Düsseldorf in einer aktuellen Entscheidung ausdrücklich entgegen der ständigen Rechtsprechung des BAG für eine Anrechnung des anderweitigen Verdienstes nach Zeitabschnitten ausgesprochen.[448] Das BAG übersehe gerade, dass der Annahmeverzugsanspruch keinen Gesamtanspruch darstelle, sondern sich vielmehr – ebenso wie der Gehaltsanspruch – aus vielen selbstständigen Ansprüchen zusammensetze. Ob sich diese Ansicht wird durchsetzen können, ist offen.

2. Klageantrag

Bei der Antragstellung muss der Arbeitnehmer die anzurechnenden Beträge von vornherein berücksichtigen. Dies betrifft nicht nur anderweitigen Verdienst, sondern auch böswillig unterlassenen anderweitigen Verdienst sowie erhaltene öffentlich-rechtliche Leistungen (Arbeitslosengeld). Der Antrag ist zu beziffern. Ein Antrag auf Zahlung der Bruttovergütung „abzüglich erhaltenen Arbeitslosengeldes" ist in diesem Zusammenhang zu unbestimmt und somit unzulässig.[449] Nachdem der Annahmeverzugslohn angerechnet ist, ist ein **einfacher Zahlungsantrag** zu stellen:

496

Die Beklagte wird verurteilt, an den Kläger [Betrag] EUR nebst Zinsen in Höhe von fünf Prozentpunkten über dem Basiszinssatz seit [Datum] zu zahlen.

Die Klage auf Zahlung von Entgelt (**Leistungsklage**) ist auf einen **Brutto-Betrag** zu richten.[450] Dieser Antrag ist nicht wegen Verstoßes gegen das Bestimmtheitserfordernis (§ 46 Abs. 2 ArbGG, § 253 Abs. 2 Nr. 2 ZPO) unwirksam, obwohl dem Arbeitnehmer nur der Netto-Betrag auszuzahlen ist. Lohnsteuer- und Sozialversicherungsbeiträge können von dem zu vollstreckenden Betrag ohne Weiteres in Abzug gebracht werden. Die Abzüge werden entweder vom Arbeitgeber oder vom Gerichtsvollzieher vorgenommen.[451] Der Arbeitnehmer, der einen Brutto-Betrag vollstreckt, muss dafür Sorge tragen, dass die Arbeitnehmeranteile zur Sozialversicherung abgeführt werden, wenn er den gesamten ausgeurteilten Betrag im Wege der Zwangsvollstreckung beitreibt. Er handelt, wenn er die Sozialversicherungsanteile nicht abführt, gegenüber dem Arbeitgeber, der von dem Sozialversicherungsträger in Anspruch genommen wird, vorsätzlich sittenwidrig iSd § 826 BGB, so dass er dem Arbeitgeber den daraus entstehenden Schaden zu ersetzen hat. § 28 g Sätze 2 und 3 SGB IV stehen einem solchen Schadensersatzanspruch nicht entgegen.[452]

497

Der Arbeitgeber kann unter den Voraussetzungen von § 46 Abs. 2 ArbGG iVm § 259 ZPO Klage wegen **künftiger Vergütungsforderungen** erheben. Dazu muss er darlegen, dass die Besorgnis besteht, dass sich der Arbeitgeber der rechtzeitigen Leistung entziehen werde. Der Arbeitgeber hingegen kann gegenüber der Vergütungsforderung des Arbeitnehmers mit einer eigenen Forderung aufrechnen (§ 387 BGB), es sei denn, die

498

---

448 Vgl LAG Düsseldorf 6.5.2010 – 13 Sa 70/10, AE 2010, 233.
449 Vgl BAG 15.11.1978 – 5 AZR 199/77, AP Nr. 14 zu § 613 a BGB.
450 Vgl BAG 26.5.1998 – 3 AZR 96/97, DB 1998, 2376.
451 Vgl BAG 14.1.1964 – 3 AZR 55/63, DB 1964, 848.
452 Vgl LAG Baden-Württemberg 28.4.1993 – 12 Sa 15/93, DB 1993, 2088.

3. Verjährung

499 Der Vergütungsanspruch des Arbeitnehmers **verjährt** in **drei Jahren** (§ 195 BGB). Der Lauf der Verjährungsfrist beginnt mit dem Ende des Jahres, in dem der Anspruch entstanden und der Gläubiger von den ihn begründenden Umständen und der Person des Schuldners Kenntnis erlangt (§ 199 Abs. 1 BGB). Eine Kündigungsschutzklage gemäß § 4 KSchG oder eine Klage auf Feststellung des Fortbestehens des Arbeitsverhältnisses gemäß § 256 ZPO hemmen die Verjährung nicht.[453]

4. Rückzahlung überzahlter Beträge

500 Hat der Arbeitgeber irrtümlich einen **zu hohen Betrag** gezahlt, hat er einen Anspruch auf **Rückzahlung** nach § 812 Abs. 1 Satz 1 BGB. Der Rückzahlungsanspruch ist gemäß § 818 Abs. 3 BGB allerdings ausgeschlossen, wenn der Arbeitnehmer nicht mehr bereichert ist. Ein **Wegfall der Bereicherung** kann vorliegen, wenn der überzahlte Betrag beim Arbeitnehmer nicht mehr existiert und dieser durch die Ausgabe des Erlangten auch keine anderweitigen Aufwendungen erspart hat (Genehmigung von „Luxusaufwendungen").[454] Ist allerdings im Arbeitsvertrag eine Rückzahlung überzahlter Beträge ausdrücklich vereinbart, kann sich der Arbeitnehmer auf den Wegfall der Bereicherung nicht berufen.[455] Gleiches gilt dann, wenn der Arbeitnehmer leicht erkennen kann, dass er eine Leistung des Arbeitgebers nur irrtümlich erhält und er aus diesem Grund nicht im guten Glauben iSv § 819 Abs. 1 BGB ist. In diesem Fall ist er verpflichtet, den Arbeitgeber auf seinen Irrtum aufmerksam zu machen. Unterlässt er dies, besteht ein entsprechender Schadensersatzanspruch des Arbeitgebers gemäß § 280 Abs. 1 BGB. Auch der Rückzahlungsanspruch des Arbeitgebers aus § 812 Abs. 1 Satz 1 BGB verjährt gemäß §§ 195, 199 BGB nach drei Jahren.

5. Pfändungsfreigrenzen

501 Bei der Aufrechnung oder Rückforderung sind die **Pfändungsfreigrenzen** zu beachten. Der Umfang der Pfändbarkeit hängt davon ab, ob die Vollstreckung wegen bevorrechtigter oder wegen anderer Forderungen erfolgt. Für die Vollstreckung wegen anderer Forderungen als Unterhaltsansprüche (§ 850 d ZPO) oder solche aus vorsätzlicher unerlaubter Handlung (§ 850 f Abs. 2 ZPO) legt § 850 c ZPO den **unpfändbaren Betrag** fest, der in der Tabelle in der Anlage zur ZPO gemäß § 850 c ZPO errechnet ist. Die Pfändungsfreibeträge steigen mit dem Einkommen des Arbeitnehmers. Übersteigt dieses eine bestimmte Höchstgrenze, so ist das die Höchstgrenze übersteigende Einkommen voll pfändbar (§ 850 c Abs. 2 ZPO).

---

453 Vgl BAG 7.11.1991 – 2 AZR 159/91, DB 1992, 2508.
454 Vgl BAG 18.1.1995 – 5 AZR 817/94, DB 1995, 1567.
455 Vgl BAG 8.2.1964 – 5 AZR 371/63, DB 1964, 662.

6. Insolvenz

Bezüglich der Geldansprüche in der **Insolvenz** ist auf Folgendes zu achten: Entgeltforderungen aus der Zeit vor der Insolvenzeröffnung sind Insolvenzforderungen nach §§ 38, 108 Abs. 2 InsO und daher im Insolvenzverfahren zu verfolgen (§§ 87, 89, 174 ff InsO). Dieselben Verbindlichkeiten aus der Zeit nach der Verfahrenseröffnung sind Masseverbindlichkeiten (§ 55 Abs. 1 Nr. 2 InsO).[456] Urlaub, Urlaubsabgeltungen und Urlaubsentgelt sind dem Zeitraum zuzuordnen, in dem der Anspruch tatsächlich erfüllt wird.[457] Abfindungen, die als Entschädigung für eine vorzeitige Beendigung des Arbeitsverhältnisses gezahlt werden, sind Insolvenzforderungen.[458] Wird die Abfindung durch Handlung eines Insolvenzverwalters begründet, handelt es sich um Masseschulden, ungeachtet des Zeitpunktes der Beendigung des Arbeitsverhältnisses.[459] Masseschulden sind aus der Masse vorab zu befriedigen (§ 53 InsO). Ist nach Erfüllung der Masseansprüche noch Masse vorhanden, werden die Insolvenzforderungen bedient. Arbeitnehmer, die bei Eröffnung des Insolvenzverfahrens bzw bei Abweisung des Insolvenzantrags mangels Masse für die letzten dem Insolvenzstichtag vorausgehenden drei Monate des Arbeitsverhältnisses noch Ansprüche auf Arbeitsentgelt haben, haben gegenüber der Bundesanstalt für Arbeit Anspruch auf Zahlung von Insolvenzgeld (§§ 183 ff SGB III). Zu den Ansprüchen auf Arbeitsentgelt gehören alle Ansprüche auf Bezüge aus dem Arbeitsverhältnis. Nach § 185 SGB III ist das Insolvenzgeld so hoch wie die Netto-Arbeitsvergütung auf der Basis der Bruttovergütung bis zur Beitragsbemessungsgrenze für die letzten drei Monate. Der Arbeitnehmer kann dann, wenn er Insolvenzgeld bezieht, daneben nicht vom Arbeitgeber die Zahlung des Differenzbetrags zum Bruttolohn verlangen.[460]

502

Das Insolvenzgeld wird auf **Antrag** gewährt, der binnen einer **Ausschlussfrist** von zwei Monaten seit Insolvenzeröffnung zu stellen ist (§ 324 Abs. 3 SGB III). Mit Stellung des Antrags auf Insolvenzgeld gehen die Ansprüche auf Arbeitsentgelt auf die Bundesagentur für Arbeit über (§ 187 SGB III).

503

II. Ausschluss- und Verfallfristen

Angesichts zahlreicher Ausschluss- und Verfallfristen (in Arbeitsverträgen, Betriebsvereinbarungen oder Tarifverträgen) gerät der den Arbeitnehmer beratende Rechtsanwalt häufig in die Situation, umfangreiche Prüfungen vorzunehmen, um sicherzustellen, dass der Lohnanspruch nach einem erfolgreichen Kündigungsschutzprozess noch geltend gemacht werden kann.

504

Die Erhebung der Kündigungsschutzklage selbst ist nur bei einer **einfachen Verfallklausel** für die Geltendmachung von Zahlungsansprüchen ausreichend.[461] Ursprüng-

505

---

[456] Vgl LAG Köln 30.7.2001 – 2 Sa 1457/00, LAGE § 55 InsO Nr. 4.
[457] Vgl LAG Hamm 27.6.2002 – 4 Sa 468/02, DB 2002, 1512.
[458] Vgl BAG 27.10.1998 – 1 AZR 94/98, DB 1999, 1069.
[459] Vgl BAG 12.6.2002 – 10 AZR 180/01, NZA 2002, 974.
[460] Vgl BAG 17.4.1985 – 5 AZR 74/84, DB 1985, 2251.
[461] Vgl BAG 26.4.2006 – 5 AZR 403/05, NZA 2006, 845; BAG 19.3.2008 – 5 AZR 429/07, NZA 2008, 757; BAG 11.2.2009 – 5 AZR 168/08, NZA 2009, 687; BAG 17.11.2009 – 9 AZR 745/08, AP Nr. 194 zu § 4 TVG Ausschlussfristen.

lich hatte das BAG weiterhin stets vertreten, dass bei einer **zweistufigen Ausschlussklausel** (mit der Verpflichtung zur gerichtlichen Geltendmachung von Zahlungsansprüchen) die Erhebung der Kündigungsschutzklage nicht geeignet sei, um die Fristwahrung zu erreichen. Bei einer zweistufigen Verfallklausel könne in dem im Rahmen der Kündigungsschutzklage vom Arbeitgeber gestellten Klageabweisungsantrag die schriftliche Ablehnung der Erfüllung von Zahlungsansprüchen gesehen werden. Mit dem Zugang des Schriftsatzes, mit dem Klageabweisung beantragt bzw angekündigt wird, beginne dann die Frist der zweiten Stufe der Anschlussklausel zu laufen.[462] Nach dieser Rechtsprechung war davon auszugehen, dass allgemeine Feststellungsklagen, Entfristungsklagen oder sonstige Klagen im Rahmen arbeitsrechtlicher Ansprüche Ausschluss- und Verfallfristen nicht wahren. Hier war die **gesonderte Geltendmachung** erforderlich, wobei die in der Verfallklausel vorgesehene schriftliche Geltendmachung auch per Telefax gewahrt wird.[463]

In Ergänzung und Abgrenzung von dieser Rechtsprechung hat das BAG mittlerweile in mehreren Urteilen entschieden, dass im Fall der arbeitsvertraglichen Vereinbarung einer zweistufigen Verfallklausel in AGB die Erhebung der Kündigungsschutzklage jedenfalls ausreiche, um das Erlöschen der vom Ausgang des Kündigungsrechtsstreits abhängigen Annahmeverzugsansprüche des Arbeitnehmers zu verhindern, und somit auch die zweite Stufe der Ausschlussfrist regelmäßig gewahrt werde.[464] Entsprechende Formulierungen zur Pflicht der klageweisen Geltendmachung von Ansprüchen können regelmäßig nur so verstanden werden, dass gerade nicht ausschließlich eine genau bezifferte Leistungsklage diesem Erfordernis genüge, sondern **jede prozessuale Auseinandersetzung mit dem Anspruch** ausreiche. Im Fall aller Ansprüche, die vom Ausgang des Kündigungsschutzprozess abhängen (etwa Annahmeverzugslohnansprüche), sei eine solche Auseinandersetzung mit Erhebung der Kündigungsschutzklage gerade gegeben.[465] Ansonsten muss auf die Notwendigkeit zur Klageerhebung ausdrücklich hingewiesen werden.

506 Die schriftliche Geltendmachung kann weder nach § 174 BGB wegen fehlender Vorlage einer Vollmacht zurückgewiesen werden, noch kann bei Versäumung der Einhaltung einer Verfallklausel eine Wiedereinsetzung in den vorigen Stand beantragt werden.[466]

507 Das Auffinden von Ausschluss- und Verfallfristen stellt eine haftungsträchtige Arbeit dar, da diese versteckt in Arbeitsverträgen, Betriebsvereinbarungen oder Tarifverträgen (die ggf nur kraft betrieblicher Übung Anwendung finden) enthalten sein können. Beruft sich der Arbeitgeber auf die Verfallfrist, bleibt nur übrig, die Rüge zu erheben, dass die Verfallfrist in einem Arbeitsvertrag der **Inhaltskontrolle nicht standhält** (Allgemeine Geschäftsbedingungen). Nach der Rechtsprechung des BAG müssen Ausschlussfristen **für beide Parteien** gleichermaßen gelten und eine **Mindestfrist von drei Monaten** vor-

---

462 Vgl BAG 26.4.2006 – 5 AZR 403/05, NZA 2006, 845.
463 Vgl BAG 11.10.2006 – 5 AZR 313/99, NZA 2001, 231.
464 Vgl BAG 19.3.2008 – 5 AZR 429/07, NZA 2008, 757; BAG 17.11.2009 – 9 AZR 745/08, AP Nr. 194 zu § 4 TVG Ausschlussfristen; BAG 19.5.2010 – 5 AZR 253/09, NZA 2010, 939.
465 Vgl BAG 19.3.2008 – 5 AZR 429/07, NZA 2008, 757; BAG 17.11.2009 – 9 AZR 745/08, AP Nr. 194 zu § 4 TVG Ausschlussfristen.
466 Vgl BAG 18.11.2004 – 6 AZR 651/03, NZA 2005, 516.

sehen. Gleiches gilt für die zweite Stufe bei zweistufigen Ausschlussklauseln in analoger Anwendung des § 61 b ArbGG.[467]

Die Rechtsprechung zur Kontrolle Allgemeiner Arbeitsvertragsbedingungen ist bekanntlich noch im Fluss. Auf der aktuellen Basis wird folgende arbeitsvertragliche **Ausschlussklausel angeraten:**[468]   508

Alle Ansprüche aus dem Arbeitsverhältnis verfallen, wenn sie nicht innerhalb einer Ausschlussfrist von drei Monaten von einer der Vertragsparteien schriftlich geltend gemacht werden. Die Versäumung der Frist führt zum Verlust des Anspruchs. Die Ausschlussfrist beginnt, wenn der Anspruch entstanden ist und der Gläubiger von den anspruchsbegründenden Umständen Kenntnis erlangt oder ohne grobe Fahrlässigkeit Kenntnis erlangen müsste. Lehnt die andere Partei innerhalb eines Monats nach Geltendmachung den gegen sie erhobenen Anspruch schriftlich ab oder erklärt sie sich nicht oder nicht eindeutig, verfällt dieser, wenn er nicht innerhalb von drei Monaten nach Ablehnung oder dem Fristablauf gerichtlich geltend gemacht wird. Dies gilt nicht für Ansprüche, die aus einer Kündigungsschutzklage folgen. Diese Ausschlussfristen finden keine Anwendung bei Haftung wegen Vorsatzes und bei Verletzung von Leben, Körper oder Gesundheit sowie bei grobem Verschulden.

Tarifvertragliche Ausschlussfristen, die kraft Tarifbindung anwendbar sind, sind **von Amts wegen** zu beachten. Insoweit handelt es sich um Rechtsvortrag. Dieser kann nicht wegen verspäteten Vorbringens zurückgewiesen werden.   509

III. Geltendmachung von Entgeltansprüchen im einstweiligen Rechtsschutz
1. Vorgehen des Arbeitnehmers

Zur Sicherung von Vergütungsansprüchen ist grundsätzlich der **Arrestanspruch** nach §§ 916 ff ZPO geeignet. Dieser führt freilich nicht zur vorläufigen Befriedigung, sondern nur zur Sicherung des Anspruchs. Ist der Arbeitnehmer auf das Entgelt dringend angewiesen – es wird insoweit eine **existenzielle Notlage** des Arbeitnehmers verlangt[469] –, so kommt eine **einstweilige Verfügung** in Betracht, die auf die Zahlung von Arbeitsentgelt gerichtet ist. Dabei kann allerdings regelmäßig nur ein **Teil der Vergütung** eingefordert werden, welcher eben der Behebung der Notlage dient.   510

Arrest und Antrag auf Erlass einer einstweiligen Verfügung können zusammen in **einem Verfahren** beantragt werden.[470] Der Arrestantrag muss dann nicht den Zahlungsantrag, der mit der einstweiligen Verfügung geltend gemacht wird, sondern nur den jeweiligen Restbetrag umfassen. Da im einstweiligen Rechtsschutz lediglich ein Teil des Anspruchs geltend gemacht werden kann, erscheint es sachgerecht, **zugleich** mit dem Verfügungsantrag auch **Klage in der Hauptsache über den vollen Betrag** zu erheben. Da auch im einstweiligen Rechtsschutz das Arbeitsgericht im Regelfall nicht ohne mündliche Verhandlung entscheidet, kann angeregt werden, die Güteverhandlung des   511

---

467 Vgl BAG 25.5.2005 – 5 AZR 572/04, NZA 2005, 1111.
468 Vgl *Laber/Götzmann*, ArbRB 2005, 219.
469 Vgl *Korinth*, S. 310.
470 Vgl *Korinth*, S. 311.

Hauptsacheverfahrens mit der mündlichen Verhandlung im einstweiligen Rechtsschutz zu verbinden.[471]

512 Ein Vorgehen im einstweiligen Rechtsschutz kommt nur dann in Betracht, wenn die **Pfändungsfreigrenzen** nicht beachtet worden sind. Dies kann insbesondere dann gegeben sein, wenn der Arbeitgeber mit (vermeintlichen) Schadensersatzansprüchen **aufgerechnet** hat. Sind die Pfändungsfreigrenzen gewahrt, so ist dem Arbeitnehmer das belassen worden, was nach der gesetzgeberischen Wertung zur Bestreitung des unabweisbaren Lebensunterhalts erforderlich ist. Eine existenzielle Notlage kann dann kaum noch dargelegt werden.

513 **Rückständige Vergütung** kann ohnehin im einstweiligen Rechtsschutz nur zu einem gewissen Teil geltend gemacht werden, da der Arbeitnehmer ja offenbar bisher die entstandene Notlage überbrückt und seinen Lebensunterhalt anderweitig bestritten hat. Auch hinsichtlich **zukünftiger Ansprüche** kann eine einstweilige Verfügung im einstweiligen Rechtsschutz, abgesehen von Beträgen, deren Fälligkeit unmittelbar bevorsteht, nicht erlangt werden, da insoweit nicht klar ist, ob die Notlage des Arbeitnehmers noch fortbestehen wird. Zudem dürfte hinsichtlich weiter zurückliegender Beträge die **Dringlichkeit** nicht mehr gegeben sein.

514 Eine existenzielle wirtschaftliche Notlage des Arbeitnehmers wird abgelehnt, wenn dieser Arbeitslosengeld oder Zahlungen von dritter Seite erhält. Ob dies sachgerecht ist, ist zweifelhaft, da die soziale Absicherung subsidiär ist, dh nur dann eingreifen soll, wenn der Arbeitnehmer – zur Not mit gerichtlicher Hilfe – seinen Vergütungsanspruch nicht geltend macht. Deswegen sollten an den Verfügungsgrund in dieser Hinsicht keine zu strengen Anforderungen gestellt werden. Die Vollziehung der einstweiligen Verfügung erfolgt durch **Pfändung**.

2. Verteidigungsmöglichkeiten des Arbeitgebers

515 Der Arbeitgeber kann sich vorsorglich mit einer **Schutzschrift** verteidigen. Unter einer Schutzschrift wird ein Schriftsatz verstanden, der ohne anhängiges Verfahren bei Gericht eingereicht wird, wenn die Befürchtung besteht, dass ein Antrag auf Arrest oder einstweilige Verfügung gestellt wird. Die Schutzschrift erfolgt vor dem Hintergrund des Umstandes, dass die Arbeitsgerichte Anträgen auf Arrest oder auf einstweilige Verfügung durch Beschluss stattgeben können, ohne dass die andere Seite Gelegenheit zu rechtlichem Gehör erhalten hat. Die Schutzschrift dient also dem Zweck, für den Fall eines entsprechenden Antrags rechtliches Gehör zu gewährleisten und zumindest die Anberaumung einer mündlichen Verhandlung zu bewirken. Die Zulässigkeit von Schutzschriften ist inzwischen gewohnheitsrechtlich anerkannt.[472] Schutzschriften müssen bei den Gerichten eingereicht werden, bei denen eine mögliche Antragstellung zu erwarten ist. Sie sind der Form nach wie Schriftsätze aufgebaut, in denen im einstweiligen Rechtsschutzverfahren vor einer mündlichen Verhandlung schriftsätzlich Stellung genommen wird. Der **Antrag** lautet:

---

471 Vgl *Korinth*, S. 311.
472 Vgl im Einzelnen *Korinth*, S. 12.

III. Geltendmachung von Entgeltansprüchen im einstweiligen Rechtsschutz 7

für den Fall eines Antrags auf einstweilige Verfügung auf ... [Gegenstand] den Antrag zurückzuweisen, hilfsweise nicht ohne mündliche Verhandlung zu entscheiden.

Da häufig unklar ist, auf welche Begründung ein eventueller Antrag auf einstweilige Verfügung abstellt, muss versucht werden, **mehrere Begründungslinien** aufzuzeigen und deren Unbegründetheit darzustellen. 516

Die Schutzschrift wird der Gegenseite nicht übersandt, und zwar auch dann nicht, wenn ein Antrag auf einstweilige Verfügung gestellt wird. Ein **Einsichtsrecht** in die bei Gericht hinterlegte Schutzschrift besteht für den Antragsteller nicht.[473] Schutzschriften kommen insbesondere in Betracht bei der drohenden Geltendmachung von Beschäftigungsansprüchen, bei Ansprüchen auf Unterlassung von Wettbewerb oder einem drohenden Vorgehen im einstweiligen Rechtsschutz bei Versetzungen. 517

---

473 Vgl *Korinth*, Einstweiliger Rechtsschutz im Arbeitsgerichtsverfahren, S. 13.

§ 8 Vergleich

I. Allgemeine Grundlagen des Vergleichsschlusses

1. Konstellationen

518 Wohl in keiner Gerichtsbarkeit werden so viele Vergleiche geschlossen wie in der Arbeitsgerichtsbarkeit. Im Zusammenhang mit einer Kündigungsschutzklage ist neben den häufig vorkommenden Aufhebungs- bzw Abfindungsvergleichen auch ein sog. **Bestandsvergleich** denkbar, in dem sich die Parteien im Wege des gegenseitigen Nachgebens auf die Fortsetzung des Arbeitsverhältnisses unter bestimmten Konditionen einigen. Hier ist auch eine Einigung auf die Fortsetzung als befristetes Arbeitsverhältnis möglich, wobei durch die Vereinbarung des Vergleichs sowohl die nach § 14 TzBfG erforderliche Schriftform gewahrt wird als auch der notwendige sachliche Grund gegeben ist (§ 14 Abs. 1 Nr. 8 TzBfG).[474]

2. Abfindungsvergleich

519 Im typischen und weitaus häufigsten Fall des Abfindungsvergleichs einigen sich die Parteien gegen Zahlung einer Abfindung auf die Beendigung des Arbeitsverhältnisses. Für die Höhe der Abfindung gibt es dabei keine genauen gesetzlichen Vorgaben, so dass diese regelmäßig vom jeweiligen Verhandlungsgeschick abhängt. Oftmals halten sich die Parteien dabei allerdings an einen Vergleichsvorschlag des Richters, welcher sich regelmäßig an der Faustformel von 0,5 Monatsgehältern pro Beschäftigungsjahr orientieren wird. Gegebenenfalls ist diese Festlegung der Abfindungshöhe unter Berücksichtigung weiterer Umstände, wie dem Grund für die Kündigung, den Prozessrisiken, der jeweiligen wirtschaftlichen Lage oder den Chancen des Gekündigten auf dem Arbeitsmarkt, zu modifizieren.[475]

II. Fehlerquellen

520 Das hohe Vorkommen von Prozessvergleichen im arbeitsgerichtlichen Verfahren führt häufig zu einer „ad hoc"-Protokollierung und typischen „Fehlern".

521 **Beispiel 1:** Der Richter hat aufgrund eng getakteter Güteverhandlungstermine zu wenig Zeit und spielt den Parteien den auf Tonträger diktierten Vergleich nicht mehr vor. Die Folge ist, dass der Vergleich nicht als Prozessvergleich zustande gekommen ist, da das **Vorlesen (Vorspielen)** eine Wirksamkeitsvoraussetzung ist. Ohne die Einhaltung dieser Formalie **fehlt** dem Vergleich die **prozessbeendende Wirkung**. Aufgrund der **Doppelnatur** des Vergleichs als Prozesshandlung einerseits und materiellrechtlicher Vergleichsvertrag iSv § 779 BGB andererseits führt dies nicht zwangsläufig dazu, dass auch der materiellrechtliche Vergleich unwirksam ist. Soweit das Schriftformerfordernis des § 623 BGB gewahrt ist und es dem hypothetischen Parteiwillen entspricht, dass bei Kenntnis der Unwirksamkeit des Prozessvergleichs dieser zumindest als außergerichtlicher Vergleich hätten gelten sollen, ist ein entsprechender Fortbestand möglich.[476] Demgegenüber führt die Unwirksamkeit des Ver-

---

474 Vgl auch BAG 23.11.2006 – 6 AZR 394/06, NZA 2007, 466.
475 Vgl *Berkowsky*, in: Richardi (Hrsg.), § 129 Rn 17.
476 Vgl BGH 24.10.1984 – IVb ZR 35/83, NJW 1985, 1962.

gleichsvertrages iSv § 779 BGB aus materiellrechtlichen Gründen zwangsläufig auch zur Unwirksamkeit der Prozesshandlung.

Beispiel 2: Bei „Nebenansprüchen" (Zeugnis, „ordnungsgemäße Abwicklung" etc.) wird häufig unsauber formuliert mit der Folge, dass einzelne Passagen des Vergleichs **keinen vollstreckungsfähigen Inhalt** haben. Wird der Vergleich nicht erfüllt, muss mangels Vollstreckbarkeit erneut geklagt werden.

Beispiel 3: Weithin üblich geworden ist der Vergleichsschluss im schriftlichen Verfahren nach § 278 Abs. 6 ZPO. Bei mehrfach gewechselten Schriftsätzen, korrigierten Vergleichsfassungen und Ähnlichem sowie – schlimmstenfalls – Anlagen sind die **Geschäftsstellen häufig überfordert.** Es schleichen sich Fehler in den Vergleichstext ein.

Zunächst waren Zweifel darüber entstanden, ob der **Vergleich im schriftlichen Verfahren** nach § 278 Abs. 6 ZPO im Fall der Beendigung oder Befristung des Arbeitsverhältnisses das **Schriftformerfordernis** nach § 623 BGB bzw § 14 Abs. 4 TzBfG wahrt. Die lange Zeit geführte **Diskussion**, welche sich insbesondere daran aufhängte, dass der Vergleich selbst mangels beidseitiger Unterschrift auf derselben oder jeweiliger Unterschrift auf einer gleichlautenden Urkunde das Schriftformerfordernis nicht erfüllt, hat sich mittlerweile aufgrund der klärenden Entscheidung des BAG vom 23.11.2006 erledigt.[477] Danach wahrt eine im schriftlichen Verfahren nach § 278 Abs. 6 ZPO zustande gekommene Vereinbarung das notwendige Schriftformerfordernis einer Beendigung oder Befristung. Dies ergibt sich aus einer entsprechenden Anwendung von § 127a BGB, durch welche aufgrund der Vergleichbarkeit der Fälle eine planwidrige Regelungslücke geschlossen werden könne. 522

Problematisch ist dagegen weiterhin, dass dem im schriftlichen Verfahren (zB noch vor der Güteverhandlung) abgeschlossenen Vergleich häufig der Anschein anhaftet, dass es sich um eine von vornherein, dh vor Ausspruch der Kündigung „abgesprochene Sache" handele. Dies kann – wenn die Bundesagentur für Arbeit eine entsprechende Aufklärung vornimmt – dazu führen, dass gegenüber dem Arbeitnehmer eine **Sperrzeit** verhängt wird. Auch vor diesem Hintergrund wird in äußerster Vorsicht häufig dazu geraten, anstelle eines Vergleichs im schriftlichen Verfahren einen **Vergleich in der Güteverhandlung** zu protokollieren. 523

Eine weitere typische Falle in gerichtlichen Vergleichen stellen **Erledigungsklauseln** dar. Entsprechende Vereinbarungen erfreuen sich größter Beliebtheit, häufig sogar dann, wenn das Arbeitsverhältnis noch gar nicht beendet ist. Von der Vereinbarung beiderseitiger Erledigungsklauseln kann nur abgeraten werden, wenn noch nicht im Detail geklärt ist, ob der jeweiligen Partei tatsächlich keine Ansprüche mehr zustehen. Gegebenenfalls kann es sich dann anbieten, bestimmte Ansprüche auszuklammern. Im Regelfall – insbesondere wenn der Prozessvertreter die Gesamtsituation nicht übersieht – sollte von der Vereinbarung einer Erledigungsklausel insgesamt abgesehen werden. 524

Häufig entstehen aufgrund von gedankenlos vereinbarten Erledigungsklauseln im Nachhinein **Streitigkeiten**, etwa wenn der Arbeitnehmer noch ein Dienstfahrzeug besitzt und dieses aufgrund der Erledigungsklausel behalten will, wenn sich noch betrieb- 525

---

477 BAG 23.11.2006 – 6 AZR 394/06, NZA 2007, 466.

liche Gegenstände und sonstige Unterlagen im Besitz des Arbeitnehmers finden, wenn im Nachhinein noch offene Vergütungspositionen oder zu erstattende Auslagenabrechnungen auftauchen, wenn aufgrund neuer Erkenntnisse nunmehr Schadensersatzansprüche gegen die andere Partei erhoben werden oder wenn übersehen wurde, dass noch ein nachvertragliches Wettbewerbsverbot im Arbeitsvertrag enthalten war und sich Arbeitnehmer oder Arbeitgeber darauf berufen, entweder nunmehr Wettbewerb betreiben zu können oder aber die Karenzentschädigung nicht zahlen zu wollen. Da sich selten von vorneherein alle potenziellen Streitigkeiten und möglichen Ansprüche abschätzen lassen, sollte die Vereinbarung von Erledigungsklauseln überhaupt nur dann in Betracht gezogen werden, wenn es sich um einen **überschaubaren Sachverhalt** ohne komplexe Streitpunkte handelt. Zudem ist daran zu denken, dass ein Verzicht des Arbeitnehmers auf tarifliche Rechte der Zustimmung der Tarifvertragsparteien bedarf (§ 4 Abs. 4 Satz 1 TVG). Auf Rechte aus Betriebsvereinbarungen kann nur mit Zustimmung der Betriebsparteien (d.h. des Betriebsrats) verzichtet werden (§ 77 Abs. 4 Satz 2 BetrVG). Es ist also daran zu denken, dass zur Erledigung solcher Ansprüche die entsprechenden Zustimmungen einzuholen sind. Auf nicht disponible gesetzliche Ansprüche kann ohnehin nicht verzichtet werden.

III. Sperrzeit nach § 144 SGB III
1. Abschluss eines Aufhebungsvertrages bei drohender Kündigung

526 Entscheidend für eine Beratung der Arbeitnehmerseite im Zusammenhang mit dem Abschluss von Vergleichsvereinbarungen ist die Beherrschung der **Sperrzeitsystematik** nach § 144 SGB III. Das BSG hat in seinem Urteil vom 12.7.2006 seine Rechtsprechung bezüglich der Frage konkretisiert, ob auch dann eine Sperrzeit nach § 144 SGB III bei Abschluss eines Aufhebungsvertrages zu verhängen ist, wenn dem Arbeitnehmer ansonsten ohnehin zum gleichen Zeitpunkt (oder früher) betriebsbedingt gekündigt worden wäre.[478] Die Arbeitsverwaltung hat auf Grundlage der bis 2006 geltenden Durchführungsanweisung zu § 144 SGB III die Auffassung vertreten, dass ein „Lösen" des Beschäftigungsverhältnisses durch den Arbeitnehmer bereits durch **Abschluss des Aufhebungsvertrages** vorgelegen hat, so dass der Arbeitnehmer hierzu im Einzelnen den Ausnahmetatbestand des wichtigen Grundes darzulegen und ggf zu beweisen hatte (§ 144 Abs. 1 Satz 1 SGB III).[479] In dem vom BSG entschiedenen Fall schlossen die Parteien einen Aufhebungsvertrag, der die Beendigung des Arbeitsverhältnisses unter Einhaltung der für das Arbeitsverhältnis geltenden ordentlichen Kündigungsfrist vorsah. Das BSG ging davon aus, dass ohne den Abschluss des Aufhebungsvertrages dem Kläger zum gleichen Zeitpunkt betriebsbedingt gekündigt worden wäre, zu dem das Arbeitsverhältnis durch den Aufhebungsvertrag beendet worden war. Die Arbeitsverwaltung hatte eine Sperrzeit verhängt; der Kläger war allerdings vor dem BSG erfolgreich.

527 Das BSG sah zwar auch den Tatbestand der „Lösung" des Beschäftigungsverhältnisses iSv § 144 Abs. 1 Satz 2 Nr. 1 SGB III durch die Annahme des Angebots zur Auflösung

---

478 Vgl BSG 12.7.2006 – B 11 a AL 47/05 R, NZA 2006, 1359.
479 Vgl Durchführungsanweisung der Bundesagentur für Arbeit zu § 144 SGB III, 2006, Nr. 9.3.1, Rn 144.99.

des Arbeitsverhältnisses seitens des Arbeitnehmers als erfüllt an; es erkannte jedoch, dass der Kläger für den Abschluss des Aufhebungsvertrages deshalb einen wichtigen Grund zugestanden hat, weil er durch den Aufhebungsvertrag eine **Abfindung** (hier 10.000 EUR) erlangen konnte, was bei dem Ausspruch einer betriebsbedingten Kündigung nicht der Fall gewesen wäre (oder jedenfalls nicht feststand). Angesichts der im Aufhebungsvertrag zugesagten Abfindung sei festzustellen, dass das Interesse des Klägers das Interesse der Versichertengemeinschaft an einem Abwarten der Arbeitgeberkündigung überwog.

Diese Rechtsprechung ist von Bedeutung, weil nach der vormaligen Rechtsprechung des BSG[480] die Abfindung allein keinen wichtigen Grund darstellen konnte, aufgrund dessen der Arbeitnehmer den Aufhebungsvertrag hätte abschließen können. Es hätten weitere Umstände hinzukommen müssen, wie etwa Nachteile für das berufliche Fortkommen, eine längere Kündigungsfrist, die im Aufhebungsvertrag gewährt wurde, oder eine sonstige für den Arbeitnehmer wichtige Gestaltung der Beendigungsmodalitäten des Arbeitsverhältnisses. An dieser Rechtsprechung wurde schon immer kritisiert, dass sie im Wesentlichen nur Sonderfallgestaltungen erfasse und im Ergebnis zu restriktiv sei. Nunmehr kann auch der **Erhalt einer Abfindung**, der beim Ausspruch einer betriebsbedingten Kündigung nicht zu erwarten gewesen wäre, einen **wichtigen Grund iSv § 144 Abs. 1 Satz 1 SGB III** darstellen, der die Verhängung einer Sperrzeit verhindert. Damit ist es unter Berufung auf die Rechtsprechung des BSG also möglich, Aufhebungsverträge (und nicht etwa nur Abwicklungsverträge) abzuschließen, ohne dass die Arbeitnehmer eine Sperrzeit befürchten müssen, wenn

1. tatsächlich ohne Abschluss des Aufhebungsvertrages zwingend eine betriebsbedingte Kündigung ausgesprochen worden wäre;
2. diese betriebsbedingte Kündigung auch nicht offensichtlich unwirksam wäre (zB mangels Betriebsratsanhörung oder wegen eines besonderen Kündigungsschutzes des Klägers);
3. das Arbeitsverhältnis zu dem Zeitpunkt (oder später) beendet wird, zu dem es auch durch die betriebsbedingte Kündigung beendet worden wäre, dh dass zumindest die ordentliche Kündigungsfrist eingehalten wird;
4. nicht bei Ausspruch einer betriebsbedingten Kündigung ebenfalls ein entsprechender Abfindungsanspruch (zB auf der Grundlage eines Sozialplans) entstehen würde, sondern der Arbeitnehmer durch den Abschluss des Aufhebungsvertrages eine besondere Vergünstigung erhält, die er beim Ausspruch einer Kündigung nicht zu beanspruchen gehabt hätte.

Zu beachten ist freilich, dass es sich hierbei um die ausweitende Auslegung eines **Ausnahmetatbestandes**, nämlich des Vorliegens eines wichtigen Grundes, handelt. Gegenüber der Arbeitsverwaltung hat der Arbeitnehmer das Vorliegen eines wichtigen Grundes **nachzuweisen**.

---

480 Vgl BSG 17.11.2005 – B 11a/11 AL 69/04 R, BSGE 95, 232 = AP Nr. 7 zu § 144 SGB III.

2. Abschluss eines gerichtlichen Vergleichs

530 Die vorgenannten Rechtsprechungsgrundsätze hat das BSG mittlerweile auch ausdrücklich für den Fall des Abschlusses eines **gerichtlichen Vergleichs** bestätigt.[481] Das BSG hatte in der angeführten Entscheidung zunächst herausgestellt, dass auch der Abschluss eines Vergleichs tatbestandlich ein „Lösen" des Arbeitsverhältnisses durch den Arbeitnehmer iSv § 144 Abs. 1 Satz 2 Nr. 1 SGB III darstelle, welches zur Verhinderung einer Sperrzeitverhängung gerade durch einen sachlichen Grund gerechtfertigt werden müsse. Nach Ansicht des Gerichts sei kein sachlicher Grund dafür ersichtlich, von dem Arbeitnehmer zu verlangen, den Rechtsstreit unter allen Umständen weiterzuverfolgen. Wenn schon das Unterlassen der Klageerhebung, welches zur Wirksamkeit der Kündigung und damit zur Beendigung des Arbeitsverhältnisses führt, als sperrzeitunschädlich anzusehen sei, so müsse dies grundsätzlich auch für den Fall gelten, dass der Arbeitnehmer ein zunächst angestrengtes gerichtliches Verfahren beendet – sei es durch Rücknahme der Klage, sei es durch Abschluss eines Vergleichs. Ebenso wie im Fall des Abschlusses eines Aufhebungsvertrages bei drohender Kündigung könne zwar das Interesse am Erhalt der Abfindung für sich allein einen wichtigen Grund nicht rechtfertigen, jedoch umgekehrt könne eine Abfindung allein diesen auch nicht ausschließen. Eine **Sperrzeit** soll gerade nur in den Fällen eintreten, wenn nach **objektiver Bewertung** dem Versicherten unter Berücksichtigung aller Umstände des Einzelfalles und unter Abwägung seiner Interessen mit den Interessen der Versichertengemeinschaft ein anderes Verhalten zugemutet werden kann.[482] Erklärt der Arbeitnehmer im Fall einer ausgesprochenen betriebsbedingten Kündigung im Rahmen des Vergleichs, er sei sich mit dem Arbeitgeber einig, das Arbeitsverhältnis sei durch die betriebsbedingte Kündigung aufgelöst worden, wird danach regelmäßig die Verhängung einer Sperrzeit ausgeschlossen sein, soweit nicht die **Unwirksamkeit** der Kündigung **offensichtlich** ist.[483]

531 In diesem Zusammenhang ist dem Arbeitnehmer bereits ein schützenswertes gesteigertes Interesse zuzubilligen, einen anhängigen Rechtsstreit beenden zu wollen. Weiterhin könne auch im Fall des Vergleichsschlusses das Interesse schützenswert sein, sich bei ohnehin nicht zu vermeidender Beschäftigungslosigkeit wenigstens eine Abfindung zu sichern. Gerade wenn durch die Einigung der Parteien die Beendigung des Arbeitsverhältnisses nicht vorverlegt wird, spricht dies zumindest zunächst für einen wichtigen Grund. Entscheidend ist in diesem Zusammenhang lediglich, dass eine **Manipulation zulasten der Versichertengemeinschaft ausgeschlossen** werden kann. Auch die Höhe der gezahlten Abfindung (etwa ein Übersteigen der in § 10 KSchG vorgesehenen Beträge) spielt im Rahmen der Beurteilung des Vorliegens einer solchen Manipulation keine Rolle. Von entscheidender Bedeutung ist in diesem Zusammenhang die Frage, ob der Arbeitnehmer zum Zeitpunkt des Abschlusses davon ausgehen durfte, er könne den Eintritt der Beschäftigungslosigkeit nicht mehr vermeiden. Von einer Manipulation ist in diesem Zusammenhang etwa dann auszugehen, wenn die Parteien des Arbeitsver-

---

481 Vgl BSG 17.10.2007 – B 11 a AL 51/06 R, NZS 2008, 663; dazu auch *Gaul/Niklas*, NZA 2008, 137 ff.
482 Vgl st. Rspr des BSG, zuletzt: BSG 17.10.2007 – B 11 a AL 51/06 R, NZS 2008, 663; BSG 8.7.2009 – B 11 AL 17/08 R, NJW 2010, 2459.
483 Vgl *Berkowsky*, in: Richardi (Hrsg.), § 129 Rn 14.

hältnisses den Weg des Vergleichs über eine offenkundig rechtswidrige (zB unterlassene Anhörung des Betriebsrats) oder vom Arbeitnehmer initiierte Kündigung durch den Arbeitgeber jeweils mit anschließender Klage vor dem Arbeitsgericht einvernehmlich mit dem Ziel beschritten hätten, den Eintritt einer Sperrzeit zu vermeiden.[484]

Offen gelassen wurde vom entscheidenden Senat des BSG dagegen, ob diese Grundsätze auch für einen **Vergleich im schriftlichen Verfahren** Geltung entfalten, so dass vorgeschlagen wird, Vergleiche in einer derartigen Situation vorsichtshalber in der Güteverhandlung zu schließen.[485] Dieser Einschränkung dürfte aber nicht zu folgen sein. 532

3. Abfindung nach § 1 a KSchG

Bei einer Kündigung mit einem Abfindungsangebot nach § 1 a KSchG kann in der bloßen **Hinnahme der Kündigung kein „Lösen"** eines Beschäftigungsverhältnisses gesehen werden, so dass für diesen Fall auch keine Sperrzeit verhängt wird, es sei denn, die Kündigung sei offensichtlich rechtswidrig (etwa wegen fehlender Betriebsratsanhörung oder wegen besonderen Kündigungsschutzes des Arbeitnehmers oder der Ausspruch der Kündigung beruht, ohne dass wirkliche betriebsbedingte Gründe gegeben sind, auf einer vorherigen Absprache zwischen Arbeitgeber und Arbeitnehmer). Weicht die **Höhe der Abfindung** von der in § 1 a Abs. 2 Satz 1 KSchG angegebenen Höhe (0,5 Monatsverdienste für jedes Jahr des Bestehens des Arbeitsverhältnisses) nach oben ab, so soll dies nach der **Dienstanweisung der Bundesagentur für Arbeit** dann sperrzeitunschädlich sein, wenn die nach § 1 a KSchG abweichende Höhe der Abfindung nicht individuell, sondern kollektiv (zB in einem Sozialplan) vereinbart worden sei.[486] Hiernach wird vorgeschlagen, dass Abfindungen, die § 1 a KSchG übersteigen, immer auf der Grundlage von kollektivvertraglichen Regelungen erfolgen sollten.[487] Dies ist vor dem Hintergrund der Dienstanweisung der Bundesagentur für Arbeit sicherlich anzuraten. Logisch ist es indes nicht. Denn warum sollte der Umstand, dass der Arbeitgeber im Kündigungsschreiben eine höhere Summe zusagt, als nach § 1 a KSchG erforderlich wäre (und dies aus welchen Gründen auch immer, zB auch irrtümlich), bei dem Arbeitnehmer, der die Kündigung schlicht hinnimmt, weil er keine Anhaltspunkte für deren Rechtswidrigkeit hat, zu einer Sperrzeit führen, wenn er (möglicherweise irrtümlich) eine höhere Abfindung zugesagt erhält, nicht aber bei demjenigen, der die Abfindung „punktgenau" gemäß § 1 a Abs. 2 Satz 1 KSchG in seinem Kündigungsschreiben genannt erhält? 533

Es ist daher festzustellen, dass die Sichtweise der Arbeitsverwaltung auch auf Basis der jetzigen Rechtsprechung des BSG wiederum zu restriktiv ist. Trotzdem wird man als Anwalt den Arbeitnehmer auf die restriktive Praxis der Bundesagentur für Arbeit hinzuweisen haben, um ihn für das mögliche **Risiko einer Sperrzeitverhängung** zu sensibilisieren. 534

---

484 Vgl BSG 17.10.2007 – B 11 a AL 51/06 R, NZS 2008, 663.
485 Vgl *Panzer*, NJW 2010, 11, 15.
486 Vgl Durchführungsanweisung der Bundesagentur für Arbeit zu § 144 SGB III, Nr. 2.2.2.
487 Vgl *Gaul*, Aktuelles Arbeitsrecht, 2006, S. 558.

4. Erklärungen gegenüber der Bundesagentur für Arbeit

535 Häufig sind die Interessen von Arbeitnehmer und Arbeitgeber im Rahmen von Erörterungen, wie ein Arbeitsverhältnis einvernehmlich beendet werden könnte, gleichgerichtet. Beide Parteien wollen in der Regel nicht, dass gegenüber dem Arbeitnehmer eine Sperrzeit nach § 144 SGB III oder ein Ruhenstatbestand nach § 143a SGB III verhängt wird. Zu **warnen** ist allerdings vor Konstruktionen, etwa den Aufhebungsvertrag **rückzudatieren**, um vorzuspiegeln, dass dieser so frühzeitig abgeschlossen worden sei, dass die ansonsten einzuhaltende Kündigungsfrist noch gewahrt gewesen sei. Hierin liegt gemäß § 263 StGB ein gemeinschaftlicher Betrug zum Nachteil der Bundesanstalt für Arbeit.

536 Auch bei den Regelungen sonstiger Beendigungsmodalitäten sowie der Gründe für eine Beendigung ist daran zu denken, dass der Arbeitgeber nach § 312 SGB III eine **Arbeitsbescheinigung** auszustellen hat, in der eine Vielzahl von Fragen der Bundesagentur für Arbeit (wahrheitsgemäß) zu beantworten sind. Abgesehen davon, dass eine Reihe dieser Fragen zum Teil missverständlich gestellt ist oder den Arbeitgeber geradezu „in eine Falle locken" möchte, muss der Arbeitgeber hier „Farbe bekennen". Ein Problem besteht mit der Bescheinigung „**betriebsbedingter**" Gründe, wenn in Wahrheit verhaltensbedingte Gründe für die Kündigung maßgeblich waren. Auch hierin liegt eine Falschbescheinigung. Der Terminus „betriebsbedingt" zeichnet eine spezielle Art der Kündigung aus, nämlich eine solche, die nach § 1 Abs. 2 KSchG durch dringende betriebliche Erfordernisse bedingt ist, die einer Weiterbeschäftigung des Arbeitnehmers entgegenstehen. Manche Arbeitgeber helfen sich damit, sich statt auf „betriebsbedingte" Gründe auf „betriebliche" Gründe zu beziehen, weil verhaltensbedingte Umstände zu Betriebsablaufstörungen führen und dies schließlich allgemein betriebliche Gründe sind. Der Arbeitgeber bewegt sich dabei – je nach Fallgestaltung – an der Grenze oder auch schon jenseits des Zulässigen. Etwas anderes ist es freilich, wenn unabhängig von dem Vorliegen von verhaltensbedingten Gründen auch eine betriebsbedingte Kündigung möglich wäre, zB weil die Position des Klägers in der Tat fortfällt und sich entweder Fragen der sozialen Auswahl aufgrund der Singularität des Arbeitnehmers nicht stellen oder die durchgeführte soziale Auswahl tatsächlich ergibt, dass dem Kläger zu kündigen wäre. Es ist in jedem Fall anzuraten, die Arbeitsbescheinigung nach § 312 SGB III und die Fragen nach dem Grund für die Beendigung des Beschäftigungsverhältnisses vor Augen zu haben, wenn mit dem Arbeitnehmer eine „sperrzeitvermeidende" Vereinbarung getroffen wird.

IV. Abwicklungsfragen des beendeten Arbeitsverhältnisses – Arbeitspapiere, insbesondere Arbeitszeugnis

1. Pflichten im Zusammenhang mit Arbeitspapieren

537 Im Rahmen eines gerichtlichen Vergleichs zur Beendigung des Arbeitsverhältnisses ist es sinnvoll, sämtliche Abwicklungsfragen des Arbeitsverhältnisses im Blick zu haben. Gibt es Anlass zur Befürchtung, dass es über Einzelheiten Streit geben könnte oder der Arbeitgeber die Arbeitspapiere nicht ordnungsgemäß ausfüllt oder übergibt, kann es sich anbieten, diese Ansprüche entweder bereits prozessual geltend zu machen oder

IV. Abwicklungsfragen d. beendeten Arbeitsverh. – Arbeitspapiere

aber im Vergleich zu regeln. Unter dem allgemeinen Begriff der **Arbeitspapiere** werden folgende Pflichten verstanden:

Lohnsteuerkarte: Der Arbeitgeber hat bei Beendigung des Arbeitsverhältnisses (ebenso wie am Ende jedes Kalenderjahres bis spätestens zum 28.2. des Folgejahres) die elektronische Lohnsteuerbescheinigung zu erstellen und dem Arbeitnehmer einen Ausdruck auszuhändigen (§ 41 b Abs. 1 Satz 3 EStG). Meint der Arbeitnehmer, die abgeführte Lohnsteuer entspreche nicht den steuerrechtlichen Vorgaben, so ist ein derartiger Anspruch über die ordnungsgemäße Abführung der Lohnsteuer vor den Finanzgerichten geltend zu machen. Die Pflicht zur Übergabe eines Ausdrucks der elektronischen Lohnsteuerbescheinigung resultiert aus der arbeitsvertraglichen Fürsorgepflicht, so dass eine Klage auf Herausgabe und die erstmalige Erstellung der Lohnsteuerbescheinigung vor den Arbeitsgerichten geltend gemacht werden können.[488] Dagegen sind für Klagen auf **Berichtigung** unrichtiger Eintragungen in der Lohnsteuerbescheinigung nicht die Gerichte für Arbeitssachen, sondern die Finanzgerichte zuständig, da sich die Pflicht zur Ausgestaltung gerade nicht aus einer arbeitsvertraglichen Nebenpflicht, sondern aus § 41 b EStG ergibt und die Streitigkeit damit gerade öffentlich-rechtlich geprägt ist.[489]

538

Arbeitsbescheinigung: Es obliegt dem Arbeitgeber, dem Arbeitnehmer eine Arbeitsbescheinigung nach § 312 Abs. 1 SGB III zu erteilen, in der alle Tatsachen anzugeben sind, die für die Entscheidung über den Anspruch auf Arbeitslosengeld erheblich sein können. Dabei ist der von der Bundesagentur für Arbeit vorgesehene Vordruck zu verwenden. Anzugeben sind die Art der Tätigkeit des Arbeitnehmers, Beginn, Ende, Unterbrechungen und der Grund für die Beendigung des Beschäftigungsverhältnisses sowie das Arbeitsentgelt und die sonstigen Geldleistungen, die der Arbeitnehmer erhalten oder zu beanspruchen hat. Der Anspruch auf Erteilung der Arbeitsbescheinigung ergibt sich zum einen aus der Fürsorgepflicht des Arbeitgebers,[490] zum anderen stellt dies auch eine öffentlich-rechtliche Verpflichtung des Arbeitgebers gegenüber der Bundesagentur für Arbeit dar.[491] Prozessual gilt dasselbe wie bei der Lohnsteuerbescheinigung (s. Rn 538): Die Klage auf Erstellung und Herausgabe der Arbeitsbescheinigung nach § 312 Abs. 1 SGB III kann auf die arbeitsvertragliche Fürsorgepflicht gestützt werden. Die Zuständigkeit der Arbeitsgerichte ergibt sich aus § 2 Abs. 1 Nr. 3 Buchst. e ArbGG (bürgerliche Rechtsstreitigkeiten zwischen Arbeitnehmern und Arbeitgebern über Arbeitspapiere). Geht es allerdings darum, eine **Berichtigung** der bereits erstellten Arbeitsbescheinigung zu verlangen, so ist der Rechtsweg zu den Sozialgerichten eröffnet.[492]

539

Urlaubsbescheinigung: Der Arbeitgeber ist gemäß § 6 Abs. 2 BUrlG verpflichtet, bei Beendigung des Arbeitsverhältnisses eine Urlaubsbescheinigung über den im laufenden

540

---

488 Vgl BAG 30.8.2000 – 5 AZB 12/00, BB 2001, 264; BAG 15.1.1992 – 5 AZR 15/91, AP Nr. 21 zu § 2 ArbGG; so auch ErfK/*Koch*, § 2 ArbGG Rn 22.
489 Vgl BAG 11.6.2003 – 5 AZB 1/03, NZA 2003, 877.
490 Vgl BAG 15.1.1992 – 5 AZR 15/91, AP Nr. 21 zu § 2 ArbGG 1979.
491 Vgl BSG 12.12.1990 – 11 RAr 43/88, NZA 1991, 696; vgl *Eckhoff*, in: Moll (Hrsg.), § 49 Rn 3.
492 Vgl BAG 11.6.2003 – 5 AZB 1/03, NZA 2003, 877; BSG 12.12.1990 – 11 RAr 43/88, NZA 1991, 696; *Eckhoff*, in: Moll (Hrsg.), § 49 Rn 14.

Kalenderjahr gewährten und abgegoltenen Urlaub auszuhändigen. Hierfür sind die Arbeitsgerichte zuständig.

541 **Auskunft über die betriebliche Altersversorgung:** Nach § 4a BetrAVG hat der Arbeitgeber oder der Versorgungsträger dem Arbeitnehmer bei einem berechtigten Interesse – dieses liegt beim Ausscheiden vor – auf dessen Verlangen schriftlich mitzuteilen, in welcher Höhe aus der bisher erworbenen unverfallbaren Anwartschaft bei Erreichen der in der Versorgungsregelung vorgesehenen Altersgrenze ein Anspruch auf Altersversorgung besteht und wie hoch bei einer Übertragung der Anwartschaft nach § 4 Abs. 3 BetrVG der Übertragungswert ist. Auch dieser Anspruch kann arbeitsgerichtlich durchgesetzt werden.

542 **Zeugnis:** Dem Arbeitnehmer steht bei Beendigung des Arbeitsverhältnisses nach seiner **Wahl** ein Anspruch auf ein einfaches oder qualifiziertes Arbeitszeugnis zu (§ 109 GewO). Das **einfache Zeugnis** beschränkt sich auf die Wiedergabe der Art und Dauer der Beschäftigung unter genauer und vollständiger Beschreibung der einzelnen Tätigkeiten des Arbeitnehmers, so dass sich ein zukünftiger Arbeitgeber ein möglichst klares Bild machen kann. Das weitergehende **qualifizierte Zeugnis** macht darüber hinaus noch im Einzelnen Angaben zu Leistung und Verhalten des Arbeitnehmers sowie des persönlichen Eindrucks des Arbeitgebers. Leider entsteht über das Zeugnis und dessen Inhalt häufig Streit, sei es, weil der Arbeitgeber versucht, die Erteilung eines guten Zeugnisses als Druckmittel und als Verhandlungsgegenstand einzusetzen, sei es, weil der Arbeitnehmer übersteigerte Vorstellungen davon hat, was ihm im Zeugnis zu bescheinigen ist. Nach der eindeutigen Programmaussage des § 109 Abs. 2 GewO muss das Zeugnis **klar und verständlich** formuliert sein; es darf keine Merkmale oder Formulierungen enthalten, die den Zweck haben, eine andere als die aus der äußeren Form oder aus dem Wortlaut ersichtliche Aussage über den Arbeitnehmer zu treffen. Weiterhin gilt das zeugnisrechtliche **Wohlwollensgebot**, gegen welches bereits verstoßen wird, soweit im Falle eines Prozessvergleichs im Anschluss an eine verhaltensbedingte Kündigung des Arbeitgebers dieser in das Zeugnis neben dem Hinweis über das beiderseitige Einvernehmen aufnimmt, die Trennung sei auf Veranlassung des Arbeitgebers erfolgt.[493] Aufgrund der Sensibilität von gewissen Arbeitnehmern und/oder Arbeitgebern bei der Erstellung eines Zeugnisses und aufgrund des Umstands, dass hier auch psychologische Umstände eine Rolle spielen, kann aus anwaltlicher Sicht nur dazu geraten werden, im Rahmen einer Einigung auch eine Einigung über das Zeugnis herbeizuführen. Dies kann beiden Parteien einschließlich deren Anwälte einigen Ärger ersparen. Ansonsten kann nämlich trotz der gefundenen Einigung noch eine langwierige Auseinandersetzung in Form eines „Kleinkriegs" über Zeugnisformulierungen oder Formfragen des Zeugnisses entstehen. Bei der Erteilung des Zeugnisses besteht die Aufgabe des Anwalts häufig darin, auf die jeweilige Partei mäßigend einzuwirken, dh etwa dem Arbeitnehmer deutlich zu machen, dass das von ihm vorformulierte sechsseitige überschwängliche Zeugnis nicht der Üblichkeit entspricht und eher Misstrauen aufkommen lässt, anstatt als Bescheinigung guter Leistungen gesehen zu werden. Dem

---

[493] Vgl LAG Berlin 25.1.2007 – 5 Sa 1442/06, NZA-RR 2007, 373.

Arbeitgeber hingegen kann deutlich gemacht werden, dass das Zeugnis nicht die Gelegenheit zur „Generalabrechnung" darstellt und bestimmte wohlwollende Formulierungen durchaus üblich sind.

Da das Arbeitszeugnis eine **Holschuld**[494] darstellt, muss der Arbeitnehmer das Zeugnis – wie die übrigen Arbeitspapiere – beim Arbeitgeber abholen. Stellt der Arbeitgeber das Zeugnis trotz Verlangens des Arbeitnehmers bei Beendigung des Arbeitsverhältnisses nicht zur Abholung bereit, wandelt sich die Holschuld des Arbeitnehmers in eine Schickschuld des Arbeitgebers um.[495] Danach hat der Arbeitgeber die Kosten und Gefahr für die Versendung zu tragen.[496] Eine Schickschuld wird auch dann angenommen, wenn die Abholung für den Arbeitnehmer einen unverhältnismäßigen Aufwand bedeuten würde, etwa weil dieser arbeitsunfähig oder an einen anderen Ort verzogen ist.[497] Wichtig ist, dass dem Arbeitgeber hinsichtlich des Zeugnisanspruchs des Arbeitnehmers und auch aller anderen Arbeitspapiere **kein Zurückbehaltungsrecht** zusteht.[498]

543

Der Arbeitgeber ist für die korrekte Aushändigung der Arbeitspapiere darlegungs- und beweispflichtig, so dass er nach § 368 BGB einen Anspruch gegenüber dem Arbeitnehmer auf **Bestätigung des Empfangs durch Quittung** hat.

544

2. Einzelfragen zum Zeugnisanspruch

Stellt der Arbeitgeber bei regelgerechter Beendigung dem am letzten Arbeitstag zur Entgegennahme bereiten Arbeitnehmer die Arbeitspapiere nicht zur Verfügung, so gerät er ohne weitere Mahnung in Verzug, so dass ein Anspruch auf Ersatz eines möglichen **Verzugsschadens** nach § 286 BGB in Betracht kommt. Der in diesem Rahmen zu ersetzende Schaden umfasst neben möglichen Aufwendungen für Porto, Telefon oder Ähnliches auch den Verdienstausfall, den der Arbeitnehmer dadurch erleidet, dass eine neue Anstellung aufgrund der fehlenden Papiere nicht erfolgt oder er eine bereits zugesagte Anstellungsmöglichkeit wieder verliert.[499] Allerdings ist der Arbeitnehmer in diesem Zusammenhang vollständig darlegungs- und beweispflichtig.

545

Eine allgemein gehaltene Ausgleichsklausel (Erledigungsklausel) kann nicht als wirksamer Verzicht auf die Erteilung eines qualifizierten Zeugnisses gesehen werden.[500]

546

Prozessual kommt folgendes Vorgehen in Betracht: Ist **kein Zeugnis** erteilt worden, so lautet der **Antrag**,

547

> die Beklagte zu verurteilen, dem Kläger ein qualifiziertes Endzeugnis mit Angaben zur Art und Dauer der Tätigkeit zu erteilen, welches sich darüber hinaus auf Leistung und Verhalten im Arbeitsverhältnis streckt.[501]

---

494 Vgl BAG 8.3.1995 – 5 AZR 848/93, AP Nr. 21 zu § 630 BGB.
495 Vgl *Eckhoff*, in: Moll (Hrsg.), § 48 Rn 21.
496 Vgl *Linck*, in: Schaub (Hrsg.), § 149 Rn 4.
497 Vgl BAG 8.3.1995 – 5 AZR 848/93, AP Nr. 21 zu § 630 BGB; LAG Frankfurt/M. 1.3.1984 – 10 Sa 858/83, DB 1984, 2200.
498 AllgM, vgl *Eckhoff*, in: Moll (Hrsg.), § 48 Rn 22.
499 Vgl *Reinecke*, in: Küttner (Hrsg.), Personalbuch, 48 Arbeitspapiere Rn 12 ff.
500 Vgl BAG 16.9.1974 – 5 AZR 255/74, NJW 1975, 407.
501 Vgl weitere Anträge bei *Eckhoff*, in: Moll (Hrsg.), Münchener Anwaltshandbuch Arbeitsrecht, § 48 Rn 26 ff.

548 Ist ein Zeugnis bereits erteilt, soll dieses aber **berichtigt** werden, so lautet der **Antrag**, die Beklagte zu verurteilen, dem Kläger Zug um Zug gegen Rückgabe des Zeugnisses vom ... [Datum] ein neues Zeugnis mit folgendem Inhalt zu erteilen: ... [Text des berichtigten Zeugnisses].

Dabei ist darauf zu achten, dass dem Arbeitgeber nicht eine bestimmte Formulierung vorgegeben werden kann. Gegebenenfalls sind dem Arbeitgeber verschiedene Alternativen vorzuschlagen oder eine „sinngemäße" Formulierung aufzugeben.

549 Die **verzögerte Erstellung** oder die **Falscherstellung** eines Zeugnisses stellt eine Pflichtverletzung des Arbeitgebers dar, mit der er sich gemäß § 280 Abs. 1 BGB schadensersatzpflichtig macht. Insoweit lässt sich jedoch der Eintritt eines Schadens häufig nicht darlegen oder beweisen, da in der Regel hierfür auf hypothetische Geschehensabläufe abzustellen ist.

550 Dreht sich der Zeugnisstreit um die **Bewertung der Leistung bzw die Führung** des Arbeitnehmers, so wird eine **differenzierte Darlegungs- und Beweislast** angenommen: Macht der Arbeitnehmer geltend, eine überdurchschnittliche Leistung erbracht zu haben, obliegt ihm für die überdurchschnittliche Leistung die Darlegungs- und Beweislast.[502] Umgekehrt muss der Arbeitgeber die Tatsachen, die eine unterdurchschnittliche Bewertung rechtfertigen, im Prozess darlegen und beweisen. Bleiben beide Parteien beweisfällig, hat dies zur Folge, dass ein Zeugnis mit durchschnittlicher, dh mit befriedigender Bewertung ausgestellt werden muss.[503]

551 Eine **einstweilige Verfügung** zur Erstellung eines Zeugnisses ist nach § 62 Abs. 2 ArbGG, § 940 ZPO zwar möglich, wird aber selten erfolgreich sein, da dies die Hauptsache vorwegnimmt, so dass an die Dringlichkeit hohe Anforderungen zu stellen sind.[504]

3. Vollstreckung

552 Da es sich bei der Erteilung des Zeugnisses um eine unvertretbare Handlung handelt, erfolgt die **Vollstreckung** nach § 888 ZPO. Inhaltliche Änderungen lassen sich im Vollstreckungsverfahren nicht durchsetzen, so dass diese dem Erkenntnisverfahren vorbehalten sind.[505]

553 Trotz der bereits gesetzlich festgelegten Pflichten im Zusammenhang mit der Erteilung von Arbeitspapieren empfiehlt sich, diese im Falle eines Vergleichsschlusses als **Nebenpflichten** gleich mitzuregeln. Einerseits werden den Parteien auf diese Weise noch einmal die bestehenden Pflichten vor Augen geführt, andererseits stellt der **Vergleich** einen **vollstreckungsfähigen Titel** dar. Soweit es um die Herausgabe von Arbeitspapieren geht, richtet sich die entsprechende **Zwangsvollstreckung** dann nach der Vorschrift über die Herausgabe beweglicher Sachen in § 883 ZPO und ist durch den Gerichtsvollzieher vorzunehmen.

---

502 Vgl BAG 14.10.2003 – 9 AZR 12/03, BB 2004, 1270, 1272.
503 Vgl LAG Hamm 13.2.1992 – 4 Sa 1077/91, LAGE § 630 BGB Nr. 16.
504 Vgl *Eckhoff*, in: Moll (Hrsg.), § 48 Rn 30.
505 Vgl LAG Frankfurt/M. 16.6.1989 – 9 Ta 74/89, LAGE § 630 BGB Nr. 7; LAG Hamburg 7.9.1993 – 7 Ta 7/93, NZA 1994, 890 f.

Ist dagegen die Herausgabe der Arbeitspapiere nicht im Vergleich geregelt worden, besteht die Möglichkeit der Beantragung des Erlasses einer **einstweiligen Verfügung**. Anspruchsgrundlagen sind in diesem Zusammenhang für die Lohnsteuerkarte §§ 39 b Abs. 1 Satz 3, 41 b Abs. 1 Satz 4 EStG, für die Urlaubsbescheinigung § 6 Abs. 2 BUrlG und im Hinblick auf andere Papiere eine Nebenpflicht aus dem Arbeitsvertrag. Im Rahmen der notwendigen Glaubhaftmachung genügt es, dass der Arbeitnehmer vorträgt, die Arbeitspapiere seien trotz Beendigung des Arbeitsverhältnisses nicht übergeben worden und er brauche diese für den Antritt einer neuen Arbeitsstelle.[506] 554

Kommt der Arbeitgeber etwa der Pflicht zur Ausstellung eines Zeugnisses nicht nach, berechtigt dies den Arbeitnehmer allerdings – anders als im Fall des Ausbleibens der im Vergleich geregelten Abfindung – wohl regelmäßig nicht dazu, vom Vergleich zurückzutreten. Ein **Rücktritt** kommt gerade nur bei Verletzung einer im Gegenseitigkeitsverhältnis stehenden Hauptpflicht in Betracht.[507] Ob es sich um eine solche Hauptpflicht des Vergleichs handelt, ist dabei im Wege der Auslegung des Vergleichsvertrages zu bewerten, wobei die Ausstellung der Arbeitspapiere jedoch regelmäßig nicht darunter fallen wird. 555

V. „Beseitigung" von Vergleichen

1. Anfechtung

Auch im Rahmen von Vergleichen gelten die **allgemeinen Nichtigkeits- und Anfechtungsgründe** der §§ 119 ff, 134, 138 BGB. Ausgeschlossen ist allerdings eine Irrtumsanfechtung wegen solcher Umstände, die vor dem Vergleichsabschluss gerade als streitig oder ungewiss angesehen wurden und deren verbindliche Festlegung im Wege des gegenseitigen Nachgebens den Inhalt des Vergleichs bilden sollte.[508] 556

Erstaunlicherweise werden in der arbeitsgerichtlichen Praxis Vergleiche selten angefochten (zB gemäß § 123 BGB wegen arglistiger Täuschung). Es stellt jedoch durchaus eine nicht untypische Situation dar, dass der Arbeitgeber den Wegfall einer bestimmten Position im Betrieb behauptet (zB auf welcher der Arbeitnehmer sich singulär, dh ohne Vergleichbarkeit mit anderen Arbeitnehmern, befindet), der Arbeitnehmer sich aufgrund dessen angesichts einer drohenden Erfolglosigkeit der Kündigungsschutzklage billig vergleicht und nach Abschluss des Vergleichs erleben muss, dass sein Arbeitgeber die von ihm geräumte Stelle kurzfristig mit einem anderen, neuen Mitarbeiter besetzt. Abgesehen davon, dass ein planmäßig hierauf angelegtes Vorgehen einen **Betrug** gemäß § 263 StGB seitens des Arbeitgebers darstellt, stellt sich für den Arbeitnehmer häufig die Frage, inwiefern er gegen den im falschen Glauben abgeschlossenen Vergleich vorgehen kann. Lässt sich die **arglistige Täuschung** des Arbeitgebers beweisen – dies ist etwa unter Bezug auf den schriftsätzlichen oder mündlichen Vortrag des Arbeitgebers in der Güteverhandlung möglich –, so spricht eine **zeitnahe Wiederbesetzung der Stelle** indiziell dafür, dass es sich bei der Einstellung nicht um eine völlig neue, von der 557

---

506 Vgl *Germelmann*, in: Germelmann/Matthes/Prütting/Müller-Glöge, § 62 Rn 112.
507 Vgl LAG Düsseldorf 16.11.2001 – 14 Sa 1192/01, NZA-RR 2002, 374.
508 Vgl BGH 24.9.1959 – VIII ZR 189/58, NJW 1959, 2109.

Kündigungsentscheidung des Arbeitgebers losgelöste unternehmerische Entscheidung gehandelt hat. Vielmehr ist in diesem Fall – insbesondere, wenn die Parteien in Streit gelegen haben oder dem Arbeitnehmer bereits häufiger eine Aufhebungsvereinbarung angeboten worden war – von einem geplanten Vorgehen des Arbeitgebers zur Benachteiligung des Arbeitnehmers auszugehen. In solchen Fällen kommt eine Anfechtung des gerichtlichen Vergleichs wegen arglistiger Täuschung nach § 123 BGB in Betracht.

558 Einer Anfechtung nach § 123 BGB steht je nach Einzelfall auch nicht entgegen, wenn die arglistige Täuschung oder widerrechtliche Drohung nicht von dem unmittelbaren Geschäftspartner, sondern von einem **Dritten** begangen worden ist. Eine solche dritte Partei kann auch das Gericht oder ein Mitglied des Arbeitsgerichts sein.[509] Allein die Darstellung von Beweis- oder Prozessrisiken stellt dabei allerdings regelmäßig noch keine widerrechtliche Drohung dar. Eine **Drohung** kann dagegen anzunehmen sein, wenn durch das Gericht oder eines seiner Mitglieder im Rahmen von Vergleichsverhandlungen der Eindruck erweckt wird, die Partei müsse sich zwingend der Autorität des Gerichts beugen und dass der Partei ein Fortgang des Prozesses in Aussicht gestellt wird, der nicht den Grundsätzen eines fairen Verfahrens entspricht.[510] Ist die Anfechtung erfolgreich, so führt dies gemäß § 142 Abs. 1 BGB dazu, dass der gerichtliche Vergleich (einschließlich seiner Doppelnatur) nichtig und der Rechtsstreit fortzusetzen ist. Auch die das Arbeitsverhältnis beendigende Wirkung des Vergleichs ist damit aufgehoben, so dass das Arbeitsverhältnis – unterstellt, die fortzusetzende Kündigungsschutzklage ist erfolgreich – ungekündigt fortbesteht.

559 Ist in solchen Konstellationen kein gerichtlicher Vergleich nach einem Kündigungsschutzverfahren geschlossen worden, sondern lediglich ohne Kündigungsschutzklage des Arbeitnehmers eine **außergerichtliche Einigung** im Rahmen eines außergerichtlichen Vergleichs erfolgt, so hat die Anfechtung zwar die Beseitigung des Vergleichs zur Folge; die Kündigung ist aber aufgrund des Ablaufs der Klagefrist nach § 4 KSchG und der daraus resultierenden Rechtmäßigkeitsfunktion nach § 7 KSchG rechtswirksam. Eine **nachträgliche Klagezulassung** ist zwar prinzipiell möglich, jedoch ggf aufgrund des Ablaufs der Sechsmonatsfrist nach § 5 Abs. 3 Satz 2 KSchG ausgeschlossen. Insoweit kommen dann nur noch **Schadensersatzansprüche** des Arbeitnehmers in Betracht (§ 280 Abs. 1 BGB, § 823 Abs. 2 BGB iVm § 263 StGB, § 826 BGB). Diese Konstellation kann dafür sprechen, eine gerichtliche Protokollierung eines Vergleichs nach Erhebung einer Kündigungsschutzklage anzustreben.

2. Rücktritt

560 Kommt der Arbeitgeber nach Abschluss eines Abfindungsvergleichs mit der Zahlung der Abfindung seiner schuldrechtlichen Pflicht aus dem Vergleichsvertrag nicht nach, so besteht für den Arbeitnehmer nach Fristsetzung die Möglichkeit des **Rücktritts vom Vergleich** nach den allgemeinen Vorschriften der §§ 323 ff BGB. Allerdings wird in der Rechtsprechung teilweise davon ausgegangen, dass zumindest in rechtsgestaltend wir-

---

509 Vgl BAG 12.5.2010 – 2 AZR 544/08, NZA 2010, 1250.
510 Vgl BAG 12.5.2010 – 2 AZR 544/08, NZA 2010, 1250.

kenden Vergleichen – also etwa bei der Einigung auf die Beendigung des Arbeitsverhältnisses gegen Abfindungszahlung – von einem **stillschweigenden Ausschluss** der Rücktrittsrechte zwischen den Parteien auszugehen ist.[511] Dies sei insbesondere auf die typische Interessenlage der Parteien zurückzuführen, die auf eine schnelle, endgültige Regelung der Bestandsfrage angelegt sei. Hat eine Partei den Rücktritt vom Vergleich dagegen wirksam erklärt und ist somit die Rechtswirksamkeit des prozessbeendenden Vergleichs fraglich geworden, sind die Rechtsfolgen umstritten. Nach einer (auch vom BGH gestützten Ansicht) entfällt die prozessbeendende Wirkung nicht automatisch wieder, sondern ist die Wirksamkeit des Vergleichs vielmehr in einem neuen Verfahren zu klären.[512] Das BAG geht allerdings auch im Fall von Rücktritt und vertraglicher Aufhebung von der rückwirkenden Unwirksamkeit des Vergleichs aus, so dass das ursprüngliche Verfahren fortzusetzen sei.[513]

3. Widerruf

Weiterhin besteht die Möglichkeit, einen in der gerichtlichen Verhandlung geschlossenen Vergleich unter einen **Widerrufsvorbehalt** innerhalb einer bestimmten Frist mit der Folge zu stellen, dass die Wirksamkeit des Vergleichs bis zum Fristablauf aufschiebend bedingt ist.[514] In diesem Fall kommt der Vergleich unter der aufschiebenden Bedingung des Ablaufs der Widerrufsfrist zustande. Haben die Parteien nichts anderes vereinbart, kann der Widerruf sowohl gegenüber dem Vertragsgegner, also dem Vergleichspartner, als auch gegenüber dem zuständigen Prozessgericht erklärt werden.[515] Im Regelfall wird allerdings vereinbart werden, dass ein Widerruf nur durch **schriftliche Anzeige gegenüber dem Gericht** erfolgen kann, so dass in diesem Fall ein Widerruf gegenüber dem Gegner des Vergleichs ausgeschlossen ist. Dies ist auch bereits aus Gründen der Beweisbarkeit anzuraten. Dem **Schriftformerfordernis** genügt insoweit die Übermittlung des Widerrufs per Fax, soweit der Empfänger (wie etwa beim Gericht üblich) über ein eigenes Faxgerät verfügt.[516]

561

Da es sich bei der vereinbarten **Frist**, welche mit dem Tag des Vergleichsabschlusses zu laufen beginnt, um eine vertragliche und nicht um eine prozessuale Frist handelt, kann sie nur durch den Vergleichsgegner und nicht durch das Gericht **verlängert** werden. Auch scheidet daher eine Wiedereinsetzung in den vorherigen Stand aus.[517]

562

---

511 Vgl LAG Köln 5.1.1996 – 4 Sa 909/94, NZA-RR 1997, 11; so auch: LAG Baden-Württemberg 20.4.1976 – 6 Sa 98/75, AR-Blattei ES 160.9 Nr. 14; offen gelassen: LAG Düsseldorf 16.11.2001 – 14 Sa 1192/01, NZA-RR 2002, 374; kritisch: *Bauer/Haußmann*, BB 1996, 902.
512 Vgl *Schulte*, in: Tschöpe (Hrsg.), 3 C Rn 15; *Weber/Ehrich/Burmester*, Teil 1 Rn 65; BGH 10.3.1955 – II ZR 201/53, NJW 1955, 705.
513 Vgl BAG 9.5.1957 – 2 AZR 67/55, NJW 1957, 1127; BAG 5.8.1982 – 2 AZR 199/80, NJW 1983, 2212; so auch: *Bengelsdorf*, in: Moll (Hrsg.), § 46 Rn 353.
514 Vgl BAG 28.4.1998 – 9 AZR 297/96, NZA 1998, 1126.
515 Vgl BGH 30.9.2005 – V ZR 275/04, NJW 2005, 3576.
516 Vgl *Kania*, in: Küttner (Hrsg.), Personalbuch, 433 Vergleich Rn 9 ff.
517 Vgl BAG 24.10.1985 – 2 AZR 521/84, NJW 1986, 1373.

§ 9 Betriebsübergang

563 Kündigungsschutzprozesse im Kontext des Betriebsübergangs führen in prozessualer Hinsicht zu Sonderkonstellationen. Im Folgenden werden einige Grundkonstellationen erörtert.

I. Kündigungsverbot, § 613a Abs. 4 BGB

1. Kündigung „wegen" des Betriebsübergangs

564 Nach § 613a Abs. 4 Satz 1 BGB ist die Kündigung des Arbeitsverhältnisses eines Arbeitnehmers durch den ehemaligen Arbeitgeber oder durch den neuen Arbeitgeber „wegen" des Übergangs eines Betriebs oder Betriebsteils unwirksam. Damit wird dem Schutzzweck des § 613a BGB Rechnung getragen. Gleichzeitig erklärt jedoch § 613a Abs. 4 Satz 2 BGB, dass das Recht zur Kündigung aus anderen Gründen unberührt bleibt.

565 Die entscheidende Frage ist jeweils, ob eine Kündigung „wegen" des Betriebsübergangs oder aus anderen Gründen (zB Rationalisierung) vorliegt. Eine Kündigung erfolgt „wegen" des Betriebsübergangs, wenn sie durch eine bevorstehende Betriebsübertragung bestimmt ist, wobei die im Zeitpunkt des Kündigungsausspruchs absehbaren oder feststehenden Tatsachen zu berücksichtigen sind.[518] Der Betriebsübergang muss der tatsächlich tragende Grund, der ausschlaggebende Beweggrund und nicht bloß der äußerliche Anlass der Kündigung sein.[519] Ein bevorstehender Betriebsübergang kann nur dann zur Unwirksamkeit einer Kündigung nach § 613a Abs. 4 Satz 1 BGB führen, wenn die den Betriebsübergang ausmachenden Tatsachen zum Zeitpunkt des Zugangs der Kündigung bereits feststehen oder zumindest greifbare Formen angenommen haben.[520]

2. Konstellation: Kündigung wegen beabsichtigter Betriebsstilllegung

566 Grenzfälle treten auf, wenn Kündigungen wegen einer beabsichtigten Betriebsstilllegung erfolgen, es dann aber später doch noch zu einem Betriebsübergang kommt. Zunächst ist festzuhalten, dass nach ständiger Rechtsprechung des BAG eine tatsächlich erfolgte Betriebsstilllegung einen Betriebsübergang und damit auch die Anwendbarkeit der Kündigungsverbotnach § 613a Abs. 4 BGB ausschließt.[521] Kritisch sind allerdings die Fälle, in denen eine zunächst in Angriff genommene Betriebsstilllegung später unterbleibt. Eine in Aussicht genommene, geplante Betriebsstilllegung stellt grundsätzlich einen Kündigungsgrund dar, bei dessen Vorliegen die Kündigung aus anderen Gründen als wegen des Betriebsübergangs stattfindet, § 613a Abs. 4 Satz 2 BGB. Demnach kommt eine rechtmäßige, nicht gegen § 613a Abs. 4 BGB verstoßende Kündigung nicht erst nach der tatsächlichen Betriebsstilllegung in Betracht.[522] Die Kündigung aus Anlass einer geplanten Betriebsstilllegung ist sozial gerechtfertigt, wenn die betrieblichen Um-

---

518 BAG 19.5.1988 – 2 AZR 596/87, AP Nr. 75 zu § 613a BGB.
519 BAG 3.9.1998 – 8 AZR 306/97, NZA 1999, 147.
520 Vgl BAG 26.4.2007 – 8 AZR 612/06, NZA 2007, 1319.
521 Vgl st. Rspr des BAG, zuletzt: BAG 26.4.2007 – 8 AZR 695/05, NJOZ 2008, 108; BAG 25.6.2009 – 8 AZR 258/08, NZA 2009, 1412; BAG 22.10.2009 – 8 AZR 766/08, NZA-RR 2010, 660.
522 Vgl LAG Köln 12.8.2010 – 6 Sa 789/10, n.v.

stände bereits greifbare Formen angenommen haben und eine vernünftige Betrachtung die Prognose rechtfertigt, dass im Zeitpunkt des Auslaufens der Kündigungsfrist der Arbeitnehmer entlassen werden kann.[523] An einem ernsten Stilllegungsbeschluss fehlt es aber, wenn der Arbeitgeber noch in ernsthaften Verhandlungen über eine Weiterveräußerung des Betriebs steht und deswegen nur vorsorglich mit der Begründung kündigt, der Betrieb solle zu einem bestimmten Zeitpunkt stillgelegt werden, falls eine Veräußerung scheitere.

Beispiel: Das LAG Berlin meint, solange nicht auszuschließen sei, dass es noch zu einem Betriebs(teil)übergang kommen werde, sei eine Kündigung wegen beabsichtigter Betriebsstilllegung oder Schließung einer Dienststelle nicht dringend, sondern unverhältnismäßig, weil sie die Rechtsposition des betroffenen Arbeitnehmers verschlechtere, indem sie ihn auf einen Wiedereinstellungsanspruch verweise, auf den § 1 Abs. 3 Satz 1 Hs 1 KSchG keine Anwendung finde.[524]

567

Kommt es noch **innerhalb der Kündigungsfrist** zu einem Betriebsübergang nach § 613 a Abs. 1 Satz 1 BGB, so spricht eine tatsächliche **Vermutung** gegen eine ernsthafte und endgültige Stilllegungsabsicht des Unternehmers im Zeitpunkt der Kündigung.[525] Allerdings führt allein der Umstand, dass es bereits während der Kündigungsfrist zu einem Betriebsübergang gekommen ist, grundsätzlich zu keiner prozessualen Verschärfung der Wirksamkeitsanforderungen an die Kündigung.[526]

568

Wenn es nach einer Kündigung noch zu einer **Betriebsveräußerung** kommt, so ist die Kündigung nach § 613 a Abs. 4 BGB allerdings nur dann unwirksam, wenn keine ernsthafte und endgültige Stilllegungsabsicht vorgelegen hat; abzustellen ist dabei auf die Verhältnisse bei Ausspruch der Kündigung, die auch dann maßgeblich bleiben, wenn später unerwartet noch ein Betriebsübergang erfolgt.[527]

569

Der Arbeitgeber steht in einer solchen Situation vor der Frage, ob er einen Stilllegungsbeschluss trifft und betriebsbedingte Kündigungen ausspricht oder ob er in der Hoffnung auf eine Weiterführung des Betriebs mit einem Erwerber über einen Kauf (weiter)verhandelt. Hier muss früh eine klare **unternehmerische Entscheidung** getroffen werden, welche aus Gründen der späteren Beweisbarkeit auch ausreichend zu **dokumentieren** ist. Von einem „Versteckspiel", in dem nur zum Schein ein Stilllegungsbeschluss getroffen wird und anschließend mit potenziellen Erwerbern (weiter)verhandelt wird, ist abzuraten.

570

Dies bedeutet in prozessualer Hinsicht:

571

- Die Stilllegungsentscheidung ist zu dokumentieren bzw aus Arbeitnehmersicht zu bestreiten.
- Kommt es im weiteren Verlauf zu einer Veräußerung des Unternehmens, so ist aus Arbeitgebersicht darzulegen und unter Beweis zu stellen, dass dies eine von dem

---

523 BAG 16.5.2002 – 8 AZR 319/01, NZA 2003, 93.
524 LAG Berlin 4.5.2001 – 6 Sa 2799/00, LAGE § 1 KSchG Betriebsbedingte Kündigung Nr. 59.
525 Vgl BAG 10.10.1996 – 2 AZR 477/95, DB 1997, 279.
526 Vgl LAG Düsseldorf 18.2.2009 – 12 Sa 1544/08, NZA-RR 2009, 414.
527 Vgl BAG 27.9.1984 – 2 AZR 309/83, NZA 1985, 493.

Stilllegungsentschluss unabhängige, neue, überraschende Entwicklung darstellt; aus Arbeitnehmersicht ist darzulegen, dass die Veräußerung seit längerem geplant wurde und der Stilllegungsbeschluss nicht ernsthaft gefasst worden ist.

3. Konstellation: „Kündigung nach Erwerberkonzept"

572 Probleme bereitet die sog. Kündigung nach Erwerberkonzept. Das BAG hat die Möglichkeit einer solchen Veräußerungskündigung aufgrund eines Erwerberkonzepts anerkannt.[528] Hier ist die **Rationalisierungsmaßnahme** und nicht der Betriebsübergang der tragende Grund der Kündigung. Der wesentliche Schutzzweck des § 613a Abs. 4 BGB – Verhinderung einer (negativen) Auslese zulasten der schutzbedürftigen Arbeitgeber – wird nicht tangiert, weil die Rationalisierungsmaßnahme den Erfordernissen der betriebsbedingten Kündigung einschließlich der Grundsätze der Sozialauswahl unterliegt. Angesichts dessen ist anzuerkennen, dass der alte Arbeitgeber beginnen kann, die Rationalisierungspläne des neuen Arbeitgebers umzusetzen. Die Maßnahmen unterliegen sämtlichen Erfordernissen des Kündigungsschutzrechts im Hinblick auf betriebsbedingte Kündigungen.

573 Für eine „Kündigung nach Erwerberkonzept" ist es erforderlich, dass sich der Veräußerer das Konzept des Erwerbers „zu eigen" macht und dieses in seinem Unternehmen noch vor der Veräußerung umzusetzen beginnt. Dabei ist darauf zu achten, dass der Veräußerer eine **eigene unternehmerische Entscheidung** zu treffen hat. Er kann nicht lediglich auf das Konzept des Erwerbers verweisen, sondern muss dieses selbst zum Gegenstand seiner unternehmerischen Entscheidung machen. Zudem wird gefordert, dass der Veräußerer die Umstrukturierung „aus eigener Kraft" umsetzen kann, dh dass der Umstrukturierung ein unternehmerisches Konzept zugrunde liegt, das theoretisch auch ohne den Betriebsübergang in seinem Unternehmen verwirklicht werden könnte. Dies ist erforderlich, um nicht dem Argument ausgesetzt zu sein, beispielsweise mit einer Personalreduzierung werde lediglich versucht, vor dem Betriebsübergang eine ansonsten gebotene gemeinsame Sozialauswahl zu umgehen.

574 Zu beachten ist weiterhin, dass die Kündigungsverbot des § 613a Abs. 4 BGB grundsätzlich auch auf Betriebe Anwendung findet, die sich in der **Insolvenz** befinden und somit auch den Insolvenzverwalter entsprechend bindet.[529] Erfolgt nach Eröffnung eines Insolvenzverfahrens über das Vermögen eines Betriebs eine Kündigung allerdings aufgrund eines Veräußererkonzepts des Insolvenzverwalters, verstößt diese Kündigung nicht gegen § 613a Abs. 4 BGB, da sie dann nicht „wegen des Betriebsübergangs" erfolgt.[530] Danach erfolgt eine Kündigung zulässigerweise aufgrund eines Sanierungskonzepts, wenn sie jeder Veräußerer unabhängig von der Veräußerung aus betriebsbedingten Gründen so hätte vornehmen dürfen und die Rationalisierungen zur Verbesserung des Betriebs vorgenommen werden, unabhängig davon, dass es gegebenenfalls später zu einem Betriebsübergang kommt.

---

528 Vgl BAG 20.3.2003 – 8 AZR 97/02, NZA 2003, 1027.
529 Vgl BAG 20.3.2003 – 8 AZR 97/02, NZA 2003, 1027; BAG 20.9.2006 – 6 AZR 249/05, NZA 2007, 387.
530 Vgl BAG 20.9.2006 – 6 AZR 249/05, NZA 2007, 387.

II. Fortsetzungsanspruch

Kommt es nach einem ernsthaft gefassten Stilllegungsentschluss und der im Anschluss daran ausgesprochenen betriebsbedingten Kündigung **unerwartet** doch zu einem Betriebsübergang, so kann sich ein Fortsetzungsanspruch des Arbeitnehmers ergeben. Dieser muss prozessual **gesondert geltend** gemacht werden, da er im Kündigungsschutzantrag nicht enthalten ist. Der Fortsetzungsanspruch richtet sich darauf, dass der Betriebserwerber mit dem Arbeitnehmer einen Arbeitsvertrag zu unveränderten Arbeitsbedingungen unter Wahrung des Besitzstands abschließt. Der Arbeitnehmer muss den Anspruch **innerhalb eines Monats** ab dem Zeitpunkt geltend machen, ab dem er von den einen Betriebsübergang ausmachenden tatsächlichen Umständen Kenntnis erlangt, wobei die Geltendmachung zunächst gegenüber dem bisherigen Arbeitgeber und im Fall des bereits vollzogenen Übergangs gegenüber dem Erwerber erfolgen muss.[531]

575

Im Kündigungsschutzprozess kann ein Fortsetzungsanspruch mit einem **Hilfsantrag** zusätzlich zum Antrag nach § 4 Satz 1 KSchG gestellt werden, wenn der Betriebserwerber Partei des Rechtsstreits ist oder wird. Sonst muss eine neue Klage gegen den Betriebserwerber erhoben werden.

576

Der Hintergrund des Fortsetzungsanspruchs besteht darin, dass das BAG diesen als **Kompensation** für den Umstand entwickelt hat, dass bei der Beurteilung der Wirksamkeit einer **betriebsbedingten Kündigung** auf den Zeitpunkt des Ausspruchs der Kündigung abgestellt wird und sich im Anschluss daran die tatsächlichen Verhältnisse noch ändern können.[532] Er greift ein, wenn sich die der betriebsbedingten Kündigung zugrunde liegenden Umstände während des Laufs der Kündigungsfrist ändern (Änderung von Organisations- oder Stilllegungsvorhaben).[533] Ein derartiger Anspruch steht dem Arbeitnehmer, wenn sich der unternehmerische Plan der Stilllegung zu einer tatsächlichen Betriebsveräußerung wandelt, in Form eines Fortsetzungsanspruchs **gegen den Erwerber** zu. Unstreitig besteht der Fortsetzungsanspruch, wenn im Zeitraum zwischen Ausspruch einer ordentlichen betriebsbedingten Kündigung und dem Kündigungstermin, dh innerhalb der Kündigungsfrist, ein bei Ausspruch der Kündigung noch nicht abzusehender Betriebsübergang stattfindet. Das BAG hat einen Fortsetzungsanspruch aber auch dann anerkannt, wenn der Betriebsübergang sich nach Ablauf der Kündigungsfrist vollzieht und wenn der Betriebsübergang in der Übernahme der Hauptbelegschaft besteht.[534]

577

Nach der neueren Rechtsprechung des BAG zeichnet sich jedoch ab, dass ein Weiterbeschäftigungsanspruch gegenüber dem Erwerber im Fall des Betriebsübergangs nach Ablauf der Kündigungsfrist wohl doch eher einen **Ausnahmefall** bilden soll und somit regelmäßig ausscheidet.[535] Danach soll ein solcher Ausnahmefall etwa in Frage kommen, wenn der Betriebsübergang zwar erst nach Ablauf der Kündigungsfrist erfolgt,

578

---

531 Vgl BAG 25.10.2007 – 8 AZR 989/06, NZA 2008, 357; BAG 21.8.2008 – 8 AZR 201/07, NZA 2009, 29.
532 Vgl BAG 25.10.2007 – 8 AZR 989/06, NZA 2008, 357.
533 Vgl BAG 27.2.1997 – 2 AZR 160/96, AP Nr. 1 zu § 1 KSchG 1969 Wiedereinstellung.
534 Vgl BAG 13.11.1997 – 8 AZR 295/95, AP Nr. 169 zu § 613 a BGB.
535 Vgl BAG 25.10.2007 – 8 AZR 989/06, NZA 2008, 357; BAG 21.8.2008 – 8 AZR 201/07, NZA 2009, 29; BAG 25.9.2008 – 8 AZR 607/07, NZA-RR 2009, 469.

eine entsprechende Weiterbeschäftigungsmöglichkeit allerdings während des Fristlaufs bereits bestand.

579 Ein Fortsetzungsanspruch besteht grundsätzlich nicht, wenn das Arbeitsverhältnis durch **Aufhebungsvereinbarung** beendet worden ist.[536] Etwas anderes gilt nur dann, wenn der Arbeitnehmer berechtigterweise die Wirkungen des Aufhebungsvertrages beseitigt (§ 123 BGB bzw § 313 BGB).[537] Will ein Arbeitnehmer die Unwirksamkeit eines Aufhebungsvertrages geltend machen und verlangt zusätzlich hilfsweise seine Wiedereinstellung, handelt es sich um unterschiedliche Streitgegenstände. Zum einen geht es um die Wirksamkeit der Beendigung und zum anderen um die Begründung eines Arbeitsverhältnisses über den Wiedereinstellungsanspruch.[538]

580 Fortsetzungsansprüche für den Fall eines Betriebsübergangs nach Ablauf der Kündigungsfrist im **Insolvenzverfahren** werden von der Rechtsprechung verneint.[539]

III. Prozessuales

1. Darlegungs- und Beweislast

581 Im Rahmen der allgemeinen Grundsätze der **Darlegungslast** hat ein Arbeitnehmer, der Rechte aus einem Betriebsübergang für sein Arbeitsverhältnis herleiten will, die Voraussetzungen der Norm darzulegen. Trägt der Arbeitnehmer vor, dass ein Betriebsnachfolger die wesentlichen Betriebsmittel nach Einstellung des Geschäftsbetriebs seines Vorgängers verwendet oder einen gleichartigen Geschäftsbetrieb führt, spricht ein Anscheinsbeweis dafür, dass dies aufgrund eines Rechtsgeschäfts iSd § 613 a BGB geschieht.[540] Zwar ist der Arbeitnehmer dafür beweispflichtig, dass eine Kündigung wegen des Betriebsübergangs erfolgt. Doch kann ihm auch hier der **Beweis des ersten Anscheins** zugutekommen, wenn er den Unwirksamkeitsgrund des § 613 a Abs. 4 Satz 1 BGB geltend macht.[541]

2. Richtiger Beklagter

582 Nach einem Betriebsübergang hat der Arbeitnehmer, sofern es nicht um eine Mithaftung des Betriebsveräußerers geht, Ansprüche gegen den Betriebserwerber geltend zu machen. In diesem Rahmen prüft das Gericht ebenfalls, ob ein Betriebsübergang stattgefunden hat. Kommen sowohl Ansprüche gegen den Betriebsveräußerer als auch gegen den Betriebserwerber in Betracht, so bietet es sich an, entweder **beide zu verklagen** oder jedenfalls in dem zuerst anhängigen Verfahren eine **Streitverkündung** vorzunehmen, damit die Frage des Betriebsübergangs mit bindender Wirkung auch für den Betriebserwerber festgestellt wird.

583 Bei Unsicherheiten darüber, ob das Arbeitsverhältnis übergegangen ist oder nicht, ist die Erhebung einer **Feststellungsklage** (§ 256 Abs. 1 ZPO) auf Feststellung des Beste-

---

536 Vgl BAG 10.12.1998 – 8 AZR 324/97, NZA 1999, 422.
537 Vgl BAG 28.10.2004 – 8 AZR 199/04, NZA 2005, 405.
538 Vgl BAG 8.5.2008 – 6 AZR 517/07, NZA 2008, 1148.
539 Vgl BAG 13.5.2004 – 8 AZR 198/03, DB 2004, 2107; BAG 28.10.2004 – 8 AZR 199/04, NZA 2005, 405.
540 Vgl BAG 15.5.1985 – 5 AZR 276/84, AP Nr. 41 zu § 613 a BGB.
541 Vgl BAG 5.12.1985 – 2 AZR 3/85, AP Nr. 47 zu § 613 a BGB.

hens eines Arbeitsverhältnisses mit dem Betriebserwerber in Erwägung zu ziehen. An dieser Feststellung besteht, wenn die Situation unklar ist und eine Vielzahl von Ansprüchen und Verhaltensweisen von der Feststellung abhängt, ein rechtliches Interesse.

Klagt ein Arbeitnehmer wegen eines von ihm vermuteten Betriebsübergangs gleichzeitig sowohl gegen den bisherigen als auch gegen den vermuteten neuen Arbeitgeber auf jeweilige Feststellung des Bestehens eines Arbeitsverhältnisses, so handelt es sich um **subjektive Eventual-Klagehäufung** gegen zwei nur alternativ denkbare Arbeitgeber. Solche Klagen sind unzulässig.[542] Stützt ein Arbeitnehmer seine Kündigungsschutzklage gegen einen Betriebsveräußerer allein auf die Behauptung, der Betrieb sei bereits vor der Kündigung auf einen Erwerber übergegangen, so führt dies mangels eines bestehenden Arbeitsverhältnisses zur Unschlüssigkeit der Klage.[543] 584

Tritt der **Arbeitgeberwechsel** infolge eines Betriebsübergangs **während eines Rechtsstreits** ein, so bleibt dies auf den Rechtsstreit ohne Einfluss. In analoger Anwendung des § 265 Abs. 2 ZPO kann der Arbeitnehmer den Prozess gegen seinen bisherigen Arbeitgeber auch dann fortsetzen, wenn der Anspruch nur durch den neuen Arbeitgeber zu erfüllen ist.[544] Gemäß § 325 Abs. 1 ZPO wirkt nach Auffassung des BAG das Urteil auch gegen den Betriebsnachfolger. Der Arbeitnehmer könnte gemäß der §§ 727, 731 ZPO die Erteilung einer Ausfertigung gegen den Betriebsnachfolger erlangen.[545] Schließen der gekündigte Arbeitnehmer und der Betriebsveräußerer im Rahmen der Kündigungsschutzklage einen Beendigungsvergleich, so wirkt dieser regelmäßig auch für und gegen den Betriebserwerber, zumindest insoweit, als dieser den Vergleich iSv § 177 BGB ausdrücklich oder konkludent genehmigt.[546] 585

Es ist daher bei jeder Fallkonstellation genau zu prüfen, wer der **richtige Klagegegner** für den von dem Arbeitnehmer geltend gemachten Anspruch im Zusammenhang mit einem Betriebsübergang ist. 586

Erhebt der Arbeitnehmer **vor einem Betriebsübergang Kündigungsschutzklage**, bleibt der alte Betriebsinhaber auch nach dem Betriebsübergang weiter passivlegitimiert. Der Kündigungsschutzprozess wird mit Wirkung für und gegen den neuen Arbeitgeber fortgesetzt. Gegen den bisherigen Arbeitgeber ist immer dann Kündigungsschutzklage zu erheben, wenn es sich um eine von diesem vor Betriebsübergang ausgesprochene Kündigung handelt, auch wenn die Kündigungsschutzklage erst nach Betriebsübergang erhoben wird. Die Kündigungsschutzklage wird auch dann nicht gegen den neuen Betriebsinhaber erhoben.[547] Das Urteil gegen den alten Betriebsinhaber erhält allerdings keine den neuen Betriebsinhaber bindende Feststellung darüber, ob ein Betriebsübergang stattgefunden hat. Insofern ist eine **Streitverkündung** gegenüber dem neuen Betriebsinhaber erforderlich. Wehrt sich der Arbeitnehmer gegen eine Arbeitgeberkündigung mit der einzigen Begründung, es liege ein Betriebsübergang vor, ohne den Be- 587

---

542 Vgl ArbG Berlin 26.9.1991 – 98 Ca 13493/90, NZA 1992, 984.
543 Vgl BAG 26.7.2007 – 8 AZR 769/06, NZA 2008, 112.
544 Vgl BAG 24.8.2006 – 8 AZR 574/05, DB 2007, 230.
545 Vgl BAG 15.12.1976 – 5 AZR 600/75, AP Nr. 3 zu § 611 BGB Arzt-Krankenhaus-Vertrag.
546 Vgl BAG 24.8.2006 – 8 AZR 574/05, NZA 2007, 328.
547 Vgl BAG 18.3.1999 – 8 AZR 306/98, NZA 1999, 706; BAG 31.1.2008 – 8 AZR 11/07, n.v.

triebsübernehmer mit zu verklagen, so stellt das Arbeitsgericht auf **Widerklage** des beklagten Arbeitgebers fest, dass ab dem Betriebsübergang ein Arbeitsverhältnis zwischen den Parteien nicht mehr besteht.[548] Das BAG lässt außerhalb der Fälle der subjektiven Eventual-Klagehäufung (s. Rn 584) zu, dass alter und neuer Arbeitgeber **gemeinsam verklagt** werden. Sie sind dann Streitgenossen.

588 Die **Klage auf tatsächliche Beschäftigung** ist (immer) gegen den Betriebsnachfolger zu richten.[549] Der Betriebsnachfolger tritt auch an die Stelle des ursprünglich antragstellenden Arbeitgebers in einem Beschlussverfahren gemäß § 99 Abs. 4 BetrVG.[550]

3. Verwirkung

589 Einer Klage gegen den neuen Betriebsinhaber auf **Feststellung eines Arbeitsverhältnisses** kann schließlich der Gesichtspunkt der **Verwirkung** entgegenstehen. Um den Tatbestand der Verwirkung zu erfüllen, muss neben das Zeitmoment das Umstandsmoment treten. Das Zeitmoment der Verwirkung wurde in einem Fall als erfüllt angesehen, in dem der Arbeitnehmer seine vermeintliche Arbeitnehmerstellung erst zehn Monate nach dem behaupteten Betriebsübergang geltend gemacht hatte.[551] Das BAG hat in dem Fall, dass ein Arbeitnehmer erst fünf Monate nach Betriebsübergang seine Ansprüche gegen den Übernehmer geltend gemacht hat, festgestellt, dass eine Verwirkung nicht vorliege. In diesem Fall hatte der Arbeitgeber allerdings noch keine Dispositionen hinsichtlich des Arbeitsplatzes getroffen.[552]

4. Vollstreckung

590 Problematisch ist die Rechtslage, wenn der alte Arbeitgeber (ausnahmsweise) den Übergang des Arbeitsverhältnisses im Kündigungsschutzverfahren nicht geltend gemacht hat und infolgedessen zusätzlich zur Weiterbeschäftigung verurteilt wird. Die Einstellung der Zwangsvollstreckung kann dann nur noch im Berufungsverfahren gemäß § 62 Abs. 1 Satz 3 ArbGG iVm § 719 Abs. 1 ZPO erreicht werden. Im Übrigen ist er mit dem Einwand fehlender Passivlegitimation ausgeschlossen (§ 676 Abs. 2 ZPO iVm § 62 Abs. 2 Satz 1 ArbGG). Andererseits kann von dem Vollstreckungsschuldner nichts Unmögliches verlangt werden. Der Arbeitgeber kann sich angesichts dessen auf Unmöglichkeit berufen.[553]

IV. Betriebsübergang in der Insolvenz

591 Im Hinblick auf die Bestandsschutzfunktion ist die uneingeschränkte Anwendung des § 613 a BGB auch in der Insolvenz gegeben, so dass die Arbeitsverhältnisse inhaltsgleich fortgesetzt werden.[554] Der Insolvenzsituation ist jedoch in haftungsrechtlicher Hinsicht Rechnung zu tragen. § 613 a BGB wird in diesem Zusammenhang teleologisch redu-

---

[548] Vgl ArbG Celle 4.12.2002 – 2 Ca 520/02, NZA-RR 2003, 494.
[549] Vgl LAG Düsseldorf 12.3.2001 – 5 Sa 230/00, DB 2001, 1732.
[550] Vgl BAG 12.6.2003 – 8 ABR 14/02, EzA § 613 a BGB 2002 Nr. 10.
[551] Vgl LAG Köln 17.6.2003 – 13 (12) Sa 1146/02, NZA-RR 2004, 38 ff.
[552] Vgl BAG 18.12.2003 – 8 AZR 621/02, DB 2004, 2110.
[553] Vgl LAG Köln 9.3.2006 – 14 Sa 146/06, DB 2006, 730.
[554] Vgl LAG Hamm 4.6.2002 – 4 Sa 57/02, AP-Blattei ES 915 Nr. 21.

ziert. Der Erwerber **haftet nicht** für **Altverbindlichkeiten** und für die bis zur Insolvenzeröffnung erdienten **Versorgungsanwartschaften**. Er wird nicht mit Rückständen oder Versorgungslasten aus der Vergangenheit belastet.[555]

Die Grundsätze über die Beschränkung der Haftung des Betriebsübernehmers nach § 613a Abs. 1 BGB für Ansprüche auf **Abfindung** aus einem vor Insolvenzeröffnung geschlossenen **Sozialplan** gelten wie folgt: Hat der Betrieb durch den Betriebsübergang seine Identität nicht verloren und ist deshalb der Betriebsübernehmer betriebsverfassungsrechtlich in die Rechte und Pflichten aus dem normativ fortwirkenden Sozialplan eingetreten, so hindern die Grundsätze der Haftungsbeschränkung auch ein Einstehenmüssen für schon entstandene Abfindungsforderungen aus diesem Sozialplan.[556] 592

Daraus folgt eine **Dreiteilung der Haftung:** 593

- Die Ansprüche **bis zur Verfahrenseröffnung** sind **Insolvenzforderungen**. Die bis zur Verfahrenseröffnung erdienten Versorgungsanwartschaften werden, soweit ihre Unverfallbarkeit vorliegt, vom Pensionssicherungsverein gedeckt.

- Die **Masse** trägt die **zwischen Verfahrenseröffnung und Betriebsübergang** angefallenen Ansprüche. Dies bedeutet, dass der Teil der Versorgungsanwartschaften, der zwischen Verfahrenseröffnung und Betriebsübergang erdient wird, von der Masse zu tragen ist.

- Dem **Betriebserwerber** fallen (erst) die in der Zeit **ab Betriebsübergang** begründeten Ansprüche und auch nur die von da ab erdienten Versorgungsteile zur Last.

Diese Dreiteilung[557] und insgesamt anerkannte Haftungstrias ist allerdings dadurch in Frage gestellt worden, dass das BAG das **Haftungsprivileg für Ansprüche aus der Zeit zwischen Insolvenzeröffnung und Betriebsübergang versagt** und den Betriebserwerber für Versorgungsanwartschaften hat haften lassen, die ein Arbeitnehmer nach Eröffnung des Insolvenzverfahrens bis zum Betriebsübergang erworben hatte.[558] Nach dieser Entscheidung soll eine Haftung des Betriebsveräußerers für Versorgungsanwartschaften neben derer des Erwerbers lediglich unter den Voraussetzungen des § 613a Abs. 2 BGB gegeben sein, was insbesondere voraussetzt, dass die Ansprüche auf Betriebsrente innerhalb eines Jahres seit dem Betriebsübergang fällig werden. Dagegen hat das BAG in einer weiteren Entscheidung herausgestellt, dass nicht der Betriebserwerber, sondern der Insolvenzverwalter für während des Insolvenzverfahrens erworbene Versorgungsanwartschaften zumindest von bestimmten Arbeitnehmergruppen haftet.[559] Dies soll vor allem für Arbeitnehmer gelten, die zwar nach Eröffnung des Insolvenzverfahrens, aber vor Betriebsübergang ausgeschieden sind, oder solche, die von einem Betriebsübergang nicht erfasst werden bzw diesem wirksam widersprochen haben. Der Insolvenzverwalter kann diese Anwartschaften dann unter den Voraussetzungen von § 3 Abs. 4 BetrAVG abfinden.[560] 594

---

555 Vgl BAG 17.1.1980 – 5 AZR 160/79, AP Nr. 18 zu § 613a BGB.
556 Vgl BAG 15.1.2002 – 1 AZR 58/01, DB 2002, 1834.
557 Vgl *Moll*, in: Schmidt/Uhlenbruch, Rn 1429.
558 Vgl BAG 19.5.2005 – 3 AZR 649/03, DB 2005, 2362.
559 Vgl BAG 22.12.2009 – 3 AZR 814/07, NZA 2010, 568.
560 Vgl BAG 22.12.2009 – 3 AZR 814/07, NZA 2010, 568.

595 Die Haftungsbesonderheiten für den Betriebsübergang im Rahmen von Insolvenzverfahren hängen davon ab, ob der Betriebsübergang **vor** oder **nach** Verfahrenseröffnung stattfindet. Die Haftungsbeschränkung tritt nur ein, wenn der Betriebserwerber den Betrieb **nach Eröffnung des Insolvenzverfahrens** übernimmt. § 613a BGB bleibt uneingeschränkt anwendbar, wenn der Betriebserwerber die Leitungsmacht – und sei es auch nur ganz kurz – vor dem Zeitpunkt der Verfahrenseröffnung übernimmt.[561] Der Zeitpunkt des Betriebsübergangs ist danach zu bestimmen, wann der Betriebserwerber tatsächlich in die Lage versetzt wird, die Leitungsmacht in dem Betrieb mit dem Ziel der Betriebsfortführung auszuüben.

V. Dispositionsmöglichkeiten

596 Die Erfahrung zeigt, dass Veräußerer und Erwerber gelegentlich versuchen, die zwingende Wirkung des § 613a BGB zu negieren oder zu umgehen. Dies beginnt damit, dass bei Transaktionen von vorneherein nach außen kommuniziert wird, dass kein Betriebsübergang vorliege, um dem Erwerber die Möglichkeit zu geben, sich sein Personal „aussuchen" und den Mitarbeitern neue Arbeitsverträge anbieten zu können, die schlechtere Arbeitsbedingungen enthalten. Zum Teil bestehen auch tatsächliche Fehlvorstellungen darüber, wie ein Betriebsübergang „vermieden" werden könnte.

597 Im Rahmen eines Prozesses wird auf derartige Konstellationen Augenmerk zu legen sein. Während der einen Arbeitgeber beratende Anwalt auf die besonderen Risiken derartiger Konstellationen hinzuweisen hat, wird der den Arbeitnehmer beratende Anwalt nicht unerhebliche Sachverhaltsaufklärungsarbeit leisten müssen, um Ansprüche aus § 613a BGB geltend machen zu können.

598 Folgende Punkte sind insbesondere zu beachten:
- § 613a BGB ist **nicht abdingbar**.
- Ein Betriebsübergang kann nicht zum Gegenstand einer Bedingung oder Befristung gemacht werden.[562]
- Die **Befristung eines Arbeitsverhältnisses** ist sachlich nicht gerechtfertigt, wenn sie darauf abzielt, den durch § 613a BGB bezweckten Bestandsschutz zu vereiteln.[563]
- Der **Abschluss eines Aufhebungsvertrages** mit dem Veräußerer ist unwirksam, wenn die Arbeitnehmer veranlasst werden, ein neues Arbeitsverhältnis mit dem Betriebserwerber einzugehen (regelmäßig zu schlechteren Arbeitsbedingungen).[564] Ein Aufhebungsvertrag ist etwa auch dann unwirksam, wenn der Insolvenzverwalter einer in der Insolvenz befindlichen Gesellschaft diesen mit einem Arbeitnehmer im zeitlichen Zusammenhang mit dem Betriebsübergang schließt, soweit dies nicht dem Ausscheiden des Arbeitnehmers, sondern dem Neuabschluss eines Arbeitsvertrages mit dem Betriebserwerber dient.[565] Der Abschluss eines Aufhebungsvertrages ist

---

561 Vgl BAG 20.6.2002 – 8 AZR 459/01, DB 2003, 100.
562 Vgl BAG 19.5.2005 – 3 AZR 649/03, DB 2005, 2362; BAG 19.3.2009 – 8 AZR 772/07, NZA 2009, 1091.
563 Vgl BAG 15.2.1995 – 7 AZR 680/94, AP Nr. 166 zu § 620 BGB Befristeter Arbeitsvertrag.
564 Vgl BAG 28.4.1987 – 3 AZR 75/86, AP Nr. 5 zu § 1 BetrAVG Betriebsveräußerung.
565 Vgl BAG 25.10.2007 – 8 AZR 917/06, NZA-RR 2008, 367.

generell nur wirksam, wenn er tatsächlich auf das endgültige Ausscheiden des Arbeitnehmers aus dem Arbeitsverhältnis gerichtet ist.[566] Die Unwirksamkeit wegen Umgehung des § 613a BGB gilt ebenso für alle Fälle, in denen der Beendigungstatbestand nicht ein Aufhebungsvertrag, sondern ein **auf Initiative des Betriebsveräußerers** geschlossener **Prozessvergleich** ist und der Arbeitnehmer anschließend beim Betriebserwerber einen neuen Arbeitsvertrag unterzeichnet.[567]

- **Dreiseitige Verträge** sind möglich, die zum Inhalt haben, dass ein Arbeitnehmer das Arbeitsverhältnis statt bei dem (insolventen) Arbeitgeber oder einem Betriebserwerber bei einer Beschäftigungsgesellschaft fortsetzt. Voraussetzung ist allerdings, dass nicht bereits in Aussicht genommen ist, dass das Arbeitsverhältnis dann nach einer Kurzunterbrechung wieder mit dem Betriebserwerber fortgesetzt wird.[568]

Änderungsverträge aus Anlass des Betriebsübergangs werden einer strengen Inhaltskontrolle unterzogen. Es werden sachliche Gründe verlangt.[569] Die in diesem Zusammenhang hinsichtlich der Anforderungen an eine wirksame Vertragsänderung kontinuierlich verschärfte Rechtsprechung wurde in einer jüngeren Entscheidung des BAG insoweit bestätigt.[570] Vertragsänderungen dürften demnach nur in engem Rahmen und ausschließlich in besonderen Situationen im Zusammenhang mit Betriebsübergängen wirksam vereinbart werden.

599

Häufig wird im Zuge eines Betriebsübergangs versucht, die **Arbeitsbedingungen** der Arbeitnehmer des übergehenden Betriebs mit den Arbeitsbedingungen der Arbeitnehmer des „aufnehmenden" Betriebs dadurch zu **harmonisieren**, dass den übergehenden Arbeitnehmern neue Arbeitsverträge angeboten werden. Dabei ist zu beachten, dass Änderungsverträge aus Anlass des Betriebsübergangs, die eine Verschlechterung von Arbeitsbedingungen (zB Erlassvereinbarungen über gestundete oder rückständige Vergütung) enthalten, wegen Umgehung der Grundsätze des § 613a BGB gemäß § 134 BGB unwirksam sein können.[571] Jede **Verschlechterung von Arbeitsbedingungen** bedarf eines sachlichen Grundes. Die Rechtsprechung legt hier einen sehr strengen Maßstab an und gibt an, dass die Verschlechterung nur unter engen Voraussetzungen möglich sei (zB Existenzgefährdung des Betriebs);[572] zum Teil wird eine Verschlechterung von Arbeitsbedingungen durch Neuabschluss eines Vertrages bzw durch Änderungsvertrag ganz abgelehnt.[573] Bei der Harmonisierung von Arbeitsbedingungen ist also darauf zu achten, dass im Ergebnis keine Verschlechterung der Arbeitsbedingungen der übergehenden Arbeitnehmer erfolgt. Es kann auch angeraten werden, mit der Änderung der Arbeitsbedingungen einige Zeit zuzuwarten. Dann gelten nämlich nur noch die Grundsätze und Rechtsinstitute, die außerhalb des Betriebsübergangs zur Beurteilung von Änderungsvereinbarungen angewendet werden. Hier findet dann eine „Verschlech-

---

566 Vgl BAG 11.12.1997 – 8 AZR 654/95, NZA 1999, 262.
567 Vgl BAG 20.4.2010 – 3 AZR 225/08, NZA 2010, 883.
568 Vgl BAG 18.8.2005 – 8 AZR 523/04, DB 2006, 107.
569 Vgl BAG 17.1.1980 – 3 AZR 160/79, AP Nr. 18 zu § 613a BGB.
570 Vgl BAG 19.3.2009 – 8 AZR 772/07, NZA 2009, 1091.
571 Vgl BAG 18.8.1976 – 5 AZR 95/75, AP Nr. 4 zu § 613a BGB; so zuletzt auch: BAG 20.4.2010 – 3 AZR 225/08, NZA 2010, 883.
572 Vgl BAG 12.5.1992 – 3 AZR 247/91, AP Nr. 14 zu § 1 BetrAVG Betriebsveräußerung.
573 Vgl LAG Bremen 30.3.2006 – 2 Sa 204/05, NZA-RR 2006, 458.

terungskontrolle" nicht mehr statt, wenn sich nicht ein konkreter Bezug zum Betriebsübergang erkennen lässt.

VI. Unterrichtung und Widerspruchsrecht des Arbeitnehmers, § 613 a Abs. 5 und 6 BGB

1. Ausgangssituation

600 Nach § 613 a Abs. 5 BGB hat der bisherige Arbeitgeber oder der neue Inhaber die von einem Betriebsübergang betroffenen Arbeitnehmer vor dem Übergang **in Textform zu unterrichten** über den Zeitpunkt oder den geplanten Zeitpunkt des Übergangs, den Grund für den Übergang, den genauen Betriebserwerber, die rechtlichen, wirtschaftlichen und sozialen Folgen des Übergangs für die Arbeitnehmer und die hinsichtlich der Arbeitnehmer in Aussicht genommenen Maßnahmen. Der Arbeitnehmer kann dem Übergang des Arbeitsverhältnisses innerhalb eines Monats nach Zugang der (ordnungsgemäßen) Unterrichtung schriftlich widersprechen (§ 613 a Abs. 6 BGB).

Der Übergang des Arbeitsverhältnisses tritt automatisch im Zeitpunkt des Betriebsübergangs ein. Der Arbeitnehmer kann diese Wirkung durch ordnungsgemäße Ausübung seines **Widerspruchsrechts** beseitigen (§ 613 a Abs. 6 BGB). Dieses Widerspruchsrecht trägt dem Umstand Rechnung, dass dem Arbeitnehmer kein Vertragspartnerwechsel gegen seinen Willen aufgezwungen werden soll.[574] Ein sachlicher Grund zur Ausübung des Widerspruchsrechts ist nicht erforderlich.[575]

2. Unterrichtung durch den Arbeitgeber

601 Große Bedeutung hat im Rahmen der Beurteilung der prozessualen Möglichkeiten und der Beratung im Zusammenhang mit einem Widerspruch beim Betriebsübergang die Frage, ob der Arbeitnehmer über den Betriebsübergang iSv § 613 a Abs. 5 BGB **ordnungsgemäß unterrichtet** worden ist.[576]

602 Die Unterrichtung muss sich im Wesentlichen auf die unmittelbaren Rechtsfolgen des § 613 a BGB, dh auf die individual- und kollektivrechtlichen Auswirkungen auf das Arbeitsverhältnis, die Haftungsverteilung und den Kündigungsschutz beziehen.[577] Die bloße Wiedergabe des Wortlauts von § 613 a BGB genügt dabei nicht. Die Rechtsprechung hat die **Anforderungen** an die Unterrichtung nach § 613 a Abs. 5 BGB klar definiert und sieht die Unterrichtungspflicht als streng und umfassend an.[578] Der Arbeitnehmer ist im Rahmen des § 613 a Abs. 5 BGB so zu informieren, dass er sich über die Person des Übernehmers und über die in § 613 a Abs. 5 BGB genannten Umstände ein Bild machen kann. Er soll durch die Unterrichtung eine ausreichende Wissensgrundlage für die Ausübung oder Nichtausübung seines Widerspruchsrechts erhalten. Daher beginnt die **Widerspruchsfrist** nicht nur dann nicht zu laufen, wenn **überhaupt keine Un-**

---

[574] Vgl BAG 25.5.2000 – 8 AZR 139/97, AP Nr. 177 zu § 613 a BGB.
[575] Vgl BAG 30.9.2004 – 8 AZR 462/03, DB 2005, 56; BAG 15.2.2007 – 8 AZR 310/06, ZIP 2007, 1618; BAG 19.2.2009 – 8 AZR 176/08, NZA 2009, 1095.
[576] Vgl zur Unterrichtung ausführlich C. Meyer, S. 60 ff.
[577] Vgl LAG Düsseldorf 1.4.2005 – 18 Sa 950/04, DB 2005, 741.
[578] Vgl BAG 14.12.2006 – 8 AZR 763/05, NZA 2007, 682.

terrichtung erfolgt ist, sondern auch dann, wenn **keine ordnungsgemäße Unterrichtung** vorliegt.[579]

Dabei richtet sich der Inhalt der Unterrichtung nach dem Kenntnisstand des Veräußerers und Erwerbers zum **Zeitpunkt der Unterrichtung**.[580] Soweit also zu diesem Zeitpunkt bestimmte Einzelheiten – etwa zur Person des Erwerbers – noch nicht mitgeteilt werden können, ist dies in der Unterrichtung **offenzulegen** und zum gegebenen Zeitpunkt zu **ergänzen**. Eine solche Vervollständigung kann zwar auch noch nach dem Betriebsübergang erfolgen, muss allerdings auch dann in der gesetzlich vorgeschriebenen Form durchgeführt und ausdrücklich als Ergänzung kenntlich gemacht werden.[581] Im Fall der vollständigen Ergänzung beginnt die Widerspruchsfrist erst ab diesem Zeitpunkt zu laufen. 603

Das Arbeitsgericht überprüft, ob die Unterrichtung ordnungsgemäß ist, wobei eine **abgestufte Darlegungs- und Beweislast** besteht. Der Veräußerer und der Erwerber sind grundlegend für die Erfüllung der Unterrichtungspflicht darlegungs- und beweispflichtig.[582] Entspricht eine Unterrichtung zunächst formal den Anforderungen des § 613 a Abs. 5 BGB und ist sie nicht offensichtlich fehlerhaft, ist es Sache des Arbeitnehmers, einen Mangel näher darzulegen. Der Arbeitgeber muss dann wiederum Einwände des Arbeitnehmers mit entsprechenden Darlegungen und Beweisantritten entkräften.[583] 604

Inhaltlich müssen folgende Voraussetzungen erfüllt sein: Der **Betriebsübernehmer** ist mit Firmenbezeichnung und Anschrift so zu nennen, dass er **identifizierbar** ist. Der Arbeitnehmer muss in die Lage versetzt werden, notwendige Erkundigungen über den Erwerber einholen zu können, so dass bei Gesellschaften der Firmensitz mitzuteilen ist, um die Möglichkeit zu gewährleisten, das zuständige Handelsregister einsehen zu können.[584] Wird als Betriebserwerber etwa eine neu zu gründende, nicht näher bezeichnete Gesellschaft benannt, so genügt dies nicht den Anforderungen, da spätestens zum Zeitpunkt der Neugründung dieser Gesellschaft deren Firmenbezeichnung und Anschrift dem Arbeitnehmer mitzuteilen ist.[585] Findet eine zunächst beabsichtigte Betriebsveräußerung nicht zum in der Unterrichtung angegebenen Zeitpunkt, sondern erst später statt und ändern sich vor dem tatsächlichen Betriebsübergang die genauen Firmenbezeichnungen von Veräußerer und Erwerber, so ist eine Unterrichtung bereits fehlerhaft, wenn noch die ursprünglichen Firmennamen angegeben sind.[586] Allerdings besteht grundsätzlich keine Pflicht des Veräußerers, die Arbeitnehmer im Einzelnen über die finanzielle und wirtschaftliche Lage des Erwerbers zu unterrichten.[587] 605

---

579 Vgl BAG 13.7.2006 – 8 AZR 305/05, NZA 2006, 1268; BAG 14.12.2006 – 8 AZR 763/05, DB 2007, 975; BAG 20.3.3008 – 8 AZR 1016/06, NZA 2008, 1354; BAG 21.8.2008 – 8 AZR 407/07, NZA-RR 2009, 62; BAG 22.1.2009 – 8 AZR 808/07, NZA 2009, 547; BAG 27.3.2009 – 8 AZR 538/08, DB 2010, 58.
580 Vgl BAG 21.8.2008 – 8 AZR 407/07, NZA-RR 2009, 62.
581 Vgl BAG 27.3.2009 – 8 AZR 538/08, DB 2010, 58.
582 Vgl BAG 14.12.2006 – 8 AZR 763/05, NZA 2007, 682.
583 Vgl BAG 13.7.2006 – 8 AZR 305/05, NZA 2006, 1268.
584 Vgl BAG 27.3.2009 – 8 AZR 538/08, DB 2010, 58.
585 Vgl BAG 21.8.2008 – 8 AZR 407/07, NZA-RR 2009, 62.
586 Vgl BAG 18.3.2010 – 8 AZR 840/08, NJOZ 2011, 279.
587 Vgl BAG 31.1.2008 – 8 AZR 1116/06, BB 2008, 1342.

606 Weiterhin müssen der **Gegenstand des Betriebsübergangs** (dh welcher Teil des Betriebs von dem Betriebsübergang erfasst wird) genannt werden ebenso wie dessen genauer **Zeitpunkt**. Auch ist gegenüber den betroffenen Arbeitnehmern der **Grund** für den Betriebsübergang darzustellen (zB Art des Rechtsgrundes, zB Pachtvertrag, Umwandlungsvertrag etc.).

607 Darüber hinaus müssen die **unternehmerischen Gründe** für den Betriebsübergang mitgeteilt werden, die sich im Fall seines Widerspruchs auf den Arbeitsplatz auswirken können. Es sind also Erläuterungen zum Unternehmenskonzept bzw Umorganisationskonzept zu machen.

608 Schließlich ist über die **rechtlichen Folgen** des Betriebsübergangs für die Arbeitnehmer zu informieren (§ 613a Abs. 5 Nr. 3 BGB). Dazu gehört ein Hinweis auf den Eintritt des Übernehmers in die Rechte und Pflichten aus dem bestehenden Arbeitsverhältnis (§ 613a Abs. 1 Satz 1 BGB), auf die Gesamtschuldnerschaft des Übernehmers und des Veräußerers und die anteilige Haftung nach § 613a Abs. 2 BGB sowie grundsätzlich auch die **kündigungsrechtliche Situation**.[588] Im Rahmen der Darstellung der kündigungsrechtlichen Situation ist darauf zu achten, dass diese **klar und nicht irreführend** formuliert ist. Eine solche Irreführung ist insbesondere dann möglich, wenn gegenüber einem Arbeitnehmer mit Sonderkündigungsschutz nicht auf diesen im Zusammenhang mit drohenden betriebsbedingten Kündigungen beim Veräußerer hingewiesen, sondern vielmehr dessen Situation identisch zu der von Arbeitnehmern ohne entsprechenden Schutz dargestellt wird.[589] Ein unzureichender Hinweis auf die rechtlichen Folgen hinsichtlich des Eintritts in die Rechte und Pflichten liegt bereits dann vor, wenn im Unterrichtungsschreiben zwar ausdrücklich von einem automatischen Übergang des Arbeitsverhältnisses gesprochen wird, ein Zusatzhinweis über die „Anerkennung" der bereits geleisteten Dienstjahre seitens des Erwerbers jedoch entgegen § 613a Abs. 1 Satz 1 BGB den Eindruck vermittelt, es bedürfe einer solchen vereinbarungsgemäßen Anerkennung.[590]

609 Es ist **umfassend** und **korrekt** über die rechtlichen Folgen des Betriebsübergangs und des möglichen **Widerspruchs** zu informieren, wobei allerdings dem Arbeitgeber nicht grundsätzlich das Risiko aufgebürdet werden soll, dass der Arbeitnehmer die Zusammenhänge nicht überblickt. Dies gilt selbst dann, wenn sich die Unterrichtung einem juristischen Laien nur als schwer verständlich darstellt, dies allerdings nicht der gewählten Formulierung, sondern der komplizierten Materie geschuldet ist.[591]

610 Weiter sind Ausführungen erforderlich zu der **Anwendbarkeit tariflicher Normen** und der Frage, inwieweit beim Veräußerer geltende Tarifverträge und Betriebsvereinbarungen durch beim Erwerber geltende Kollektivnormen abgelöst werden. Dabei handelt es sich zum Teil um hoch komplexe Rechtsfragen. Notwendig ist nach der Rechtspre-

---

[588] Vgl BAG 14.12.2006 – 8 AZR 763/05, NZA 2007, 682.
[589] Vgl LAG Berlin-Brandenburg 6.5.2010 – 25 Sa 470/10, n.v.
[590] Vgl BAG 20.3.2008 – 8 AZR 1016/06, NZA 2008, 1354; BAG 24.7.2008 – 8 AZR 755/07, NZA-RR 2009, 294.
[591] Vgl LAG Berlin-Brandenburg 30.4.2010 – 9 Sa 480/10, n.v.; LAG Berlin-Brandenburg 28.5.2010 – 8 Sa 479/10, n.v.

chung des BAG auch ein Hinweis darauf, ob die Normen kollektivrechtlich oder individualrechtlich fortwirken.[592] Noch weitergehender bestimmt das BAG, dass auch über **mittelbare Folgen** (zB den Ausspruch betriebsbedingter Kündigungen) im Fall eines Widerspruchs zu informieren sein kann.[593] Auch besteht die Pflicht zur vollständigen und genauen Information über das gesetzliche **Haftungssystem** beim Betriebsübergang, wobei der alleinige Hinweis auf den Übergang der Rechte und Pflichten aus dem Arbeitsverhältnis gerade nicht ausreichend ist. Vielmehr sind in einem ordnungsgemäßen Unterrichtsschreiben die besonderen Haftungsmaßstäbe für Betriebsveräußerer und -erwerber nach § 613a Abs. 1 Satz 1 und Abs. 2 BGB ausführlich darzustellen. Insbesondere ist dabei näher auf die begrenzte gesamtschuldnerische Nachhaftung iSv § 613a Abs. 2 BGB einzugehen, da der betroffene Arbeitnehmer nur so in die Lage versetzt wird, ggf näheren Rat einzuholen, wer in welchem Umfang für seine Ansprüche haftet.[594]

Dies zeigt, dass bei der Erstellung eines Unterrichtsschreibens ein großes Maß an Sorgfalt anzuwenden ist.[595] **Unterrichtungsschreiben** müssen **minuziös** vorbereitet werden. Aus Arbeitnehmersicht ist es häufig lohnend, ein Unterrichtungsschreiben einer genauen Prüfung dahin gehend zu unterziehen, ob die – strengen – Voraussetzungen der Rechtsprechung an das Unterrichtungsschreiben erfüllt sind. Statistisch gesehen dürfte ein großer Teil der in der Praxis verwandten Unterrichtungsschreiben Fehler enthalten, so dass die einmonatige Widerspruchsfrist nicht in Gang gesetzt wird.

3. Widerspruch des Arbeitnehmers

Eine Ausübung des Widerspruchsrechts ist nur innerhalb **eines Monats** nach Zugang des Unterrichtungsschreibens möglich. Voraussetzung für den Lauf der Monatsfrist ist allerdings eine ordnungsgemäße Unterrichtung iSd § 613a Abs. 5 BGB. Der Widerspruch bedarf der **Schriftform**. Ein – früher möglicher – konkludenter oder mündlicher Widerspruch kommt nach § 613a Abs. 6 BGB nicht mehr in Betracht. Der Widerspruch kann als einseitig empfangsbedürftige Willenserklärung grundsätzlich auch **angefochten** werden.[596] Die Ausübung des Widerspruchsrechts ist nach dem Wortlaut des § 613a Abs. 6 Satz 1 BGB auch wirksam, wenn das Arbeitsverhältnis nach dem Betriebsübergang mittlerweile beendet wurde, da gegenüber allen zum Zeitpunkt des Betriebsübergangs beschäftigten Arbeitnehmern eine entsprechende Unterrichtungspflicht besteht.[597]

Eine Beratung des Arbeitnehmers, ob dem Betriebsübergang widersprochen werden soll, hat sich zunächst auf die Frage zu erstrecken, ob das Unterrichtungsschreiben vollständig und richtig ist, ob der Lauf der Monatsfrist also überhaupt in Gang gesetzt worden ist. Ist dies nämlich nicht der Fall – was nicht nur in seltenen Fällen in Frage

---

592 Vgl BAG 14.12.2006 – 8 AZR 763/05, NZA 2007, 682.
593 Vgl BAG 13.7.2006 – 8 AZR 303/05, NZA 2006, 1273.
594 Vgl BAG 20.3.2008 – 8 AZR 1016/06, NZA 2008, 1354; BAG 21.8.2008 – 8 AZR 407/07, NZA-RR 2009, 62; BAG 27.11.2008 – 8 AZR 174/07, NZA 2009, 552; BAG 22.1.2009 – 8 AZR 808/07, NZA 2009, 547.
595 Vgl auch *Hohenstatt/Grau*, NZA 2007, 13 ff.
596 Vgl BAG 15.2.2007 – 8 AZR 310/06, DB 2007, 1559.
597 Vgl BAG 20.3.2008 – 8 AZR 1016/06, NZA 2008, 1354; BAG 24.7.2008 – 8 AZR 755/07, NZA-RR 2009, 294; BAG 27.11.2008 – 8 AZR 188/07, NJOZ 2009, 2495.

kommt –, so kann der Widerspruch auch noch später erklärt werden. Dies ist ggf von Interesse, weil dann die Realisierung der Pläne des Erwerbers noch abgewartet werden kann. Die Rechtsprechung mit ihren sehr strengen Anforderungen an Unterrichtungsschreiben entwickelt sich zurzeit ständig weiter fort. Aus diesem Grund ist es für einen den Arbeitnehmer beratenden Anwalt unumgänglich, die **aktuelle Rechtsprechung** zu den Anforderungen an das Unterrichtungsschreiben auch in den Feinheiten zu kennen und alle dem Arbeitnehmer im Zusammenhang mit der Unterrichtung übermittelten Schreiben daraufhin zu überprüfen. Oftmals kann es auch noch nach einiger Zeit – natürlich innerhalb der mittlerweile strengeren Grenzen der Verwirkung – zweckmäßig sein, dem Betriebsübergang zu widersprechen, wie etwa im Fall der späteren Insolvenz des Betriebserwerbers.

614 Hat sich der Arbeitnehmer entweder mit dem bisherigen oder mit dem neuen Arbeitgeber darüber geeinigt, dass er das Widerspruchsrecht **nicht ausübe**, so ist er hieran gebunden.[598] Wird der Arbeitnehmer dagegen über einen entgegen der tatsächlichen Sachlage angeblich in der Vergangenheit stattgefundenen Betriebsübergang informiert und erklärt sich dieser (quasi im Nachhinein) damit einverstanden, so geht diese Erklärung ins Leere. Sie stellt in Bezug auf einen später tatsächlich stattgefundenen Betriebsübergang weder einen wirksamen Verzicht dar, noch ist sie ein Umstand, der im Rahmen der Bewertung einer möglichen Verwirkung von Bedeutung sein könnte.[599]

615 Die Ausübung des Widerspruchsrechts kann gegen das Gebot von **Treu und Glauben** verstoßen und deshalb unbeachtlich sein, wenn der Arbeitnehmer zuvor (auch einseitig) erklärt hat, er werde dem Übergang des Arbeitsverhältnisses nicht widersprechen, und wenn Betriebsinhaber oder Betriebsübernehmer hierauf vertrauen.[600] Aus diesem Grund kann die Ausübung des Widerspruchsrechts wie jede andere Rechtsausübung im Einzelfall auch **rechtsmissbräuchlich** und somit unzulässig sein.[601] Dabei lassen sich die konkreten Anforderungen an die Annahme eines rechtsmissbräuchlichen oder treuwidrigen Verhaltens allerdings nicht allgemein, sondern lediglich anhand der Umstände des Einzelfalles bestimmen.[602] Ein rechtsmissbräuchliches Verhalten liegt nicht bereits dann vor, wenn es beim Arbeitnehmer an sachlichen Gründen für die Ausübung des Widerspruchs fehlt. Vielmehr müssen weitere Umstände, wie zB die Verfolgung unlauterer Zwecke oder eine Schädigungsabsicht iSd § 226 BGB vorliegen, die die Ausübung des Widerspruchsrechts treuwidrig erscheinen lassen.[603]

616 Das Widerspruchsrecht kann nicht dadurch sanktioniert werden, dass der Betriebsinhaber mit seinen Arbeitnehmern Arbeitsverträge schließt, die für den Fall der Ausübung des Widerspruchsrechts auflösend bedingt sind. Damit würde der in § 613a Abs. 1 Satz 1 BGB intendierte Bestandsschutz und das mit dem Widerspruchsrecht eingeführte Wahlrecht beeinträchtigt.

---

598 Vgl BAG 19.3.1998 – 8 AZR 139/97, AP Nr. 177 zu § 613a BGB.
599 Vgl BAG 18.3.2010 – 8 AZR 840/08, NZA-RR 2011, 280.
600 Vgl BAG 19.3.1998 – 8 AZR 139/97, AP Nr. 177 zu § 613a BGB.
601 Vgl BAG 19.2.2009 – 8 AZR 176/08, NZA 2009, 1095.
602 Vgl BAG 30.9.2004 – 8 AZR 462/03, NZA 2005, 43; BAG 19.2.2009 – 8 AZR 176/08, NZA 2009, 1095.
603 Vgl BAG 30.9.2004 – 8 AZR 462/03, NZA 2005, 43; BAG 19.2.2009 – 8 AZR 176/08, NZA 2009, 1095.

Der Widerspruch ist eine einseitige empfangsbedürftige Willenserklärung. Sie kann daher nicht einseitig nach Zugang beim Erklärungsadressaten **widerrufen** oder mit einem **Vorbehalt** versehen werden.[604] Eine Einigung über die **Rücknahme** eines Widerspruchs zum Betriebsübergang kann rechtswirksam nur in einer dreiseitigen Vereinbarung zwischen Arbeitnehmer, bisherigem Arbeitgeber und Betriebsnachfolger getroffen werden.[605]

617

4. Verwirkung des Widerspruchsrechts

Schließlich ist denkbar, dass das Widerspruchsrecht verwirkt. Die Verwirkung stellt einen **Sonderfall** der unzulässigen Rechtsausübung iSv § 242 BGB dar, mit dem die illoyal verspätete Geltendmachung von Rechten ausgeschlossen wird.[606] Sie dient als regulierendes Korrektiv zu den mittlerweile sehr strengen Anforderungen an eine ordnungsgemäße Unterrichtung. Da es aufgrund von nicht ordnungsgemäßen Unterrichtungsschreiben denkbar ist, dass es noch nach Jahren zu einem Widerspruch kommt, will die Verwirkungsgrenze dem Betriebsveräußerer und Erwerber ein Mindestmaß an Vertrauensschutz, bezogen auf einen nicht mehr zu erwartenden Widerspruch des Arbeitnehmers, gewährleisten. Grundsätzlich kann der Veräußerer eines Betriebs nicht darauf vertrauen, dass die von der Veräußerung betroffenen Arbeitnehmer nach fehlerhafter Unterrichtung nicht mehr widersprechen werden. So kann die Ausübung des Widerspruchsrechts auch noch später als ein Jahr nach dem Betriebsübergang stattfinden.[607] Eine Verwirkung ist jedoch immer dann anzunehmen, wenn nach Gesamtbetrachtung der sog. **Zeitmoments** und **Umstandsmoments** nicht mehr mit einem Widerspruch gerechnet werden musste.[608]

618

Ein nach Eintritt der Verwirkung erklärter Widerspruch bleibt **ohne rechtliche Wirkung** und verhindert nicht den Übergang des Arbeitsverhältnisses auf den Betriebserwerber nach § 613 a Abs. 1 BGB. Ebenso ist eine nach Eintritt der Verwirkung erfolgte Erklärung, der Widerspruch „werde vorbehalten", ohne rechtliche Bedeutung und lässt das Widerspruchsrecht nicht etwa wiederaufleben.[609]

619

Zur Bestimmung der Dauer des **Zeitmoments** ist nicht auf eine starre Höchst- oder Regelfrist abzustellen, sondern auf die **konkreten Umstände** des Einzelfalles. Dies ergibt sich schon allein daraus, dass im Gesetzgebungsverfahren die Vorschläge zur Aufnahme einer generellen Höchstfrist von drei bzw sechs Monaten gerade nicht aufgegriffen

620

---

[604] Vgl BAG 30.10.2003 – 8 AZR 491/02, NZA 2004, 481.
[605] Vgl LAG Hamm 10.6.2002 – 19 Sa 43/02, NZA-RR 2003, 185.
[606] Vgl BAG 20.3.2008 – 8 AZR 1016/06, NZA 2008, 1354; BAG 24.7.2008 – 8 AZR 755/07, NZA-RR 2009, 294; BAG 27.11.2008 – 8 AZR 174/07, NZA 2009, 552; BAG 2.4.2009 – 8 AZR 220/07, AP Nr. 6 zu § 613 a BGB Widerspruch; BAG 12.11.2009 – 8 AZR 751/07, DB 2010, 789; BAG 21.1.2010 – 8 AZR 870/07, AP Nr. 386 zu § 613 a BGB; BAG 18.3.2010 – 8 AZR 840/08, NJOZ 2011, 279.
[607] Vgl LAG Düsseldorf 18.1.2007 – 5 Sa 1062/06, LAGE § 613 a BGB Nr. 11.
[608] Vgl BAG 27.11.2008 – 8 AZR 174/07, NZA 2009, 552; BAG 23.7.2009 – 8 AZR 357/08, BB 2010, 831; BAG 12.11.2009 – 8 AZR 751/07, DB 2010, 789; BAG 21.1.2010 – 8 AZR 870/07, AP Nr. 386 zu § 613 a BGB; BAG 20.5.2010 – 8 AZR 1011/08, AP Nr. 22 zu § 613 a BGB Widerspruch.
[609] Vgl BAG 12.11.2009 – 8 AZR 530/07, NJW 2010, 1302.

wurden.⁶¹⁰ Das BAG hat nunmehr entschieden, dass das Zeitmoment als Anknüpfungspunkt der Verwirkung jedenfalls in Zeiträumen zwischen **13 und 16 Monaten** erfüllt ist.⁶¹¹ Jeder Veräußerer muss sich im Rahmen eines Betriebsübergangs also darauf einstellen, dass er möglicherweise bis zu 16 Monate nach einem Betriebsübergang noch das Risiko trägt, dass widersprechende Arbeitnehmer wieder in seinen Betrieb zurückkehren und beschäftigt werden müssen. Aus diesem Grund ist es wichtig, im Unternehmenskaufvertrag Regelungen vorzusehen, die das Widerspruchsrisiko und die damit ggf verbundenen wirtschaftlichen Folgen erfassen. Allerdings kann bei Vorliegen besonders gewichtiger Umstände des Einzelfalles, welche beim Veräußerer das Vertrauen erwecken, der Arbeitnehmer werde nun nicht mehr widersprechen, eine Verwirkung etwa auch schon nach Ablauf von sieben Monaten anzunehmen sein.⁶¹² Grundsätzlich verwirken die Rechte des Arbeitnehmers bei schwierigeren Sachverhalten erst nach längerer Zeit, wogegen die Verwirkung um so schneller anzunehmen ist, je stärker der Arbeitnehmer einen Vertrauenstatbestand hinsichtlich eines ausbleibenden Widerspruchs gesetzt hat.⁶¹³

621 Das für die Beurteilung der Verwirkung entscheidende **Umstandsmoment** ist erfüllt, wenn der Arbeitgeber davon ausgehen durfte, der Arbeitnehmer habe den Übergang seines Arbeitsverhältnisses auf den Betriebserwerber und diesen damit als seinen neuen Arbeitgeber akzeptiert.⁶¹⁴ Das Zeitmoment und das Umstandsmoment sind dabei in eine **angemessene Relation** zu setzen.⁶¹⁵ Hierbei muss das Erfordernis des Vertrauensschutzes auf Seiten des Verpflichteten das Interesse des Berechtigten derart überwiegen, dass ihm die Erfüllung des Anspruchs nicht mehr zuzumuten ist.⁶¹⁶ Entscheidend ist danach darauf abzustellen, ob der Verpflichtete aufgrund des Zeitablaufs, in dem der Arbeitnehmer sein Widerspruchsrecht nicht ausgeübt hat, und der Umstände des Einzelfalles, zu denen auch der jeweilige Informationsstand des Arbeitnehmers gehört, darauf vertrauen durfte, eine Geltendmachung des Widerspruchsrechts werde nicht mehr erfolgen.⁶¹⁷ Ein das Vertrauen auf ein zukünftiges Ausbleiben des Widerspruchs begründendes Umstandsmoment liegt immer dann vor, wenn der Arbeitnehmer nach dem Betriebsübergang eine sein Arbeitsverhältnis betreffende **Disposition** trifft. Das bloße Weiterarbeiten beim Erwerber und die Entgegennahme der entsprechenden Vergütung

---

610 Vgl BAG 27.11.2008 – 8 AZR 174/07, NZA 2009, 552; BAG 2.4.2009 – 8 AZR 220/07, AP Nr. 6 zu § 613a BGB Widerspruch; BAG 23.7.2009 – 8 AZR 357/08, BB 2010, 831; BAG 12.11.2009 – 8 AZR 751/07, DB 2010, 789; BAG 21.1.2010 – 8 AZR 63/08, AP Nr. 385 zu § 613a BGB; BAG 18.3.2010 – 8 AZR 840/08, NJOZ 2011, 279.
611 Vgl BAG 15.2.2007 – 8 AZR 431/06, NZA 2007, 793; BAG 2.4.2009 – 8 AZR 220/07, AP Nr. 6 zu § 613a BGB Widerspruch; BAG 23.7.2009 – 8 AZR 357/08, BB 2010, 831; BAG 12.11.2009 – 8 AZR 751/07, DB 2010, 789.
612 Vgl BAG 22.4.2010 – 8 AZR 805/07, AP Nr. 14 zu § 613a BGB.
613 Vgl BAG 24.7.2008 – 8 AZR 205/07, NZA 2008, 1294; BAG 27.11.2008 – 8 AZR 174/07, NZA 2009, 552; BAG 2.4.2009 – 8 AZR 220/07, AP Nr. 6 zu § 613a BGB Widerspruch; BAG 23.7.2009 – 8 AZR 357/08, BB 2010, 831; BAG 18.3.2010 – 8 AZR 840/08, NJOZ 2011, 279.
614 Vgl BAG 21.8.2008 – 8 AZR 407/07, AP Nr. 348 zu § 613a BGB; BAG 27.11.2008 – 8 AZR 188/07, NJOZ 2009, 2495; BAG 23.7.2009 – 8 AZR 357/08, BB 2010, 831; BAG 22.4.2010 – 8 AZR 805/07, AP Nr. 14 zu § 613a BGB.
615 Vgl BAG 24.7.2008 – 8 AZR 205/07, NZA 2008, 1294; BAG 27.11.2008 – 8 AZR 174/07, NZA 2009, 552.
616 Vgl BAG 2.4.2009 – 8 AZR 220/07, AP Nr. 6 zu § 613a BGB Widerspruch; BAG 12.11.2009 – 8 AZR 751/07, DB 2010, 789; BAG 18.3.2010 – 8 AZR 840/08, NJOZ 2011, 279.
617 Vgl BAG 27.11.2008 – 8 AZR 174/07, NZA 2009, 552.

VI. Unterrichtung u. Widerspruchsrecht d. Arbeitnehmers, § 613 a Abs. 5 u. 6 BGB 9

stellen allein genommen allerdings ebenso wenig eine solche Disposition dar wie der Abschluss einer Vereinbarung mit dem Betriebserwerber, durch welche die Arbeitsbedingungen (zB Art und Umfang der Tätigkeit, Höhe der Vergütung) neu geregelt werden.[618] Würde die **widerspruchslose Fortsetzung des Arbeitsverhältnisses mit dem Betriebserwerber** für sich genommen das Umstandsmoment für eine Verwirkung bereits erfüllen, so würde das Ziel, falsch unterrichteten Arbeitnehmern das Widerspruchsrecht zu erhalten, unterlaufen.[619] Setzt der Arbeitnehmer sich lediglich gegen eine vom Betriebserwerber ausgesprochene Kündigung zur Wehr, akzeptiert er ebenfalls nicht den Betriebsübergang, sondern tritt vielmehr einer einseitigen Disposition über sein Arbeitsverhältnis entgegen.[620]

Eine als Umstandsmoment beachtliche **Disposition** liegt dagegen in jeder Form des Abschlusses einer Aufhebungsvereinbarung vor, wie etwa eines dreiseitigen Vertrages, auf Grundlage dessen der Arbeitnehmer eine Abfindung erhält, welche sowohl die Dienstzeiten beim Erwerber als auch beim Veräußerer berücksichtigt.[621] Weiterhin ist eine für das Umstandsmoment beachtliche Disposition anzunehmen, wenn der Arbeitnehmer eine vom Betriebserwerber ausgesprochene Kündigung nicht angreift oder sein zunächst nachhaltig bekundetes Interesse an der Aufrechterhaltung seines Arbeitsverhältnisses im Wege eines Beendigungsvergleichs aufgibt und im Gegenzug eine Abfindung akzeptiert.[622] Dem gleichzustellen sind Fälle, in denen das Arbeitsverhältnis, etwa durch die Begründung eines Altersteilzeitverhältnisses, auf eine völlig neue Basis gestellt wird.[623] Auch der Abschluss von Abwicklungsvereinbarungen im Anschluss an eine ausgesprochene Kündigung stellt im Regelfall ein gewichtiges Umstandsmoment dar, besonders wenn schon längere Zeiträume (13 bis 15 Monate) seit der unvollständigen Unterrichtung vergangen sind.[624] Ein die Verwirkung begründender Umstand kann auch darin gesehen werden, dass der Arbeitnehmer – vertreten durch einen beauftragten Rechtsanwalt – den Veräußerer auf eine Sozialplanabfindung im Wege der Nachhaftung gemäß § 613 a Abs. 2 BGB in Anspruch nehmen will. Gerade im Zusammenhang mit der Beratung durch einen Fachanwalt für Arbeitsrecht darf der Betriebsveräußerer darauf vertrauen, der Arbeitnehmer gehe mit der angesprochenen Geltendmachung, gestützt auf eine Nachhaftung, vom erfolgten Übergang des Arbeitsverhältnisses aus und werde dagegen nicht mehr widersprechen.[625] Die vom Arbeitnehmer an den Betriebsveräußerer gerichtete Mitteilung, er fühle sich nicht ausreichend unterrichtet, verbunden mit der Aufforderung, weitere Informationen zu erteilen und dem Hinweis, dass der Arbeitnehmer sich die Ausübung des Widerspruchsrechts nach Eingang der

622

---

618 Vgl BAG 27.11.2008 – 8 AZR 174/07, NZA 2009, 552; BAG 20.5.2010 – 8 AZR 1011/08, AP Nr. 22 zu § 613 a BGB Widerspruch.
619 Vgl BAG 24.7.2008 – 8 AZR 205/07, NZA 2008, 1294; BAG 20.3.2008 – 8 AZR 1016/06, NZA 2008, 1354.
620 Vgl BAG 2.4.2009 – 8 AZR 178/07, AP Nr. 9 zu § 613 a BGB Widerspruch.
621 Vgl BAG 27.11.2008 – 8 AZR 174/07, NZA 2009, 552; BAG 2.4.2009 – 8 AZR 220/07, AP Nr. 6 zu § 613 a BGB Widerspruch; BAG 12.11.2009 – 8 AZR 751/07, DB 2010, 789; BAG 18.3.2010 – 8 AZR 840/08, NJOZ 2011, 279.
622 Vgl BAG 12.11.2009 – 8 AZR 370/07, AP Nr. 381 zu § 613 a BGB.
623 Vgl BAG 23.7.2009 – 8 AZR 357/08, BB 2010, 831.
624 Vgl BAG 2.4.2009 – 8 AZR 220/07, AP Nr. 6 zu § 613 a BGB Widerspruch; BAG 12.11.2009 – 8 AZR 751/07, DB 2010, 789.
625 Vgl BAG 24.7.2008 – 8 AZR 205/07, NZA 2008, 1294.

Information vorbehält, kann dagegen im Rahmen der Verwirkung einen vertrauenszerstörenden Umstand darstellen.[626]

5. Rechtliche und tatsächliche Folgen des Widerspruchs

623 Der Widerspruch verhindert den Übergang des Arbeitsverhältnisses und besitzt grundsätzlich **Rückwirkung**. Er wirkt auf den Zeitpunkt des Betriebsübergangs zurück, so dass zu keinem Zeitpunkt ein Arbeitsverhältnis mit dem Betriebserwerber bestanden hat. Diese Rückwirkung führt zu ungeklärten Abwicklungsfragen. Hat der Arbeitnehmer bei dem Erwerber schon gearbeitet, so hat er Ansprüche auf Vergütung nach den Grundsätzen des faktischen Arbeitsverhältnisses.[627]

624 Die Ausübung des Widerspruchsrechts kann erhebliche Auswirkungen für den Arbeitnehmer haben. Steht nämlich bei dem ehemaligen Betriebsinhaber kein anderer Arbeitsplatz mehr zur Verfügung, ist eine dann zu erwartende **Kündigung aus betriebsbedingten Gründen sozial gerechtfertigt**.[628] Dabei sind – soweit der Betriebsveräußerer seine Betriebstätigkeit nicht gänzlich eingestellt hat – das Vorhandensein freier Arbeitsplätze (unternehmensweit) und die Gesichtspunkte der Sozialauswahl (betriebsbezogen) zu prüfen.[629] Der Veräußerer muss freie Arbeitsplätze berücksichtigen, die während oder nach Ablauf der Kündigungsfrist zur Verfügung stehen.[630] Er muss mit einem Widerspruch bei der Besetzung freier Arbeitsplätze rechnen.

625 Der Widerspruch darf im Rahmen der **Sozialauswahl** nicht zulasten des widersprechenden Arbeitnehmers berücksichtigt werden.[631]

626 Die Beratung eines Arbeitnehmers im Hinblick darauf, ob er sein Widerspruchsrecht ausüben soll, verlangt auch, dem Arbeitnehmer die für den Fall des Widerspruchs zu erwartenden Konsequenzen, insbesondere das Risiko einer betriebsbedingten Kündigung, aufzuzeigen. Dies erfordert, wenn beim Veräußerer noch ein Betriebsteil verblieben ist, auch die Darlegung der sich stellenden Sozialauswahlfragen, dh inwiefern der widersprechende Arbeitnehmer mit beim Veräußerer verbliebenen Arbeitnehmern vergleichbar ist und wie eine in Frage kommende Sozialauswahl ggf ausfallen könnte.

627 **Betriebsvereinbarungen** oder **Tarifverträge** können Abfindungsregelungen treffen, die Arbeitnehmer leer ausgehen lassen, die einem Übergang ihres Arbeitsverhältnisses widersprechen und denen deshalb gekündigt wird. Die Rechtsprechung geht davon aus, dass die Weiterarbeit beim Betriebserwerber nach einem Betriebsübergang dem Arbeitnehmer in der Regel trotz Verschlechterung des Tarifwesens oder der Schwäche des Erwerbers in wirtschaftlicher Hinsicht zumutbar ist.[632]

628 In jüngerer Zeit werden Konstellationen relevant, in denen Arbeitnehmer, die dem Betriebsübergang nicht widersprochen haben, **Schadensersatzforderungen** gegen den Ver-

---

[626] Vgl BAG 24.7.2008 – 8 AZR 755/07, NZA-RR 2009, 294.
[627] Vgl LAG Köln 11.6.2004 – 12 Sa 374/04, ZIP 2005, 591.
[628] Vgl BAG 25.4.2002 – 2 AZR 260/01, NZA 2003, 605.
[629] Vgl BAG 29.3.2007 – 8 AZR 538/06, NZA 2008, 48.
[630] Vgl BAG 15.8.2002 – 2 AZR 195/01, DB 2003, 889.
[631] Vgl BAG 31.5.2007 – 2 AZR 276/06, NZA 2008, 33 ff.
[632] Vgl BAG 5.2.1997 – 10 AZR 553/06, DB 1997, 1623.

VI. Unterrichtung u. Widerspruchsrecht d. Arbeitnehmers, § 613a Abs. 5 u. 6 BGB   9

äußerer geltend machen unter Hinweis darauf, dass der Veräußerer seiner Unterrichtungspflicht nach § 613a Abs. 5 BGB nicht ordnungsgemäß nachgekommen sei. Dies betrifft insbesondere die Unterrichtung über die **wirtschaftlichen Folgen** des Betriebsübergangs. Ist nämlich bereits absehbar, dass die Erwerberin ggf finanziell nicht liquide ist oder dass dort bereits ein umfangreicher Personalabbau geplant ist, so müssen diese Umstände in der Unterrichtung genannt werden, weil der Arbeitnehmer sonst nicht in die Lage versetzt wird, eine Abwägung darüber durchzuführen, ob er das Widerspruchsrecht ausübt. Entscheidet sich der Arbeitnehmer innerhalb der Monatsfrist, die ihm für die Ausübung des Widerspruchsrechts zur Verfügung steht, dazu, dem Betriebsübergang nicht zu widersprechen, und stellt sich später hieraus, dass er bei einer ordnungsgemäßen Information (zB über die schwierige finanzielle Situation der Erwerberin oder den bereits seit längerem geplanten umfangreichen Personalabbau) den Widerspruch erklärt hätte, so kann er sowohl die Veräußerin als auch die Erwerberin auf Schadensersatz in Anspruch nehmen (oder innerhalb der Verwirkungsgrenzen den Widerspruch noch erklären, da die Monatsfrist nicht in Gang gesetzt wurde). Freilich muss der Schaden konkret beziffert werden.

Bei der **Überlegung**, ob das **Widerspruchsrecht ausgeübt** wird, sind folgende Gesichtspunkte zu bedenken: 629

- Liegt überhaupt eine Unterrichtung vor?
- Ist die Unterrichtung ordnungsgemäß? Ist sie aussagekräftig? Gibt es Unstimmigkeiten oder Unrichtigkeiten? Stimmt sie mit den Informationen überein, die dem Betriebsrat mitgeteilt worden sind?
- Für den Fall des Widerspruchs: Gibt es vergleichbare Arbeitnehmer bei dem Veräußerer, die weiterbeschäftigt werden? Wie würde eine Sozialauswahl ausfallen? Gibt es freie Arbeitsplätze, auf denen der widersprechende Arbeitnehmer eingesetzt werden könnte?

6. Betriebsverfassungsrechtliche und tarifrechtliche Folgen eine Betriebsübergangs

Eine Beratung des Arbeitnehmers im Hinblick auf die Ausübung seines Widerspruchsrechts ist nur möglich, wenn sich auch die betriebsverfassungsrechtlichen und tarifrechtlichen Folgen des Betriebsübergangs für den Arbeitnehmer ermessen lassen. Deswegen werden im Folgenden kurz die tragenden Grundsätze zusammengefasst.   630

a) Betriebsratsmandat

Der Betriebsübergang lässt, wenn die Identität des Betriebs erhalten bleibt und keine Eingliederung in eine andere, neue Betriebsorganisation stattfindet, das Betriebsratsamt unberührt (**Kontinuität des Betriebsrats**).[633] Wird ein Betriebsteil abgespalten und vom Erwerber als eigenständiger Betrieb geführt, hat der Betriebsrat des Veräußerer(rest)betriebs ein Übergangsmandat gem. § 21a BetrVG. Wird der abgespaltene Betriebsteil beim Erwerber in dessen bereits bestehenden Betrieb eingegliedert, so werden die Ar-   631

---

[633] Vgl BAG 5.2.1991 – 1 ABR 32/90, AP Nr. 89 zu § 613a BGB.

beitnehmer, die vor dem Betriebsübergang betroffen sind, nach dem Betriebsübergang vom Betriebsrat des Erwerberbetriebs repräsentiert.

b) Weitergeltung von Betriebsvereinbarungen

632 Bleibt die Betriebsidentität erhalten, so gelten nach dem Betriebsübergang auch die **Betriebsvereinbarungen** in dem Betrieb (kollektivrechtlich) normativ weiter.[634] Gesamtbetriebsvereinbarungen, die in den Betrieben des abgebenden Unternehmens gelten, behalten bei einem Betriebsübergang in den übertragenen Teilen des Unternehmens ihren Status als Rechtsnormen auch dann, wenn nur ein oder mehrere Betriebe übergehen. Voraussetzung ist allerdings, dass die übertragenen Betriebe ihre Identität bewahrt haben.[635] Auch wenn nur ein übernommener Betriebsteil vom Erwerber als selbstständiger Betrieb geführt wird, gelten die im ursprünglichen Betrieb bestehenden Einzel- und Gesamtbetriebsvereinbarungen (als Betriebsvereinbarungen) normativ weiter.[636] Es ist daher kollektivrechtlich für die Fortgeltung von Betriebsvereinbarungen von zentraler Bedeutung, ob die Betriebsidentität fortbesteht oder jedenfalls im Falle einer Betriebsspaltung ein Teil des Betriebs nach dem Betriebsübergang als eigener Betrieb fortgeführt wird.

c) Betriebsänderung iSd § 111 BetrVG

633 Der reine Betriebsübergang (also die bloße Veränderung in Form eines Arbeitgeberwechsels) stellt, soweit nicht sonstige Änderungen der Betriebsorganisation gleichzeitig vollzogen werden, keinen Fall einer **Betriebsänderung** iSd § 111 BetrVG dar. Es kommt lediglich zu einer Befassung des Wirtschaftsausschusses mit der Angelegenheit.[637]

634 Wird allerdings ein Betrieb gespalten (dh ein Teilbetrieb übertragen), wird die bisherige einheitliche Organisation des Betriebs geändert und es liegt eine Betriebsänderung vor (Betriebsspaltung gemäß § 111 Satz 3 Nr. 3 BetrVG).[638] In diesem Fall entsteht dann die Pflicht, einen Interessenausgleich zu verhandeln.

d) Weitergeltung von Tarifverträgen

635 Die normative (kollektivrechtliche) Weitergeltung von **Verbandstarifverträgen** richtet sich danach, ob Geltungsbereich, Tarifgebundenheit und Tarifzuständigkeit fortbestehen. Gelangt der Betrieb durch den Arbeitgeberwechsel in eine andere Branche oder ist der Betriebsübernehmer nicht tarifgebunden, kommt eine kollektivrechtliche Weitergeltung nicht in Betracht. Wechselt durch einen Betriebsübergang der tarifliche Geltungsbereich, so unterstehen die Arbeitsverhältnisse bei beiderseitiger Tarifgebundenheit nunmehr den Tarifverträgen in dem neuen tariflichen Geltungsbereich.[639] Damit können sich aufgrund eines Betriebsübergangs ganz erhebliche Änderungen der Arbeitsbedingungen ergeben. Freilich werden diese Folgen in der Praxis häufig nicht ver-

---

634 Vgl BAG 27.7.1994 – 7 ABR 37/93, AP Nr. 118 zu § 613 a BGB.
635 Vgl BAG 18.9.2002 – 1 ABR 54/01, NZA 2003, 670.
636 Vgl BAG 18.9.2002 – 1 ABR 54/01, NZA 2003, 670.
637 Vgl BAG 16.6.1987 – 1 ABR 41/85, AP Nr. 19 zu § 111 BetrVG 1972.
638 Vgl BAG 10.12.1996 – 1 ABR 32/96, DB 1997, 1416; *Moll*, RdA 2003, 129, 134.
639 Vgl BAG 26.9.1979 – 4 AZR 819/77, AP Nr. 17 zu § 613 a BGB.

VI. Unterrichtung u. Widerspruchsrecht d. Arbeitnehmers, § 613 a Abs. 5 u. 6 BGB

wirklicht, weil die Arbeitnehmer in ihren Arbeitsverträgen arbeitsvertragliche Bezugnahmeklauseln haben, die dann gem. § 613 a Abs. 1 Satz 1 BGB Geltung entfalten.

Bei **Firmenverträgen** stellt sich die Sachlage so dar, dass die Tarifbestimmungen gemäß § 613 a Abs. 1 Satz 2 BGB infolge des Betriebsübergangs weiterwirken, jedoch nur mit dem Inhalt und Stand, den sie im Zeitpunkt des Betriebsübergangs haben (Status quo).[640] Ein Einrücken in die Parteistellung eines Firmentarifvertrages kommt nämlich nicht im Fall der Einzelrechtsnachfolge wie beim Betriebsübergang, sondern lediglich für die Gesamtrechtsnachfolge nach dem Umwandlungsgesetz in Betracht.[641] Die Neubegründung der Position einer Firmentarifvertragspartei durch den Erwerber kann nur durch dessen **eigene konstitutive Willenserklärung** erreicht werden, etwa durch den Abschluss eines gleichlautenden Tarifvertrages mit derselben Gewerkschaft oder eines dreiseitigen Übernahmevertrages unter Beteiligung von Veräußerer und Gewerkschaft.[642]

636

Wichtig ist, dass die Vorschriften des § 613 a Abs. 1 Satz 2–4 BGB lediglich **Auffangcharakter** haben; sie greifen nur, soweit eine kollektivrechtliche Fortgeltung von Betriebsvereinbarungen oder Tarifvertrag nicht stattfindet.[643]

637

Gelten zwischen Betriebsveräußerer und Arbeitnehmer mehrere Tarifverträge zum Zeitpunkt des Betriebsübergangs, geht der **Gesamtbestand aller Tarifverträge** auch in das Arbeitsverhältnis zum nicht tarifgebundenen Betriebserwerber über, selbst wenn sich einzelne Regelungsbereiche der Tarifverträge überschneiden.[644] Es erfolgt demnach eine Besitzstandswahrung auf arbeitsvertraglicher Ebene. Spätere tarifvertragliche Änderungen werden nicht mehr erfasst. Der nicht tarifgebundene Erwerber, der einen Betrieb erwirbt, dessen bisheriger Inhaber tarifgebunden ist, tritt damit nur in die Tarifverträge ein, die zum Zeitpunkt des Betriebsübergangs gelten, nicht aber in solche, die erst nach dem Betriebsübergang abgeschlossen werden und für den Betriebsveräußerer Geltung erlangen. Dies gilt selbst dann, wenn diese rückwirkend in Kraft gesetzt werden.[645] Dagegen gehen auch Rechte in das Arbeitsverhältnis über, welche zwar zeitlich vor dem Betriebsübergang tariflich geregelt wurden, allerdings erst danach für die Parteien Wirksamkeit erlangen. Aus diesem Grund nimmt etwa der Arbeitnehmer auch nach Betriebsübergang an dem Aufstieg in den Lebensaltersstufen seiner Vergütungsgruppe in der Form teil, wie sie zum Zeitpunkt des Betriebsübergangs tariflich festgelegt waren.[646] Insgesamt ist festzuhalten, dass die Tarifvorschriften – auch wenn sie nach der Übertragung fortan nicht mehr normativ gelten – ihren kollektivrechtlichen Charakter auch nach dem Betriebsübergang wahren und somit **einseitig zwingend** als Mindestarbeitsbedingungen weitergelten.[647]

638

---

640 Vgl BAG 29.8.2001 – 4 AZR 332/00, DB 2002, 431; BAG 10.6.2009 – 4 ABR 21/08, NZA 2010, 51.
641 Vgl BAG 10.6.2009 – 4 ABR 21/08, NZA 2010, 51; zur Verschmelzung durch Neugründung nach § 2 Nr. 2 UmwG: BAG 24.6.1998 – 4 AZR 208/97, NZA 1998, 1346; zur Verschmelzung durch Aufnahme nach § 2 Nr. 1 UmwG: BAG 4.7.2007 – 4 AZR 491/06, NZA 2008, 307.
642 Vgl BAG 10.6.2009 – 4 ABR 21/08, NZA 2010, 51; BAG 26.8.2009 – 4 AZR 280/08, NZA 2010, 238.
643 Vgl BAG 5.2.1991 – 1 ABR 32/90, AP Nr. 89 zu § 613 a BGB.
644 Vgl BAG 22.4.2009 – 4 AZR 100/08, NZA 2010, 41.
645 Vgl BAG 13.9.1994 – 3 AZR 148/94, NZA 1995, 740.
646 Vgl BAG 14.11.2007 – 4 AZR 828/06, NZA 2008, 480.
647 Vgl BAG 22.4.2009 – 4 AZR 100/08, NZA 2010, 41.

e) Veränderungssperre des § 613 a Abs. 1 Satz 2 BGB

639 Häufig missverstanden wird die **einjährige Veränderungssperre** (§ 613 a Abs. 1 Satz 2 BGB), da ihr „Schutzbereich" in der Praxis häufig weniger umfänglich ist, als zunächst nach dem Wortlaut angenommen werden könnte. Erstens gilt sie nicht für die Ablösung kollektivrechtlicher Regelungen. Gelten also bei dem Betriebserwerber schon Betriebsvereinbarungen und Tarifverträge und wird der neue Betrieb in den anderen Betrieb des Erwerbers eingegliedert, so ändern sich die kollektivrechtlichen Regelungen für die vom Betriebsübergang betroffenen Arbeitnehmer zum Zeitpunkt des Betriebsübergangs; die Veränderungssperre findet in diesem Fall keine Anwendung.[648] Bei Betriebsvereinbarungen setzt dies freilich voraus, dass deren Regelungsgegenstand gleich ist. Bei Tarifverträgen wird die Tarifgebundenheit sowohl des Betriebserwerbers als auch des Arbeitnehmers verlangt.[649] Eine vor dem Betriebsübergang mit einem Betriebsrat des Übernehmerbetriebs abgeschlossene und für den Arbeitnehmer ungünstigere Betriebsvereinbarung ist jedoch nicht ohne Weiteres eine „andere Regelung" iSd § 613 a Abs. 1 Satz 3 BGB bezogen auf einen vorher geltenden Tarifvertrag. Eine sog. **Über-Kreuz-Ablösung** von Tarifnormen durch eine Betriebsvereinbarung gemäß § 613 a Abs. 1 Satz 3 BGB ist nach Ansicht des BAG jedenfalls außerhalb des Bereichs zwingender Mitbestimmung grundsätzlich ausgeschlossen.[650] Zweitens kann eine Änderung vor Ablauf der Jahresfrist auch dann erfolgen, wenn die Betriebsvereinbarung oder der Tarifvertrag auch bei dem Betriebsveräußerer nicht mehr gelten würde.

f) Arbeitsvertragliche Verweisungen, v.a. Bezugnahmeklauseln

640 Eine Beratung des Arbeitnehmers im Hinblick auf die Ausübung eines Widerspruchs kann des Weiteren nicht evtl bestehende arbeitsvertragliche Verweisungsvorschriften außer Acht lassen. Diese können nämlich das Arbeitsverhältnis ungeachtet der Anwendbarkeit kollektivrechtlicher Regelungen im Sinne des **Günstigkeitsprinzips** prägen.

641 Enthält der Arbeitsvertrag eine **Bezugnahmeklausel** (dh dass ein bestimmter Tarifvertrag trotz nichtbestehender Tarifbindung Anwendung auf das Arbeitsverhältnis finden soll), so ist im Fall des Betriebsübergangs zur Bestimmung der weitergehenden Bindung zu prüfen, ob es sich um eine sog. **Gleichstellungsabrede** handelt. Eine Gleichstellungsabrede bedeutet eine dynamische Bezugnahme auf die jeweils geltenden einschlägigen Tarifverträge des tarifgebundenen Arbeitgebers. Der Arbeitgeber verfolgt mit der Gleichstellungsabrede den Zweck, Arbeitnehmer ohne Tarifbindung so zu stellen, als wären sie tarifgebunden, dh, er will tarifgebundene und nicht tarifgebundene Arbeitnehmer in tariflicher Hinsicht gleichbehandeln.[651] Dies hat zur Folge, dass eine echte Gleichstellungsabrede im Fall des Betriebsübergangs auf einen nicht tarifgebundenen Erwerber nur zu einer **statischen Fortgeltung** der zum Übergangszeitpunkt gültigen Tarifnormen führt. In der lange Zeit geltenden Rechtsprechung wurde dann, wenn eine

---

648 Vgl BAG 19.3.1986 – 4 AZR 640/84, AP Nr. 49 zu § 613a BGB.
649 Vgl BAG 21.2.2001 – 4 AZR 18/00, NZA 2001, 1318.
650 Vgl BAG 6.11.2007 – 1 AZR 862/06, NZA 2008, 542; BAG 13.11.2007 – 3 AZR 191/06, NZA 2008, 600; BAG 21.4.2010 – 4 AZR 768/08, BB 2010, 2965.
651 Vgl BAG 1.12.2004 – 4 AZR 50/04, DB 2005, 778.

arbeitsvertragliche Verweisung auf den tarifrechtlich für den Arbeitgeber anwendbaren Tarifvertrag erfolgte, in der Regel eine Gleichstellungsabrede angenommen und die arbeitsvertragliche Inbezugnahme bei einem Betriebsübergang so ausgelegt, dass dann die neuen (anderen) Tarifregelungen des Betriebserwerbers zur Anwendung gelangen (sollen). Voraussetzung war, dass der Arbeitgeber im Zeitpunkt der Vereinbarung der Inbezugnahme an den in Bezug genommenen Tarifvertrag selbst gebunden war.[652] Diese Rechtsprechung ist allerdings 2005 entscheidend geändert worden. Der 4. Senat des BAG nimmt nunmehr bei entsprechenden Regelungen keine Gleichstellungsabrede mehr an, weil der Arbeitnehmer insbesondere unter Berücksichtigung von § 305c Abs. 2 BGB die Bezugnahmeklausel nicht ohne Weiteres in einem derartig weiten Sinn verstehen muss, wenn sie nicht die Gleichstellung bzw den Tarifwechsel ausreichend deutlich zum Ausdruck bringt.[653]

Danach ist nunmehr wie folgt zu **differenzieren**:[654]

642

- Ist der Erwerber an einen anderen Tarifvertrag gebunden, so kann eine Bezugnahmeklausel nur als **Tarifwechselklausel** aufgefasst werden, wenn dies ausreichend deutlich formuliert ist (Formulierungsbeispiel: „Es gelten im Übrigen die Regelungen des jeweils für den Betrieb bzw das Unternehmen einschlägigen Tarifvertrages").[655]

- Ansonsten sind die Klauseln auszulegen; regelmäßig wird eine sog. **unbedingte zeitdynamische Verweisung** anzunehmen sein, so dass für die übergegangenen Arbeitnehmer das alte Tarifwerk kraft arbeitsvertraglicher Bezugnahmeregelung fortgilt (und zwar dynamisch, dh sich fortentwickelnd):

  – Vereinbart ein nicht tarifgebundener Arbeitgeber im Arbeitsvertrag einen nach seinem betrieblichen Geltungsbereich nicht einschlägigen Tarifvertrag, stellt dies in der Regel eine **konstitutive Abrede** dar. Der neue Arbeitgeber bleibt dann an das in Bezug genommene Tarifwerk gebunden[656] (Beispiel: Eine Bank eines Kfz-Herstellers vereinbart den branchenfremden Tarifvertrag Metall).

  – Hat der Veräußerer mit seinen Arbeitnehmern den sachlich und örtlich einschlägigen Tarifvertrag in seiner jeweiligen Fassung arbeitsrechtlich vereinbart und kommt es später zum Betriebsübergang auf einen Erwerber, so ist diese arbeitsrechtliche Versetzungsklausel unter Berücksichtigung des Empfängerhorizonts auszulegen. Da die Bezugnahmeklausel an § 305c Abs. 2 BGB zu messen ist,[657] können die Regelungen je nach Formulierung als konstitutive Abrede zu verstehen sein, so dass der neue Arbeitgeber dynamisch kraft arbeitsvertraglicher Bezugnahme an das dort bezeichnete Textwerk gebunden wäre.

---

652 Vgl BAG 25.9.2002 – 4 AZR 294/01, DB 2003, 1280.
653 Vgl BAG 9.11.2005 – 5 AZR 128/05, NZA 2006, 202; BAG 18.4.2007 – 4 AZR 652/05, NZA 2007, 965; BAG 22.10.2008 – 4 AZR 793/07, NZA 2009, 323; BAG 22.10.2008 – 4 AZR 794/07, n.v.; BAG 22.10.2008 – 4 AZR 795/07, n.v.
654 Vgl *Hanau*, NZA 2005, 489 ff; *Hanau*, RdA 2005, 376; Moll/*Reufels*, GmbH-Handbuch, 2011, Teil 4, Rn 327.1.
655 Vgl BAG 16.10.2002 – 4 AZR 467/01, DB 2003, 617.
656 Vgl BAG 25.9.2002 – 4 AZR 294/01, NZA 2003, 807.
657 Vgl BAG 9.11.2005 – 5 AZR 128/05, NZA 2006, 202.

643 Nach dieser Rechtsprechungsänderung, die allerdings nur Arbeitsverträge betrifft, die nach der Schuldrechtsreform abgeschlossen sind (1.1.2002), nicht aber für ältere Arbeitsverträge, wird der Erwerber dann, wenn arbeitsvertragliche Bezugnahmeklauseln vorliegen, häufig an das Tarifwerk des Betriebsveräußerers (weiter) gebunden sein. Wird der Arbeitnehmer über den Betriebsübergang unterrichtet (§ 613a Abs. 5 BGB), so ist für den einen Arbeitnehmer beratenden Anwalt ein Augenmerk darauf zu legen, ob ggf das **Unterrichtungsschreiben** hierfür bestimmte Hinweise enthält oder ob es ggf unzutreffend die Bedeutung und Wirkung der arbeitsvertraglichen Bezugnahmeklauseln negiert (um zB dem Betriebserwerber eine Abkehr von den tariflichen Regelungen zu ermöglichen).

644 Der Arbeitnehmer, der von einem Betriebsübergang betroffen ist und der ggf überlegt, ob er dem Betriebsübergang widersprechen soll, ist daher intensiv zu beraten. Ihm ist zu erläutern, ob er an zukünftigen Tarifänderungen partizipieren wird, ob das Tarifwerk zum Zeitpunkt des Betriebsübergangs „eingefroren" wird und nur in dieser Form Geltung für den neuen Arbeitgeber entfaltet oder ob die Arbeitsbedingungen des Arbeitnehmers in Zukunft durch ein anderes Tarifwerk (ggf welches) geregelt werden. Dem Arbeitnehmer ist dann zu erläutern, welche Auswirkung dies auf Vergütungsansprüche und sonstige Arbeitsbedingungen (einschließlich Verfallfristen) hat. Schließlich ist das Unterrichtungsschreiben auf Vollständigkeit und Richtigkeit zu überprüfen.

§ 10 Urlaub

I. Durchsetzung des Anspruchs auf Urlaubsgewährung

Einen typischen prozessualen Fall bildet der Anspruch des Arbeitnehmers auf Urlaubsgewährung. Zwischen den Parteien besteht in dieser Konstellation dann regelmäßig Streit über die genaue **zeitliche Lage** des Urlaubs, dh über die Frage, wann dieser genommen werden soll. Nach § 7 Abs. 1 Satz 1 BUrlG hat der Arbeitgeber bei der zeitlichen Festlegung des Urlaubs die **Urlaubswünsche** des Arbeitnehmers zu **berücksichtigen**, es sei denn, dass ihrer Berücksichtigung dringende betriebliche Belange oder Urlaubswünsche anderer Arbeitnehmer, die unter sozialen Gesichtspunkten den Vorrang verdienen, entgegenstehen. Die Motive, die den Wünschen des Arbeitnehmers zugrunde liegen, sind grundsätzlich unerheblich; sie erlangen allenfalls dann Bedeutung, wenn es um die Abwägung geht, ob die Urlaubswünsche anderer Arbeitnehmer unter sozialen Gesichtspunkten Vorrang haben.[658]

645

Da der Arbeitnehmer somit grundsätzlich die Berücksichtigung seiner Urlaubswünsche verlangen kann, hat im Streitfall der Arbeitgeber darzulegen und zu beweisen, dass Urlaubswünsche des Arbeitnehmers aufgrund des Entgegenstehens **dringender betrieblicher Belange** oder vorrangiger Urlaubswünsche anderer Arbeitnehmer nicht berücksichtigt werden können. Solche betrieblichen Belange werden in erster Linie in personeller Knappheit oder erhöhtem Arbeitsaufkommen im betroffenen Zeitraum zu sehen sein. Allerdings trifft den Arbeitgeber in diesem Zusammenhang die Pflicht, die Betriebsabläufe so zu planen und zu organisieren, dass die erwarteten und berechtigten Urlaubswünsche der Arbeitnehmer ohne betriebliche Störungen gewährt werden können, und dies somit durch entsprechende Personalvorhaltung abzusichern.[659] Im Übertragungszeitraum iSd § 7 Abs. 3 BUrlG, also bis zum März des Folgejahres, hat der Arbeitgeber allerdings kein Recht, die Urlaubsgewährung nach § 7 Abs. 1 BUrlG wegen Entgegenstehens betrieblicher Belange zu verweigern, da ansonsten die Übertragung verhindert und somit ein Verfall der noch bestehenden Urlaubsansprüche bewirkt werden könnte.[660]

646

Lehnt der Arbeitgeber die vom Arbeitnehmer gewünschte zeitliche Lage des Urlaubs ab, so kommt mangels Selbstbeurlaubungsrechts lediglich arbeitsrechtlicher Rechtsschutz in Betracht. Es ist einmal eine **Leistungsklage** auf Urlaubsgewährung[661] mit dem **Antrag** zu erheben,

647

die Beklagte zu verurteilen, dem Kläger ... [Zahl] Arbeitstage Urlaub in der Zeit vom ... [Datum] bis zum ... [Datum] einschließlich zu gewähren.

Regelmäßig erweist sich allerdings eine Leistungsklage auf Urlaubsgewährung als wenig sinnvoll, weil das arbeitsgerichtliche Verfahren meist nicht mehr abgeschlossen werden kann, bevor der begehrte Urlaubszeitraum bereits verstrichen ist und somit faktisch Erledigung eintritt. Ist der vom Kläger begehrte Urlaubszeitraum zum Zeit-

648

---

658 Vgl LAG Düsseldorf 20.4.2004 – 8 Sa 435/04, AuA 2004, 43.
659 Vgl LAG Rheinland-Pfalz 5.4.2007 – 9 SaGa 8/07, n.v.
660 Vgl LAG Baden-Württemberg 3.6.2009 – 10 SaGa 1/09, NZA-RR 2010, 178.
661 Vgl BAG 18.12.1986 – 8 AZR 502/84, NZA 1987, 379.

punkt der letzten mündlichen Vereinbarung bereits verstrichen, ist die Klage unzulässig[662] oder jedenfalls unbegründet.[663] Sinn macht ein solches Verfahren daher nur dann, wenn der Kläger fest damit rechnet, dass in der Güteverhandlung bereits eine Einigung erfolgt.

649 Meistens ist der Arbeitnehmer bei der Geltendmachung eines bestimmten Urlaubswunsches daher auf die Anstrengung des **einstweiligen Rechtsschutzes** angewiesen, weil nur so sein Urlaub zum begehrten Zeitpunkt gesichert werden kann. Da der aufgrund einer einstweiligen Verfügung gewährte Urlaub allerdings die Hauptsache vorwegnimmt und erledigt, werden an den Verfügungsanspruch und Verfügungsgrund zu Recht strenge Anforderungen gestellt.[664] Im einstweiligen Rechtsschutz wird der **Antrag** gestellt,

> dem Antragsgegner im Wege der einstweiligen Verfügung – der Dringlichkeit halber ohne mündliche Verhandlung, hilfsweise unter größtmöglicher Abkürzung der Ladungs- und Einlassungsfristen – aufzugeben, dem Antragsteller in der Zeit vom ... [Datum] bis zum ... [Datum] einschließlich Erholungsurlaub zu gewähren.

650 Hinsichtlich des **Verfügungsgrundes** muss der Arbeitnehmer nachweisen, dass die sofortige Erfüllung des Urlaubsanspruchs zur Abwendung wesentlicher Nachteile iSv § 940 ZPO dringend erforderlich ist. Kein Verfügungsgrund ist allerdings gegeben, wenn der Arbeitnehmer nicht für einen bestimmten Zeitraum Urlaub begehrt hat oder die Eilbedürftigkeit vom Arbeitnehmer dadurch selbst herbeigeführt worden ist, dass dieser mit der Urlaubsbeantragung zu lange zugewartet hat.[665] Ein Verfügungsgrund liegt insbesondere dann vor, wenn der Arbeitnehmer nach einer vorläufigen Äußerung des Arbeitgebers, aufgrund derer er davon ausgehen konnte, der Urlaub werde gewährt, bereits eine feste Buchung für eine Urlaubsreise vorgenommen hat, weswegen ihm bei Stornierung wirtschaftliche Schäden drohen.[666] Andererseits wurde auch in Fällen einer eigenmächtigen Buchung einer Urlaubsreise trotz fehlender Zusage oder gar vorheriger Ablehnung des Urlaubswunsches durch den Arbeitgeber entschieden, dass dies das eigene Risiko des Arbeitnehmers sei und deshalb keinen tauglichen Verfügungsgrund darstelle, insbesondere wenn die Abwesenheit gerade in diesem Zeitraum für den Arbeitgeber eine nicht unbeträchtliche finanzielle Einbuße nach sich ziehe.[667] Hingegen sei ein Verfügungsgrund etwa anzunehmen, wenn die Urlaubsgewährung für die Teilnahme des Arbeitnehmers an einer speziellen Bildungsveranstaltung zwingend notwendig ist und die Bildungsveranstaltung in absehbarer Zeit nicht wiederholt wird.[668]

651 Die Rechtsprechung zeigt also, dass sich die Dringlichkeit nicht allein daraus ergibt, dass der Urlaubsanspruch an sich ansonsten vereitelt würde. Vielmehr müssen **weitere Umstände** hinzutreten. Dies erstaunt deswegen, weil das BAG in ständiger Rechtsprechung die Rechte des Arbeitnehmers zur **Selbstbeurlaubung** nicht anerkennt,[669] und

---

662 Vgl BAG 18.12.1986 – 8 AZR 502/84, NZA 1987, 379.
663 Vgl *Jacobsen*, in: Moll (Hrsg.), § 25 Rn 231.
664 Vgl LAG Rheinland-Pfalz 7.3.2002 – 7 Ta 226/02, NZA-RR 2003, 130.
665 Vgl *Corts*, NZA 1998, 357.
666 Vgl LAG Rheinland-Pfalz 7.3.2002 – 7 Ta 226/02, NZA-RR 2003, 130.
667 Vgl LAG Düsseldorf 20.4.2004 – 8 Sa 435/04, AuA 2004, 43.
668 Vgl LAG Frankfurt/M. 7.6.1993 – 11 Sa 629/93, NZA 1994, 267.
669 Vgl BAG 20.1.1994 – 2 AZR 521/93, NZA 1994, 548.

zwar selbst dann nicht, wenn vom Arbeitgeber vorgebrachte Verweigerungsgründe an den Haaren herbeigezogen erscheinen. Die Selbstbeurlaubung stellt nach Ansicht des BAG vielmehr einen Fall der **rechtswidrigen Vertragsverletzung** dar und kann daher die (möglicherweise sogar fristlose) Kündigung des Arbeitnehmers rechtfertigen.[670] Das BAG verweist zwar in diesem Zusammenhang auf das umfassende System gerichtlichen Rechtsschutzes, das die Urlaubsansprüche des Arbeitnehmers wirksam sichern könne, und erwähnt ausdrücklich die Möglichkeit der Erzielung einer einstweiligen Verfügung. Vor diesem Hintergrund muss allerdings dieser Rechtsschutz auch tatsächlich zur Verfügung gestellt und durch die Gerichte gewährleistet werden. Geht man daher zumindest vom Bezwecken eines wirksamen Schutzes durch den einstweiligen Rechtsschutz aus, so wäre das Vorliegen des Verfügungsgrundes indiziert, wenn die Durchsetzung des Urlaubsanspruchs im Hauptsacheverfahren aus Zeitgründen nicht möglich erscheint.[671] Dies spricht gerade dafür, im Fall des Urlaubs **keine zu hohen Anforderungen** an den **Verfügungsgrund** zu stellen.

Prozessual wird im Regelfall eine einstweilige Verfügung nicht ohne **mündliche Verhandlung** ergehen, da der Urlaubsanspruch gemäß § 7 Abs. 1 BUrlG unter Einschränkungen gewährt ist, so dass rechtliches Gehör zu gewähren ist.[672]

II. Abgeltungsanspruch als Ersatz für nicht gewährten Urlaub

Wenn der Urlaubsanspruch wegen Beendigung des Arbeitsverhältnisses nicht mehr vollständig genommen werden kann, steht dem Arbeitnehmer grundsätzlich ein **Abgeltungsanspruch** zu. Der Antrag ist dann als **Zahlungsantrag** zu stellen. Allerdings ist in diesem Bereich Vorsicht geboten, da bei der Urlaubsabgeltung im Zusammenhang mit krankheitsbedingten Fehlzeiten durch eine auf Vorlage des LAG Düsseldorf ergangene Entscheidung des **EuGH** in der Sache „**Schultz-Hoff**"[673] zunächst Unsicherheiten aufgetreten sind. Das Grundproblem betrifft zum einen die Regelung in § 7 Abs. 3 BUrlG, mit welcher die **Übertragung von Urlaubsansprüchen** auf das Folgejahr an dringende betriebliche oder in der Person des Arbeitnehmers liegende Gründe geknüpft sowie auf die ersten drei Monate des Folgejahres begrenzt wird, und zum anderen die Abgeltungsregelung nach § 7 Abs. 4 BUrlG.

Der Fall betraf die Klage auf **Urlaubsabgeltung** eines Mitarbeiters der Deutschen Rentenversicherung Bund (DRB), welcher bereits über einen Zeitraum von ca. zehn Jahren abwechselnd arbeitsfähig und krankheitsbedingt arbeitsunfähig war. Ab September des Jahres 2004 blieb dieser Mitarbeiter bis zur Beendigung des Arbeitsverhältnisses im September 2005 (durch Zubilligung einer unbefristeten, rückwirkend ab März 2005 gewährten Rente wegen vollständiger Erwerbsminderung seitens der DRB) durchgehend arbeitsunfähig krankgeschrieben. Nach Beendigung des Arbeitsverhältnisses verfolgte der Mitarbeiter mit seiner Klage das Ziel der Abgeltung der nicht in Anspruch genommenen Urlaubszeiten gemäß § 7 Abs. 4 BUrlG für die Jahre 2004 und 2005.

---

670 Vgl BAG 16.3.2000 – 2 AZR 75/99, DB 2000, 1524.
671 Vgl *Schäfer*, in: Ostrowicz/Künzl/Schäfer (Hrsg.), Rn 840.
672 Vgl *Schäfer*, in: Ostrowicz/Künzl/Schäfer (Hrsg.), Rn 840.
673 EuGH 20.1.2009 – Rs. C-350/06, NZA 2009, 135.

Nach Abweisung der Klage durch das ArbG, gestützt auf die bis dahin geltende ständige Rechtsprechung des BAG zu dieser Problemkonstellation, nach welcher aufgrund von krankheitsbedingter Abwesenheit nicht in Anspruch genommene Urlaubszeiten nach § 7 Abs. 3 BUrlG spätestens nach drei Monaten des Folgejahres entfallen, setzte das LAG Düsseldorf das Berufungsverfahren aus und legte es dem EuGH zur **Vorabentscheidung** vor. Das LAG stellte dabei die Vereinbarkeit der Handhabung der Regelungen des § 7 Abs. 3 BUrlG nach der Rechtsprechung des BAG mit Art. 7 der EG-Arbeitszeitrichtlinie (Richtlinie 2003/88/EG) im Hinblick darauf in Frage, ob es gegen Gemeinschaftsrecht verstößt, wenn krankheitsbedingt nicht in Anspruch zu nehmende Urlaubszeit im Folgejahr ersatzlos entfällt.

655 Der **EuGH** stellte in der angesprochenen Entscheidung zunächst heraus, dass eine Regelung, nach welcher ein Urlaubsanspruch nach Ablauf des Bezugszeitraums oder eines bestimmten Übertragungszeitraums entfällt, grundsätzlich der angesprochenen EG-Richtlinie nicht entgegensteht. Eine solche Begrenzung sei allerdings nur dann möglich, wenn der betroffene Arbeitnehmer **tatsächlich zuvor die Möglichkeit** hatte, den fortbestehenden Urlaub vor dem Zeitpunkt des Entfallens in Anspruch zu nehmen. Zum angesprochenen Fall stellte der EuGH also fest, dass ein Arbeitnehmer, welcher über den Bezugs- und Übertragungszeitraum hinaus durchgehend weiterhin krankgeschrieben ist, tatsächlich keine Möglichkeit hat, nicht genommene Urlaubstage zu nutzen. Somit werde durch eine derartige Handhabe das durch die Richtlinie verliehene soziale Recht auf Gewährung von Erholungsurlaub verletzt.[674] Unter Umsetzung der Vorgaben des EuGH im betroffenen Fall hat zunächst das LAG Düsseldorf klargestellt, dass aufgrund von Erkrankungen nicht in Anspruch genommener Urlaub nicht nach § 7 Abs. 3 BUrlG verfalle und somit **in jedem Fall nach Rückkehr** des Arbeitnehmers an den Arbeitsplatz **nachzugewähren** sei.[675] Werde das Arbeitsverhältnis bei dauerhafter krankheitsbedingter Arbeitsunfähigkeit vor der Wiedererlangung der Erwerbsfähigkeit beendet, so seien fortbestehende Urlaubsansprüche entsprechend nach § 7 Abs. 4 BUrlG **abzugelten**. Daneben entnimmt das LAG Düsseldorf aus dem EuGH-Urteil zu einem mit der „Schultz-Hoff"-Entscheidung zusammengefassten, ähnlich gelagerten Fall aus dem englischen Rechtskreis, dass zukünftig Urlaubsansprüche des Arbeitnehmers unabhängig davon entstehen, ob der Arbeitnehmer in dem betroffenen Zeitraum gearbeitet hat oder krankheitsbedingt abwesend war.[676]

656 Dementsprechend hat das **BAG** seine bisherige Rechtsprechung[677] zum krankheitsbedingten Verfall von Urlaubsansprüchen aufgegeben und sich den Vorgaben des EuGH zeitnah in einer Entscheidung vom 24.3.2009 angeschlossen.[678] Die Regelungen des § 7 Abs. 3 und 4 BUrlG seien fortan im Lichte der EG-Arbeitszeitrichtlinie auszulegen und **gemeinschaftsrechtskonform** durch **teleologische Reduktion** so fortzubilden, dass der Anspruch auf Abgeltung gesetzlichen Voll- oder Teilurlaubs nicht mehr erlösche,

---

674 Vgl EuGH 20.1.2009 – Rs. C-350/06, NZA 2009, 135.
675 Vgl LAG Düsseldorf 2.2.2009 – 12 Sa 486/06, NZA-RR 2009, 242.
676 Vgl LAG Düsseldorf 2.2.2009 – 12 Sa 486/06, NZA-RR 2009, 242.
677 Vgl dazu etwa: BAG 21.6.2005 – 9 AZR 200/04, NZA 2006, 232; BAG 10.5.2005 – 9 AZR 253/04, NZA-RR 2006, 112.
678 BAG 24.3.2009 – 9 AZR 983/07, NZA 2009, 538.

II. Abgeltungsanspruch als Ersatz für nicht gewährten Urlaub 10

wenn der Arbeitnehmer bis zum Ende des Bezugs- oder Übertragungszeitraums krankheitsbedingt arbeitsunfähig sei und daher tatsächlich keine Möglichkeit hatte, seinen Urlaubsanspruch auszuüben. Allerdings stellte das BAG heraus, zum einen bestünde bis zum Zeitpunkt des Bekanntwerdens der Vorlage durch das LAG Düsseldorf am 2.8.2006 ein **Vertrauensschutz** für die Arbeitgeber, weshalb vor diesem Zeitpunkt liegende Urlaubsansprüche nicht mehr geltend gemacht werden könnten. Zum anderen beziehe sich die Unverfallbarkeit lediglich auf den von der EG-Arbeitszeitrichtlinie geschützten, gesetzlich festgelegten Mindesturlaubsanspruch von vier Wochen, so dass die Parteien mögliche übersteigende Urlaubsansprüche ohne Einschränkungen frei regeln können und somit auf übergesetzliche Urlaubsansprüche auch eine Verfallbarkeit im Krankheitsfall anwendbar bleibt.[679] In einer späteren Entscheidung hat das BAG allerdings klargestellt, dass auch andere gesetzlich festgelegte Zusatzurlaubsansprüche, etwa wegen einer Schwerbehinderung des Arbeitnehmers nach § 125 Abs. 1 SGB IX, ebenso im Fall der andauernden krankheitsbedingten Abwesenheit unverfallbar bleiben. Die allgemein aufgestellten Grundsätze hat das BAG auch mittlerweile in weiteren Entscheidungen bestätigt.[680] Auch Landesarbeitsgerichte haben sich dieser neuen Sichtweise angeschlossen.[681]

Allerdings wurde der angesprochene **Vertrauensschutz der Arbeitgeber** im Hinblick auf 657
das Verfallen von Urlaubsansprüchen in einer weiteren BAG-Entscheidung (der Revisionsentscheidung zum Fall „Schultz-Hoff") vom 23.3.2010[682] in Frage gestellt und durch Rückverlegung des Zeitpunktes weiter abgeschwächt. Da das BAG selbst zwar zeitweise eine andere Rechtsprechung zum Verfall von Urlaubsansprüchen vertreten habe, sich in diesem Zusammenhang aber nie mit der Auslegung von § 7 Abs. 3 und 4 BUrlG auf Grundlage des Gemeinschaftsrechts und damit insbesondere mit der EG-Arbeitszeitrichtlinie beschäftigt habe, tauge gerade allein die abweichende vorherige Rechtsprechung nicht dazu, ein entsprechendes Vertrauen zu begründen. Somit fehlte nach Ansicht des BAG gerade eine vertrauensbildende Auseinandersetzung der Rechtsprechung mit dem Unionsrecht. Das Vertrauen nun beklagter Arbeitgeber darauf, dass § 7 Abs. 3 und 4 BUrlG bei krankheitsbedingter Arbeitsunfähigkeit bis zum Ende des Übertragungszeitraums nicht richtlinienkonform auszulegen oder fortzubilden sein würde, sei aus diesen Gründen nicht schutzwürdig gewesen. Eine das bisherige Vertrauen in die Rechtsprechung zur Handhabung der Urlaubsvorschriften erschütternde Zäsur und Unsicherheit hinsichtlich der Handhabung des Verfallens sei somit vielmehr bereits durch das Ende der Frist zur Umsetzung der ersten EG-Arbeitszeitrichtlinie am 23.11.1996 eingetreten. Somit sei ein sicheres schutzwürdiges Vertrauen nur für den noch davor liegenden Zeitraum anzunehmen. Generell bestehe ein wirksamer Vertrauensschutz zwischen den Arbeitsvertragsparteien ohne gesonderte Vereinbarung ohnehin nur im Hinblick auf die geltende Rechtslage und gerade nicht auf eine bestimmte

---

679 Vgl BAG 24.3.2009 – 9 AZR 983/07, NZA 2009, 538.
680 Vgl BAG 4.5.2010 – 9 AZR 183/09, NJW 2010, 3469; BAG 23.3.2010 – 9 AZR 128/09, NZA 2010, 810.
681 Vgl LAG Rheinland-Pfalz 29.5.2009 – 9 Sa 163/09, n.v.; LAG Köln 20.4.2010 – 12 Sa 1448/09, LAGE § 7 BUrlG Abgeltung Nr. 26; LAG München 29.7.2010 – 3 Sa 217/10, n.v.; LAG Düsseldorf 28.8.2010 – 12 Sa 650/10, BB 2010, 2564.
682 BAG 23.3.2010 – 9 AZR 128/09, NZA 2010, 810.

Art der Auslegung durch die Rechtsprechung.[683] Im zugrunde liegenden Fall („Schultz-Hoff"-Verfahren) wurde dem Kläger demnach auch eine nachträgliche Abgeltung für die in den Jahren 2004 und 2005 liegenden Urlaubszeiträume zugesprochen, welche nach der ursprünglich in Erwägung gezogenen Zeitgrenze im Jahr 2006 noch in den Vertrauensschutzzeitraum des Arbeitgebers gefallen wären. Dies zeigt die praktische Reichweite möglicher Nachforderungen im Hinblick auf die nachträgliche Urlaubsabgeltung.

658 Es wird Aufgabe des EuGH sein, weitere durch die „Schultz-Hoff"-Entscheidung „losgetretene" Folgefragen zur Auslegung der Richtlinie zu beantworten und die Grenzen der Fortgeltung von Urlaubsansprüchen weiter zu präzisieren. So hat etwa unlängst das LAG Hamm mit Beschluss vom 15.4.2010[684] dem EuGH die Frage zur Vorabentscheidung vorgelegt, ob es Art. 7 Abs. 1 der EG-Arbeitszeitrichtlinie entgegenstünde, wenn einzelstaatliche Rechtsvorschriften oder Gepflogenheiten vorsehen würden, dass die **Ansammlung von Mindesturlaubsansprüchen über mehrere Jahre** zeitlich auf einen **Zeitraum nicht kürzer als 18 Monate begrenzt** würde. Die Klärung dieser und ähnlicher Fragen bleibt demnach zunächst abzuwarten. Jedenfalls bestehen für Arbeitnehmer große Chancen, vor den Arbeitsgerichten die Abgeltung zuvor nicht für möglich gehaltener Urlaubsansprüche geltend zu machen. Dagegen treffen die Arbeitgeberseite erhöhte Risiken und Unsicherheiten, welche dazu veranlassen sollten, zumindest zukünftig entgegenwirkende Vereinbarungen innerhalb der aufgezeigten Grenzen in den Urlaubsregelungen in Arbeitsverträgen zu vereinbaren. Jedenfalls sollte die weiterhin mögliche Verfallbarkeit für zusätzliche Urlaubsansprüche, welche den Mindesturlaub übersteigen, ausdrücklich vereinbart werden.

659 Aus prozesstaktischer Sicht bietet die derzeitige Situation gerade im Fall der Beendigung des Arbeitsverhältnisses eines **langfristig erkrankten Arbeitnehmers** durch personenbedingte Kündigung oder Zuerkennung einer Erwerbsminderungsrente eine **zusätzliche Chance**. Der **Arbeitnehmervertreter** wird zukünftig gründlich zu prüfen haben, ob dem betroffenen Arbeitnehmer noch offene Urlaubsansprüche (möglicherweise sogar aus mehreren Jahren) zustehen, um diese abgelten zu lassen. Aus Sicht der **Arbeitgebervertretung** kann sich eine Regelung innerhalb eines Vergleichs jedoch problematisch gestalten. Wird im Vergleich nicht ausdrücklich auf die Urlaubsabgeltung Bezug genommen und diese zB im Rahmen eines Tatsachenvergleichs erledigt, so wird es dem Arbeitnehmer unbenommen sein, Abgeltungsansprüche geltend zu machen. Selbst bei **Abschluss einer Ausgleichsquittung** können Unsicherheiten fortbestehen, da Urlaubsansprüche (und damit auch die entsprechenden Abgeltungsansprüche) aufgrund ihrer Unabdingbarkeit nach § 13 BUrlG grundsätzlich nicht von einer Ausgleichsquittung erfasst werden.

---

683 Vgl BAG 23.3.2010 – 9 AZR 128/09, NZA 2010, 810.
684 LAG Hamm 15.4.2010 – 16 Sa 1176/09, ZIP 2010, 1000.

§ 11 Unterlassung von Wettbewerb

Das gesetzliche **Wettbewerbsverbot** des § 60 HGB sowie nachvertragliche Wettbewerbsverbote nach § 74 HGB geben häufig Anlass dafür, dass Arbeitgeber gegen (ehemalige) Arbeitnehmer vorgehen und sie auf Unterlassung von Wettbewerb bzw auf Schadensersatz in Anspruch nehmen. Das Wettbewerbsverbot des § 60 HGB wird über den Kreis der Handlungsgehilfen hinaus auf alle Arbeitnehmer angewendet.[685] Es gilt für die gesamte **Dauer des Arbeitsverhältnisses**, unabhängig davon, ob eine Freistellung vorliegt.[686] Vorsorglich sollte aus Arbeitgebersicht bei einer längeren vereinbarten Freistellung auch geregelt werden, dass der Arbeitnehmer an das Wettbewerbsverbot gebunden bleibt, um insoweit Zweifel auszuschließen. Die bisherige höchstrichterliche Rechtsprechung sieht den Arbeitnehmer auch dann noch an das gesetzliche Wettbewerbsverbot des § 60 HGB gebunden, wenn das Arbeitsverhältnis aufgrund arbeitgeberseitiger Kündigung bereits beendet worden ist, der Arbeitnehmer aber gegen die Kündigung Kündigungsschutzklage erhoben hat.[687] Das BAG hat in einer aktuellen Entscheidung zwar zum einen offen gelassen, ob das Wettbewerbsverbot im gekündigten Arbeitsverhältnis in jeder Hinsicht gleich weit reicht wie in einem ungekündigten Arbeitsverhältnis, zum anderen aber herausgestellt, dass die Vermittlung von Konkurrenzgeschäften oder das aktive Abwerben von Kunden allerdings in jedem Fall nach § 60 HGB verboten ist.[688]

660

Während eines Kündigungsschutzprozesses hat der den Arbeitnehmer beratende Anwalt den Arbeitnehmer auf die Notwendigkeit der Einhaltung des gesetzlichen Wettbewerbsverbots **hinzuweisen**. Ergibt sich für den Arbeitnehmer die Möglichkeit, eine Wettbewerbstätigkeit aufzunehmen, so kann ggf der Arbeitgeber gefragt werden, ob er dieser Tätigkeit zustimmt. Dann steht der Tätigkeit selbstverständlich nichts entgegen. Andererseits weiß der Arbeitgeber dann, dass der Arbeitnehmer eine andere Stelle gefunden hat mit der Folge, dass die Neigung, eine Abfindung zu zahlen, zurückgehen dürfte.

661

Ist der **Verstoß** gegen das Wettbewerbsverbot von gewisser Schwere, so wird eine **fristlose Kündigung** des Arbeitsverhältnisses in Betracht kommen. Handelt es sich bei dem Arbeitnehmer für den Arbeitgeber um einen wichtigen **Know-how-Träger**, kann sich die Situation ergeben, dass dem Arbeitnehmer die Wettbewerbsbetätigung selbst **untersagt** werden muss. Solche Konstellationen ergeben sich zB dann, wenn der Arbeitnehmer eine längere Kündigungsfrist hat, die auch deshalb gewählt worden ist, um nach dem Ausspruch einer Kündigung den Arbeitnehmer nicht sofort an den Wettbewerb zu verlieren. Durch eine Freistellung nach Ausspruch einer Kündigung für eine längere Kündigungsfrist können solche Arbeitnehmer nämlich für absehbare Zeit „vom Markt genommen" und ihnen ein Wechsel zur Konkurrenz erschwert werden. In dieser Situation ist dann, wenn die freigestellten, sich aber noch im Lauf ihrer Kündigungsfrist

662

---

685 Vgl BAG 17.10.1969 – 3 AZR 442/68, AP Nr. 7 zu § 611 BGB Treuepflicht.
686 Vgl BGH 16.11.1954 – I ZR 180/53, AP Nr. 1 zu § 60 HGB; vgl HWK/*Diller*, § 60 HGB Rn 6.
687 Vgl BAG 25.4.1991 – 2 AZR 624/90, NZA 1992, 212; BAG 28.1.2010 – 2 AZR 1008/08, NZA-RR 2010, 461; diff. LAG Köln 26.6.2006 – 3 (11) Sa 81/06, NZA-RR 2007, 73.
688 Vgl BAG 28.1.2010 – 2 AZR 1008/08, NZA-RR 2010, 461.

befindlichen Arbeitnehmer bereits Wettbewerbstätigkeit betreiben, das prozessuale Vorgehen auf die Unterlassung von Wettbewerb durch **einstweiligen Rechtsschutz** sinnvoll und ggf geboten. Der Ausspruch einer fristlosen Kündigung gegenüber dem Arbeitnehmer würde nämlich nicht weiterhelfen, weil der Arbeitnehmer dann gerade frei wäre, Wettbewerb zu betreiben, sofern nicht ohnehin ein nachvertragliches Wettbewerbsverbot besteht.

663 Der für die einstweilige Verfügung notwendige **Verfügungsanspruch** ergibt sich in solchen Fällen aus § 60 HGB. Der **Verfügungsgrund** setzt voraus, dass durch die Wettbewerbstätigkeit dem Arbeitgeber wesentliche Nachteile zu entstehen drohen, denen im Hauptsacheverfahren nicht wirksam begegnet werden kann.[689] Derartige besondere Nachteile entstehen im Wirtschaftsleben häufig schon nach sehr kurzer Zeit, so dass ein Hauptsacheverfahren häufig keinen Erfolg mehr verspricht, weil dann der Wettbewerbsschaden bereits eingetreten ist. Weitere Voraussetzung ist, dass der Wettbewerbsverstoß noch andauert bzw eine Wiederholungsgefahr besteht.

664 Schwierige **Abgrenzungsfragen** ergeben sich dann, wenn der Arbeitnehmer noch keinen Wettbewerb betreibt, aber erhebliche **Indizien** vorliegen, dass er Wettbewerb betreibt oder zumindest das Betreiben von Wettbewerb unmittelbar bevorsteht. Jeder Arbeitnehmer darf vor Beendigung des Arbeitsverhältnisses bereits (intern) Vorkehrungen für einen später beabsichtigten Wettbewerb treffen. Dies ergibt sich aus Art. 12 GG. Die Grenze zulässiger **Vorbereitungshandlungen** wird aber da überschritten, wo der Arbeitnehmer Kunden eines Arbeitgebers anspricht mit dem Versuch, diese abzuwerben,[690] oder bereits öffentlich für sein Unternehmen wirbt.[691] Da der Arbeitgeber im Regelfall nur Indizien für eine spätere Wettbewerbstätigkeit des Arbeitnehmers in Erfahrung bringen kann und davon ausgehen muss, dass es sich dabei nur um die „Spitze des Eisbergs" handelt, ist häufig nicht einfach auszumachen, ob es sich um legale Vorbereitungshandlungen oder (schon) arbeitsvertrags- und gesetzeswidrigen Wettbewerb handelt.

665 Die Beratung des Arbeitgebers wird die Frage umfassen müssen, ob genug Indizien vorliegen, aufgrund deren dem Arbeitnehmer eine fristlose Kündigung ausgesprochen werden kann. Gegebenenfalls kommt eine Freistellung des Arbeitnehmers in Betracht, wenn zu befürchten ist, dass dieser seine arbeitsvertragliche Tätigkeit dazu nutzt, die Voraussetzungen für seine spätere Selbstständigkeit zu schaffen. Über die Freistellung hinaus ist zu überlegen, ob gegen den Arbeitnehmer ggf (auch im Wege der einstweiligen Verfügung) Unterlassungsansprüche geltend gemacht werden können, wenn zB bekannt ist, dass der Kläger bereits Kontakt zu Kunden des Arbeitgebers aufgenommen hat.

666 Nach Beendigung des Arbeitsverhältnisses ist der Arbeitnehmer grundsätzlich frei, Wettbewerb zu betreiben. Die Unterbindung von Wettbewerb kann auch nicht „durch die Hintertüre" durch **Verschwiegenheitsverpflichtungen** oder Ähnliches im Arbeits-

---

689 Vgl *Schäfer*, in: Ostrowicz/Künzl/Schäfer (Hrsg.), Handbuch des arbeitsgerichtlichen Verfahrens, Rn 840.
690 Vgl BAG 24.4.1970 – 3 AZR 323/69, AP Nr. 5 zu § 60 HGB; BAG 28.1.2010 – 2 AZR 1008/08, NZA-RR 2010, 461.
691 Vgl HWK/*Diller*, § 60 HGB Rn 16.

vertrag verhindert werden. Der einzige Schutz besteht in einem karenzentschädigungspflichtigen nachvertraglichen Wettbewerbsverbot nach den Maßgaben der §§ 74 ff HGB. Stellt sich dann heraus, dass der Arbeitnehmer gleichwohl Wettbewerb betreibt, so ergeben sich auch in diesem Fall für den Arbeitgeber **Schadensersatz- und Unterlassungsansprüche**. Auch hier kommt ein Vorgehen im **einstweiligen Rechtsschutz** in Betracht. Es gelten die oben beschriebenen Grundsätze (s. Rn 662). Aufgrund der relativ hohen formalen Anforderungen an nachvertragliche Wettbewerbsverbote (Schriftform, Aushändigung der Urkunde) und der inhaltlichen Anforderungen an die Reichweite des Wettbewerbsverbots (zeitlich, gegenständlich, räumlich) ergibt sich in der Praxis ohnehin häufig, dass das Wettbewerbsverbot unverbindlich oder unwirksam ist und dass es in solchen Fällen zum Streit darüber kommt, ob die Wettbewerbstätigkeit ausgeübt werden darf.

Bei einem Verstoß gegen das vertragliche Wettbewerbsverbot des § 60 HGB räumt § 61 HGB dem Arbeitgeber ein **Wahlrecht** zwischen **Schadensersatzanspruch** und **Eintrittsrecht** ein. Der Begriff des Eintrittsrechts ist missverständlich. Er bedeutet, dass der Arbeitgeber die beim Arbeitnehmer entstandenen **Vermögensvorteile** beanspruchen kann, dh den Gewinn. Entscheidet sich der Arbeitgeber für das Eintrittsrecht, so ist der Schadensersatzanspruch ausgeschlossen. Das Wahlrecht kann nur einheitlich für die gesamte vertragswidrige Zeit ausgeübt werden.[692] 667

Gefährlich ist die **kurze Verjährungsfrist** des § 61 Abs. 2 HGB, die nur **drei Monate** beträgt, gerechnet von dem Zeitpunkt an, in welchem der Arbeitgeber Kenntnis vom Abschluss des Geschäfts erlangt. Diese Verjährungsfrist ist sehr kurz bemessen und zwingt den Arbeitgeber zum schnellen Handeln. Die kurze Verjährungsfrist gilt nicht nur für § 61 HGB, sondern auch für alle konkurrierenden, den gleichen Wettbewerbsgegenstand betreffenden Schadensersatzansprüche (§§ 280, 823, 826 BGB) sowie aus UWG.[693] Daher wurde früher auch vertreten, die Verjährungsvorschrift solle nur für Handlungsgehilfen, nicht aber für Arbeitnehmer gelten.[694] Allerdings hat das BAG mittlerweile eindeutig entschieden, dass die Ausschlussfrist für alle Arbeitnehmer anwendbar ist.[695] 668

Der **Umfang des Schadensersatzanspruchs** des Arbeitgebers richtet sich nach den §§ 249 ff BGB und erfasst auch den entgangenen Gewinn gemäß § 252 BGB. Dabei ist nicht maßgeblich der Gewinn, den der Arbeitnehmer mit seiner Wettbewerbstätigkeit tatsächlich erzielt hat (dieser kann ausschließlich im Rahmen des Eintrittsrechts nach § 61 HGB verlangt werden), sondern der **hypothetische Gewinn**, den der Arbeitgeber selbst bei Vornahme des Geschäfts erzielt hätte. Dieser kann höher oder niedriger ausfallen.[696] Die Berechnung des Schadensersatzanspruchs für Verwendung geistigen Ei- 669

---

692 Vgl BAG 15.2.1962 – 5 AZR 79/61, AP Nr. 1 zu § 61 HGB.
693 Vgl BAG 28.1.1986 – 3 AZR 449/84, NJW 1986, 2527.
694 Vgl LAG Berlin 17.2.1970 – 4 (5) Sa 115/67, BB 1970, 1215; vgl BAG 21.10.1970 – 3 AZR 479/69, AP Nr. 13 zu § 242 BGB Auskunftspflicht; HWK/*Diller*, 2. Aufl. 2006, § 61 HGB Rn 2, allerdings mittlerweile aufgegeben in 4. Aufl. 2010, § 61 HGB Rn 2.
695 Vgl BAG 26.9.2007 – 10 AZR 511/06, NZA 2007, 1436.
696 Vgl HWK/*Diller*, § 61 HGB Rn 11.

gentums kann im Wege der sog. Lizenzanalogie berechnet werden.[697] Erstattungsfähig sind auch Aufwendungen, die der Arbeitgeber zur Sachverhaltsermittlung tätigen musste (Revision, Detektive).[698] Die Darlegung des entstandenen Schadens ist meistens keine einfache Sache. Notfalls muss das Gericht den Schaden gemäß § 287 ZPO **schätzen**.[699] Bei der Geltendmachung von **Unterlassungsansprüchen** (ggf auch im einstweiligen Rechtsschutz) ist darauf zu achten, dass der **Antrag** stets ausreichend bestimmt ist. Er darf nicht zu weit gefasst sein, um ggf zulässige Tätigkeiten nicht einzuschränken.

670 **Zuständig** für die Unterlassungs- und Schadensersatzansprüche ist gemäß § 2 Abs. 1 Nr. 3 Buchst. c ArbGG die Arbeitsgerichtsbarkeit. Der Arbeitgeber hat die Wahl zwischen dem Gericht am Sitz des Arbeitgebers (§ 13 ZPO) und dem Ort der letzten Arbeitsleistung (§ 29 ZPO).[700] Im Antrag muss ausreichend deutlich gemacht werden, für welche Tätigkeit der Kläger und der Beklagte in Unterlassung genommen wird. Die Unterlassung ist auf die Laufzeit des Wettbewerbsverbots zu begrenzen.

671 Unterlassungsansprüche können sich auch **gegen den neuen Arbeitgeber** richten, wenn dieser den Verstoß des Arbeitnehmers gegen das nachvertragliche Wettbewerbsverbot (oder das vertragliche Wettbewerbsverbot) kennt, billigt und ausnutzt. Dies kann auch dadurch geschehen sein, dass der neue Arbeitgeber dem Arbeitnehmer zugesagt hat, ihn von etwaigen Schadensersatzansprüchen freizustellen. Diese Zusage kann dann sittenwidrig und damit unwirksam (§ 138 BGB) sein.[701]

672 Hat der Arbeitgeber lediglich die **Vermutung**, dass der Arbeitnehmer gegen das Wettbewerbsverbot verstößt, so kann er von dem Arbeitnehmer **Auskunft** dahin gehend verlangen, welche beruflichen Aktivitäten der Arbeitnehmer gerade entwickelt bzw bereits entwickelt hat.[702] Diese Auskünfte müssen dann wahrheitsgemäß erteilt werden.

673 Ein Verstoß gegen das **nachvertragliche Wettbewerbsverbot** bewirkt als Rechtsfolge automatisch nach den §§ 320 ff BGB das Entfallen der Entschädigungspflicht.[703] Bereits als Karenzentschädigung gezahlte Beträge können dann **zurückgefordert** werden.[704] Der Arbeitgeber hat die **Alternative**, beim Verstoß des Arbeitnehmers gegen das nachvertragliche Wettbewerbsverbot nach § 323 Abs. 5 BGB von dem Wettbewerbsverbot **zurückzutreten**, wenn er an der weiteren Erhaltung des Verbots kein Interesse mehr hat, etwa weil bereits alle wichtigen Geheimnisse verraten sind.[705]

674 Prozessual zu wenig genutzt wird der **Verzicht** auf das nachvertragliche Wettbewerbsverbot. Der Arbeitgeber wird nach dem Verzicht gemäß § 75 a HGB **mit dem Ablauf eines Jahres** seit der Erklärung von der Verpflichtung zur Zahlung der Entschädigung frei. Ein kluges Vorgehen bereits längere Zeit vor der Beendigung eines Arbeitsverhält-

---

697 Vgl BAG 24.6.1986 – 3 AZR 486/84, AP Nr. 4 zu § 611 BGB Betriebsgeheimnis.
698 Vgl BAG 24.4.1970 – 3 AZR 324/69, AP Nr. 5 zu § 60 HGB.
699 Vgl HWK/*Diller*, § 61 HGB Rn 14.
700 Vgl HWK/*Diller*, § 74 HGB Rn 112.
701 Vgl HWK/*Diller*, § 74 HGB Rn 114.
702 Vgl BAG 22.4.1967 – 3 AZR 347/66, AP Nr. 12 zu § 242 BGB Auskunftspflicht; BAG 5.8.1968 – 3 AZR 128/67, AP Nr. 24 zu § 74 HGB.
703 Vgl BAG 5.8.1968 – 3 AZR 128/67, AP Nr. 24 zu § 74 HGB.
704 Vgl BAG 5.8.1968 – 3 AZR 128/67, AP Nr. 24 zu § 74 HGB.
705 Vgl HWK/*Diller*, § 74 HGB Rn 119.

nisses kann daher bei der Abgabe einer Verzichtserklärung dazu führen, dass ein erheblicher Betrag an Karenzentschädigung gespart werden kann. Mit Abgabe der Erklärung erlischt das nachvertragliche Wettbewerbsverbot; die Entschädigungspflicht besteht jedoch für das Jahr fort. Gerade bei langen Kündigungsfristen kann es angeraten sein, bereits vor der Kündigung über die Abgabe einer Verzichtserklärung nach § 75a HGB nachzudenken. Denn während des Laufs der Kündigungsfrist muss die Karenzentschädigung nicht gezahlt werden. Beträgt die Kündigungsfrist zB ein Jahr und wird mit dem Kündigungsschreiben die Verzichtserklärung nach § 75a HGB abgegeben, führt dies im Ergebnis dazu, dass überhaupt keine Karenzentschädigung gezahlt werden muss, weil der Arbeitnehmer noch bis zum Ablauf der zwölfmonatigen Kündigungsfrist sein reguläres Gehalt erhält. Der den Arbeitgeber beratende Rechtsanwalt wird stets im Auge haben, ob ein nachvertragliches Wettbewerbsverbot besteht, ob der Arbeitgeber ein Interesse an dessen Einhaltung hat oder ob ggf eine frühzeitige Verzichtserklärung nach § 75a HGB sinnvoll erscheint.

§ 12 Prozessuale Fragen bei der Beendigung von Vertragsverhältnissen mit Organvertretern

I. Doppelrechtsbeziehung des Organs zur Gesellschaft – Trennungstheorie und Koppelungsklauseln

675   Arbeitsrechtliche Fragen ergeben sich häufig auch im Zusammenhang mit der Beendigung von Anstellungsverhältnissen von GmbH-Geschäftsführern und Vorständen von Aktiengesellschaften. **Geschäftsführer** einer GmbH und Vorstände einer Aktiengesellschaft haben bekanntlich eine **Doppelstellung**. Sie sind zum einen auf der gesellschaftsrechtlichen Ebene Organ der Gesellschaft und vertreten diese im Rechtsverkehr nach außen. Zum anderen werden sie aber in schuldrechtlichem Hinblick für die Gesellschaft auf der Grundlage des Anstellungsvertrages in Form eines Dienstvertrages mit Geschäftsbesorgungselementen tätig, wobei diese beiden Ebenen streng voneinander zu trennen sind (sog. **Trennungstheorie**). Sowohl die einerseits bestehende klare Trennung der Ebenen als auch die dennoch bestehenden praktischen Wechselwirkungen werden besonders deutlich im Zusammenhang mit der Begründung und Beendigung der Organtätigkeit.

676   Die Organstellung selbst wird jeweils durch den gesellschaftsrechtlichen Akt der **Bestellung** erlangt, so dass sich die Beendigung entsprechend nach dem *actus contrarius*, der **Abberufung**, richtet. Weiterhin ist auch eine **Amtsniederlegung** durch den Geschäftsführer selbst unter bestimmten Voraussetzungen möglich. Das jeweilige Entfallen der Organstellung hat allerdings grundsätzlich keine Auswirkung auf die Beendigung des Anstellungsvertrages, welche sich allein nach den dienstrechtlichen Vorschriften der §§ 620 ff BGB richtet. Demnach kann das Anstellungsverhältnis grundsätzlich je nach vertraglicher Gestaltung durch die bekannten Instrumentarien Kündigung (außerordentliche und ordentliche), Aufhebungsvereinbarung, Eintritt einer auflösenden Bedingung oder bei befristeten Verträgen durch Zeitablauf eintreten. Es gibt allerdings gewisse vertragsgestalterische Elemente, wie zB die sog. **Koppelungsklauseln**, um in bestimmten Fällen einen Gleichlauf bzw zumindest eine gewisse Verknüpfung der beiden Ebenen zu erreichen. Allerdings sind solche Vertragsgestaltungen regelmäßig nur in relativ engen Grenzen möglich, so dass diese insbesondere hinsichtlich der Vereinbarkeit mit den AGB-rechtlichen Vorschriften stets genauestens zu überprüfen sind.

II. Organ kein Arbeitnehmer

677   Im Grundsatz gilt, dass der Geschäftsführer (und der Vorstand) keine Arbeitnehmer sind. Vielmehr vertreten sie die Gesellschaft und nehmen, sofern Angestellte vorhanden sind, Arbeitgeberfunktionen wahr. Zwar unterliegt der Geschäftsführer, anders als das Vorstandsmitglied, gemäß § 37 GmbHG den Weisungen der Gesellschaft, so dass praktisch in manchen Bereichen nur ein relativ enger eigener Entscheidungsspielraum verbleiben kann. Jedoch steht einer Einordnung **als Arbeitnehmer** grundsätzlich bereits die Organstellung entgegen. Lediglich im **Ausnahmefall** kommt daher eine **Arbeitnehmerstellung** des Geschäftsführers in Betracht. Dies beurteilt sich nach der Rechtsprechung des BAG danach, ob der Geschäftsführer arbeitsbegleitende oder verfahrensorientierte

Weisungen erhält.⁷⁰⁶ Nach dieser Rechtsprechung ist von Bedeutung, wie sich die Tätigkeit des Geschäftsführers konkret darstellt, insbesondere ob er in einer „**engen Weisungsdichte**" tätig wird. Dies betrifft die Frage der Eigenverantwortlichkeit seiner Tätigkeit, etwa im Hinblick auf die Frage, ob für diese zeitliche Vorgaben existieren. Die Kriterien, die bei der Abgrenzung eines freien Mitarbeiters vom Arbeitnehmer relevant sind, sind damit auch auf die Stellung des Geschäftsführers übertragen worden.⁷⁰⁷ Trotz alledem ist festzustellen, dass die Arbeitnehmereigenschaft des Geschäftsführers der Ausnahmefall sein dürfte. So erscheint es etwa im Fall der Mehrfachgeschäftsführung zumindest denkbar, einzelne Mitglieder der Geschäftsführung als Arbeitnehmer anzusehen, soweit sie einer weitergehenden Weisungsgebundenheit auch bezüglich der Umstände ihrer Leistungserbringung unterliegen.⁷⁰⁸

Prozesstaktisch wird durch die Frage der Arbeitnehmereigenschaft häufig ein „**Drohszenario**" geschaffen, um Druck auf Verhandlungen und die Erzielung einer möglichst hohen **Abfindung** zu erzielen. Ob ein derartiges Vorgehen sinnvoll ist, muss von Fall zu Fall beurteilt werden. Nicht selten verwundert es, dass Geschäftsführer, die während ihrer aktiven Tätigkeit ständig auf ihre Selbstständigkeit gepocht haben, im Rechtsstreit nunmehr vortragen, sie hätten aufgrund enger Weisungsdichte keine Gestaltungsmöglichkeiten gehabt und seien als Arbeitnehmer anzusehen. Die in den letzten Jahren ergangene Rechtsprechung der Arbeitsgerichte, vor allem aber auch der ordentlichen Gerichte lässt jedoch erkennen, dass die tatsächliche Anerkennung eines Organmitglieds als Arbeitnehmer oder das Zugestehen eines ruhenden Arbeitsverhältnisses nach Abschluss eines Organanstellungsvertrages (s. dazu Rn 680 ff) eher die Ausnahme darstellen wird und hohen Anforderungen standhalten muss. **678**

III. Anwendung arbeitnehmerschützender Normen

Die Annahme einer Arbeitnehmereigenschaft des Geschäftsführers hat grundsätzliche Bedeutung für die Frage der Kündigung (Kündigungsschutz oder freie Kündbarkeit; Beteiligungspflicht des Betriebsrats), für den Ablauf befristeter Verträge (Anwendbarkeit des TzBfG oder freie Befristbarkeit) sowie für die Anwendbarkeit verschiedener arbeitsrechtlicher Schutzbestimmungen. Eine Berufung auf das KSchG scheidet allerdings aufgrund der Organstellung bereits nach dem eindeutigen Wortlaut des § 14 Abs. 1 Nr. 1 KSchG aus, und auch ein umfassender Arbeitnehmerschutz von **Organvertretern** durch Anwendung arbeitnehmerschützender Vorschriften kommt im weit überwiegenden Regelfall nicht in Frage. Die **punktuelle Anwendung einzelner Schutznormen** erscheint nach Ansicht des BAG jedoch dann erforderlich, wenn das Bedürfnis der Sicherung der persönlichen oder wirtschaftlichen Existenz des Geschäftsführers höher anzusiedeln ist als die Stellung als Unternehmensleiter.⁷⁰⁹ Dies wird nur in Ausnahmefällen in Betracht kommen. In einer aktuellen Entscheidung hatte der EuGH sogar die Anwendbarkeit einer EG-Richtlinie zum Mutterschutz auf Organvertreter in **679**

---

706 Vgl BAG 26.5.1999 – 5 AZR 664/98, NZA 1999, 987.
707 Vgl hierzu *Reiserer*, in: Hümmerich/Spirolke (Hrsg.), § 4 Rn 8 ff.
708 Vgl *Reufels*, ArbRB 2002, 59.
709 Vgl BAG 13.2.2003 – 8 AZR 654/01, NZA 2003, 552.

der Form angenommen, dass einem weiblichen Vorstandsmitglied einer Aktiengesellschaft ebenfalls der Arbeitnehmerinnen gewährte besondere Kündigungsschutz während der Schwangerschaft zukomme.[710] Die Abberufung sei daher rechtswidrig. Die Entscheidung illustriert, dass aktuelle Tendenzen dahin gehen, den Arbeitnehmerschutz partiell auf Organe wieder (weiter) zu erstrecken als bisher. Auf derselben Linie liegt eine Entscheidung des OLG Köln, die die Nichtverlängerung des Dienstvertrages eines Geschäftsführers als Verstoß gegen das Verbot der Altersdiskriminierung angesehen hat.[711]

IV. Drittanstellungsverhältnis

680 Praxisrelevanter sind die Fälle sog. **Drittanstellungsverträge.** Dies ist dann der Fall, wenn der Geschäftsführer in einem Dienstverhältnis nicht zu der Gesellschaft steht, für die er als Geschäftsführer tätig ist, sondern zu einer dritten Gesellschaft. Ein Drittanstellungsverhältnis ist etwa häufig in der GmbH & Co. KG anzutreffen, wo dann das Dienstverhältnis zwischen Geschäftsführer und KG vereinbart, die Organstellung jedoch bei der Komplementär-GmbH eingenommen wird. Ebenso sind Drittanstellungen in Unternehmensgruppen häufig zu finden, wobei in mehrstufigen Konzernen dann regelmäßig die an der Konzernspitze stehende (Holding-)Gesellschaft den Vertragspartner aller Organvertreter bildet, welche dann die Organfunktion als Geschäftsführer in einer oder in mehreren Tochtergesellschaften ausüben.[712]

681 Im Fall der AG-Vorstände ist eine Drittanstellung zwar ebenfalls denkbar und möglich, wird jedoch in der Praxis noch wesentlich seltener vorkommen, da sich insbesondere Probleme aus einer möglichen Kollision der Eigenverantwortlichkeit des Vorstands nach § 75 AktG und der anstellungsvertraglichen Gebundenheit zum fremden Vertragspartner ergeben können.[713]

682 Ein Drittanstellungsverhältnis ist in Form eines Arbeitsverhältnisses oder eines freien Dienstvertrages denkbar. Die bloße Tatsache der Drittanstellung wirkt sich auf die Qualifizierung in diesem Zusammenhang allerdings nicht aus. Entscheidendes Kriterium bei der Bewertung ist, ob die Geschäftsführertätigkeit des Organvertreters die einzige Tätigkeit ist, die ihm obliegt. Ist dies der Fall, so wird man das Vertragsverhältnis als freies Dienstverhältnis zu qualifizieren haben. Übt der Geschäftsführer die Geschäftsführerposition dagegen (wie dies in Konzernen üblich ist) nur unter anderen Tätigkeiten aus, insbesondere wenn er daneben noch Funktionen für die ihn anstellende Gesellschaft übernimmt, so besteht zumindest die Möglichkeit, dass sich das Vertragsverhältnis ungeachtet seiner Geschäftsführerstellung als Arbeitsverhältnis darstellt. Die genaue Bewertung und Einordnung ist allerdings Sache des Einzelfalles. Von Bedeutung in diesem Zusammenhang ist allerdings, dass die Fiktion des § 5 Abs. 1 Satz 3 ArbGG auch bei Drittanstellungsverhältnissen mit Organvertretern unabhängig von der Frage gilt, ob das zugrunde liegende Rechtsverhältnis materiellrechtlich ein Dienst- oder Ar-

---

710 Vgl EuGH 11.11.2010 – Rs. C-232/09, ZIP 2010, 2414 (Danosa).
711 Vgl OLG Köln 29.7.2010 – 18 U 196/09, NZA 2011, 211 ff; vgl hierzu *Reufels/Molle*, NZA-RR 2011, 281 ff.
712 Vgl *Moll/Grobys*, in: Moll (Hrsg.), § 77 Rn 21.
713 Vgl *Hüffer*, in: Hüffer, § 84 Rn 14.

beitsverhältnis darstellt.⁷¹⁴ Demnach sind die ordentlichen Gerichte auch an Stelle der Arbeitsgerichte zuständig, wenn es sich bei dem Drittanstellungsverhältnis ausnahmsweise aufgrund der starken internen Weisungsgebundenheit in materieller Hinsicht um ein Arbeitsverhältnis handelt. Nur wenn über die Organstellung hinaus ein Arbeitsverhältnis besteht, ist der Rechtsweg zu den Arbeitsgerichten eröffnet.⁷¹⁵

V. Organmitglied mit ruhendem Arbeitsverhältnis
1. Konstellation des ruhenden Arbeitsverhältnisses

Eine weitere Fallvariante, in der arbeitsrechtliche Fragen bei Geschäftsführern auftreten können, ist der Fall der „Beförderung" eines Mitarbeiters in die Position eines Geschäftsführers. Häufig wird dann im Zusammenhang mit dem Abschluss des Geschäftsführer-Anstellungsvertrages vergessen, das Arbeitsverhältnis zur Gesellschaft ausdrücklich aufzuheben. Im Fall der späteren Beendigung des Geschäftsführer-Anstellungsverhältnisses stellt sich dann die Frage, ob der Geschäftsführer noch Rechte aus seinem vormaligen Arbeitsverhältnis geltend machen kann. Dies kann allerdings lediglich dann der Fall sein, wenn das ursprüngliche Arbeitsverhältnis während der gesamten Zeit der Tätigkeit als Organ als sog. **ruhendes Arbeitsverhältnis** fortbestand. In Abkehr von seiner ursprünglichen Sichtweise hatte das BAG ab dem Jahr 2000 in ständiger Rechtsprechung angenommen, dass im Fall der Berufung eines leitenden Angestellten in die Stellung eines Organvertreters im Abschluss eines neuen Anstellungsvertrages im Zweifel eine **konkludente Auflösung** des zuvor bestehenden Arbeitsvertrages zu sehen sei.⁷¹⁶ Die angesprochenen Entscheidungen betrafen allerdings noch Sachverhalte vor Inkrafttreten des obligatorischen Schriftformerfordernisses für Kündigungen und Aufhebungen in § 623 BGB zum 1.5.2000.

683

2. Schriftformerfordernis

Wesentlich für die Wirksamkeit der Aufhebung des Arbeitsverhältnisses ist demnach mittlerweile zunächst, ob eine Aufhebung des Arbeitsverhältnisses in der Form des § 623 BGB erfolgt ist (**Schriftform**). Dies wird ohne Weiteres dann anzunehmen sein, wenn Arbeitsvertrag und Geschäftsführer-Dienstvertrag zwischen denselben Parteien geschlossen worden sind und der Geschäftsführervertrag eine Regelung dahin gehend enthält, dass mit Abschluss des Geschäftsführer-Dienstvertrages alle vormaligen Vereinbarungen zwischen den Parteien aufgehoben sind. Das BAG sieht es heute für die Einhaltung des Schriftformerfordernisses nach § 623 BGB als ausreichend an, wenn der **Geschäftsführer-Dienstvertrag selbst schriftlich** abgeschlossen wird und eine Auslegung der schriftlichen Vereinbarung ergibt, dass ein einvernehmlicher Wille zur Aufhebung des bestehenden Arbeitsverhältnisses besteht. In diesem Zusammenhang seien allerdings auch außerhalb der Urkunde liegende Umstände zu beachten. Ein solch übereinstimmender Wille zur Aufhebung sei bei Abschluss des Geschäftsführerdienstvertrages

684

---

714 Vgl BAG 20.8.2003 – 5 AZB 79/02, NZA 2003, 1108; ebenso: LAG Hamm 30.4.2008 – 2 Ta 738/07, n.v.; LAG Köln 18.10.2007 – 7 Ta 206/07, n.v.
715 Vgl BAG 15.3.2011 – 10 AZB 32/10, NZA 2011, 874 ff.
716 Vgl BAG 8.6.2000 – 2 AZR 207/99, NZA 2000, 1013; BAG 25.4.2002 – 2 AZR 352/01, NZA 2003, 272; BAG 24.11.2005 – 2 AZR 614/04, NZA 2006, 366; BAG 14.6.2006 – 5 AZR 592/05, NZA 2006, 1154.

regelmäßig anzunehmen, so dass der Geschäftsführer für die ausnahmsweise Annahme eines Fortbestehens des Arbeitsverhältnisses im Einzelnen deutliche Tatsachen beweisen müsse, aus denen sich dies ergebe.[717] Anders ist der Fall allerdings zu beurteilen, wenn es bei der Vereinbarung des Anstellungsvertrages an der Schriftform fehlt. Wird demnach etwa ein Arbeitnehmer zum Vorstand bestellt, ohne dass dem eine schriftliche Vereinbarung zugrunde liegt, wird das ursprüngliche Arbeitsverhältnis nicht wirksam aufgehoben. Auch eine Ablösung des Arbeitsvertrages durch inhaltliche Erweiterung auf ein „Vorstands-Arbeitsverhältnis" kommt nicht ohne Weiteres in Betracht, weil ein Vorstand nicht Arbeitnehmer ist.[718]

3. Unterschiedliche Zuständigkeiten

685 Probleme können sich neben der Schriftform jedoch auch aus einer **abweichenden Zuständigkeit** für den Abschluss beider Verträge ergeben, auch wenn dies von der Rechtsprechung bislang nicht ausreichend thematisiert und in die Erwägungen miteinbezogen wurde. Dies gilt etwa, wenn die Arbeitsvertragsparteien nicht mit den Parteien des Geschäftsführer-Dienstvertrages identisch sind, zB weil für den Abschluss des Geschäftsführer- oder Vorstands-Anstellungsvertrages der Aufsichtsrat zuständig ist. Dann kann nicht ohne Weiteres davon ausgegangen werden, dass mit Abschluss des Geschäftsführer-Anstellungsverhältnisses auch das vormalige Arbeitsverhältnis beendet werden sollte, da dem Aufsichtsrat insoweit die Vertretungsbefugnis für die Gesellschaft fehlt. Hier wird sich die Frage stellen, ob der Aufsichtsrat als Vertreter ohne Vertretungsmacht gehandelt hat und insoweit die Gesellschaft noch die Genehmigung zum Abschluss des Aufhebungsvertrages erteilen kann. Generell stellt sich das Problem der mangelnden Zuständigkeit auch bei der GmbH, da die Gesellschafterversammlung zwar als Annexkompetenz zur Berufung in die Organstellung auch für den Abschluss des Anstellungsvertrages zuständig ist, ihr jedoch die Zuständigkeit zum Abschluss bzw zur Aufhebung von Arbeitsverträgen fehlt. In diesem Zusammenhang sind vielmehr die Geschäftsführer als gesetzliche Vertreter iSd § 35 GmbHG oder mit entsprechender Vollmacht ausgestattete Prokuristen oder Handlungsbevollmächtigte zuständig. Aus diesem Grund wäre eine angenommene Aufhebung durch die unzuständige Gesellschafterversammlung bis zur Genehmigung durch einen zuständigen Vertreter schwebend unwirksam. Ein Ausweg besteht darin, dem Aufsichtsrat bei der AG bzw der Gesellschafterversammlung bei der GmbH im Rahmen einer Annexkompetenz auch die Zuständigkeit für die Aufhebung des noch bestehenden Arbeitsverhältnisses zuzuerkennen.

686 Es ist daher aufgrund dieser verbleibenden Unsicherheiten einer Gesellschaft vorsorglich anzuraten, im Anstellungsvertrag eine ausdrückliche Vereinbarung zur Aufhebung des bisherigen Arbeitsvertrages zu treffen und diese auch von zumindest einem vertretungsberechtigten Geschäftsführer unterschreiben zu lassen.

---

717 Vgl BAG 19.7.2007 – 6 AZR 774/06, NZA 2007, 1095; BAG 19.7.2007 – 6 AZR 875/06, NJW-Spezial 2007, 484; BAG 25.10.2007 – 6 AZR 1045/06, NZA 2008, 168; BAG 3.2.2009 – 5 AZB 100/08, NZA 2009, 669.
718 Vgl LAG Berlin-Brandenburg 20.1.2010 – 7 Ta 2656/09, AE 2010, 112.

V. Organmitglied mit ruhendem Arbeitsverhältnis 12

Die Beratung von Gesellschaft und Geschäftsführer erfordert zwingend, **alle Verträge** des Geschäftsführers einzusehen und insbesondere die Vertragsgenese zu beurteilen. Oft stellt sich nämlich heraus, dass neben dem Geschäftsführer-Dienstvertrag noch andere Verträge (mit anderen Gesellschaften, Arbeitsverträge, sonstige Regelungen) bestehen, die noch nicht aufgehoben sind und aus denen sich ggf noch Rechte des Geschäftsführers ergeben können. 687

4. Genehmigung

Stellt sich die Frage einer **Genehmigung** eines Rechtsgeschäfts, so findet § 177 Abs. 2 BGB Anwendung. Hiernach ist die Möglichkeit eröffnet, die Gegenseite zur Genehmigung aufzufordern. Die Genehmigung kann dann gemäß § 177 Abs. 2 Satz 2 BGB nur bis zum Ablauf von zwei Wochen nach dem Empfang der Aufforderung erklärt werden; wird sie nicht erklärt, so gilt sie als verweigert. Läuft die Frist ab, ohne dass die Genehmigung erteilt worden ist, kann diese nicht nachgeholt werden. Prozesstaktisch kann es bei Fehlen einer Genehmigung daher häufig durchaus sinnvoll sein, die Gegenseite zur Erteilung in einem längeren Schreiben aufzufordern, in dem auch andere Angelegenheiten erörtert werden. Ist die entsprechende Aufforderung zur Genehmigung zwar objektiv im Schreiben enthalten, jedoch durch geschickte Ausgestaltung so „versteckt", dass sie dem Empfänger nicht gleich ins Auge fällt, wird sie häufig übersehen, mit der Folge, dass die Frist ungenutzt verstreicht. Da es sich um eine materielle und nicht um eine prozessuale Frist handelt, ist eine Wiedereinsetzung in den vorherigen Stand nicht möglich, so dass die Genehmigung dann nicht mehr nachgeholt werden kann und die Vertragsaufhebung somit endgültig unwirksam ist. Das Arbeitsverhältnis würde dann auch nach Kündigung des Organanstellungsvertrages fortbestehen, so dass der Arbeitnehmer aus diesem weiterhin entsprechende Rechte geltend machen könnte. 688

§ 13 Errichtung und Besetzung von Einigungsstellen

I. Ausgangssituation

689 Die betriebsverfassungsrechtliche **Einigungsstelle** dient der Konfliktlösung zwischen Arbeitgeber und Betriebsrat, Gesamtbetriebsrat oder Konzernbetriebsrat (§ 76 Abs. 1 BetrVG). Gemäß § 76 Abs. 5 BetrVG wird die Einigungsstelle als erzwingbare Einigungsstelle auf Antrag einer Seite, im Rahmen eines freiwilligen Einigungsstellenverfahrens dann tätig, wenn beide Parteien hiermit einverstanden sind (§ 76 Abs. 6 Satz 1 BetrVG). Das erzwingbare Einigungsstellenverfahren, in dem der Spruch der Einigungsstelle die Einigung zwischen Arbeitgeber und Betriebsrat ersetzt, wird im BetrVG abschließend geregelt. Es handelt sich um Fälle der erzwingbaren Mitbestimmung. Die Einigungsstelle wird als erzwingbare Einigungsstelle jeweils für die konkrete Streitfrage gebildet. Für eine freiwillige, nicht erzwingbare Betriebsvereinbarung ist aber auch die Bildung einer ständigen Einigungsstelle möglich.[719]

Die **Errichtung** der Einigungsstelle wird beantragt, wenn die Betriebsparteien im Verhandlungswege keine Lösung erreicht haben. Der **Antrag** auf Errichtung der Einigungsstelle, der **formlos** gestellt werden kann und an die andere Seite zu richten ist, muss den Gegenstand der Einigungsstelle bestimmen, die Zahl der Beisitzer und den Vorsitzenden vorschlagen. Gemäß § 76 Abs. 2 Satz 1 BetrVG haben sich Arbeitgeber und Betriebsrat auf die Person des Vorsitzenden und die Anzahl der Beisitzer zu einigen. Die Einigungsstelle besteht gemäß § 76 Abs. 2 Satz 1 BetrVG aus einer gleichen Anzahl von Beisitzern, die vom Arbeitgeber und Betriebsrat bestellt werden. Kommt eine Einigung über die Person des Vorsitzenden nicht zustande, so bestellt ihn das Arbeitsgericht (§ 76 Abs. 2 Satz 2 BetrVG). Gleiches gilt, wenn kein Einverständnis über die Zahl der Beisitzer erzielt wird. Die **gerichtliche Einsetzung** einer Einigungsstelle erfolgt im Rahmen eines speziellen Beschlussverfahrens gemäß § 98 ArbGG. Die Entscheidung ergeht durch den Vorsitzenden allein. Die Einlassungs- und Ladungsfristen betragen 48 Stunden (§ 98 Abs. 1 Satz 4 ArbGG). Dabei hat der Vorsitzende auch die Zuständigkeit der Einigungsstelle zu prüfen. Der Antrag auf Einsetzung einer Einigungsstelle kann allerdings nur **zurückgewiesen** werden, wenn die Einigungsstelle **offensichtlich unzuständig** ist (§ 98 Abs. 1 Satz 2 ArbGG). Ist eine Einigungsstelle eingesetzt, so hat diese ihre Zuständigkeit selbst zu prüfen und ggf hierüber einen Beschluss zu fassen.

690 Im Rahmen der **Einsetzung** einer Einigungsstelle stellen sich eine ganze Reihe prozesstaktischer Fragen. Die Einsetzung einer Einigungsstelle, die Sitzungen bis zur Entscheidung der Einigungsstelle nehmen insgesamt nicht unerhebliche **Zeit** in Anspruch. Dies ist aus Arbeitgebersicht von vornherein bei der Realisierung von Umstrukturierungsmaßnahmen mit in die Planung einzubeziehen.

II. Gerichtliche Einsetzung der Einigungsstelle nach § 98 ArbGG

691 Die gerichtliche Einsetzung einer Einigungsstelle nach § 98 ArbGG wird meistens erforderlich, wenn Arbeitgeber und Arbeitnehmer sich nicht über die Zuständigkeit der

---

[719] Vgl *Fitting/Engels/Schmidt/Trebinger/Linsenmaier*, § 76 BetrVG Rn 7 f.

II. Gerichtliche Einsetzung der Einigungsstelle nach § 98 ArbGG

Einigungsstelle verständigen können oder ein Einvernehmen über den Vorsitzenden bzw die Zahl der Beisitzer nicht erzielt werden kann. Ferner ist es möglich, dass kein Einvernehmen darüber besteht, ob die Voraussetzungen dafür, dass eine Einigungsstelle eingerichtet worden ist, vorliegen, zB dass zunächst einmal über den Konflikt ausreichend verhandelt worden ist (Subsidiarität der Einigungsstelle).

1. Bedeutung des Vorsitzenden der Einigungsstelle

Große Bedeutung kommt dem **Vorsitzenden** der Einigungsstelle zu. Üblicherweise werden Berufs-Arbeitsrichter als Vorsitzende vorgeschlagen. Zwingend ist dies allerdings nicht. Nach § 98 Abs. 1 Satz 5 ArbGG darf ein Richter nur dann zum Vorsitzenden der Einigungsstelle bestellt werden, wenn aufgrund der Geschäftsverteilung ausgeschlossen ist, dass er mit der Überprüfung der Auslegung oder der Anwendung des Spruchs der Einigungsstelle befasst wird. Für beide Parteien ist es wichtig, die Einigungsstelle mit einem Vorsitzenden zu besetzen, der einerseits praktische Erfahrungen hat, der andererseits aber auch in der Lage ist, den Konflikt einer Lösung zuzuführen. Entsprechende Berufsrichter, die häufig als Einigungsstellenvorsitzende fungieren, haben in der Regel einen entsprechenden „Ruf" in der Region, so dass es hilfreich sein kann, sich ggf bei Anwaltskollegen, die dort häufig arbeitsrechtlich tätig sind, über die Person des von der anderen Seite vorgeschlagenen oder eines geeigneten Vorsitzenden zu informieren. Häufig sind darunter **bewährte Einigungsstellenvorsitzende**, die sowohl für Betriebsräte als auch für Arbeitgeber gleichermaßen akzeptabel sind. Bevor jedoch die Festlegung auf diese Person als Einigungsstellenvorsitzender vorgenommen werden sollte, ist es unabdingbar, zunächst den prospektiven Einigungsstellenvorsitzenden zu kontaktieren. Er muss nämlich zur Übernahme der Einigungsstelle auch bereit sein. Bewährte Einigungsstellenvorsitzende haben zudem häufig bereits einen vollen Terminkalender (oder sind längerfristig in Urlaub), so dass eine Einigungsstellensitzung nicht in der erforderlichen Bälde anberaumt werden kann. All dies sollte zunächst sichergestellt werden, um nicht mit unliebsamen Überraschungen nach Festlegung auf die Person des Einigungsstellenvorsitzenden konfrontiert zu werden.

692

Können sich die Parteien über den Einigungsstellenvorsitzenden **nicht einigen**, so gibt es im Einsetzungsverfahren nach § 98 ArbGG gelegentlich die Gewohnheit, dass das Arbeitsgericht keinen der beiderseitigen Vorschläge aufgreift, sondern eine **dritte Person** zum Einigungsstellenvorsitzenden einsetzt. Vorher ist den Beteiligten Gelegenheit zum rechtlichen Gehör zu geben.[720] Richtigerweise ist das Arbeitsgericht an den Vorschlag des Antragstellers zum Vorsitzenden der Einigungsstelle nicht gebunden,[721] weil es ansonsten zu einem „Wettrennen" beider Parteien dahin gehend kommt, wer als erster den Antrag auf Einsetzung der Einigungsstelle stellt, um ggf „seinen" Wunschkandidaten durchsetzen zu können. Da die Rechtsprechung hier allerdings nicht ganz einheitlich ist, sollte jedenfalls subsidiär, wenn die eigene Partei den Antrag nicht selbst gestellt hat, zu der vom Antragsteller vorgeschlagenen Person Stellung genommen und etwaige Bedenken geltend gemacht werden. Hierbei ist dann wiederum umstritten, ob

---

720 Vgl LAG München 31.1.1989 – 3 TaBV 62/88, NZA 1989, 525.
721 Vgl LAG Baden-Württemberg 26.6.2002 – 9 TaBV 3/02, NZA-RR 2002, 523.

die Bedenken der anderen Partei „verifizierbar" sein müssen[722] oder ob auch subjektive Wertungen oder Wünsche einer Partei zu berücksichtigen sind.[723] Jedenfalls ist als sachlicher Grund anzuerkennen, dass der vorgeschlagene Vorsitzende seinen Wohn- und Arbeitsort weit entfernt hat und hierdurch Reisekosten anfallen, die der Arbeitgeber nach § 76 a BetrVG zu tragen hätte.[724] Maßgebend für die Besetzung des Einigungsstellenvorsitzes durch das Gericht ist zum einen, dass der Vorsitzende Gewähr für eine **neutrale Verhandlungsführung und Entscheidungsfindung** bietet und zum anderen, dass eine zügige Durchführung des Einigungsstellenverfahrens bei angemessenen Kosten erwartet werden kann.[725]

2. Anzahl der Beisitzer

693 Die Personen der Beisitzer können nicht abgelehnt werden. Die Einigung bezieht sich nur auf die **Anzahl** der Beisitzer. Diese wird, soweit kein Einvernehmen erzielbar ist, vom Arbeitsgericht unter Berücksichtigung der Schwierigkeit des Streitgegenstands und der zur Beilegung der Streitigkeit notwendigen Fachkenntnis festgelegt. Üblich ist die Zahl von zwei oder in komplexeren Angelegenheiten von drei Beisitzern. Üblicherweise wird eine der Beisitzerstellen durch den die Partei beratenden Anwalt wahrgenommen. Es kann auch eine Einigung dahin gehend erfolgen, dass lediglich ein oder zwei betriebsexterne Beisitzer bestellt werden dürfen.

3. Taktischer Sinn des gerichtlichen Einsetzungsverfahrens

694 Auch wenn das gerichtliche Verfahren zur Einsetzung der Einigungsstelle nunmehr deutlich gestrafft worden ist (§ 98 ArbGG) und der Beschluss des Vorsitzenden innerhalb von zwei Wochen nach Eingang des Antrags zugestellt werden muss (spätestens aber innerhalb von vier Wochen), beinhaltet die gerichtliche Einsetzung der Einigungsstelle (insbesondere dann, wenn es auch noch ins Beschwerdeverfahren geht) jedenfalls doch eine erhebliche Verzögerung für die Entscheidung der Streitigkeit, die erfahrungsgemäß zwischen vier bis acht Wochen liegen kann. Der taktische Sinn eines gerichtlichen Einsetzungsverfahrens nach § 98 ArbGG liegt daher vonseiten des Betriebsrats häufig im **Verzögerungseffekt**. Aus Arbeitgebersicht kann eine **zeitliche Straffung** dadurch herbeigeführt werden, dass darauf gedrungen wird, dass der Einigungsstellenvorsitzende sofort nach seiner Bestellung einen Termin anberaumt und dieser Termin bereits durch vorbereitende Schriftsätze umfassend vorbereitet wird. Dabei ist auf eine etwaige Eilbedürftigkeit der Entscheidung stets hinzuweisen.

695 Das **Verfahren** der Einigungsstelle hat sich an rechtsstaatlichen Grundsätzen zu orientieren (rechtliches Gehör). In Eilfällen kann die Einigungsstelle auch vorläufige Regelungen bis zu ihrem endgültigen Spruch treffen.[726]

---

[722] Vgl LAG Schleswig-Holstein 22.6.1989 – 6 TaBV 23/89, LAGE § 98 ArbGG 1979 Nr. 17.
[723] Vgl LAG Frankfurt/M. 5.7.1985 – 14/5 TaBV 54/85, DB 1986, 756.
[724] Vgl ArbG Bonn 1.9.1997 – 3 BV 64/97, n.v.; zitiert nach *Spirolke*, in: Hümmerich/Spirolke (Hrsg.), § 13 Rn 12.
[725] Vgl LAG Nürnberg 2.7.2004 – 7 TaBV 19/04, NZA-RR 2005, 100.
[726] Vgl *Fitting/Engels/Schmidt/Trebinger/Linsenmaier*, § 76 BetrVG Rn 62.

§ 14 Interessenkollisionen

Nach § 43a BRAO darf der Rechtsanwalt keine widerstreitenden Interessen vertreten. Die Regelung sichert das Vertrauensverhältnis zum Mandanten ab und dient der Wahrung der Unabhängigkeit des Rechtsanwalts. Probleme können im Arbeitsrecht insbesondere dann entstehen, wenn der Anwalt sowohl den **Betriebsrat** als auch **Arbeitnehmer** in Streitigkeiten mit demselben Streitgegenstand vertritt. Das BAG hat im Fall der Vertretung des Betriebsrats in einem gerichtlichen Zustimmungsersetzungsverfahren nach § 103 Abs. 2 BetrVG sowie der Vertretung des betroffenen Betriebsratsmitglieds angenommen, es bestehe kein Interessengegensatz, sondern **Interessenidentität**, soweit der Betriebsrat die gerichtliche Ersetzung der Zustimmung verhindern wolle und die Interessen von Betriebsrat und Betriebsratsmitglied **gleichgerichtet** seien.[727] Die verfassungsrechtlich gebotene Verhältnismäßigkeit der Beschränkung des Rechts auf freie Berufsausübung rechtfertige es nur, beim tatsächlichen Entstehen widerstreitender Interessen die Vertretung zu verbieten. Der BGH führte aus, dass ein Tätigkeitsverbot nur dann eingreife, wenn ein konkreter Interessengegensatz erkennbar oder ernsthaft zu besorgen ist.[728]

696

Wichtig ist, dass das Verbot der widerstreitenden Interessen nicht zur Disposition des Mandanten steht. Eine **Einwilligung** der Beteiligten ist daher **unbeachtlich**. Das Problem ist allerdings, präzise zu bestimmen, wann gleichgerichtete Interessen vorliegen und wann diese divergieren. Dies kann sich nämlich im Laufe eines Rechtsstreits schnell und zum Teil auch nur unmerklich ändern. Von dem Rechtsanwalt wird dann Sensibilität verlangt, dies ausfindig zu machen und die Beteiligten darauf hinzuweisen, da typischerweise die Beteiligten eine entsprechende Sensibilität nicht aufbringen.

Alternative Konstellationen ergeben sich bei **Versetzungen** und dem damit verbundenen Unterrichtungs- und Zustimmungsverfahren nach § 99 BetrVG. Der Entscheidung des BAG zu § 103 BetrVG[729] entsprechend wird man auch hier annehmen müssen, dass der Anwalt sowohl den Betriebsrat im Zustimmungsersetzungsverfahren als auch den sich gegen die Versetzung zur Wehr setzenden Arbeitnehmer vertreten kann, soweit deren Interessen gleichgerichtet sind. Anders ist dies bei Einstellungen nach § 99 BetrVG zu sehen, wenn der Betriebsrat die Zustimmung zu einer Einstellung verweigert und sich der Arbeitnehmer, der eingestellt werden will, rechtlich vertreten lassen will.[730] Ähnlich problematisch muss die Vertretung von **mehreren Betriebsräten** eines Unternehmens sowie des **Gesamtbetriebsrats** angesehen werden, wenn es Unstimmigkeiten über die Zuständigkeit, zB über die Verhandlung eines Interessenausgleichs und Sozialplans, gibt. Gleiches wird angenommen, wenn der Anwalt den Betriebsrat bei der Verhandlung eines Interessenausgleichs mit Namensliste nach § 1 Abs. 5 KSchG und anschließend Arbeitnehmer im **Kündigungsschutzprozess** vertritt und dort darlegt, dass die vorgenommene Sozialauswahl grob fehlerhaft ist.[731] Gravierende Probleme können

---

727 Vgl BAG 25.8.2004 – 7 ABR 60/03, NZA 2005, 168.
728 Vgl BGH 2.4.2009 – XI ZR 247/06, n.v.
729 Vgl BAG 25.8.2004 – 7 ABR 60/03, NZA 2005, 168.
730 Vgl *Schütte*, in: FS 25 Jahre Arbeitsgemeinschaft Arbeitsrecht, 2006, S. 1339, 1350.
731 Vgl *Schütte*, in: FS 25 Jahre Arbeitsgemeinschaft Arbeitsrecht, 2006, S. 1339, 1353.

sich auch dann ergeben, wenn der Anwalt **verschiedene Arbeitnehmer** in Kündigungsschutzprozessen vertritt, die Vornahme der Sozialauswahl rügt und in diesem Rahmen ein spezifisches Sonderwissen aus dem einen Verfahren in dem anderen Verfahren (ggf zulasten eines anderen Klägers) verwendet. Solche Konstellationen können sich insbesondere nach der Rechtsprechung zur sog. Aushebelung des „Domino-Effekts" ergeben,[732] wonach der Arbeitnehmer bei der Rüge einer nicht ordnungsgemäß erfolgten Sozialauswahl auch darlegen muss, dass er bei zutreffender Auswahl von der Kündigung nicht betroffen gewesen wäre.

§ 15 Beschlussverfahren

697 Im Beschlussverfahren kann der Vorsitzende nach § 80 Abs. 2 Satz 2 ArbGG einen Gütetermin nach eigenem pflichtgemäßem Ermessen ansetzen. Bei unentschuldigtem Ausbleiben einer Partei findet die Anhörung ohne die Partei statt. Ein Versäumnisurteil gibt es nicht.[733] Im Einverständnis aller Beteiligten kann das Gericht ohne mündliche Verhandlung entscheiden (§ 83 Abs. 4 Satz 3 ArbGG).

698 Im Beschlussverfahren gilt der **Untersuchungsgrundsatz** (Amtsermittlung); die am Verfahren Beteiligten haben an der Aufklärung des Sachverhalts mitzuwirken (§ 83 Abs. 1 ArbGG). Die Möglichkeit der **Zurückweisung verspäteten Vorbringens** ist nach § 83 Abs. 1 a ArbGG eröffnet. Erklären die Beteiligten das Verfahren übereinstimmend für erledigt, wird das Verfahren eingestellt. Das Arbeitsgericht entscheidet durch Beschluss.

699 Auch im Beschlussverfahren ist der Erlass einer **einstweiligen Verfügung** möglich (§ 85 Abs. 2 Satz 1 ArbGG).

700 Gegen den Beschluss des Arbeitsgerichts ist die Beschwerde an das Landesarbeitsgericht eröffnet (§ 87 Abs. 1 ArbGG). Gegen den das Verfahren beendenden Beschluss des Landesarbeitsgerichts findet nach § 92 Abs. 1 Satz 1 ArbGG die Rechtsbeschwerde an das Bundesarbeitsgericht statt, wenn das Landesarbeitsgericht sie zugelassen hat oder die Zulassung aufgrund einer Nichtzulassungsbeschwerde nach § 92 a ArbGG durch das Bundesarbeitsgericht erfolgt.

§ 16 Die Verspätungsrüge

701 Üblicherweise wird im arbeitsgerichtlichen Verfahren „formularmäßig" von der jeweils anderen Partei die Verspätungsrüge erhoben. Verspäteter Vortrag kann jedoch nur unter ganz speziellen Voraussetzungen zurückgewiesen werden (§§ 56, 61 a ArbGG). Die **Voraussetzungen** einer wirksamen Zurückweisung verspäteten Vorbringens sind folgende:

---

732 Vgl BAG 9.11.2006 – 2 AZR 812/05, NZA 2007, 549.
733 Vgl BAG 26.11.1968 – 1 ABR 7/68, AP Nr. 18 zu § 76 BetrVG.

1. gerichtliche Aufforderung zur Stellungnahme unter konkreter Nennung der zu klärenden Sachverhaltsgesichtspunkte (eine allgemeine Frist zur Klageerwiderung reicht nicht);
2. Einhaltung der gesetzlichen Formalia: vollständige Unterschrift des Richters unter die Fristsetzung, förmliche Zustellung der Fristsetzung, förmliche Belehrung über die Folgen der Fristversäumung;
3. Verzögerungswirkung (absoluter Verzögerungsbegriff: zB Notwendigkeit eines neuen Termins);
4. keine Flucht in die Säumnis;
5. Verschulden der Partei oder des Vertreters.

In aller Regel liegen im arbeitsgerichtlichen Verfahren zumeist schon nicht die förmlichen Voraussetzungen für eine wirksame Zurückweisung verspäteten Vortrags vor, so dass eine Zurückweisung verspäteten Vorbringens häufig ausscheidet.

§ 17 Versäumnisurteile

Versäumnisurteile können auch in der Güteverhandlung ergehen (§ 55 Abs. 1 Nr. 4 ArbGG). Die **Einspruchsfrist** gegen arbeitsgerichtliche Versäumnisurteile beträgt gemäß § 59 ArbGG **eine Woche**.

702

§ 18 Anhörungsrüge nach § 78 a ArbGG

703 Die Anhörungsrüge ist bei dem Gericht anzubringen, dem die Gehörsverletzung unterlaufen sein soll. Ein Rügerecht steht nur der durch die Entscheidung beschwerten Partei zu. Auf die Rüge ist das an sich formell rechtskräftig abgeschlossene Verfahren fortzuführen, wenn ein **Rechtsmittel** oder ein anderer Rechtsbehelf gegen die Entscheidung **nicht gegeben** ist und das Gericht den **Anspruch** dieser Partei **auf rechtliches Gehör** in entscheidungserheblicher Weise **verletzt** hat. Im arbeitsgerichtlichen Verfahren kommt daher die Anhörungsrüge in Betracht, wenn sie gegen ein Urteil des Bundesarbeitsgerichts erfolgt. Denn die Anhörungsrüge ist nicht statthaft, soweit gegen die Entscheidung eines Landesarbeitsgerichts, das die Revision nicht zugelassen hat, die erweiterte Nichtzulassungsbeschwerde nach § 72 a ArbGG eröffnet ist. Praktische Relevanz gibt es daher – von den nicht berufungsfähigen arbeitsgerichtlichen Streitigkeiten einmal abgesehen – nur für BAG-Urteile.

704 Eine Anhörungsrüge findet nach Ansicht des BAG grundsätzlich nur gegen **Endentscheidungen** und somit nicht gegen die einer solchen vorausgehenden Entscheidung statt. Daher wäre an sich eine Anhörungsrüge gegen den ein **Ablehnungsgesuch wegen Besorgnis der Befangenheit** zurückweisenden Beschluss als unstatthaft zurückzuweisen.[734] Dem ist allerdings das BVerfG für den Fall des Ablehnungsgesuchs eines Richters wegen Befangenheit entgegengetreten.[735] Richtig sei zwar, dass die Anhörungsrüge nur für Endentscheidungen gelte, allerdings ergebe eine **verfassungskonforme Auslegung** des § 78 a ArbGG, dass das Richterablehnungsverfahren beim BAG ein selbstständiges Zwischenverfahren darstelle, welches durch die Zurückweisung des Ablehnungsgesuchs ende, so dass der Zurückweisungsbeschluss gerade ein solche rügefähige Endentscheidung darstelle.[736]

705 Begründet ist die Rüge, wenn das Gericht den Anspruch der beschwerten Partei auf rechtliches Gehör in entscheidungserheblicher Weise verletzt hat, dh wenn und soweit die Entscheidung mit einem Begründungselement oder dessen Fehlen „steht und fällt", das gehörswidrig gewonnen wurde oder bei hinreichender Gewährung rechtlichen Gehörs mit zu berücksichtigen gewesen wäre.[737] Gibt es für die Entscheidung eine selbstständig tragende Zweit- oder Alternativbegründung, auf die sich die behauptete Gehörsverletzung nicht auswirkt, so ist der angebliche Verstoß insgesamt nicht entscheidungserheblich.

706 Typische **Verstöße** gegen das Verfahrensgrundrecht auf rechtliches Gehör können bestehen in:[738]

---

734 Vgl BAG 14.2.2007 – 5 AZA 15/06 (B), NZA 2007, 528.
735 Vgl BVerfG 23.10.2007 – 1 BvR 782/07, NZA 2008, 1201.
736 Vgl BVerfG 23.10.2007 – 1 BvR 782/07, NZA 2008, 1201.
737 Vgl *Bepler*, RdA 2005, 65, 68; HWK/*Kalb*, § 78 a ArbGG Rn 4.
738 Vgl HWK/*Kalb*, § 78 a ArbGG Rn 4.

- Zurückweisung verspäteten Vorbringens trotz Nichtvorliegens der gesetzlichen Voraussetzungen;
- Entscheidung vor Ablauf einer gesetzten Stellungnahmefrist oder ohne Einhaltung der gesetzlichen Ladungsfrist;
- Säumnisentscheidung bei objektiv fehlender Säumnis der Partei;
- Übergehen eines ordnungsgemäßen Beweisantrags;
- Überraschungsentscheidung insbesondere unter Verstoß gegen § 139 ZPO.

Die Rüge muss innerhalb einer **Notfrist** von **zwei Wochen** nach Kenntnis von der Gehörsverletzung schriftlich bei dem Gericht, dessen Entscheidung angegriffen wird, erhoben werden, wobei der Zeitpunkt der Kenntniserlangung von Seiten des Rügenden glaubhaft zu machen ist.[739] Bei der Fristberechnung der Anhörungsrüge ist zu beachten, dass nach § 78 a Abs. 2 Satz 3 ArbGG formlos mitgeteilte Entscheidungen (zB Verweisung an ein anderes Arbeitsgericht) mit dem dritten Tage nach Aufgabe der Post als bekannt gegeben gelten. Möglich ist auch, dass sich die Verletzung des rechtlichen Gehörs erst nach einer **Akteneinsicht** in die Gerichtsakte ergibt. In diesem Fall ist die Kenntnis erst mit der letzten Handlung gegeben, so dass ab diesem Zeitpunkt die Frist läuft. Das BVerfG hat im Zusammenhang mit der Anhörungsrüge nach § 78 a ArbGG herausgestellt, dass bei der Ermittlung der maßgeblichen Kenntnis ein festes Anknüpfen an die oben dargestellte Drei-Tages-Fiktion gegen das Grundrecht auf effektiven Rechtsschutz und den Anspruch auf Gewährung rechtlichen Gehörs nach Art. 103 Abs. 1 GG verstoße und somit allein auf die **tatsächliche subjektive Kenntnis** des Betroffenen abzustellen sei.[740]

707

Bei begründeter Rüge ist das Verfahren **fortzusetzen** und erneut Termin zur mündlichen Verhandlung anzuberaumen. Durch den Verweis in § 78 a Abs. 5 Satz 3 ArbGG auf § 343 ZPO wird das weitere Verfahren entsprechend dem Säumnisverfahren gestaltet. Bleibt es nach der Gewährung rechtlichen Gehörs im Ergebnis bei der angefochtenen Entscheidung, so ist diese aufrechtzuerhalten. Im Übrigen ist die angegriffene Entscheidung aufzuheben und eine neue Sachentscheidung zu treffen.

708

Die Erhebung der Anhörungsrüge öffnet der beschwerten Partei auch die Möglichkeit, eine **einstweilige Einstellung der Zwangsvollstreckung** zu beantragen (§ 78 a Abs. 7 ArbGG).

709

Soweit die Verletzung des rechtlichen Gehörs denkbar ist, sollte in jedem Fall vom Rechtsanwalt der unterlegen Partei die Frist der Anhörungsrüge im Fristenkalender notiert werden.

710

Die Anhörungsrüge ist gründlich, ähnlich einer Revisionsbegründung, zu **begründen**.[741] Auch die Begründung muss in der oben angesprochenen zweiwöchigen Erhebungsfrist erfolgen und zwar in der **Form**, dass zunächst die angegriffene Entscheidung bezeichnet und weiter die Umstände, aus denen sich eine entscheidungserhebliche Ver-

---

739 Vgl BAG 27.4.2010 – 5 AZN 336/10 (F), NJW 2010, 2830.
740 Vgl BVerfG 4.4.2007 – 1 BvR 66/07, NJW 2007, 2242.
741 Vgl *Schäder*, ArbRB 2006, 237, 238.

letzung des Anspruchs auf rechtliches Gehör ergeben, ausreichend dargelegt werden. Erfolgt diese Begründung nicht innerhalb der vorgeschriebenen Frist, so entspricht die Rüge nicht der Form des § 78 a Abs. 5 ArbGG und ist somit unzulässig.[742] Nach der Rechtsprechung des BAG liegen die **materiellen Voraussetzungen** der Anhörungsrüge nur vor, wenn das Gericht die Entscheidung ohne vorherigen Hinweis auf einen rechtlichen Gesichtspunkt stützt, mit dem ein gewissenhafter und kundiger Prozessvertreter, selbst unter Berücksichtigung der Vielfalt vertretbarer Rechtsauffassungen, nicht zu rechnen braucht. Ansonsten ist das Gericht auch vor Schluss der mündlichen Verhandlung nicht zur Offenlegung seiner Rechtsauffassung verpflichtet. Wird die Rüge damit begründet, dass ein rechtlicher Hinweis unterlassen worden ist, muss dargelegt werden, welcher Sachvortrag übergangen worden und dass dieser entscheidungserheblich ist. Im Revisionsverfahren muss darüber hinaus vorgetragen werden, dass diese Tatsachen nach § 559 ZPO zu berücksichtigen gewesen sind.[743]

---

[742] Vgl BAG 27.4.2010 – 5 AZN 336/10 (F), NJW 2010, 2830.
[743] Vgl BAG 31.5.2006 – 5 AZR 342/06, NZA 2006, 875; *Schäder*, ArbRB 2006, 237.

§ 19 Berufungsverfahren

I. Allgemeine Grundsätze zum Berufungsverfahren

Das Berufungsverfahren vor den Landesarbeitsgerichten ist in §§ 64 ff ArbGG geregelt. Die Frist für die **Einlegung** der Berufung beträgt **einen Monat**, die Frist für die **Begründung** der Berufung **zwei Monate** (§ 66 Abs. 1 Satz 1 ArbGG). Beide Fristen beginnen mit der Zustellung des in vollständiger Form abgefassten Urteils, spätestens aber mit Ablauf von fünf Monaten nach der Verkündung (§ 66 Abs. 1 Satz 2 ArbGG). Die **Berufungsfrist** ist eine Notfrist (§ 517 ZPO). Gegen ihre schuldlose Versäumung ist Wiedereinsetzung in den vorigen Stand möglich (§ 64 Abs. 6 ArbGG iVm §§ 233 ff ZPO). Die Wiedereinsetzung muss wiederum innerhalb einer zweiwöchigen Frist beantragt werden (§ 234 Abs. 1 Satz 1 ZPO), welche mit dem Tag beginnt, an dem das Hindernis behoben ist (§ 234 Abs. 2 ZPO). Die **Berufungsbegründungsfrist** ist keine Notfrist. Sie kann – ebenso wie die Berufungsbeantwortung, die innerhalb einer Frist von einem Monat nach Zustellung der Berufungsbegründung einzureichen ist – einmal auf Antrag verlängert werden, wenn der Rechtsstreit durch die Verlängerung nicht verzögert wird oder wenn die Partei erhebliche Gründe darlegt (§ 66 Abs. 1 Satz 5 ArbGG). Eine zweite Verlängerung ist nicht möglich; eine gleichwohl gewährte weitere Fristverlängerung ist nicht wirksam.[744] In einer jüngeren Entscheidung hat das BAG zwar an der bloß einmaligen Möglichkeit der Fristverlängerung festgehalten, allerdings entgegen seiner früher vertretenen Rechtsauffassung herausgestellt, dass diese Fristverlängerung nicht auf eine Höchstgrenze von insgesamt einem Monat beschränkt sei.[745]

711

Die **inhaltlichen** Anforderungen an die Berufungsbegründung ergeben sich aus § 64 Abs. 6 Satz 1 ArbGG iVm § 520 Abs. 3 ZPO. Sie muss zunächst die Berufungsanträge enthalten (§ 520 Abs. 2 Satz 2 Nr. 1 ZPO). Hatte die Klage erstinstanzlich keinen Erfolg, so hat der Kläger im Berufungsverfahren zu **beantragen,**

712

das Urteil des Arbeitsgerichts ... [Ort] vom ... [Verkündungsdatum] – Az ... [Angabe des Aktenzeichens] – abzuändern und ... [Wiederholung der Anträge erster Instanz].

Hatte die Klage in der ersten Instanz Erfolg und legt der Beklagte Berufung ein, so **beantragt** er,

713

das Urteil des Arbeitsgerichts ... [Ort] vom ... [Verkündungsdatum] – Az ... [Angabe des Aktenzeichens] – abzuändern und die Klage abzuweisen.

Die Berufungsbegründung muss die Umstände angeben, aus denen sich die Rechtsverletzung und deren Erheblichkeit für die angefochtene Entscheidung ergibt (§ 520 Abs. 3 Satz 2 Nr. 2 ZPO). Zudem sind gemäß § 520 Abs. 3 Satz 2 Nr. 3 ZPO konkrete Anhaltspunkte anzugeben, die Zweifel an der Richtigkeit und der Vollständigkeit der Tatsachenfeststellung im angefochtenen Urteil begründen und deshalb eine erneute Feststellung gebieten.

714

---

744 Vgl BAG 18.9.1997 – 2 AZR 37/97, n.v.; BAG 6.12.1994 – 1 ABR 34/94, AP Nr. 7 zu § 66 ArbGG 1979; BAG 20.10.2004 – 5 AZB 27/04, NZA 2005, 1350.
745 Vgl BAG 16.7.2008 – 7 ABR 13/07, NZA 2009, 202.

715 Eine Güteverhandlung findet im Berufungsrechtszug nicht statt. Dies bedeutet, dass etwaige **Vergleichsverhandlungen** in dem mündlichen Termin erfolgen, in dem dann ggf schon ein Urteil ergeht. Aus diesem Grund bedarf die mündliche Verhandlung besonderer Vorbereitung. Dies gilt insbesondere auch hinsichtlich der in Rede stehenden Rechtsfragen, da vor den Landesarbeitsgerichten – anders als in der ersten Instanz – regelmäßig ein Rechtsgespräch geführt wird und längere Ausführungen der Prozessbevollmächtigten üblich sind.

II. Neuer Vortrag in der Berufungsinstanz
1. Angriffs- und Verteidigungsmittel

716 Das Berufungsverfahren vor den Landesarbeitsgerichten stellt sich zwar grundsätzlich in stärkerem Maße als im Zivilprozess als eine volle Tatsacheninstanz dar, allerdings ist die Möglichkeit eines neuen Sachvortrags aufgrund des § 67 ArbGG zumindest theoretisch doch eingeschränkt. Über die Zulassung oder Zurückweisung der nachträglichen Vorträge entscheidet jeweils das Berufungsgericht im Berufungsurteil in der Hauptsache. Die in § 67 Abs. 1–3 ArbGG geregelten Einschränkungen der Möglichkeit des neuen Vorbringens beziehen sich dabei generell nur auf **neue Angriffs- und Verteidigungsmittel**. Darunter sind alle Behauptungen tatsächlicher Art, das Bestreiten von tatsächlichem Vorbringen der Gegenseite sowie die Geltendmachung von Einreden und Einwendungen, wie etwa der Aufrechnung, zu verstehen. Nicht von § 67 ArbGG erfasst und somit uneingeschränkt im Berufungsverfahren einführbar sind dagegen zwischen den Parteien unstreitiges Vorbringen und bloße Rechtsausführungen. Ebenso kann zwar ein Gestaltungsrecht (zB Anfechtung) auch in der Berufungsinstanz ohne Einschränkung ausgeübt werden, wogegen die Tatsachenbehauptung, dass außerhalb des Verfahrens eine Anfechtung ausgeübt wurde, ein klassisches von § 67 ArbGG erfasstes Verteidigungsmittel darstellt.[746] Auch der „Angriff" selbst oder die Verteidigung gegen ihn, wie etwa die Erhebung von Klage und Widerklage oder der Auflösungsantrag nach § 9 KSchG, stellen keine Angriffs- oder Verteidigungsmittel dar und unterfallen somit nicht den darzustellenden Einschränkungen.

2. Ausschluss neuer Angriffs- und Verteidigungsmittel

717 Solche Angriffs- und Verteidigungsmittel, welche bereits in der ersten Instanz vom Arbeitsgericht zu Recht zurückgewiesen wurden, bleiben nach § 67 Abs. 1 ArbGG auch im Berufungsverfahren unabhängig davon ausgeschlossen, ob eine Berücksichtigung im Berufungsverfahren den Rechtsstreit verzögern würde oder nicht. Das Berufungsgericht hat im Hinblick auf die Zulassung von in der Ausgangsinstanz **zu Recht zurückgewiesenen** Tatsachen **keinen Ermessensspielraum**; die Entscheidung der Ausgangsinstanz ist demnach in gewisser Weise endgültig. Allerdings hat das Berufungsgericht auf Antrag der jeweiligen Partei die Entscheidung über den erstinstanzlichen Ausschluss in vollem Umfang nachzuprüfen. Ist also nach Meinung einer Partei ein Vortrag durch das Arbeitsgericht zu Unrecht zurückgewiesen worden, besteht die Möglichkeit, sich darauf

---

746 Vgl *Germelmann*, in: Germelmann/Matthes/Prütting/Müller-Glöge, § 67 Rn 3 f.

vor dem Landesarbeitsgericht zu berufen und den vom Arbeitsgericht festgelegten Ausschluss des Vorbringens überprüfen zu lassen.

In diesem Rahmen hat das Berufungsgericht festzustellen, ob die gesetzlichen Voraussetzungen für eine Zurückweisung vorlagen, also ob durch die Berücksichtigung des betroffenen Vortrags eine Verzögerung eingetreten wäre, welche nicht durch prozessleitende Maßnahmen des Gerichts hätte verhindert werden können, und die Partei die Verspätung nach dem Vortrag in erster Instanz nicht hinreichend entschuldigt hat.[747] Ein Vortrag, den das Arbeitsgericht **in erster Instanz zugelassen** hat, obwohl dieser eigentlich hätte zurückgewiesen werden müssen, bleibt dagegen auch für das Berufungsgericht maßgeblich, da es insoweit an diese Entscheidung gebunden ist. Der Ausschluss nach § 67 ArbGG dient gerade nicht der Sanktion, sondern der Konzentration und Beschleunigung des Verfahrens, was durch eine nachträgliche Zurückweisung nach einmal erfolgter Zulassung gerade nicht mehr erreicht würde.[748]

718

3. Zurückweisung wegen Nichtbeachtung prozessualer Pflichten

Neuer Vortrag ist vor den Landesarbeitsgerichten nach § 67 Abs. 2 ArbGG grundsätzlich nur dann zuzulassen, wenn die **Zulassung** die **Erledigung des Rechtsstreits nicht verzögern** würde oder wenn die vortragende Partei die **Verspätung genügend entschuldigt**. Unter **neuem Vortrag** sind danach alle Angriffs- und Verteidigungsmittel zu verstehen, die in der ersten Instanz nicht innerhalb der maßgeblichen Fristen nach § 56 Abs. 1 Satz 2 Nr. 1 oder § 61 Abs. 3 oder 4 ArbGG vorgetragen oder anschließend im Prozess wieder fallengelassen wurden.[749] Hat also das Arbeitsgericht dagegen einen Vortrag etwa nur für unschlüssig gehalten und deshalb nicht berücksichtigt oder es unterlassen, einen von einer Partei angeführten Zeugen zu hören, kann der entsprechende Sachvortrag unter den übrigen Voraussetzungen des § 67 Abs. 4 ArbGG noch in der Berufungsinstanz eingeführt werden. Ein solcher ist in diesem Zusammenhang dann nicht mehr „neu".[750]

719

Auch die nähere **Substantiierung** und **Erläuterung** eines bereits in erster Instanz getätigten Vortrags kann einen neuen Vortrag iSv § 67 ArbGG darstellen. Wird etwa ein zunächst nur pauschal gemachtes Vorbringen in der Berufungsinstanz derart konkretisiert und mit Argumenten untermauert, dass sich daraus ein neues Beweismittel ergibt oder das Gericht veranlasst wird, eine neue Anspruchsgrundlage zu prüfen, müssen die Voraussetzungen von § 67 Abs. 2 ArbGG für eine Zulassung erfüllt sein. Um die Einführung eines neuen Angriffsmittels handelt es sich dagegen nicht, wenn sich der Anspruch bereits aus dem erstinstanzlichen Vorbringen ergibt und der Vortrag in der Berufungsinstanz diesen Umstand nur verdeutlicht oder erläutert.[751] In der Praxis ist allerdings festzustellen, dass die Zulassung neuen Vorbringens allgemein relativ „locker"

720

---

747 Vgl HWK/*Kalb*, § 67 ArbGG Rn 4.
748 Vgl BGH 21.1.1981 – VIII ZR 10/80, NJW 1981, 928; BAG 19.2.2008 – 9 AZN 1085/07, NJW 2008, 2362.
749 Vgl BGH 28.5.1998 – VII ZR 160/97, NJW 1998, 2977.
750 Vgl BGH 24.4.1984 – VIII ZR 95/84, NJW 1985, 1539.
751 Vgl BGH 26.6.2003 – VII ZR 281/02, NJW-RR 2003, 1321; BGH 26.4.2007 – VII ZR 123/06, NJW-RR 2007, 1170.

gehandhabt wird. Dies gilt insbesondere für die angesprochenen Fälle, in welchen ein Vortrag aus der ersten Instanz präzisiert und ggf weiter auch substantiiert wird.

721 Eine Zulassung neuen Vortrags kommt zum einen dann in Betracht, wenn er nach der freien Überzeugung des Landesarbeitsgerichts die Erledigung des Rechtsstreites nicht verzögert, also die **Entscheidungsfindung** durch das verspätete Vorbringen **nicht hinausgezögert** wird. Dies gilt insbesondere dann, wenn die Neueinführung nur einfache, klar abgrenzbare Streitpunkte in der Beweisaufnahme betrifft, die in einem angemessenen zeitlichen Aufwand zu klären sind.[752] Eine **Verzögerung** ist dagegen etwa gegeben, wenn aufgrund der nachträglichen Zulassung des Vortrags die **Anberaumung eines weiteren Termins notwendig** wird. Der Vorsitzende Richter ist allerdings im Rahmen seiner Pflicht zur Vorbereitung der Verhandlung dazu verpflichtet, zur Ermöglichung eines neuen Vortrags ohne Verzögerung ggf prozessleitende Verfügungen zu erlassen, Zeugen vorsichtshalber zu laden, amtliche Auskünfte einzuholen sowie Ergänzung und Erläuterung des bisherigen Vorbringens zu verlangen.[753] Stellt allerdings eine Partei präsente Zeugen zur Stützung ihres verspäteten Vortrags, kann darin dennoch eine maßgebliche Verzögerung liegen, wenn aufgrund des Umfangs der neuen Beweismittel die Gegenseite eine Vertagung zur Gewährung rechtlichen Gehörs beantragt, um Rücksprache nehmen bzw ein entsprechendes Gegenbeweismittel anbieten zu können.[754]

722 In der **Beantragung einer Vertagung** in einer entsprechenden Situation kann unter Umständen ein prozesstaktisch taugliches Mittel gesehen werden, um eine Einführung neuer, umfangreicher Vorträge in der Berufungsinstanz durch die Gegenseite zu verhindern. Allerdings ist sich bewusst zu machen, dass die Landesarbeitsgerichte grundsätzlich im Rahmen der Zulassung neuer Vorträge **relativ großzügig** sind und weiterhin noch die Möglichkeit einer hinreichenden **Entschuldigung der Verspätung** nach § 67 ArbGG besteht. Wurde nämlich vom Berufungsgericht eine Verzögerung des Rechtsstreits angenommen, kann ein neuer Vortrag dann zugelassen werden, wenn die Partei hinsichtlich der Verspätung genügend entschuldigt ist. In diesem Zusammenhang muss der Partei rechtliches Gehör gewährt werden, wobei auf Verlangen entsprechende Entschuldigungsgründe glaubhaft zu machen sind. Dabei gelten die gleichen Maßstäbe wie im Rahmen der erstinstanzlichen Entschuldigung verspäteten Vorbringens nach § 56 ArbGG. Mögliche Entschuldigungsgründe können etwa eine Erkrankung, Urlaub oder die Überlastung mit Arbeit der jeweiligen Partei oder ihres Prozessvertreters sein.

723 Angriffs- und Verteidigungsmittel, die **entgegen der allgemeinen Prozessförderungspflicht nach § 282 ZPO** nicht rechtzeitig vorgetragen wurden, sind gemäß § 67 Abs. 3 ArbGG ebenfalls nur zuzulassen, wenn (anhand der bereits dargestellten Maßstäbe) nach freier Überzeugung des Gerichts eine Verzögerung der Entscheidungsfindung nicht zu erwarten ist oder wenn die Partei das Vorbringen im ersten Rechtszug nicht aus grober Nachlässigkeit unterlassen hatte. Danach besteht bei Verstößen gegen die Prozessförderungspflicht abweichend von der in § 67 Abs. 2 ArbGG geforderten Ent-

---

[752] Vgl BGH 9.11.1990 – V ZR 194/89, NJW 1991, 1181.
[753] Vgl *Germelmann*, in: Germelmann/Matthes/Prütting/Müller-Glöge, § 67 Rn 9.
[754] Vgl BAG 23.6.2005 – 2 AZR 193/04, NZA 2005, 1233.

schuldigung der Verspätung ein eigener Verschuldensmaßstab. Eine **grobe Nachlässigkeit** ist insoweit gegeben, wenn eine Partei in besonders schwerwiegender Weise die Prozessförderungspflicht verletzt, also gegen Verhaltenspflichten verstoßen hat, deren Einhaltung grundsätzlich von jeder Partei erwartet werden kann.[755] Dabei muss sich jede Partei das jeweilige Verschulden ihres Prozessvertreters zurechnen lassen. Eine Zulassung ist nach § 67 Abs. 3 ArbGG allerdings nur eingeschränkt, wenn ein Verstoß gegen eine allgemeine Prozessförderungspflicht vorliegt. Nach § 282 Abs. 1 ZPO hat jede Partei in der mündlichen Verhandlung ihre Angriffs- bzw Verteidigungsmittel so zeitig vorzubringen, wie es nach der Prozesslage einer sorgfältigen und auf Förderung des Verfahrens bedachten Prozessführung entspricht. Weiterhin müssen nach § 282 Abs. 2 ZPO Anträge sowie Angriffs- und Verteidigungsmittel, auf die der Gegner voraussichtlich ohne vorhergehende Erkundigung keine Erklärung abgeben kann, rechtzeitig durch vorbereitende Schriftsätze mitgeteilt werden. Hat allerdings das **erstinstanzliche Gericht** bei dem Verstoß gegen die Prozessförderungspflicht einen für diesen **(mit-)ursächlichen Fehler** bei der Prozessleitung begangen, scheidet eine grobe Nachlässigkeit aus. In diesem Fall kann der Verstoß gegen allgemeine Prozessförderungspflichten der vortragenden Partei nicht angelastet werden, so dass die entsprechenden Vorbringen in der Berufungsinstanz zuzulassen sind.

4. Prozessförderungspflicht in der Berufungsinstanz

Gemäß aller neuen Angriffs- und Verteidigungsmittel, bei welchen eine Prozesspartei die Rechtmäßigkeit der Zurückweisung durch das Arbeitsgericht nach § 67 Abs. 1 ArbGG überprüfen lassen will oder welche sie trotz Nichtvortrags in der ersten Instanz unter den Voraussetzungen von § 67 Abs. 2 und 3 ArbGG in der Berufungsinstanz einführen will, besteht eine besondere Prozessförderungspflicht nach § 67 Abs. 4 ArbGG. Ein dementsprechend neuer Sachvortrag, der unter den angesprochenen Voraussetzungen vom Landesarbeitsgericht zugelassen werden soll, muss grundsätzlich vom Berufungskläger **in der Berufungsbegründung** und vom Berufungsbeklagten **in der Berufungsbeantwortung** zwingend **vorgebracht** werden. Dabei handelt es sich um eine gesetzliche Ausschlussregelung, so dass nicht in diesem Rahmen vorgebrachte Vorträge vom Berufungsgericht grundsätzlich ohne Zuerkennung eines Ermessensspielraums zurückzuweisen sind.

724

Davon abweichend ist verspäteter Vortrag lediglich ausnahmsweise zuzulassen, wenn er entweder erst nach Einreichung der Berufungsbegründung bzw Berufungsbeantwortung entstanden ist, wenn das verspätete Vorbringen nach der freien Überzeugung des Landesarbeitsgerichts die Erledigung des Rechtsstreits nicht verzögern würde oder die Verspätung nicht auf einem Verschulden der Partei beruht. Der Verschuldensmaßstab unterscheidet sich deutlich von der in § 67 Abs. 3 ArbGG maßgeblichen groben Nachlässigkeit, da im Rahmen des § 67 Abs. 4 ArbGG für die Annahme eines Verschuldens bereits leichte Fahrlässigkeit ausreichend ist. Auch in diesem Zusammenhang ist das

725

---

755 Vgl BVerfG 30.1.1985 – 1 BvR 99/84, NJW 1985, 1149.

Verschulden des Prozessvertreters der jeweiligen Partei nach § 85 Abs. 2 ZPO zuzurechnen.

726 Trotz der scheinbar hohen Anforderungen an die Zulässigkeit eines neuen Vorbringens in der Berufungsinstanz gehen die Landesarbeitsgerichte insgesamt doch eher großzügig mit der Zulassung um. Aus diesem Grund lohnt sich die Überlegung einer Einführung neuer Beweismittel in das Berufungsverfahren, soweit diese zur Erreichung des Klagezieles zweckmäßig erscheinen. Wichtig ist, dass eine umfassende Darlegung und Begründung der Verspätung im Rahmen der Berufungsbegründung bzw -beantwortung erfolgt. Sollte das Landesarbeitsgericht ein neues Angriffs- oder Verteidigungsmittel zurückweisen, kann die Rechtmäßigkeit der Zurückweisung im Falle der Revisionszulassung auf Antrag der jeweiligen Partei im Revisionsverfahren vor dem Bundesarbeitsgericht überprüft werden.

§ 20 Revisionsverfahren

I. Allgemeine Grundsätze zum Revisionsverfahren

Die Revision vor dem Bundesarbeitsgericht findet gegen Endurteile der Landesarbeitsgerichte statt (§ 72 Abs. 1 Satz 1 ArbGG). Erforderlich ist, dass die Revision durch das Landesarbeitsgericht **zugelassen** worden ist. Die Zulassungsgründe sind in § 72 Abs. 2 ArbGG aufgeführt. Das Bundesarbeitsgericht ist an die Zulassung der Revision durch das Landesarbeitsgericht gebunden (§ 72 Abs. 3 ArbGG). Die Entscheidung des Berufungsgerichts über die Zulassung der Revision ist von großer Bedeutung, da die Erfolgsquote der Nichtzulassungsbeschwerde nach § 72a ArbGG (s. hierzu Rn 735 ff) sehr gering ist. Vor diesem Hintergrund kann es sinnvoll sein, bereits im zweiten Rechtszug – sofern das Unterliegen der eigenen Partei absehbar ist – Ausführungen dazu zu machen, aus welchen Gründen die Revision zuzulassen ist. 727

Der Zulassungsgrund der **grundsätzlichen Bedeutung** (§ 72 Abs. 2 Nr. 1 ArbGG) setzt voraus, dass die Klärung einer entscheidungserheblichen Rechtsfrage einen größeren Teil der Allgemeinheit berührt. Dies wird schon dann angenommen, wenn die Entscheidung für mehr als zwanzig Arbeitnehmer rechtliche Bedeutung hat.[756] Mittlerweile ist das BAG in weiteren Entscheidungen von der Festlegung auf eine bestimmte Zahl an Arbeitnehmern ein Stück weit abgerückt und hat herausgestellt, für die grundsätzliche Bedeutung sei entscheidend, dass die Rechtsfrage zumindest einen größeren Teil der Allgemeinheit berührt und sich in einer unbestimmten Vielzahl weiterer Fälle stellen kann.[757] 728

Der Zulassungsgrund der **Divergenz** setzt voraus, dass das Urteil von einer Entscheidung der in § 72 Abs. 2 Nr. 2 ArbGG genannten Gerichte abweicht und die Entscheidung auf dieser Abweichung beruht. Erforderlich ist, dass es sich um einen abweichenden **abstrakten** Rechtssatz handelt. Dieser muss sich auf die gleiche Rechtsnorm eines bestimmten gesetzlichen Regelungskomplexes beziehen.[758] 729

Der Zulassungsgrund wegen **absoluter Revisionsgründe** (§ 72 Abs. 2 Nr. 3 ArbGG) verweist auf § 547 Nr. 1–5 ZPO (nicht ordnungsgemäße Besetzung des Gerichts, fehlerhafte Vertretung, Verletzung der Vorschriften über die Öffentlichkeit) oder wenn eine entscheidungserhebliche Verletzung des Anspruchs auf rechtliches Gehör stattgefunden hat. Hierzu gehören: 730

- die fehlende Möglichkeit zur Äußerung zum Sachverhalt und zur Rechtslage, insbesondere die fehlerhafte Zurückweisung von Parteivorbringen;
- eine Entscheidung vor Ablauf einer Äußerungsfrist;
- das Übergehen von Beweisanträgen;

---

756 Vgl BAG 26.9.2000 – 3 AZN 181/00, AP Nr. 61 zu § 72a ArbGG 1979 Grundsatz.
757 Vgl BAG 14.4.2005 – 1 AZN 840/04, NZA 2005, 708; BAG 5.10.2010 – 5 AZN 666/10, NZA 2010, 1372.
758 Vgl BAG 30.9.1975 – 2 AZR 398/75, AP Nr. 36 zu § 72 ArbGG 1953 Divergenzrevision; vgl *Ziemann*, in: Moll (Hrsg.), § 74 Rn 514 ff.

- ein unterlassener Hinweis auf einen entscheidungserheblichen Gesichtspunkt, mit dem ein gewissenhafter und prozesskundiger Prozessbeteiligter nach dem bisherigen Prozessverlauf nicht rechnen musste.[759]

731 Die Revision ist beim **Bundesarbeitsgericht** innerhalb einer **Frist von einem Monat** einzulegen, die Frist für die **Begründung** der Revision beträgt **zwei Monate** (§ 74 Abs. 1 Satz 1 ArbGG). Beide Fristen beginnen mit der Zustellung des in vollständiger Form abgefassten Urteils, spätestens aber mit Ablauf von fünf Monaten nach der Verkündung (§ 74 Abs. 1 Satz 2 ArbGG). Die Revisionsbegründungsfrist kann **einmal** bis zu einem weiteren Monat verlängert werden (§ 74 Abs. 1 Satz 3 ArbGG).

732 Die **Revisionsbegründung** muss den Anforderungen des § 551 Abs. 3 ZPO entsprechen. Neben den **Revisionsanträgen** sind die **Revisionsgründe** anzugeben, und zwar die Bezeichnung der Umstände, aus denen sich die Rechtsverletzung ergibt, sowie etwaige Verfahrensmängel.

733 Die Rechtsverletzungen bzw die Verfahrensrügen sind im Einzelnen unter Bezug auf die höchstrichterliche Rechtsprechung darzulegen. Aus § 559 ZPO folgt eine beschränkte Nachprüfung tatsächlicher Feststellungen. **Neues tatsächliches Vorbringen** ist in der Revisionsinstanz nur dann zu berücksichtigen, wenn dieses entweder von Amts wegen zu beachten ist (weil hiervon zB die Zulässigkeit der Revision abhängt) oder das Revisionsgericht auf neue Gesichtspunkte hinweist und hieran orientiert neue Tatsachen vorgetragen werden. Aus prozessökonomischen Gründen wird neues tatsächliches Vorbringen auch dann zugelassen, wenn dies nach der letzten mündlichen Verhandlung vor dem Berufungsgericht entstanden ist und zu einer anderen Beurteilung der Rechtsfrage führen könnte. Dies setzt allerdings voraus, dass die Tatsachen unstreitig sind.[760]

734 Das Bundesarbeitsgericht beraumt den Termin zur **mündlichen Verhandlung** an. In der Revisionsverhandlung erhalten die Bevollmächtigten ausreichend Gelegenheit zur Stellungnahme. Es wird üblicherweise ein Rechtsgespräch geführt. Die Revisionsverhandlung bedarf guter Vorbereitung, da erwartet wird, dass sich die Prozessbevollmächtigten mit der höchstrichterlichen Rechtsprechung zu den Rechtsfragen vertraut gemacht haben.

II. Nichtzulassungsbeschwerde nach § 72 a ArbGG
1. Grundsätzliches

735 Unterbleibt eine Entscheidung über die Revisionszulassung oder wurde diese vom Berufungsgericht ausdrücklich teilweise oder vollständig verweigert, besteht für jede **durch die Sachentscheidung beschwerte Partei** nach § 72 a ArbGG die Möglichkeit, die Zulassung der Revision über die Nichtzulassungsbeschwerde beim Bundesarbeitsgericht zu erreichen. Hingegen ist gegen eine Entscheidung des Landesarbeitsgerichts, welche nicht innerhalb von fünf Monaten nach ihrer Verkündung vollständig abgefasst und mit den Unterschriften aller Mitglieder der Kammer versehen der Geschäftsstelle

---

759 Vgl ErfK/*Koch*, § 72 ArbGG Rn 22.
760 Vgl BAG 16.5.1990 – 4 AZR 145/90, AP Nr. 21 zu § 554 ZPO.

übergeben wurde (selbst wenn im verspäteten Urteil die Revision nicht zugelassen wurde), nicht die Nichtzulassungsbeschwerde, sondern die **sofortige Beschwerde nach § 72 b ArbGG** statthaft. Beide Rechtsbehelfe stehen sich im Verhältnis der Ausschließlichkeit gegenüber.

Da die Nichtzulassungsbeschwerde nach der Rechtsprechung des BAG mangels bestehender Devolutivwirkung kein Rechtsmittel, sondern einen **Rechtsbehelf** darstellt, ist eine umfassende Rechtsmittelbelehrung nach § 9 Abs. 5 ArbGG entbehrlich, so dass das Berufungsgericht auf die Möglichkeit der Einlegung lediglich hinweisen muss.[761]

Eine Nichtzulassungsbeschwerde besitzt allgemein immer dann Aussicht auf Erfolg, wenn die Revision nicht zugelassen wurde, obwohl tatsächlich ein Revisionsgrund vorlag. Enthält das angefochtene Urteil aber mehrere Begründungen, wie etwa Haupt- und Hilfsbegründungen oder Alternativbegründungen, muss wegen jeder einzelnen **Begründung** ein Zulassungsgrund bestehen, wobei in diesem Zusammenhang allerdings nebeneinander ein Rückgriff auf verschiedene Zulassungsgründe möglich ist.[762] So kann etwa die Hauptbegründung mit der Divergenz- und die Hilfsbegründung mit der Grundsatzbeschwerde angegriffen werden. Eine Nichtzulassungsbeschwerde hat allein dann Aussicht auf Erfolg, wenn objektiv ein Zulassungsgrund für die Revision bestand und der Beschwerdeführer dies nach Maßgabe des § 72 a Abs. 3 Satz 2 ArbGG deutlich macht. Sie ist nicht bereits begründet, wenn das Berufungsgericht seine Entscheidung über die Nichtzulassung der Revision nicht begründet hat, da eine entsprechende Begründungspflicht seitens des Berufungsgerichts nicht besteht.[763]

Aus prozesstaktischer Sicht beginnt die entscheidende Arbeit des Rechtsberaters demnach in der genauen Analyse des betroffenen Berufungsurteils. Nur wenn hinsichtlich aller Begründungen des Landesarbeitsgerichts ein Zulassungsgrund in Betracht kommt, hat die Nichtzulassungsbeschwerde Aussicht auf Erfolg.

2. Formelle Voraussetzungen und Rechtswirkungen

Die Nichtzulassungsbeschwerde ist bei dem Bundesarbeitsgericht innerhalb einer Notfrist von **einem Monat** nach Zustellung des in vollständiger Form abgefassten Urteils schriftlich **einzulegen** (§ 72 a Abs. 2 Satz 1 ArbGG). Eine Einlegung beim Landesarbeitsgericht ist in diesem Zusammenhang nicht fristwahrend. Da es sich um eine prozessuale Frist handelt, ist eine Wiedereinsetzung in den vorherigen Stand gemäß §§ 233 ff ZPO möglich, soweit die Einlegungsfrist schuldlos verpasst wurde. Die Nichtzulassungsbeschwerde kann gemäß § 11 Abs. 4 ArbGG nur durch einen Rechtsanwalt oder einen der weiteren genannten Prozessvertreter eingelegt werden. Im Rahmen der **Beschwerdeschrift** ist zunächst anzugeben, für und gegen wen die Einlegung erfolgt. Der Schrift muss eindeutig die Erklärung zu entnehmen sein, dass Nichtzulassungsbeschwerde eingelegt werden soll. Ein entsprechender **Antrag** lautet:

---

761 Vgl BAG 9.7.2003 – 5 AZN 316/03, NZA-RR 2004, 42; BAG 22.7.2008 – 3 AZN 584/08, NJW 2009, 541.
762 Vgl BAG 27.10.1998 – 9 AZN 575/98, NJW 1999, 1419; BAG 10.3.1999 – 4 AZN 857/98, NZA 1999, 726.
763 Vgl BAG 11.10.2010 – 9 AZN 418/10, NZA 2011, 117.

Es wird beantragt, die Revision gegen das Urteil des Landesarbeitsgerichts ... vom ... [Datum], Az ..., zuzulassen.[764]

740 Weiterhin soll der Beschwerdeschrift gemäß § 72 a Abs. 2 Satz 2 ArbGG eine **Ausfertigung oder beglaubigte Abschrift des Urteils**, gegen welches die Revision angestrebt wird, beigefügt werden.

741 Innerhalb einer Notfrist von **zwei Monaten** nach Zustellung des in vollständiger Form abgefassten Urteils ist die Nichtzulassungsbeschwerde zu **begründen** (§ 72 a Abs. 3 Satz 1 ArbGG). Der Umfang der **Begründungspflicht** richtet sich dabei nach der jeweils eingelegten Art der Beschwerde. Sie kann auch lediglich auf einzelne Streitgegenstände bezogen werden, so dass dann in Bezug auf die nicht umfassten Streitgegenstände nach Ablauf der einmonatigen Frist bereits Rechtskraft eintritt.[765] Auch ohne Zustimmung des Beschwerdegegners kann die Beschwerde jederzeit einseitig zurückgenommen oder auch übereinstimmend für erledigt erklärt werden.[766]

742 Die Einlegung der Beschwerde hat **aufschiebende Wirkung** (§ 72 a Abs. 4 Satz 1 ArbGG). Allerdings wird die **Vollstreckbarkeit** des Berufungsurteils durch die aufschiebende Wirkung nicht beeinträchtigt, so dass ggf ein einstweiliger Antrag auf Einstellung der Zwangsvollstreckung zu stellen ist, wenn die Vollstreckung dem Schuldner einen nicht zu ersetzenden Nachteil bringen würde, die Nichtzulassungsbeschwerde Aussicht auf Erfolg hat und kein überwiegendes Interesse des Gläubigers an der Vollstreckung entgegensteht (§ 72 a Abs. 4 Satz 2 ArbGG iVm § 719 Abs. 2 und 3 ZPO).

3. Grundsatzbeschwerde

743 Eine Nichtzulassung der Revision kann nach § 72 a Abs. 3 Satz 2 Nr. 1 ArbGG zum einen wegen der **grundsätzlichen Bedeutung einer entscheidungserheblichen Rechtsfrage** gerügt werden. Voraussetzung ist zunächst, dass vom Landesarbeitsgericht im Berufungsurteil eine klärungsfähige und klärungsbedürftige Rechtsfrage entschieden wurde, welche so klar formuliert ist, dass sie sich mit „Ja" oder „Nein" beantworten lässt. Unter einer Rechtsfrage ist jede Frage zu verstehen, welche die Wirksamkeit, den Geltungsbereich, die Anwendbarkeit oder den Inhalt einer Norm zum Gegenstand hat.[767] Den Beschwerdeführer trifft in diesem Zusammenhang eine umfassende Darlegungslast, nach welcher er zunächst im Einzelnen belegen muss, dass das Berufungsurteil eine abstrakte Rechtsfrage in einer bestimmten Weise beantwortet hat, die anders hätte bewertet werden müssen.[768] Entscheidend ist, dass sich das Gericht tatsächlich mit der Rechtsfrage befasst, sie also beantwortet hat. Es genügt gerade nicht, dass es sich nach Ansicht des Beschwerdeführers mit einer Rechtsfrage von grundsätzlicher Bedeutung hätte befassen müssen.[769]

744 Weiterhin ist vom Beschwerdeführer darzulegen, dass die betreffende Rechtsfrage klärungsbedürftig ist und ihr grundsätzliche Bedeutung zukommt. **Klärungsbedürftig** ist

---

764 *Tschöpe*, in: Tschöpe (Hrsg.), 5 F Rn 37.
765 Vgl ErfK/*Koch*, § 72 a ArbGG Rn 11.
766 Vgl BAG 24.6.2003 – 9 AZN 319/03, AP Nr. 48 zu § 72 a ArbGG.
767 Vgl BAG 23.1.2007 – 9 AZN 792/06, NZA 2008, 376; BAG 26.6.2008 – 6 AZN 648/07, NZA 2008, 1145.
768 Vgl BAG 22.8.2007 – 4 AZN 1225/06, NJOZ 2007, 5227.
769 Vgl BAG 13.6.2006 – 9 AZN 226/06, NZA 2006, 1004.

eine Frage, soweit sie noch nicht höchstrichterlich entschieden ist oder gegen eine bestehende Entscheidung gewichtige Gesichtspunkte vorgebracht werden können.[770] An der Klärungsbedürftigkeit fehlt es dagegen, wenn es schon nach der Entscheidungsbegründung des Landesarbeitsgerichts auf die Rechtsfrage nicht oder erst nach Berücksichtigung weiterer Tatsachen ankommt, die bislang im Verfahren noch nicht vorgebracht wurden.[771] Die Klärung der Frage ist **von grundsätzlicher Bedeutung**, wenn sie allgemeine Bedeutung für die Rechtsordnung besitzt oder wegen ihrer tatsächlichen Auswirkung die Interessen zumindest eines größeren Teils der Allgemeinheit berührt werden.[772] Demnach scheidet eine Grundsatzbeschwerde aus, wenn die Klärung nur für den Einzelfall von Bedeutung ist und eine Entscheidung auch nicht für die zukünftige Bewertung anderer Fälle herangezogen werden kann. Im Rahmen der Grundsatzbeschwerde muss darüber hinaus von Seiten des Beschwerdeführers dargelegt werden, dass die Rechtsfrage **entscheidungserheblich** ist, dass also die Entscheidung in der Begründungslinie des Landesarbeitsgerichts anders ausgefallen wäre, wenn die Rechtsfrage im von der Beschwerde für richtig gehaltenen Sinn beantwortet worden wäre.[773]

4. Divergenzbeschwerde

Die Nichtzulassungsbeschwerde kann gemäß § 72a Abs. 3 Satz 2 Nr. 2 ArbGG weiterhin darauf gestützt werden, dass das Berufungsgericht in seinem Urteil von einer **Entscheidung eines der in § 72 Abs. 2 Nr. 2 ArbGG abschließend genannten Gerichte abgewichen** sei und das Urteil auf dieser Abweichung beruht. Danach sind nur Abweichungen von Entscheidungen

- des Bundesverfassungsgerichts,
- des Gemeinsamen Senats der obersten Gerichtshöfe des Bundes,
- des Bundesarbeitsgerichts oder,
- solange eine Entscheidung des Bundesarbeitsgerichts in der Rechtsfrage nicht ergangen ist, von einer Entscheidung einer anderen Kammer desselben Landesarbeitsgerichts oder eines anderen Landesarbeitsgerichts

als Zulassungsgrund der Divergenz beachtlich. Urteile derselben Kammer des Landesarbeitsgerichts, dessen Entscheidung mit der Nichtzulassungsbeschwerde angegriffen werden soll, sind dagegen nicht divergenzfähig, da ein Meinungswandel innerhalb desselben Spruchkörpers die Rechtseinheit nicht in gleicher Weise gefährdet wie eine Divergenz zwischen verschiedenen Spruchkörpern.[774] Weiterhin ist der Anwendungsbereich einer Divergenzbeschwerde nicht eröffnet, wenn es sich nicht um eine Abweichung, sondern lediglich um eine fehlerhafte oder der höchstrichterlichen Rechtsprechung nicht entsprechende Rechtsanwendung des Berufungsgerichts handelt.[775]

745

---

770 Vgl BAG 14.4.2005 – 1 AZN 840/04, NZA 2005, 708.
771 Vgl *Müller-Glöge*, in: Germelmann/Matthes/Prütting/Müller-Glöge, § 72a Rn 14.
772 Vgl BAG 26.9.2000 – 3 AZN 181/00, NZA 2001, 286; BAG 20.5.2008 – 9 AZN 1258/07, NZA 2008, 839.
773 Vgl BAG 22.8.2007 – 4 AZN 1225/06, NJOZ 2007, 5227.
774 Vgl BAG 21.2.2002 – 2 AZN 909/01, NZA 2002, 349.
775 Vgl BAG 22.3.2005 – 1 ABN 1/05, NZA 2005, 652.

746 Eine für die Nichtzulassungsbeschwerde **maßgebliche Divergenz** liegt vor, wenn das Berufungsgericht einen eigenen abstrakten Rechtssatz aufgestellt hat, welcher von einem abstrakten Rechtssatz in gleicher Rechtsfrage von einer Entscheidung eines der aufgezählten Gerichte abweicht. Um einen **abstrakten Rechtssatz** handelt es sich nur, wenn durch fallübergreifende Ausführungen ein allgemeiner Grundsatz aufgestellt wird, der sich auf eine Vielzahl von Fallkonstellationen übertragen lässt. Dieser muss allerdings nicht zwingend abstrakt gehalten formuliert sein, solange er sich auch aus scheinbar fallbezogenen Äußerungen in der Entscheidung eindeutig ableiten lässt.[776] Es ist jedoch in diesem Fall Sache des Beschwerdeführers, das Vorliegen abstrakter Rechtssätze durch konkrete Begründung eindeutig zu beweisen.[777]

747 Weiterhin ist erforderlich, dass die **Entscheidung** des Berufungsgerichts **auf der Abweichung** von dem abstrakten Rechtssatz **beruht**, was der Fall ist, wenn nicht ausgeschlossen werden kann, dass das Gericht bei Beachtung des divergierenden Rechtssatzes möglicherweise anders entschieden hätte.[778] Enthält das angegriffene Urteil eine Alternativ- oder Hilfsbegründung, welche nicht von einer Entscheidung eines der in § 72a Abs. 3 Satz 2 Nr. 2 ArbGG genannten Gerichte abweicht (und für welche kein anderer Zulassungsgrund einschlägig ist), so beruht die Entscheidung auch nicht auf der Divergenz. Eine Revisionszulassung kann ebenfalls nicht auf einen abweichenden Rechtssatz des Berufungsgerichts gestützt werden, der lediglich in einer Hilfsbegründung oder einem obiter dictum enthalten ist.[779] Die Berufung auf divergierende Entscheidungen eines Vergleichsgerichts ist nur insoweit möglich, als diese zeitlich vor der Verkündung der angegriffenen Entscheidung ergangen und noch existent sind.

748 Zur **Begründung** der Divergenzbeschwerde ist zunächst die divergierende Entscheidung nach Gericht, Datum, Aktenzeichen und Fundstelle so zu bezeichnen, dass dem Beschwerdegericht ohne eigene Nachforschung eine Überprüfung möglich ist.[780] Weiterhin muss die Aufstellung eines abstrakten Rechtssatzes zu einer bestimmten Rechtsfrage durch das Landesarbeitsgericht (unter Nennung der exakten Seitenzahl und wörtlicher Wiedergabe) und dessen Abweichung von der Divergenzentscheidung dargelegt werden. Hat das Landesarbeitsgericht der Fallsubsumtion keinen abstrakten Obersatz vorangestellt, muss der Rechtsberater darauf hinwirken, dass aus den fallbezogenen Äußerungen des Gerichts ein sich zwingend ergebender Rechtssatz selbst formuliert wird.[781] Darüber hinaus ist im Rahmen der Entscheidungserheblichkeit konkret und fallbezogen darzulegen, dass das Landesarbeitsgericht bei Beachtung des abweichenden Rechtssatzes möglicherweise anders entschieden hätte.

749 Im Zusammenhang mit dieser Darlegung wird es regelmäßig erforderlich sein, in der Begründung den Entscheidungsgang des Landesarbeitsgerichts nachzuzeichnen. Dabei muss der divergierende Rechtssatz des Landesarbeitsgerichts durch den Rechtssatz, von

---

[776] Vgl BAG 4.8.1981 – 3 AZN 107/8, AP Nr. 9 zu § 72a ArbGG Divergenz.
[777] Vgl BAG 6.12.2006 – 4 AZN 529/06, NZA 2007, 349.
[778] Vgl BAG 22.3.2005 – 1 ABN 1/05, NZA 2005, 652.
[779] Vgl BAG 23.3.1984 – 7 AZN 673/83, n.v.
[780] Vgl BAG 20.10.2001 – 9 AZN 622/01, NZA 2002, 168.
[781] Vgl BAG 14.2.2001 – 9 AZN 878/00, NZA 2001, 520.

dem das Landesarbeitsgericht abgewichen ist, ersetzt und anschließend die Begründung der Entscheidung diesem entsprechend weitergeführt werden.

5. Verfahrensbeschwerde

Die Nichtzulassungsbeschwerde in Form der Verfahrensbeschwerde kann nach § 72 a Abs. 3 Satz 2 Nr. 3 Alt. 1 ArbGG zunächst auf das Vorliegen eines **absoluten Revisionsgrundes** iSv § 547 Nr. 1–5 ZPO gestützt werden. Dazu muss vom Beschwerdeführer lediglich dargelegt werden, dass einer der abschließend genannten Revisionsgründe einschlägig ist. Liegt ein solcher Grund vor, wird automatisch vermutet, dass die Entscheidung auf dem entsprechenden Verstoß beruht, so dass eine gesonderte Darlegung der Entscheidungserheblichkeit nicht erforderlich ist.[782]

Dagegen ist die Darlegungslast des Beschwerdeführers im Rahmen der Verfahrensbeschwerde aufgrund der **Verletzung des Anspruchs auf rechtliches Gehör** nach § 72 a Abs. 3 Satz 2 Nr. 3 Alt. 2 ArbGG wesentlich umfangreicher. Besondere Bedeutung erlangt die Nichtzulassungsbeschwerde wegen Gehörsverstoßes auch im Zusammenhang mit der Möglichkeit der anschließenden Einlegung einer **Verfassungsbeschwerde**. Nach der Rechtsprechung des BVerfG ist eine Verfassungsbeschwerde wegen Verletzung des rechtlichen Gehörs durch ein Berufungsurteil, in welchem die Revision nicht zugelassen wurde, ohne vorherige Einlegung der Nichtzulassungsbeschwerde mangels kompletter Rechtswegerschöpfung grundsätzlich unzulässig, es sei denn, eine Nichtzulassungsbeschwerde sei von vornherein als „ohne jede Erfolgsaussicht" anzusehen gewesen.[783]

Steht zumindest die Möglichkeit der Einlegung einer Verfassungsbeschwerde gegen das Berufungsurteil für den Mandanten im Raum, sollte der Rechtsanwalt diesem anraten, vorsorglich rechtzeitig die Nichtzulassungsbeschwerde und gleichzeitig zur Fristwahrung auch Verfassungsbeschwerde einzulegen, da nur in seltensten Fällen sicher einzuschätzen ist, ob eine Nichtzulassungsbeschwerde tatsächlich „ohne jede Erfolgsaussicht" ist. Auf diese Weise kann der Gefahr der Unzulässigkeit der Verfassungsbeschwerde mangels Rechtswegerschöpfung wirksam begegnet werden.

Die **Anforderungen an die Darlegung** der Verletzung des rechtlichen Gehörs sind in diesem Zusammenhang sehr hoch. Der Vortrag ist in einer Art und Weise im Einzelnen so zu substantiieren, dass das Bundesarbeitsgericht in die Lage versetzt wird, lediglich anhand der Beschwerdebegründung und des Berufungsurteils, also ohne Hinzuziehung der Verfahrensakten, die Nichtzulassung zu überprüfen und über eine Gehörsverletzung zu entscheiden. Dazu muss der Beschwerdeführer im Einzelnen konkret darlegen, welches Vorbringen das Landesarbeitsgericht übergangen haben soll und woraus sich dies ergibt.[784] Dabei ist zu beachten, dass das Berufungsgericht nicht verpflichtet ist, im Urteil zu jeder von einer Partei vorgebrachten Frage ausdrücklich Stellung zu nehmen, so dass im Grundsatz vermutet wird, es habe alle Vorbringen der Parteien zur

---

782 Vgl ErfK/*Koch*, § 72 a ArbGG Rn 10; HWK/*Bepler*, § 72 ArbGG Rn 24; *Müller-Glöge*, in: Germelmann/Matthes/Prütting/Müller-Glöge, § 72 a Rn 21.
783 Vgl BVerfG 14.6.1994 – 1 BvR 1022/88, NJW 1994, 2817; BVerfG 18.3.1998 – 1 BvR 1759/96, NZA 1998, 959.
784 Vgl BAG 20.1.2005 – 2 AZN 941/04, NJW 2005, 1214; BAG 22.8.2007 – 4 AZN 1225/06, NJOZ 2007, 5227.

Kenntnis genommen und in seine Entscheidung mit einbezogen.[785] Zwar muss sich aus dem Gesamtzusammenhang der Entscheidungsgründe ergeben, dass das Gericht die wesentlichen Punkte der Parteien berücksichtigt und in seine Überlegungen mit einbezogen hat.[786] Allein der Umstand, dass ein bestimmtes Vorbringen einer Partei in der Urteilsbegründung allerdings nicht ausdrücklich angesprochen wird, rechtfertigt ohne das Hinzutreten besonderer, vom Beschwerdeführer im Einzelnen darzulegender Umstände jedoch noch nicht die Annahme, das Gericht habe dieses bei seiner Entscheidung nicht erwogen.[787] Im Rahmen der umfassenden Darlegung hat der Beschwerdeführer in der Regel anzugeben, welche Tatsachen er in den Vorinstanzen dargelegt hatte und inwiefern das Landesarbeitsgericht diese unberücksichtigt gelassen hat.[788]

754 Eine solche Nichtzulassungsbeschwerde hat etwa bei Vorliegen aller weiteren Voraussetzungen Aussicht auf Erfolg, wenn sich darlegen lässt, dass das Landesarbeitsgericht ohne vorherigen Hinweis auf rechtliche Gesichtspunkte abgestellt hat, mit welchen auch ein gewissenhafter und kundiger Prozessbeteiligter nicht zu rechnen brauchte.[789] Eine Verletzung des rechtlichen Gehörs ist auch anzunehmen, wenn das Gericht einen **zentralen Parteivortrag**, ohne näher darauf einzugehen, mit einer **rein formalen und abstrakten Wendung** (etwa „hinreichende Anhaltspunkte für den Anspruch sind nicht ersichtlich") **abgelehnt** hat.[790]

6. Entscheidung des Bundesarbeitsgerichts

755 Bei allen Beschwerdetypen trifft den Antragsteller eine umfassende **Darlegungs- und Beweislast** für alle notwendigen Voraussetzungen, so dass insbesondere eine substantiierte Darlegung des Revisionsgrundes und der begründenden Tatsachen im Rahmen der Beschwerdebegründung vorzunehmen ist.

756 Über die Beschwerde wird durch **Beschluss**, der ohne mündliche Verhandlung ergehen kann, entschieden. Ist die Nichtzulassungsbeschwerde nicht statthaft oder form- und fristgerecht eingelegt, wird sie vom Bundesarbeitsgericht als unzulässig verworfen. Ist sie zwar zulässig, im Ergebnis aber unbegründet, wird sie dagegen zurückgewiesen. Mit der Verwerfung oder der Zurückweisung der Nichtzulassungsbeschwerde wird die Entscheidung des Landesarbeitsgerichts rechtskräftig (§ 72 a Abs. 5 Satz 6 ArbGG). **Gegen** den **Zurückweisungsbeschluss** besteht dann **kein weiteres Rechtsmittel**, so dass bei Vorliegen der entsprechenden Voraussetzungen lediglich die Möglichkeit einer Anhörungsrüge gemäß § 78 a ArbGG oder einer Verfassungsbeschwerde verbleibt. Wird der Beschwerde hingegen **stattgegeben**, so wird das **Beschwerdeverfahren als Revisionsverfahren** fortgesetzt. In diesem Fall gilt die form- und fristgerechte Einlegung der Nichtzulassungsbeschwerde als Einlegung der Revision. Mit der Zustellung der Entscheidung beginnt die Revisionsbegründungsfrist (§ 72 a Abs. 6 ZPO). Wurde durch

---

785 Vgl BVerfG 8.10.2003 – 2 BvR 949/02, EzA Art. 103 GG Nr. 5; BAG 22.3.2005 – 1 ABN 1/05, NZA 2005, 652; BAG 13.6.2006 – 9 AZN 226/06, NZA 2006, 1004.
786 Vgl BGH 5.4.2005 – VIII ZR 160/04, NJW 2005, 1950.
787 Vgl BVerfG 8.10.2003 – 2 BvR 949/02, EzA Art. 103 GG Nr. 5; BAG 22.3.2005 – 1 ABN 1/05, NZA 2005, 652; BAG 18.11.2008 – 9 AZN 836/08, NZA 2009, 223.
788 Vgl BAG 20.8.2005 – 9 AZN 1258/07, NZA 2008, 839.
789 Vgl BAG 20.3.2008 – 8 AZN 1062/07, NZA 2008, 662; BAG 5.11.2008 – 5 AZN 842/08, NZA 2009, 55.
790 Vgl BAG 5.11.2008 – 5 AZN 842/08, NZA 2009, 55.

das Landesarbeitsgericht das rechtliche Gehör verletzt, so kann das Bundesarbeitsgericht in dem der Beschwerde stattgebenden Beschluss das angefochtene Urteil auch aufheben und den Rechtsstreit zur neuen Verhandlung und Entscheidung an das Landesarbeitsgericht zurückverweisen (§ 72 a Abs. 7 ArbGG).

Die **Erfolgsquote** von Nichtzulassungsbeschwerden ist **in der Praxis** allerdings gering. Unter allen Umständen bedürfen sie jedoch ausführlicher und genauer Begründung, orientiert an den Vorgaben des § 72 a Abs. 3 ArbGG. Vor Einlegung der Nichtzulassungsbeschwerde muss der Rechtsberater seinen Mandanten weiterhin über die möglichen **Kosten** des Verfahrens unterrichten. Im Fall der Verwerfung als unzulässig oder Zurückweisung als unbegründet hat der Antragsteller die Kosten zu tragen. Wird die Revision dagegen zugelassen, entstehen für die Nichtzulassungsbeschwerde keine gesonderten Kosten, sondern diese sind Teil der Kosten des Revisionsverfahrens.

§ 21 Vorabentscheidungsverfahren vor dem Europäischen Gerichtshof

I. Bedeutung und Gegenstand des Vorabentscheidungsverfahrens

758 Dass ein arbeitsgerichtliches Verfahren gemäß § 148 ZPO analog iVm § 46 Abs. 2 ArbGG ausgesetzt und ein Vorabentscheidungsverfahren vor dem Europäischen Gerichtshof durchgeführt wird, stellt sicherlich einen Ausnahmefall dar. Das Verfahren zur Vorabentscheidung des EuGH, welches bis zum Inkrafttreten des Vertrages von Lissabon in Art. 234 EGV geregelt war, richtet sich nun – mit kleineren Änderungen hinsichtlich des Zuständigkeitsumfangs, aber im Wesentlichen inhaltsgleich – nach Art. 267 des Vertrages über die Arbeitsweise der Europäischen Union (AEUV). Die letzten Jahre haben allerdings gezeigt, dass derartige Vorabentscheidungsverfahren vor dem EuGH zu **erheblichen Änderungen** in der **deutschen arbeitsgerichtlichen Rechtsprechung** führen können.[791] Ein jüngerer Beispielsfall ist die bereits dargestellte, mit einem Urteil des EuGH eingeleitete Rechtsprechungsänderung des BAG hinsichtlich der Urlaubsabgeltungsansprüche langzeiterkrankter Arbeitnehmer (Schultz-Hoff-Entscheidung).[792] Daher kann es dann, wenn europarechtliche Fragen für den Rechtsstreit bedeutsam sind, die höchstrichterlich noch nicht durch den EuGH geklärt sind, sinnvoll sein, im Rahmen eines arbeitsgerichtlichen Verfahrens die Durchführung eines Vorabentscheidungsverfahrens vor dem EuGH anzuregen. Da die durchschnittliche **Dauer** eines Vorabentscheidungsverfahrens ca. zwei Jahre beträgt, erscheint dies nur angezeigt, wenn sich nicht durch die Verzögerung des Rechtsstreits Nachteile ergeben, die durch die zu erwartenden Vorteile des Vorabentscheidungsverfahrens nicht aufgewogen werden.

759 Das Vorabentscheidungsverfahren gemäß Art. 267 AEUV stellt eine **besondere europarechtliche Verfahrensart** dar, in der nationale Gerichte eine abstrakte Rechtsfrage dem EuGH zur Entscheidung vorlegen können, die für den bei ihnen anhängigen Rechtsstreit von Bedeutung, dh entscheidungserheblich ist. Das Vorabentscheidungsverfahren ist der „Transmissionsriemen" für die einheitliche Anwendung und Auslegung des Gemeinschaftsrechts und seine Durchsetzung in den Mitgliedstaaten. Ungefähr die Hälfte aller Verfahren des EuGH entfallen auf diese Verfahrensart.

760 Zur Vorlage **berechtigt** sind gemäß Art. 267 Abs. 2 AEUV alle Gerichte. Zur Vorlage **verpflichtet** sind dagegen gemäß Art. 267 Abs. 3 AEUV die letztinstanzlichen Gerichte, deren Entscheidung nicht mehr mit Rechtsmitteln des innerstaatlichen Rechts angefochten werden kann.

761 **Gegenstand** der Vorlage ist eine in dem Rechtsstreit erhebliche **abstrakte Rechtsfrage**, zu deren Klärung die Anwendung von Gemeinschaftsrecht erforderlich ist und die bisher noch nicht vom EuGH entschieden worden oder jedenfalls nicht derart offenkundig

---

[791] Vgl EuGH 27.1.2005 – Rs. C-188/03, Slg I-2005, S. 885; EuGH 22.11.2005 – Rs. C-144/04, Slg I-2005, 9981.
[792] Vgl EuGH 20.1.2009 – Rs. C 350/06, NZA 2009, 135; umgesetzt durch: BAG 24.3.2009 – 9 AZR 983/07, NZA 2009, 538; BAG 23.3.2010 – 9 AZR 128/09, NZA 2010, 810.

ist, dass für vernünftige Zweifel kein Raum mehr verbleibt („*acte clair*-Doktrin").[793] Ergibt sich in einem Rechtsstreit ein europarechtlicher Gesichtspunkt, der durch die Rechtsprechung des EuGH bisher nicht entschieden worden ist, kann bereits in der ersten Instanz die Durchführung eines Vorabentscheidungsverfahrens angeregt werden. Dabei ist im Schriftsatz darzulegen, welche entscheidungserhebliche Rechtsfrage sich vor dem Hintergrund des Gemeinschaftsrechts stellt und inwieweit diese Frage durch den EuGH in seiner Rechtsprechung bisher nicht (eindeutig) entschieden ist. Zudem ist darzulegen, dass die Anwendung des Gemeinschaftsrechts durch den EuGH für das arbeitsgerichtliche Verfahren **entscheidungserheblich** ist.

II. Ablauf und verfahrenstechnische Besonderheiten

Wenn die Rechtsfrage dem EuGH vorgelegt werden soll, so setzt das vorliegende Gericht das Verfahren durch **Beschluss** gemäß § 148 ZPO analog iVm § 46 Abs. 2 ArbGG von Amts wegen aus. In dem Vorlagebeschluss, mit dem gemäß § 267 Abs. 1 AEUV der EuGH zur Entscheidung angerufen wird, sind das entscheidungserhebliche innerstaatliche Recht sowie alle für die Vorlage maßgeblichen tatsachenrechtlichen Erwägungen darzustellen, damit der EuGH den Inhalt der Vorlagefragen richtig erfassen kann. Die Prozessakten werden dem Beschluss beigefügt und dem EuGH übersandt.[794] 762

Geht es darum, dass ein Entscheidungsverfahren in möglichst kurzer Zeit durchgeführt werden soll, so ist zu **beantragen**, dass das vorlegende Gericht ein **beschleunigtes Verfahren** beantragt, sofern dargelegt werden kann, dass die Dringlichkeit der Entscheidung über die Vorlagefrage besteht. Die Verfahrensfristen werden dann deutlich verkürzt.[795] Gemäß Art. 62 a § 1 der Verfahrensordnung kann das beschleunigte Verfahren auch auf **Antrag des Klägers oder des Beklagten** durchgeführt werden. Unmittelbar nach dem Beschluss, dass die Rechtssache einem beschleunigten Verfahren zu unterwerfen ist, bestimmt der Präsident des Gerichtshofs dann den Termin für eine mündliche Verhandlung. 763

Das Vorabentscheidungsersuchen wird von der Kanzlei des EuGH sämtlichen Mitgliedstaaten, der Kommission sowie ggf dem Europäischen Rat oder dem Europäischen Parlament übersandt. Diesen Beteiligten ist die Möglichkeit eröffnet, binnen zwei Monaten nach der Zustellung eigene Schriftsätze oder Erklärungen einzureichen.[796] Auch die Parteien haben die Möglichkeit, innerhalb dieser Frist Stellung zu nehmen, was geboten ist, da es für die Parteien die **einzige Chance zur schriftlichen Stellungnahme** darstellt.[797] 764

Im Hinblick auf die **Form der Schriftsätze** bestehen **genaue Anweisungen**. Sie sind in einem übersichtlichen Hinweisblatt des Gerichtshofs mit dem Titel „Praktische Anweisungen für Klagen und Rechtsmittel" herausgegeben. Dieses ist unter der Website 765

---

793 Vgl EuGH 17.7.1997 – Rs. C-334/95, Slg I-1997, S. 4517; vgl *Tiedemann*, ArbRB 2007, 123, 125.
794 Vgl *Tiedemann*, ArbRB 2007, 123, 126.
795 Vgl Art. 104 a EuGH-Verfahrensordnung (VfO EuGH); *Tiedemann*, ArbRB 2007, 123, 126.
796 Vgl Art. 23 EuGH-Satzung.
797 Vgl *Tiedemann*, ArbRB 2007, 123, 127.

des Europäischen Gerichtshofs[798] verfügbar. Hier werden konkrete Angaben zum zu verwendenden Papier (weißes unlineiertes Papier DIN A4-Format) ebenso aufgeführt wie die Tatsache, dass keine Heftklammern verwendet werden sollen und ein bestimmter Schrifttyp zu verwenden sei. Wichtig sind die Hinweise zur Einreichung von Anlagen zu den Schriftsätzen. Sie müssen mit einem **Anlagenverzeichnis** eingereicht werden (Art. 37 § 4 der Verfahrensordnung). Zum **Umfang der Schriftsätze** wird darauf hingewiesen, dass sich in üblichen Verfahren ein Schriftsatz auf zehn bis 15 Seiten und eine Erwiderung, Gegenerwiderung oder Rechtsmittelbeantwortung auf fünf bis zehn Seiten beschränken soll. Im beschleunigten Verfahren gemäß Art. 62 a der Verfahrensordnung sollte der Schriftsatz zehn Seiten nicht überschreiten.

766 Im **schriftlichen Verfahren** beginnt die interne Bearbeitung des Falles durch den Berichterstatter, der durch den Präsidenten des Gerichts bestimmt wird (Art. 9 § 2 VfO EuGH). Eine feste Geschäftsverteilung existiert nicht. Die Zuweisung der Rechtssachen erfolgt unter Berücksichtigung des Zusammenhangs mit früheren noch anhängigen bzw abgeschlossenen Verfahren. Die Zuweisung eines Falles an einen Berichterstatter aus dessen Herkunftsstaat wird vermieden.[799] Auch der Generalanwalt wird bestimmt.[800] Der Berichterstatter legt der Generalversammlung aller Richter und Generalanwälte nach Abschluss der Vorarbeiten einen Vorbericht über die Rechtssache vor, über den er sich zuvor mit dem zuständigen Generalanwalt abgestimmt hat. Der **Vorbericht** ist ein internes Dokument; auf seiner Grundlage wird entschieden, ob eine mündliche Verhandlung stattfinden soll oder weitere Aufklärungsmaßnahmen erforderlich sind. Häufig werden Fragen an die Beteiligten gerichtet, die sie schriftlich oder ggf in der mündlichen Verhandlung beantworten sollen. Auch Fragen zur Klarstellung an das vorlegende Gericht sind nach Anhörung des Generalanwalts möglich.[801] Der Berichterstatter fasst die Sach- und Rechtslage sowie den Parteivortrag in einem Sitzungsbericht zusammen, der den Beteiligten vor der Verhandlung zugesandt wird. Korrekturen können angeregt werden. Je nach Bedeutung der Rechtssache weist die Generalversammlung den Fall einer Kammer mit drei, fünf oder 13 Richtern (große Kammer) zu.

767 In der Regel findet im Vorabentscheidungsverfahren eine **mündliche Verhandlung** statt. Etwas anderes ist nur dann der Fall, wenn der EuGH der Ansicht ist, dass die zur Vorabentscheidung vorgelegte Frage mit einer Frage übereinstimmt, über die der Gerichtshof bereits entschieden hat. Dann kann durch Beschluss entschieden werden, der mit Gründen versehen wird und auf das frühere Urteil oder die betreffende Rechtsprechung verweist.[802] Der EuGH kann auch im Übrigen beschließen, dass keine mündliche Verhandlung durchgeführt wird, sofern nicht eine Partei oder eine der am Verfahren Beteiligten einen Antrag auf mündliche Verhandlung gestellt hat, in dem die Gründe aufgeführt sind, wegen derer die Partei gehört werden möchte. Ein solcher Antrag ist nach der Verfahrensordnung (Art. 44 a, Art. 104 § 4 und Art. 120) innerhalb von **drei Wo-**

---

[798] Vgl http://curia.europa.eu; vgl auch ABl. EU Nr. L 361 vom 8.12.2004, S. 15–20.
[799] Vgl *Kokott/Henze*, AnwBl 2007, 309, 312 Fn 27.
[800] Vgl Art. 10 § 2 VfO EuGH.
[801] Vgl Art. 104 § 5 VfO EuGH; vgl *Kokott/Henze*, AnwBl 2007, 309, 312.
[802] Vgl Art. 104 § 3 VfO EuGH.

chen nach der Mitteilung an die Partei, dass das schriftliche Verfahren abgeschlossen ist, zu stellen. Auf die Erforderlichkeit eines solchen Antrags wird in den Schreiben des Kanzlers, mit dem die eingereichten schriftlichen Erklärungen übermittelt werden, hingewiesen. Da aufgrund der im Vorabentscheidungsverfahren typischerweise nur einmal eingereichten Schriftsätze nicht die Möglichkeit bestanden hat, auf die schriftliche Erklärung eines anderen zu entgegnen und ggf zu neuem Vorbringen Stellung zu nehmen, dürfte es ratsam erscheinen, in jedem Fall die mündliche Verhandlung anzustreben.

Für das **Plädoyer** in der mündlichen Verhandlung gibt der Gerichtshof vor, dass die Redezeit für jede Partei auf maximal 30 Minuten, vor den Kammern mit drei Richtern auf maximal 15 Minuten begrenzt ist. Die sonstigen Verfahrensbeteiligten können höchstens 15 Minuten sprechen. Diese Begrenzung gilt nur für das Plädoyer und schließt nicht die für die Beantwortung von Fragen der Mitglieder des Gerichtshofs benötigte Zeit ein. Soll das Plädoyer länger werden, ist hierzu ein **Antrag** an den Kanzler des Gerichtshofs zu richten, der eingehend zu begründen und in dem anzugeben ist, wie viel Redezeit für erforderlich gehalten wird. Dieser Antrag muss spätestens zwei Wochen vor der Sitzung beim Gerichtshof eingehen.[803] Bei der Planung des Plädoyers ist zu berücksichtigen, dass die mündlichen Ausführungen im Rahmen einer Simultanübersetzung in mehrere Sprachen übersetzt werden müssen und dass deshalb langsam gesprochen werden muss.[804] Es ist anzuraten, die Ausführungen im Plädoyer schriftlich abzufassen und der Dolmetscherabteilung vorher zu übermitteln. Dies erhöht die Übersetzungsqualität maßgeblich. 768

Der EuGH erlässt nach Anhörung des Generalanwalts ein **Urteil**, das im Rahmen einer öffentlichen Sitzung verkündet wird. An die vom EuGH beantworteten Vorlagefragen ist das vorlegende nationale Gericht **gebunden**. Darüber hinaus kommt den Entscheidungen des EuGH eine faktische Bindungswirkung dadurch zu, dass vorlagepflichtige nationale Gerichte von der Rechtsprechung des Gerichtshofs nicht abweichen dürfen. Die letzten Jahre haben gezeigt, dass durch Entscheidungen des EuGH häufig „frischer Wind" in die arbeitsgerichtliche Rechtsprechung gebracht wird und eine langjährige Rechtsprechung aufgehoben werden muss. Immer dort, wo deutsche Arbeitsrechtsnormen auf gemeinschaftsrechtlichen Vorgaben beruhen, kann daher die Anregung eines Vorabentscheidungsverfahrens bei klärungsbedürftigen Rechtsfragen sinnvoll sein. 769

---

803 Vgl Hinweise für Prozessvertreter, hrsg. vom Europäischen Gerichtshof unter http://curia.europa.eu.
804 Vgl weitere Hinweise bei *Tiedemann*, ArbRB 2007, 123, 127.

§ 22 Internationalrechtliche Fragen

I. Bestimmung der zuständigen Gerichtsbarkeit

770 Bei Auslandssachverhalten stellt sich häufig die Frage, ob Ansprüche vor deutschen Gerichten geltend gemacht werden können und – sofern dies der Fall ist – inwieweit sich diese Ansprüche nach deutschem oder nach ausländischem Recht richten.

771 Zunächst ist zu prüfen, ob die **deutsche Gerichtsbarkeit** eröffnet ist. Hierzu muss das deutsche Gericht **international zuständig** sein. Dies richtet sich innerhalb der EU nach der EuGVVO.[805] Sie ist in allen Mitgliedstaaten der EU außer in Dänemark anwendbar; in Dänemark bleibt das Abkommen anwendbar, das vorher auch in den Mitgliedstaaten gegolten hat (EuGVÜ).[806] Art. 18 und 19 EuGVVO sehen ein **Wahlrecht** des Arbeitnehmers vor. Der Arbeitnehmer kann in dem Mitgliedstaat klagen, in dem der Arbeitgeber seinen Wohnsitz hat oder in dem der Arbeitnehmer gewöhnlich seine Arbeit verrichtet.[807] Der Arbeitgeber muss damit hinnehmen, dass er am Tätigkeitsort des Arbeitnehmers oder aber am **Sitz des Arbeitgebers** verklagt wird. Umgekehrt kann aber der Arbeitnehmer gemäß Art. 20 Abs. 1 EuGVVO lediglich in dem Mitgliedstaat verklagt werden, in welchem er seinen **Wohnsitz** hat. **Gerichtsstandsvereinbarungen** sind nur im engen Maß zulässig (Art. 21 EuGVVO), nämlich dann, wenn entweder weitere Gerichtsstände eröffnet werden oder die Festlegung über den internationalen Gerichtsstand **nach Entstehung der Streitigkeit** erfolgt. Soweit nicht sonstige Übereinkommen bestehen,[808] richtet sich die internationale Zuständigkeit nach den allgemeinen Regelungen der ZPO. Danach kann der Arbeitgeber in der Bundesrepublik Deutschland verklagt werden, wenn er hier seinen Sitz (§ 17 ZPO analog), seine Niederlassung (§ 21 ZPO analog) oder ggf auch nur ein Büro (§ 23 ZPO analog) hat.[809] Teilweise wurde sogar ein Konto einer deutschen Bank als ausreichend angesehen.[810] Gegen den Arbeitnehmer kann in Deutschland Klage erhoben werden, wenn er hier seinen Wohnsitz hat (§ 13 ZPO analog) oder er die Arbeitsleistung in Deutschland zu erbringen hat (§ 29 ZPO analog).[811] Im Ergebnis kann festgestellt werden, dass die Eröffnung der deutschen Gerichtsbarkeit (internationale Zuständigkeit) relativ **leicht** begründet wird. Deutlich schwieriger ist es, auch zur Anwendbarkeit deutschen Rechts zu gelangen.

772 Die Eröffnung der deutschen Gerichtsbarkeit bedeutet allerdings nicht, dass nicht zugleich auch die **ausländische Gerichtsbarkeit** eröffnet wäre. Hat ein Arbeitnehmer zB mehrere Arbeitsverhältnisse zu in verschiedenen Staaten ansässigen Konzernunternehmen oder erbringt er seine Arbeitsleistung in verschiedenen Staaten, so kann durchaus

---

805 Verordnung (EG) Nr. 44/2001 des Rates vom 22.12.2000 über die gerichtliche Zuständigkeit und die Anerkennung und Vollstreckung in Entscheidungen in Zivil- und Handelssachen (ABl. EG Nr. L 12 vom 16.1.2001).
806 Brüsseler Übereinkommen über die gerichtliche Zuständigkeit und die Vollstreckung gerichtlicher Entscheidungen in Zivil- und Handelssachen vom 27.9.1968 (ABl. EG 1998 Nr. C 27, S. 1).
807 Vgl BAG 29.5.2002 – 5 AZR 141/01, AP Nr. 17 zu § 38 ZPO Internationale Zuständigkeit.
808 Vgl etwa für die EWR-Staaten Norwegen, Island und Schweiz das Übereinkommen von Lugano vom 16.9.1988 (ABl. EG Nr. L 319, S. 9).
809 Vgl BAG 12.12.2001 – 5 AZR 255/00, AP Nr. 10 zu Art. 30 EGBGB nF.
810 Vgl BAG 17.7.1997 – 8 AZR 328/95, AP Nr. 13 zu § 38 ZPO.
811 Vgl BAG 9.10.2002 – 5 AZR 307/01, AP Nr. 18 zu § 38 ZPO Internationale Zuständigkeit; BAG 19.3.1996 – 9 AZR 656/94, AP Nr. 2 zu § 328 ZPO; vgl HWK/*Tillmanns*, Art. 3, 8, 9 Rom I-VO Rn 4.

die internationale Gerichtsbarkeit verschiedener Staaten eröffnet sein. Prozesstaktisch wird dann zu überlegen sein, wo, dh in welcher Gerichtsbarkeit vorgegangen wird, wobei dem Grundsatz nach einiges dafür spricht, eine Klage in der Gerichtsbarkeit anhängig zu machen, die dann auch in der Lage ist, das eigene nationale Recht anzuwenden. In komplexen internationalrechtlichen Konstellationen wird vom Anwalt verlangt, **verschiedene Varianten** „durchzuspielen", was nur mit der Unterstützung ausländischer Anwälte möglich ist. Zwar ist das Arbeitskollisionsrecht auf europäischer Ebene durch das Europäische Schuldvertragsübereinkommen vom 19.6.1980 harmonisiert worden. Außerhalb der EU ergibt sich aber unterschiedliches Kollisionsrecht. Im Übrigen ist es prozessökonomisch auch sinnvoll, die Gerichtsbarkeit zu wählen, die ihr eigenes nationales Recht anwendet, da die Anwendung fremden Rechts in einem Gerichtsverfahren immer zu Verzögerungen führt und auch zu entsprechenden Risiken, dass einschlägige Regelungen oder maßgebliche höchstrichterliche Entscheidungen übersehen werden. Es kann aber sein, dass eine nationale Rechtsordnung – wie etwa die deutsche mit ihrem Kündigungs- und Sonderkündigungsschutz – bestimmte Vorteile aufweist, die im Rahmen eines prozesstaktischen Vorgehens nutzbar gemacht werden sollen. In diesem Fall kann es sich zB anbieten, zunächst einmal klageweise vor dieser Gerichtsbarkeit vorzugehen, in der Hoffnung, dann auch zur Anwendung des bevorzugten nationalen Rechts zu gelangen. Kommt es auf kollektivrechtliche Fragen an, so sind die sich hieraus ergebenden Kollisionsfragen noch weitgehend ungeklärt.

II. Bestimmung des anwendbaren Rechts

Ist die deutsche Gerichtsbarkeit internationalrechtlich eröffnet, so ist die Frage **anwendbaren Rechts** zu prüfen. Dies richtete sich ursprünglich nach Art. 27, 30 und 34 EGBGB.[812] Mit Wirkung vom 17.12.2009 wurde der 5. Abschnitt des 3. Kapitels über die außervertraglichen Schuldverhältnisse (Art. 27–42 EGBGB) aufgehoben und durch die EU-weit (mit Ausnahme Dänemarks) gültige sog. **Rom I-Verordnung** (EG-Verordnung Nr. 593/2008) abgelöst. Die für arbeitsrechtliche Fragen entscheidenden Vorschriften finden sich nun in Art. 3 und 8 der angesprochenen Verordnung.

773

Die Bestimmung des anzuwendenden Rechts ist nach folgenden Schritten vorzunehmen: Zunächst ist zu prüfen, ob die Parteien eine Rechtswahl getroffen haben (Art. 3 Rom I-VO). Ist dies nicht der Fall, sind die Voraussetzungen des Art. 8 Rom I-VO zu prüfen. Haben die Parteien eine wirksame Rechtswahl getroffen, ist weiter zu prüfen, ob zum Schutz des Arbeitnehmers zwingende Bestimmungen einer anderen Rechtsordnung eingreifen, von denen die Parteien nicht abweichen können (Art. 3 Abs. 4, 8 Abs. 1 Rom I-VO). Nach Art. 3 Abs. 1 Satz 1 Rom I-VO können die Parteien eines Arbeitsverhältnisses grundsätzlich das anzuwendende Recht selbst wählen (**Grundsatz der freien Rechtswahl**). Diese Rechtswahl muss entweder ausdrücklich erfolgen oder sich zumindest mit hinreichender Sicherheit aus den Bestimmungen des Vertrages oder den sonstigen Umständen ergeben (Art. 3 Abs. 1 Satz 2 Rom I-VO). Eine konkludent

774

---

[812] Vgl für eine gute Zusammenstellung zur ursprünglichen Rechtslage nach dem EGBGB: HWK/*Strick*, 2. Aufl. 2006, Art. 27, 30, 34 EGBGB Rn 6 ff; zur neuen Rechtslage nach der Rom I-VO: HWK/*Tillmanns*, 4. Aufl. 2010, Art. 3, 8, 9 Rom I-VO Rn 6 ff.

erfolgte Rechtswahl ist dabei im Wege der Auslegung zu ermitteln. Die Frage der Auslegung von **Rechtswahlklauseln** hat in der Praxis eine erhebliche Bedeutung, weil in vielen Arbeitsverträgen eine klare Regelung nicht vorhanden ist.[813] Die Parteien können nach Art. 3 Abs. 1 Satz 3 Rom I-VO eine Rechtswahl für den gesamten Vertrag, aber auch nur für einzelne Bestimmungen wirksam vereinbaren.

775 Ist keine Rechtswahl für ein Arbeitsverhältnis getroffen, ist Art. 8 Abs. 2 Rom I-VO einschlägig. Zugleich regelt Art. 8 Abs. 1 Rom I-VO eine Einschränkung der Rechtswahl in der Form, dass zwingende Arbeitnehmerschutzvorschriften der Rechtsordnung, die ohne die Rechtswahl der Vertragsparteien maßgeblich wäre, anwendbar bleiben. Es sind damit im Wesentlichen **zwei Fallgestaltungen** zu unterscheiden:

- Es ist keine Rechtswahl getroffen. Dann ist das Arbeitsvertragsstatut nach Art. 8 Abs. 2 Rom I-VO zu bestimmen.
- Es ist eine Rechtswahl getroffen, aber es erfolgt eine Durchbrechung des Arbeitsvertragsstatuts durch zwingende Bestimmungen (§ 8 Abs. 1 Rom I-VO).

776 Haben die Arbeitsvertragsparteien eine Rechtswahl nicht getroffen, trifft Art. 8 Rom I-VO eine **abgestufte Regelanknüpfung**. Zunächst gilt nach Art. 8 Abs. 2 Rom I-VO die **Regelanknüpfung des Arbeitsortes**, so dass grundsätzlich das Recht des Staates Anwendung findet, in welchem oder von welchem aus der Arbeitnehmer gewöhnlich seine Arbeit verrichtet. Ist eine Bestimmung des anwendbaren Rechts nach Art. 8 Abs. 2 Rom I-VO nicht möglich, so richtet sich dieses gemäß Art. 8 Abs. 3 Rom I-VO nach der Regelanknüpfung der einstellenden Niederlassung, so dass sich das Recht nach dem Staat bestimmt, wo sich diese befindet. Darüber hinaus gilt eine Ausnahmeregelung (Art. 8 Abs. 4 Rom I-VO), die eine andere Rechtsordnung für anwendbar erklärt, wenn sich „aus der Gesamtheit der Umstände ergibt, dass das Arbeitsverhältnis engere Verbindungen zu einem anderen als dem in Abs. 2 und 3 bestimmten Staat aufweist". Es ist mithin in einem **dreistufigen Verfahren** das anwendbare Recht bei Fehlen einer Rechtswahl wie dargestellt zu ermitteln.

777 Im Zusammenhang mit der Regelanknüpfung des Arbeitsortes ist zu beachten, dass nach Art. 8 Abs. 2 Satz 2 Rom I-VO der Staat, in dem der Arbeitnehmer gewöhnlich seine Arbeit verrichtet, nicht bereits durch eine vorübergehende Entsendung in einen anderen Staat wechselt. Das Heimat-Arbeitsrecht bleibt somit anwendbar. **Vorübergehend** wird dabei im Sinne von „nicht endgültig" verstanden.[814] Verschiedentlich wird vertreten, eine vorübergehende Entsendung nur dann anzunehmen, wenn diese nicht länger als zwei oder drei Jahre andauert.[815] Abzustellen ist zutreffend darauf, ob – ungeachtet der Dauer der Entsendung – eine Rückkehr in das Heimatland geplant und vertraglich vorgesehen ist. Ist dagegen der Zeitraum der Auslandstätigkeit nicht bestimmbar und steht nicht fest, ob eine Rückkehr ins Heimatland erfolgen wird, liegt eine vorübergehende Entsendung nicht vor.

---

813 Vgl *Lorenz*, RIW 1992, 697.
814 Vgl *Gamillscheg*, ZfA 1983, 307, 333.
815 Vgl *Franzen*, AR-Blattei SD, Rubrik 920 Rn 76.

II. Bestimmung des anwendbaren Rechts 22

Verrichtet der Arbeitnehmer seine Arbeit gewöhnlich nicht in ein- und demselben Staat, ist nach Art. 8 Abs. 3 Rom I-VO das Recht der **Niederlassung** des Arbeitgebers maßgeblich, die den Arbeitnehmer **eingestellt** hat. Was im Einzelnen unter „Einstellung" zu verstehen ist, ist allerdings umstritten. Teilweise wird eine Einstellung bereits dann angenommen, wenn der Arbeitsvertrag an einem bestimmten Ort geschlossen wird. Hierzu wird der Wortlaut der deutsch-, englisch- und französischsprachigen Übersetzungen bzw Fassungen von Art. 6 EVÜ herangezogen.[816] Teilweise wird unabhängig vom Arbeitsvertragsschluss auf die Eingliederung in den Betrieb im Sinne einer Einstellung gemäß § 99 BetrVG abgestellt.[817] Der Hintergrund der letzteren Auffassung ist darin zu sehen, dass Umgehungsmöglichkeiten befürchtet werden. Diese Annahme erscheint zutreffend. 778

Die **Ausnahmeklausel** des Art. 8 Abs. 4 Rom I-VO ist **eng** auszulegen.[818] Dies bedeutet, dass die Einzelumstände, die auf eine bestimmte Rechtsordnung hinweisen, schwerer wiegen müssen als die durch die Regelanknüpfung zu dem Recht des Arbeitsortes oder der einstellenden Niederlassung hergestellte Beziehung.[819] Die Bezugnahme auf die Gesamtheit der Umstände besagt, dass sämtliche Gesichtspunkte des Falles zu prüfen sind. Relevant sind etwa die Vertragssprache, die Währung, in der die Vergütung bezahlt wird, der Ort des Vertragsschlusses, der Wohnsitz des Arbeitnehmers, der Wohnsitz des Arbeitgebers oder die Staatsangehörigkeit der Parteien. Diese Anknüpfung kann im Einzelfall zu Problemen führen. Bestimmte Indizien können weniger, andere höheres Gewicht haben. So ist etwa die Verwendung der englischen Vertragssprache aufgrund der Üblichkeit besonders in international tätigen Konzernen für sich genommen wenig aussagekräftig. Auch der Währung, in der die Vergütung bezahlt werden muss, wird nur ein geringer indizieller Wert zuzumessen sein. 779

Liegt eine Rechtswahl vor, so erfährt diese durch Art. 8 Abs. 1 Rom I-VO insoweit eine Modifikation, als zu prüfen ist, inwieweit **zwingende Bestimmungen** der Rechtsordnung, die ohne die Rechtswahl maßgeblich wäre, anwendbar bleiben. Zu prüfen ist also stets, ob „Durchbrechungen durch das Ortsrecht" erfolgen. Der danach vorzunehmende **Günstigkeitsvergleich** ist nach herrschender Auffassung im Rahmen eines sog. Gruppenvergleichs durchzuführen, bei dem die in Streit stehenden Normkomplexe miteinander verglichen werden. Dadurch werden die Nachteile des Einzel- wie auch des Gesamtvergleichs vermieden.[820] Wie ein derartiger Gruppenvergleich im Einzelnen auszusehen hat, ist in Rechtsprechung und Literatur bisher nicht geklärt. Hier stellen sich Schwierigkeiten, insbesondere wenn komplexe Rechtsfragen, etwa im Rahmen der Gültigkeit von nachvertraglichen Wettbewerbsverboten oder Regelungen der Entgeltfortzahlung, miteinander zu vergleichen sind. 780

Vor Inkrafttreten der Rom I-VO und Ablösung der entsprechenden Vorschriften im EGBGB galt für den Fall der Anwendbarkeit ausländischer Rechtsvorschriften auf- 781

---

816 Vgl *Franzen*, AR-Blattei SD, Rubrik 920 Rn 79.
817 Vgl *Däubler*, RIW 1987, 239, 251.
818 Vgl *Junker*, RdA 1990, 212, 214.
819 Vgl BAG 24.8.1989 – 2 AZR 3/89, AP Nr. 30 zu Internat. Privatrecht Arbeitsrecht.
820 Vgl *Birk*, RdA 1989, 201, 206; *Franzen*, AR-Blattei SD, Rubrik 920 Rn 107 f; *Kraushaar*, DB 1989, 2121, 2222.

grund einer wirksamen Rechtswahl der Vertragsparteien oder gemäß der damaligen zentralen Vorschrift für das Arbeitsrecht in Art. 30 Abs. 2 EGBGB eine **Einschränkung** nach **Art. 34 EGBGB**, so dass gleichwohl diejenigen Regelungen deutschen Rechts zur Anwendung gelangten, die ohne Rücksicht auf das anzuwendende Recht zwingend gelten (sog. **Eingriffsnormen**). Dies waren solche Normen, die jeder Rechtswahl der Parteien widerstehen und unabhängig vom Vertragsstatut gelten sollten.[821] Das BAG definierte die „zwingenden Bestimmungen" als solche Regelungen, die nach ihrem Zweck hauptsächlich öffentlichen (staats- und wirtschaftspolitischen) Interessen, Kollektivbelangen oder dem Staatswohl dienen; demgegenüber seien Bestimmungen, die vor allem dem Ausgleich widerstreitender Interessen der an einem Vertragsverhältnis beteiligten Privatpersonen bezwecken, nicht geeignet, einen Charakter als Eingriffsnorm aufzuweisen.[822] In der angesprochenen ablösenden **Rom I-VO** findet sich eine solche **Eingriffsmöglichkeit durch zwingende Erfordernisse** zur Wahrung des nationalstaatlichen Mindestschutzes in **Art. 9 Rom I-VO**. Nach der Legaldefinition in Art. 9 Abs. 1 Rom I-VO sind unter solchen Eingriffsnormen zwingende Vorschriften zu verstehen, deren Einhaltung von einem Staat als so entscheidend für die Wahrung seines öffentlichen Interesses, insbesondere seiner politischen, sozialen oder wirtschaftlichen Organisation, angesehen wird, dass sie ungeachtet des nach Maßgabe der Verordnung anzuwendenden Rechts auf alle Sachverhalte anzuwenden sind, die in ihren Anwendungsbereich fallen. Gemäß Art. 9 Abs. 2 Rom I-VO sind von der deutschen Arbeitsgerichtsbarkeit im Fall ihrer Zuständigkeit die Eingriffsnormen des deutschen Arbeitsrechts stets anzuwenden, so dass sich diese auch gegen eine nach der Maßgabe des Art. 8 Rom I-VO objektiv anwendbare Rechtsordnung durchsetzen.[823] Als **Beispiele** für Eingriffsnormen nach Art. 34 EGBGB wurden Zustimmungserfordernisse des Integrationsamts bei der Kündigung von Schwerbehinderten, das Zustimmungserfordernis der Aufsichtsbehörde bei der Kündigung bei in Elternzeit befindlichen Müttern, der Kündigungsschutz nach dem MuSchG sowie die Vorschriften über die Massenentlassung nach § 17 KSchG genannt.[824] Diese sind auch weiterhin als zwingende Erfordernisse im Rahmen von Art. 9 Rom I-VO als solche Eingriffsnormen anzusehen. Abgelehnt wurde der zwingende Charakter dagegen für die Bestimmungen des KSchG über den allgemeinen Kündigungsschutz nach den §§ 1–14 KSchG und für die Vorschrift des § 626 BGB.[825]

III. Anwendbarkeit von Betriebsverfassungs- und Tarifrecht bei Auslandssachverhalten

782 Kommt es auf Fragen des **Betriebsverfassungsrechts** an, so erfolgt die kollisionsrechtliche Abgrenzung anhand des **Territorialitätsprinzips**.[826] Damit kommt es darauf an, ob der Arbeitnehmer einem Betrieb zugeordnet ist, der in der Bundesrepublik Deutsch-

---

821 Vgl *Franzen*, AR-Blattei SD, Rubrik 920 Rn 115.
822 Vgl BAG 24.8.1989 – 2 AZR 3/89, AP Nr. 30 zu Internat. Privatrecht Arbeitsrecht.
823 Vgl HWK/*Tillmanns*, Art. 3, 8, 9 Rom I-VO Rn 33.
824 Vgl *Reufels*, ArbRB 2001, 117, 119.
825 Vgl LAG Hessen 24.11.2008 – 17 Sa 682/07, n.v.
826 Vgl BAG 20.2.2001 – 1 ABR 30/00, AP Nr. 23 zu § 101 BetrVG 1972.

land liegt. Für ausländische Betriebe eines deutschen Unternehmens ist das BetrVG nicht anwendbar, es sei denn, dass entweder ein Fall der sog. **Ausstrahlung** vorliegt oder eine **freiwillige Vereinbarung** des Arbeitgebers mit dem Betriebsrat und dem Arbeitnehmer besteht. Unter dem aus dem Sozialversicherungsrecht entlehnten Begriff der Ausstrahlung wird verstanden, dass trotz der Auslandstätigkeit eine Beziehung zum Inlandsbetrieb besteht, die es rechtfertigt, die Auslandstätigkeit der im Inland entfalteten Betriebstätigkeit zuzurechnen. Maßgeblich ist insbesondere, ob dem Inlandsarbeitgeber ein sog. **Rückrufrecht** vorbehalten ist, so dass arbeitgeberseitig angeordnet werden kann, dass der Arbeitnehmer ins Inland zurückkommt.[827] Teilweise wird auch darauf abgestellt, ob die Betriebszugehörigkeit des Arbeitnehmers erhalten bleibt.[828] Die Rechtsprechung des BAG zur Ausstrahlung kann noch nicht als abgeschlossen angesehen werden. Eine Ausstrahlungswirkung scheidet jedenfalls aus bei Arbeitnehmern, die ausschließlich und direkt für einen Auslandseinsatz eingestellt werden oder die ausschließlich für den ausländischen Betrieb (sog. Ortskräfte) eingestellt wurden.[829] Der Umstand, dass zum deutschen Arbeitgeber ggf noch ein ruhendes Arbeitsverhältnis besteht und der Arbeitnehmer zusätzlich einen Arbeitsvertrag zu der Gesellschaft im Ausland abgeschlossen hat, bedeutet noch nicht notwendigerweise, dass eine Ausstrahlungswirkung vorliegt. Denn möglicherweise ist unsicher, wann bzw ob der Arbeitnehmer überhaupt noch einmal zurückkehren wird.

Die Frage, ob eine Ausstrahlungswirkung und damit die Anwendbarkeit der Vorschriften des BetrVG eröffnet ist, hat erhebliche Konsequenzen. Dies betrifft zum einen, dass vor Ausspruch einer Kündigung der deutsche Betriebsrat gemäß § 102 Abs. 1 BetrVG anzuhören ist, was bei ins Ausland entsandten Arbeitnehmern häufig vergessen wird. Ist der Mitarbeiter bei der deutschen Gesellschaft ausgeschieden, hat er einen Vertrag zu der ausländischen Tochtergesellschaft begründet und ist im Aufhebungsvertrag mit der deutschen Gesellschaft lediglich eine **Wiedereinstellungszusage** (ggf unter bestimmten Bedingungen) vorgesehen, so liegt keine Ausstrahlungswirkung des BetrVG vor.

Gerade Wiedereinstellungszusagen führen häufig zu arbeitsgerichtlichen Verfahren, da diese Zusagen häufig ungenau formuliert sind und sich die Frage stellt, welche konkreten Rechte hiermit für den Arbeitnehmer (bzw ob überhaupt solche) begründet werden sollen. Dies bezieht sich zum einen darauf, ob hieraus ein Recht auf Abschluss eines Arbeitsvertrages folgt (und ggf mit welcher Gesellschaft). Zum anderen bezieht sich dies auf die Frage, ob der Abschluss des Arbeitsvertrages zu denselben Arbeitsbedingungen wie zuvor (Gehalt, sonstige Leistungen) zu erfolgen hat. Diese Fragen sind häufig deshalb schwierig zu klären, weil die Vertragsgestaltung aufgrund der Auslandsentsendung des Mitarbeiters zuvor gewisse Besonderheiten aufgewiesen hat, die häufig am Heimatstandort in dieser Form nicht aufrechterhalten werden sollen. Ist in der Heimatgesellschaft keine entsprechende Position verfügbar, so ist die Wiederein-

---

[827] Vgl BAG 20.2.2001 – 1 ABR 30/00, AP Nr. 23 zu § 101 BetrVG 1972; BAG 21.10.1980 – 6 AZR 640/79, AP Nr. 16, 17 zu Internat. Privatrecht Arbeitsrecht.
[828] Vgl BAG 22.3.2000 – 7 ABR 34/98, AP Nr. 8 zu § 14 AÜG.
[829] Vgl BAG 21.10.1980 – 6 AZR 640/79, AP Nr. 17 zu Internat. Privatrecht Arbeitsrecht; HWK/*Tillmanns*, Art. 3, 8, 9 Rom I-VO Rn 44.

stellungszusage im Hinblick darauf auszulegen, ob aus ihr ein Ausschluss auf das Recht zur betriebsbedingten Kündigung folgen soll und ggf für welche Zeit ein derartiges Recht bestehen soll. Dem Arbeitgeber muss daher geraten werden, Wiedereinstellungszusagen stets genau und präzise zu formulieren.

785 Ungeachtet einer fehlenden Ausstrahlungswirkung ist es auch möglich, dass sich der Arbeitgeber **auf freiwilliger Basis** verpflichtet, die Vorgaben des BetrVG auch für im Ausland beschäftigte Mitarbeiter, die nicht der Ausstrahlungswirkung unterfallen, anzuwenden. Dabei handelt es sich um eine **freiwillige Betriebsvereinbarung**, die – auch wenn sie für im Ausland tätige Arbeitnehmer nicht normativ gilt – jedenfalls in Form einer Gesamtzusage Geltung entfalten kann. Solche freiwilligen Vereinbarungen finden sich gelegentlich bei weltweit tätigen Konzernen bzw Organisationen.

786 Bei **Tarifnormen** ist danach zu differenzieren, ob es um die Frage geht, welche Rechtsordnung über das Zustandekommen, die Wirksamkeit und die Beendigung der Tarifnorm selbst entscheidet (Tarifvertragsstatut), sowie ob die tarifvertraglichen Regelungen das spezifische Arbeitsverhältnis im Ausland erfassen. Das BAG geht im letzteren Fall von dem Grundsatz aus, dass die Regelungskompetenz den Tarifvertragsparteien nur für Arbeitsverhältnisse eingeräumt ist, die dem deutschen Arbeitsrecht unterliegen.[830] Richtigerweise ist davon auszugehen, dass über den Geltungsbereich das Tarifvertragsstatut entscheidet.[831] Ist das deutsche Recht Tarifvertragsstatut, findet der Tarifvertrag Anwendung auf die Arbeitnehmer, für deren Arbeitsverhältnis deutsches Recht gilt, auch wenn sie ins Ausland entsandt sind. Darüber hinaus ist es allerdings möglich, dass die Tarifvertragsparteien durch Vereinbarung auch weitere Arbeitsverhältnisse dem Geltungsbereich des Tarifvertrages zuordnen, sofern ein ausreichender Inlandsbezug dieser Arbeitsverhältnisse erkennbar ist. Dies ist in der Rechtsprechung anerkannt.[832] Diese Rechtsprechung ist zu begrüßen, da damit in einem weltweit tätigen Unternehmen ungeachtet der Frage, wo die Arbeitnehmer beschäftigt sind, gleiche Arbeitsbedingungen geschaffen werden können. Das BAG hat mittlerweile entschieden, dass zumindest eine vorübergehende Entsendung von Arbeitnehmern ins Ausland die Anwendbarkeit eines für allgemeinverbindlich erklärten Tarifvertrages nicht hindert.[833]

IV. Reichweite von Rechtswahlklauseln

787 Angesichts der kollisionsrechtlichen Unterschiede der Bestimmung des anwendbaren Rechts bei individualvertraglichen Fragen kommt es häufig zu Schwierigkeiten bei der Beurteilung, was von einer (wirksamen) Rechtswahl erfasst wird. Dies kann insbesondere dann relevant werden, wenn deutsches Recht eigentlich nicht anwendbar wäre, sondern ein ausländisches Recht. Ist etwa in einem Arbeitsvertrag eines Arbeitnehmers,

---

830 Vgl BAG 9.7.2003 – 10 AZR 593/02, AP Nr. 261 zu § 1 TVG Tarifverträge: Bau; vgl zum Entsendegesetz aber anders BAG 25.6.2002 – 9 AZR 405/00, AP Nr. 12 § 1 AEntG.
831 Vgl HWK/*Tillmanns*, Art. 3, 8, 9 Rom I-VO Rn 49; vgl *Reufels*, in: Thüsing/Braun, Tarifrecht, 2011, S. 693 ff.
832 Vgl BAG 11.9.1991 – 4 AZR 71/91, AP Nr. 29 zu Internat. Privatrecht Arbeitsrecht.
833 Vgl BAG 20.6.2007 – 10 AZR 302/06, NZA-RR 2008, 24; BAG 20.1.2010 – 10 AZR 927/08, NJOZ 2010, 1293.

IV. Reichweite von Rechtswahlklauseln 22

der bei einer chinesischen Gesellschaft (Tochtergesellschaft eines deutschen Konzerns) in China beschäftigt und tätig ist, eine Rechtswahlklausel nur mit der Angabe „anwendbar ist deutsches Recht" enthalten, so ist zunächst einmal nach chinesischem internationalen Privatrecht zu beurteilen, ob bzw inwieweit diese Rechtswahlklausel wirksam ist. Kommt ihr Wirksamkeit zu, so stellt sich die Frage, ob zB auch öffentlich-rechtliche Zustimmungserfordernisse anwendbar sein sollen. Stellt sich dann etwa heraus, dass der in China tätige Arbeitnehmer schwerbehindert ist, erscheint fraglich, ob die Rechtswahlklausel so auszulegen ist, dass für den chinesischen Arbeitnehmer vor einem deutschen Integrationsamt die Zustimmung zur Kündigung eingeholt werden muss. Oder kann die Anwendbarkeit des KSchG auf den Arbeitnehmer mit dem Argument versagt werden, dass das KSchG dem Territorialitätsprinzip unterliegt und nur in Betrieben innerhalb des Geltungsbereichs der Bundesrepublik Deutschland Anwendung findet? Angesichts dieser Auslegungsschwierigkeiten der Rechtswahlregelung kann es angeraten sein, eine **Teilrechtswahlregelung zu vereinbaren** und im Arbeitsvertrag genau anzugeben, was mit der Rechtswahlklausel gemeint ist (zB Gewährung von Kündigungsschutz, aber nicht öffentlich-rechtliche Zustimmungserfordernisse oder Sonderkündigungsschutz). Grundsätzlich besteht die Erfahrung, dass Rechtswahlregelungen eher Probleme schaffen als vermeiden.

Stichwortverzeichnis

Zitiert nach Randnummern.

Abfindung 357 ff
- Betriebsübergang 553 ff
- geringere/höhere Abfindungsleistung als § 1a KSchG 360
- Klage auf Einhaltung der Kündigungsfrist 362
- Klage nach Ablauf der Kündigungsfrist 361
- Klageverzicht 367
- nachträgliche Klagezulassung 366
- Organvertreter *siehe dort*
- Rücknahme der Kündigungsschutzklage 587
- Sozialplanabfindung 367
- Vergleich 302 ff *siehe auch dort*
- Vergleich iRd einstweiligen Rechtsschutzes 398 *siehe auch dort*
- Verzichtvertrag 364
- Voraussetzungen 357

Abwicklung des Arbeitsverhältnisses
- Arbeitspapiere 537 ff

Abwicklungsvertrag 116, 358, 360

AGG *siehe* Diskriminierung

Altersversorgung
- Auskunft 541

Änderungskündigung 225 ff
- Annahmefrist 242
- Antrag 100 *siehe auch dort*
- Betriebsratsanhörung 243 *siehe auch dort*
- Existenzgefährdung des Betriebs 253
- Kaskade von -en 254
- Lohnsenkung 253
- Sanierungskonzept 253
- Schriftformerfordernis 227
- Sozialauswahl 152 *siehe auch dort*
- Verhältnismäßigkeit 252 f
- Vorbehaltserklärung 284
- Wegfall einer Stelle 161

Anhörung *siehe auch* Betriebsratsanhörung
- Äußerungsfrist 199
- Verdachtskündigung 199

Anhörungsrüge 703 ff
- Begründung 705, 710
- einstweilige Einstellung der Zwangsvollstreckung 709 *siehe auch dort*
- Frist 707
- Rechtsmittel (kein) 703
- Verstöße gegen das Recht auf rechtliches Gehör 706

Annahmeverzugsrisiko/-lohn
- Anspruch 358
- Anspruch bei Rücknahme einer Kündigung 368
- Ausschluss und Verfallfristen des Anspruchs 493 ff
- Risiko 133, 304, 307

Antrag 95 ff
- Änderungskündigung 100 *siehe auch dort*
- Auflösungsantrag 323 ff *siehe auch dort*
- Berufungsverfahren 711 *siehe auch dort*
- Beschäftigungsantrag 375 ff
- Einstellung der Zwangsvollstreckung 394 f
- Entbindung der Weiterbeschäftigungspflicht 417
- Entfristungsklage 101
- Feststellung einer Diskriminierung 492
- Organisationspflichten des Arbeitgebers 484 f
- Schadensersatz bei Diskriminierung 469 *siehe auch dort*
- Statusklage 99
- Teilzeit 425, 430
- uneigentlicher Hilfsantrag 426
- Urlaubsgewährung 647 *siehe auch dort*
- Urlaubsgewährung im einstweiligen Rechtsschutz 649 *siehe auch dort*
- § 61 Abs. 2 ArbGG 390 ff

Anwaltliche Verschwiegenheitspflicht
- bei Massenkündigung 374

Anwendbares Recht 773 ff
- Betriebsratsanhörung 783
- Betriebsverfassungsrecht 782 ff
- Eingriffsnormen 781
- Günstigkeitsvergleich 781
- Kollisionsrecht 772
- Niederlassung 778
- Rechtswahl 774 f, 780 f *siehe auch dort*
- Regelanknüpfungen 776
- Rückrufrecht 782
- Schwerbehinderung 787 *siehe auch dort*
- Tarifnormen 786
- Teilrechtswahlregelung 787
- Territorialitätsprinzip 782
- vorübergehende Entsendung 787
- Wiedereinstellungszusage 783

Arbeitnehmereigenschaft 108

Arbeitsbescheinigung 539

Arbeitspapiere 537 ff

Arrestanspruch 510

Ärztliche Schweigepflicht
- Entbindung 219, 224, 242

Aufforderung zur Arbeitsaufnahme 370 ff

275

Stichwortverzeichnis

Auflösungsantrag 323 ff
- Abfindungsschutz 339
- Doppelkündigung 338 *siehe auch dort*
- Geschäftsführer, Betriebsleiter, leitende Angestellte 339
- Rücknahme einer Kündigung 345
- Sozialwidrigkeit der Kündigung 324
- unzumutbare Fortsetzung des Arbeitsverhältnisses 345
- Weiterbeschäftigungsantrag 346
- wichtiger Grund 343
- Zeitpunkt 343

Ausschlussfristen
- Beweisschwierigkeiten 210
- Darlegungs- u. Beweispflicht des Arbeitgebers 197
- Hemmung 196
- Kenntniserlangung des Kündigungsgrundes durch den Arbeitgeber 210
- tarifvertragliche 509
- Verdachtskündigung 202 *siehe auch dort*
- Vergütungsansprüche 504 ff *siehe auch dort*

Ausschlussfristen außerordentliche Kündigung 196 ff *siehe auch dort*

Außerordentliche Kündigung
- Abmahnung 194
- Ausschlussfristen 197 ff *siehe auch dort*
- Vertretungsmacht 201
- Wettbewerbstätigkeit 303

Austauschbarkeit 159 ff
- fachliche 159 ff, 161 ff
- horizontale 159
- rechtliche 159, 164 ff

Befristeter Arbeitsvertrag 115
- Betriebsübergang 598 f *siehe auch dort*
- Entfristungsklage 4, 101, 431, 433 ff *siehe auch dort*
- Prozessbeschäftigung 137, 317 ff *siehe auch dort*
- Verlängerung 158

Berufungsverfahren 711 ff
- Antrag 712 f
- Begründung 714
- Frist 711
- Vergleichsverhandlungen 715 *siehe auch dort*

Beschäftigungsanspruch 379 ff
- Antrag 379
- Flexibilitätsklausel des Arbeitsvertrages 380
- Zumutbarkeit 381
- Zwangsvollstreckung 382 ff *siehe auch dort*

Beschäftigungstitel 395

Beschlussverfahren 697 ff
- einstweilige Verfügung 699 *siehe auch dort*
- Rechtsmittel 700
- Untersuchungsgrundsatz 698
- Versäumnis 697

Betriebsänderung 633 f

Betriebsbedingte Kündigung
- Abfindung 527 *siehe auch dort*
- außerbetriebliche Gründe 142
- Betriebsratsanhörung 285 *siehe auch dort*
- Fortsetzungsanspruch bei Betriebsübergang 575 ff
- Leiharbeitnehmer 145
- Sozialauswahl *siehe auch dort*
- Unwirksamkeit der verhaltensbedingten Kündigung 194
- Wegfall des Arbeitsplatzes 141 ff, 285
- Zwangsvollstreckung 384 *siehe auch dort*

Betriebsratsanhörung 258 ff
- Änderungskündigung 256 *siehe auch dort*
- Ausschlussfrist 204 *siehe auch dort*
- Bestreiten 210
- betriebsbedingte Kündigung 285 *siehe auch dort*
- Darlegungs- und Beweispflicht 268 f
- Doppelkündigung 203 *siehe auch dort*
- einstweiliger Rechtsschutz 407 *siehe auch dort*
- Ende des Anhörungsverfahrens 287 f
- Entsendung des Arbeitnehmers 783 f
- Fristverlängerung 287
- inhaltliche Anforderungen 282
- Kündigungsschutzprozess 269
- Kündigung während der Wartezeit 281
- Mängel der inneren Willensbildung des Betriebsrats 275
- Massenwiderspruch 419
- nachträgliche Anhörung 296
- personenbedingte Kündigung 285 *siehe auch dort*
- Rüge 267
- Sperrzeit des § 144 SGB III 526 ff
- Umdeutung 211 *siehe auch dort*
- verhaltensbedingte Kündigung 285 *siehe auch dort*
- Weiterbeschäftigungsanspruch 298 f *siehe auch dort*
- Widerspruch 297
- Widerspruch; einstweiliger Rechtsschutz 412 ff
- Wiederholungskündigung 281
- Wirksamkeitsvoraussetzung einer Kündigung 258 ff

Betriebsübergang 263 ff
- Abfindung 627

Stichwortverzeichnis

- befristeter Arbeitsvertrag 598 *siehe auch dort*
- Berufungsverfahren 590
- Betriebsänderung 633
- betriebsbedingte Kündigung 577
- Betriebsvereinbarungen, Tarifverträge 627 ff
- Beweis 581 ff
- Bezugnahmeklausel 641
- Dispositionsmöglichkeiten 596 f
- Firmenverträge 636
- Fortsetzungsanspruch 575 ff
- Gleichstellungsabrede 641
- Insolvenz 591 ff *siehe auch dort*
- Insolvenzverfahren 580
- Klage auf tatsächliche Beschäftigung 588
- Kontinuität des Betriebsrats 631
- Kündigung nach Erwerberkonzept 572 ff
- Kündigungssperre 564
- Sozialplan 592
- Stilllegungsabsicht/-beschluss 566
- Streitgenosse/-verkündung 587
- Veränderungssperre 639
- Verbandstarifverträge 635
- Verwirkung 589
- Widerklage 587
- Widerspruchsrecht 600 *siehe auch dort*
- Wiedereinstellungsanspruch 567

Beweisaufnahme 308 ff
- Mängel der anfänglichen Sachverhaltsaufklärung 310
- schriftsätzliche Stellungnahme 312
- Vergleichsverhandlung 308
- Vorbereitung 309
- Wortprotokoll (kein) 311

Bezugnahmeklausel 641

Diskriminierung 444 ff
- (Schwer-)Behinderung 450 f, 464 f *siehe auch dort*
- AGG 451 ff
- Antrag Schadensersatz 471
- Ausschlussfristen 490
- Darlegungs- und Beweislast 445 ff
- Entschädigung 472
- Feststellungsklagen 482
- Klagefristen 487 ff
- Leistungsklage 482
- Organisationspflicht des Arbeitgebers 484
- Personalvermittler 492
- Rechtfertigung einer Ungleichbehandlung 462 ff
- Schadensersatz 469 ff
- Sozialauswahl 177 *siehe auch dort*
- Testing-Verfahren 459
- überwiegende Wahrscheinlichkeit 448 f
- Ungleichbehandlung 450 ff
- Unterlassung 486
- Verdacht einer Benachteiligung 458
- Vergleichsperson 458

Domino-Effekt 696

Domino-Theorie 173

Doppelkündigung
- Auflösungsantrag 337 *siehe auch dort*
- Betriebsratsanhörung 204 *siehe auch dort*

Drittanstellungsverhältnis 110, 680 ff

EGBGB *siehe* anwendbares Recht

Eingriffsnormen 781

Einigungsstelle 689 ff
- Beisitzeranzahl 693
- Einsetzung 690 f
- Errichtung 689
- Konfliktlösung 689
- Verfahren 695
- Vorsitzende 692 f

Einstellung der Zwangsvollstreckung
- Antrag 394 ff

Einstweiliger Rechtsschutz 395 ff
- Abfindungsvergleich 398 ff
- Anhörungsrüge 709 *siehe auch dort*
- Antrag auf Einstellung der Zwangsvollstreckung 394 ff
- Antrag auf Einstellung der Zwangsvollstreckung bei Anhörungsrüge 709 *siehe auch dort*
- Arrestanspruch 510 f
- Beschäftigungsanspruch 397 ff
- Beschäftigungstitel 395
- Beschlussverfahren 699 *siehe auch dort*
- Betriebsratsanhörung 407 *siehe auch dort*
- Degradierung 405
- doppeltes Vorgehen 395
- Entgeltfortzahlung 510 ff
- Freistellung 402 *siehe auch dort*
- Resturlaub 401 *siehe auch dort*
- Schwerbehinderung 407 *siehe auch dort*
- Suspendierung 405
- Teilzeitansprüche 421 ff *siehe auch dort*
- Unmöglichkeit der Beschäftigung 395
- Urlaubsgewährung 649 ff *siehe auch* Urlaub
- Verfügungsanspruch 399
- Verfügungsgrund 400
- Verhandlungsdruck 398
- Weiterbeschäftigungsanspruch 397, 406 ff *siehe auch dort*
- Wettbewerbsverbot 660 ff, 666 *siehe auch dort*
- Zeugnis 550

Elternzeit
- Anspruch 421 ff

Stichwortverzeichnis

- Sozialauswahl 155 *siehe auch dort*

Entfristungsklage 431 ff
- Befristungsgrund 435
- gerichtlicher Vergleich 442
- Kettenbefristungen 433
- sachgrundlose Befristung 437
- Verlängerungsangebot 435
- Verlängerungsschreiben 435
- Verlängerungsvereinbarung 435

Entgeltfortzahlung
- einstweiliger Rechtsschutz 510 f

Erklärung nach § 12 KSchG *siehe* Nichtfortsetzungserklärung

Erledigungsklausel 524

Europäischer Gerichtshof *siehe* Vorabentscheidungsverfahren

Flexibilitätsklausel 380

Fortbildung des Anwalts 9

Fortsetzungsanspruch 575 ff

Freie Arbeitsplätze 148 ff
- Beförderungsstellen 149
- Gemeinschaftsbetrieb 151
- Konzern 150
- unternehmensweite Prüfung 148
- Weiterbeschäftigung 149 ff *siehe auch dort*
- Zugang der Kündigung 148 *siehe auch dort*

Freistellung des Arbeitnehmers 313 f
- Gestaltungsmöglichkeiten 315 f
- Resturlaub 316 *siehe auch dort*
- Risiken 313
- Tatsachenvergleich 316
- Vergleich 316 *siehe auch dort*
- Widerruflichkeit 316

Frist 4
- Anhörungsrüge 703 ff *siehe auch dort*
- Ausschlussfristen bei einer außerordentlichen Kündigung 196 ff *siehe auch dort*
- Äußerungsfrist bei Verdachtskündigung 199, 202
- Berechnung 32
- Berufungsverfahren 711 *siehe auch dort*
- Einspruchsfrist bei Versäumnisurteilen 702
- Entschädigung bei Diskriminierung 487 ff
- Kündigungsschutzklage 11 ff
- nachträgliche Klagezulassung 36 ff *siehe auch dort*
- Nichtzulassungsbeschwerde im Revisionsverfahren 739 f
- Revisionsverfahren 731 *siehe auch dort*
- Vergütungsansprüche 711 f *siehe auch dort*
- Versäumung, Verspätungsrüge 701

Fristlose Kündigung *siehe* außerordentliche Kündigung

Gedächnisprotokoll 195

Gerichtsstandsvereinbarung
- EuGVVO 771
- Unzulässigkeit im deutschen Recht 94

Gerichtszuständigkeit 86 ff, 770 ff
- ausländische 772
- deutsche 771
- Erfüllungsort 86 f
- Gerichtsstandsvereinbarung im deutschen Recht 94
- internationale Zuständigkeitsfrage 770 ff *siehe auch dort*
- Niederlassungsort 86, 776
- örtl./Außendienstmitarbeiter 90 ff
- Unterlassungs- und Schadensersatzansprüche bei Wettbewerbsverstößen 670
- Wahlrecht 771 ff
- Wohnsitz 771 f

Geschäftsführer *siehe* Organvertreter

Gleichstellungsabrede 641

Güteverhandlung 122 ff
- persönliches Erscheinen 124
- Scheitern 140
- schriftsätzliche Stellungnahme 123

Haftung in der Insolvenz 592 ff

Insolvenz 592 ff
- Betriebsstilllegung 566
- Haftung 591 ff
- Sozialplan 592
- Verfahren 580

Interessenausgleich mit Namensliste 184 ff
- Betriebsratsanhörung 285 *siehe auch dort*
- Beweislast bei dringenden betrieblichen Erfordernissen 186
- Sozialauswahl 187 *siehe auch dort*

Interessenkonflikte
- Anwalt bei Massenkündigung 374
- Anwalt bei Vertretung des Betriebsrates und des Arbeitnehmers 696
- Einwilligung des Mandanten 696
- Sachverhaltsaufklärung 2

Internationales Privatrecht 770 ff

Internationale Zuständigkeit 770 ff
- ausländische Gerichtsbarkeit 772
- deutsche Gerichtsbarkeit 771
- EuGVÜ 771
- EuGVVO 771

Kettenbefristungen 433

Klage auf tatsächliche Beschäftigung 588

Klagehäufung
- subjektive Eventual-Klagehäufung 584

Stichwortverzeichnis

Kollisionsrecht 772
Krankheitsbedingte Kündigung 216 ff
- Betriebsratsanhörung 285 *siehe auch dort*
- dauernde Unmöglichkeit 220
- häufige Kurzerkrankungen 219
- krankheitsbedingte Leistungsminderung 222
- lang andauernde Erkrankung 220

KSchG 102 ff
- betrieblicher Anwendungsbereich 102 ff
- Drittanstellungsverhältnis 110
- Organmitglieder 110
- persönlicher Anwendungsbereich 108 ff
- Wartezeit 111 *siehe auch dort*

Kündigung
- außerordentliche Kündigung *siehe dort*
- betriebsbedingte Kündigung *siehe dort*
- Doppelkündigung 79 *siehe auch dort*
- Formfehler 121
- krankheitsbedingte Kündigung 216 ff *siehe auch dort*
- Kündigungsverbot 564 ff
- Massenkündigung *siehe dort*
- nach Erwerberkonzept 572 ff
- Rücknahme einer Arbeitgeberkündigung 345, 368 f
- Verdachtskündigung *siehe dort*
- Verhaltensbedingte Kündigung *siehe dort*
- wegen Leistungsmängeln 87 *siehe auch dort*
- Zugang 213 ff *siehe auch dort*

Kündigungsgrund
- Mitteilung 83

Kündigungsschutzverfahren 208
- betriebsbedingte Kündigung 141 f *siehe auch dort*

Leiharbeitnehmer 145
Leistungsmängel
- krankheitsbedingte Leistungsminderung 222 f
- Kündigung wegen 213 ff

Leistungsträgerregelung 177 ff
Lohnsteuerkarte 538
Mandatsannahme 2
Massenkündigung 374 ff
- Geschäftsverteilungsplan der Arbeitsgerichte 375
- Interessenkollision des Anwalts 374
- Massenwidersprüche des Betriebsrates 419
- Pilotverfahren 376
- Vergleichsverhandlungen 377 *siehe auch dort*

Nachträgliche Klagezulassung 36 ff
- Abfindung 366

Nichtfortsetzungserklärung 348 ff
- Annahmeverzugslohn 353
- Frist 349
- wirtschaftliche Auswirkungen 351

Nichtzulassungsbeschwerde 735 f
- Begründung 737
- Erfolgsquote 757
- Frist 737

Organmitglieder 110
Organvertreter 697 ff
- Abfindung 678 *siehe auch dort*
- Arbeitnehmerstellung 677
- Beendigung von Anstellungsverhältnissen 675 ff
- Beförderung 683
- Doppelstellung 675
- Drittanstellungsvertrag 680
- Genehmigung eines Rechtsgeschäftes 688
- Geschäftsführer 675 ff
- Trennungstheorie 675

Parallelverfahren *siehe* Massenkündigung
Personenbedingte Kündigung 188 ff
- Abmahnung 188 f
- Betriebsratsanhörung 285 *siehe auch dort*
- krankheitsbedingte Kündigung 216 ff *siehe auch dort*

Prozessbeschäftigung 317 ff
- Abwendung der Zwangsvollstreckung 317
- Befristungsgrund 320
- Befristungskontrolle 318 ff
- freiwillige Beschäftigung 318
- gerichtlicher Teilvergleich 321
- Risiken 133
- Schriftform 319
- Zweckbefristung 318

Prozesskostenhilfe 2
Rechtsmissbrauch 481 ff
Rechtsschutzversicherung 2
Rechtswahl 774 ff
- Eingriffsnormen 781
- Grundsatz der freien Rechtswahl 774
- Günstigkeitsvergleich 780
- Teilrechtswahlregelungen 787

Regelanknüpfung 776 ff
- des Arbeitsortes 776 f

Resturlaub *siehe auch* Urlaub
- einstweiliger Rechtsschutz 401 *siehe auch dort*
- Freistellung 316

Revisionsverfahren 727 ff
- Begründung 731 f
- Divergenz 729

279

Stichwortverzeichnis

- Frist 731
- mündliche Verhandlung 734
- neues tatsächliches Vorbringen 733
- Nichtzulassungsbeschwerde 727 *siehe auch dort*
- Zulassung durch das Landesarbeitsgericht 727
- Zulassungsgründe 727 ff

Rücknahme einer Arbeitgeberkündigung 368 f
- Auflösungsantrag 345 *siehe auch dort*

Sachverhaltsermittlung/-aufklärung 1
- verhaltens-, personenbedingte Kündigung 188 ff

Sachvortrag 119

Schleppnetzantrag 96

Schwangerschaft
- Sozialauswahl 155 *siehe auch dort*

Schweigepflicht
- anwaltliche *siehe dort*
- ärztliche *siehe dort*

Schwerbehinderung
- anwendbares Recht 787
- Betriebsratsanhörung im einstweiligen Rechtsschutz 407 *siehe auch dort*
- Diskriminierung 465, 479 *siehe auch dort*
- Kenntnis bei der Kündigung 118
- Sozialauswahl 155, 175 *siehe auch dort*
- Ungleichbehandlung 449, 462 ff
- Zustimmung der Behörde bei Kündigung 206

Sozialauswahl 155 ff
- Abwägung 178
- Änderungskündigung 152 *siehe auch dort*
- Auskunftsanspruch des Arbeitnehmers 180
- Ausschluss der ordentlichen Kündbarkeit 155
- Beurteilungsspielraum des Arbeitgebers 172
- Diskriminierungsverbot 177 *siehe auch dort*
- Domino-Theorie 173
- Erkundigungspflicht des Arbeitgebers 174
- freie Arbeitsplätze 152 *siehe auch dort*
- Interessenausgleich mit Namensliste 184 ff
- Leistungsträgerregelung 177 f
- Punkteschema 172
- Schwerbehinderung 155, 175 *siehe auch dort*
- Sozialkriterien 173
- Vergleichsgruppe 175 ff

Streitgegenstand 13

Streitgenosse 584

Subjektive Eventual-Klagehäufung 584

Suspendierung 405

Teilzeitansprüche 421 ff
- Beschäftigungsantrag 430
- Feststellungsklage 425
- Leistungsklage 425
- Verfügungsanspruch 428
- Verfügungsgrund 429
- Zustimmungsantrag 430

Testing-Verfahren
- Diskriminierung 459 *siehe auch dort*

Umdeutung
- außerordentliche in ordentliche Kündigung 203, 211 *siehe auch dort*
- Betriebsratsanhörung 211 *siehe auch dort*

Ungleichbehandlung *siehe* Diskriminierung

Unterlassung von Wettbewerb *siehe* Wettbewerbsverbot

Urlaub 645 ff *siehe auch* Resturlaub
- Abgeltungsanspruch 653 f
- Antrag auf Urlaubsgewährung 647
- Antrag im einstweiligen Rechtsschutz 649 *siehe auch dort*
- Selbstbeurlaubung 651
- Urlaubsbescheinigung 540

Veränderungssperre 639

Verdachtskündigung 199
- Frist des § 626 Abs. 2 BGB 202

Verfallfrist/-klausel
- Vergütungsansprüche 493 ff, 504 ff *siehe auch dort*

Vergleichbarkeitshorizontale 160

Vergleichsverhandlung 212
- Abfindung 304 ff, 527 ff *siehe auch dort*
- Abfindung iRd einstweiligen Rechtsschutzes 398 *siehe auch dort*
- Anfechtung 558
- Aufhebungsvereinbarung 557
- Aufhebungsvertragsrückdatierung 535
- außergerichtlicher Vergleich 559
- Befristung; Entfristung 442 *siehe auch dort*
- Berufungsverfahren 715 *siehe auch dort*
- Beseitigung 556 ff
- betriebsbedingte Kündigung 528 *siehe auch dort*
- Betriebsratsanhörung 528 f *siehe auch dort*
- Betrug 557
- Beweisaufnahme (vor der) 308
- Erledigungsklausel 524
- Fehlerquellen 520 ff

Stichwortverzeichnis

- Freistellung des Arbeitnehmers 313 f *siehe auch dort*
- gerichtlicher Teilvergleich bzgl. Prozessbeschäftigung 321
- Massenkündigung *siehe dort*
- Protokollierung 523
- Rücktritt 560
- Schriftformerfordernis 523
- Sperrzeit nach § 144 SGB III 526 f
- Vorlesen, Vorspielen 521

Vergütungsanspruch 493 ff
- Annahmeverzugsansprüche 493 f *siehe auch dort*
- Arrestanspruch 510 ff
- Aufrechnung 512
- Ausschluss- und Verfallfristen 504 ff *siehe auch dort*
- Entgeltfortzahlung im einstweiligen Rechtsschutz 510 ff
- Insolvenz 502 f
- künftige Forderungen 498
- Leistungsklage 497
- Luxusaufwendungen 500
- Pfändung 514
- Pfändung freier Beträge 501
- rückständige Vergütung 513
- Rückzahlung 500
- Schutzschrift 515
- Urlaub 502 *siehe auch dort*
- Verjährung 499
- Wegfall der Bereicherung 500

Verhaltensbedingte Kündigung
- Abmahnungen 188 ff *siehe auch dort*
- betriebsbedingte Kündigung (bei Unwirksamkeit) 194 *siehe auch dort*
- Betriebsratsanhörung 285 *siehe auch dort*
- Sachverhaltsaufklärung 188 ff *siehe auch dort*

Versäumnisurteile 702
- Einspruchsfrist 702

Verspätungsrüge
- Voraussetzungen 701

Vertrauensverhältnis 7
Verwirkung 589
Verzögerungstaktik 137
Vorabentscheidungsverfahren
- acte clair-Doktrin 761
- beschleunigtes Verfahren 763
- Gegenstand 761
- mündliche Verhandlung 767
- Plädoyer 768
- schriftliche Stellungnahme 764
- schriftliches Verfahren 766
- Schriftsätze 765
- Urteil 769
- Vorbericht 766
- Vorlageberechtigung/-pflicht 760

- Vorlagebeschluss 762

Vorabentscheidungsverfahren vor dem EuGH 758 ff

Vorläufiger Rechtsschutz *siehe einstweiliger Rechtsschutz*

Vorläufige Vollstreckbarkeit
- Ausschluss durch Gericht 393 f

Wartezeit
- Anhörung des Betriebsrats 268 *siehe auch dort*
- Kündigung/KSchG 111 ff
- Rücknahme einer Kündigung 372

Weiterbeschäftigungsanspruch 298, 396 f, 406 ff
- (Nicht-)Beschäftigungsinteresse des Arbeitgebers 407
- Antrag 346
- einstweiliger Rechtsschutz 398, 408 *siehe auch dort*
- Unmöglichkeit 387 ff

Weiterbeschäftigungspflicht
- Entbindung 417

Wettbewerbsverbot 660 ff
- Abgrenzungsfragen 664
- Auskunftsanspruch des Arbeitgebers 672
- einstweiliger Rechtsschutz 662, 666 *siehe auch dort*
- Eintrittsrecht 667
- Entschädigungspflicht 673
- fristlose Kündigung 303
- Gerichtszuständigkeit 670 *siehe auch dort*
- Lizenzanalogie 669
- Rücktritt 673
- Schadensersatzanspruch 667 ff
- Unterlassung 660 ff
- Unterlassungsanspruch 669 ff
- Verfügungsgrund, -anspruch 663
- Vergleich 525
- Verjährungsfrist 668
- Verschwiegenheitspflicht 666
- Verzicht 674
- Vorbereitungshandlungen 664
- während Kündigungsschutzprozesses 661

Widerspruchsrecht bei Betriebsübergang 600 ff
- Abfindungsregelungen 627 *siehe auch dort*
- Betriebsänderung 633
- Betriebsvereinbarungen, Tarifverträge 627 f
- Form 612
- Frist 612
- Kontinuität des Betriebsrats 631
- Rückwirkung 623

Stichwortverzeichnis

- Sozialauswahl 625
- Unterrichtung 601, 629
- Verstoß gegen Treu und Glauben 640

Wiederholungskündigung
- Betriebsratsanhörung 268 *siehe auch dort*

Zeugnis 542 ff

Zugang der Kündigung 11 ff
- freie Arbeitsplätze 148 ff *siehe auch dort*
- nach Beendigung des Anhörungsverfahrens 290
- Wartezeit 111 *siehe auch dort*

Zurückweisung der Kündigung 49 ff

Zustimmung
- Behörde 206
- Betriebsrat 205
- gerichtliche Zustimmungsersetzung 205
- Zustimmungsersetzungsverfahren 167

Zwangsvollstreckung 382 ff
- Ansehensverlust des Arbeitsgebers 388
- Antrag auf Einstellung der 394
- Antrag auf Einstellung der - bei Anhörungsrüge 709 ff *siehe auch dort*
- Auslegung des Titels 368
- Beschäftigungsanspruch/-antrag 382 ff *siehe auch dort*
- Beschäftigungstitel 395
- Bestimmtheit des Titels 382, 388, 395
- betriebsbedingte Kündigung 384 *siehe auch dort*
- Rechtsmittel 388
- umwandlungsrechtliche Ausgliederung 387
- Unmöglichkeit der Weiterbeschäftigung 387 f
- Vollstreckbarkeit arbeitsgerichtlicher Urteile 393 f